1940년대편 **2**권
한국 현대사 산책

1940년대편 **2권** 개정증보판

한국현대사산책
8·15 해방에서 6·25 전야까지

강준만 지음

차례

제1부   1947년 : 분열에서 분단으로

제1장 ── 반탁독립투쟁위원회, 3·1절 유혈 사태
김구가 주도한 반탁 궐기대회 • 15　김구의 국민의회 결성 • 16　점점 멀어져 간 좌우 타협 • 18　38명의 사상자를 낳은 3·1절 • 20　제주의 3·1절 발포 사건 • 21　남산 메이데이 사건 • 23

역사 산책 1　명월관의 도색영화 사건 • 25

제2장 ── '트루먼 독트린'이 한국에 미친 영향
처칠의 '철의 장막' 연설 • 28　이승만을 기쁘게 만든 '트루먼 독트린' • 30　화려하게 치장된 '이승만 외교' • 32　이승만의 귀국 환영대회 • 34

역사 산책 2　심각한 사회문제가 된 귀환 전재민 • 38

제3장 ── 제2차 미소공위와 '6·23 반탁 데모'
미국의 대소 봉쇄정책 • 41　463개 정당·사회단체의 회원 수가 7,000만 명 • 43　이승만과 김구의 '마지막 합작품' • 46　"이승만은 태양, 김구는 달" • 47　제2차 미소공위의 결렬 • 48　미국에 살던 서재필의 귀국 • 50

제4장 ── 과도입법의원의 친일파 처벌법
민정장관이 된 안재홍 • 53　남조선과도정부 출범 • 54　'부일협력자·민족반역자·전범·간상배 처단 특별법' • 55　'김규식과 안재홍은 용공분자' • 56

제5장 — 여운형 암살과 '테러 정치'

여운형 암살, 좌우 합작의 해체 • 59   여운형과 김구 • 62   중간파·좌익 인사들의 '테러 공포증' • 64   우익 정치지도자들의 테러 후원 • 66   '극우 테러의 최고 비호자는 미군정' • 68

제6장 — 이승만과 김구의 결별

조선 문제의 유엔 이관 • 70   북한과 소련의 인구 남하 유도정책 • 72   장덕수 암살 사건 • 74   김구의 이승만에 대한 배신감 • 77   김구와 김규식 • 79

제7장 — 지하로 간 좌익 언론과 예술

호남선 열차 강간 사건과 언론 탄압 • 81   공연·방송 분야 좌익 제거 작업 • 84   쫓고 쫓기는 '신문 전쟁' • 85   미군정의 공보 물량 작전 • 87   〈아내의 노래〉, 〈신라의 달밤〉, 〈베사메무초〉 • 89   〈빈대떡 신사〉와 기생집의 전성시대 • 90

역사 산책 3 '마돈나'와 '모나리자' • 93

제2부   1948년 : 욕망과 폭력의 제도화

제1장 — 유엔위원단 입국과 단독선거 확정

유엔위원단의 입국 • 99   극우파의 김구 비난 • 101   남로당의 2·7 파업과 김구의 2·10 읍고 • 102   '남산 위의 소나무' 논쟁 • 104   크리슈나 메논과 모윤숙 • 106

역사 산책 4 공창제 폐지와 공창철폐연기운동 • 108

제2장 ─ 단독선거 반대운동과 토지개혁

'7거두 공동성명'과 김구의 독설 • 111   미군정의 선거용 토지개혁 • 113   토지개혁의 시점에 대한 이승만의 불만 • 114   과도입법의원의 '보잘것없는 장난' • 115

제3장 ─ 제주 4·3 항쟁의 비극

제주 인구의 10%가 죽은 대참사 • 117   평화협상을 깬 '오라리 사건' • 119   "제주도 사람은 이제 다 죽었구나" • 121   젊은이들을 산으로 내몬 '무차별 체포 작전' • 123   '레드 헌트'의 시작 • 125

역사 산책 5 불야성을 이룬 도시의 요정 • 127

제4장 ─ 김구와 김규식의 방북

이승만·미군정의 조소, 문화인 108명의 지지 • 129   "38선을 베고 죽을망정 가야 돼!" • 131   김구·김규식·김일성·김두봉 '4김 회동' • 133   김구의 자기모순과 때늦은 반전 • 135

제5장 ─ 5·10 남한 단독 총선거

유권자 등록 부정행위 • 138   향보단·족청의 활동과 5·8 파업 • 140   "투표는 애국민의 의무, 기권은 국민의 수치" • 142   한민당 기피, 무소속 약진 • 145   5·10 선거 거부는 옳았는가? • 147   북한의 단전 • 150   산의 적화와 생존형 절도·사기의 극성 • 154   '절도'와 '사기'의 경계를 넘나든 무역 • 156   민족 분열을 위한 기아 수입? • 158

제6장 ─ 개신교의 반공친미주의

상층부를 점령한 개신교 • 161   우익 청년단체의 근간이 된 개신교 • 164   개신교의 체질적인 반공·친미주의 • 165   오기영의 '예수와 조선' • 167

제7장 ─ 대한민국 정부 수립

'대한민국'과 '국민' 채택 • 170   이승만의 대통령 당선 • 171   한민당을 배제한 내각 구성 • 173   김구와 이승만의 '비분과 실망' • 175   태극기 대신 인공기를 채택한 북한 • 178   조선민주주의인민공화국의 수립 • 180   서재필의 이승만에 대한 선전포고 • 182   갑신정변 때나 지금이나 똑같다 • 183

역사 산책 6   '사바사바'와 통역관의 폐해 • 186

제8장 ─ 반민족행위처벌법 공포

'친일파 처단'을 둘러싼 뜨거운 갈등 • 188   김원일의 『불의 제전』에 묘사된 친일 경찰 • 189   친일파에 대한 이승만의 생각 • 190   친일파 비판 의원은 공산당 프락치 • 191

역사 산책 7   스웨덴에 0대 12로 패한 한국 축구 • 194

제9장 ─ 이승만을 총재로 모신 대한청년단

130만 명의 단원을 거느린 족청 • 196   대한청년단의 발족 • 197   대동청년단의 건재 • 198   국가 운영의 이원 구조 • 200

제10장 ─ 여순사건의 비극

"동족상잔의 제주도 출동을 반대한다" • 203   경찰과 경비대는 견원지간 • 204   군경의 잔인한 보복극 • 206   '손가락 총'과 김종원의 참수형 • 209   이승만 정권의 여론 조작 • 211   사망자 2,600명 • 213   숙군 작업과 박정희 체포 • 216

제11장 ─ 국가보안법 공포

국가보안법 찬반 논쟁 • 219   "빨갱이는 무조건 포살해야 돼" • 220   군경 조직의 강화 • 221   친여·친야로 나뉜 우익지, 국영방송의 출범 • 222

제12장 ── 제주에서 벌어진 '인간 사냥'

미군이 제안한 '초토화 작전' • 225   서청의 착취와 '민보단 강요' • 227   토벌대의 집단 광기 • 230   '함정 토벌', '대살', '이름 빼앗기지 마라' • 233   사살 연습이 벌어진 북촌리 학살 사건 • 234   현기영의 『순이 삼촌』 • 236   "찌르지 않으면 너희들이 대신 죽는다" • 237   4·3의 배후엔 미국이 있었다 • 239   날조된 딱지와의 투쟁, 기억의 타살 • 241   공포는 아직도 남아 있다 • 243   노무현의 사과, 희생자에 대한 배·보상 • 244

제3부   1949년 : 반공의 종교화

제1장 ── 반민특위와 학도호국단

반민특위와 이승만의 갈등 • 249   '파시스트적 통치 구조'의 3위 1체 • 252   안호상과 이승만의 일민주의 • 254   중앙학도호국단 결성 • 256   감시와 밀고의 '정보 정치' • 258   한국형 과대 성장국가 • 259

역사 산책 8   '물가 폭등'과 '사바사바' • 261

제2장 ── '국회 프락치 사건'과 반민특위의 와해

경찰의 반민특위 습격 사건 • 263   '국회 프락치 사건'의 재탕 • 265   반민특위의 와해 • 267   친일파 문제가 국민성에 미친 악영향 • 268

제3장 ── 국민보도연맹과 전향·충성 경쟁

가입자 할당량 채우기 경쟁 • 271   "인간 양심의 타락이야" • 273   전향·충성 경쟁 • 276   '민중 속에 침투한 정보망' • 277

제4장 —— 김구 암살

"남한이 통곡 속에 싸였다" • 280   누가 김구를 죽였는가? • 282   극단주의가 낳은 집단적 광기 • 285   싸늘한 세상인심 • 287

제5장 —— 이승만 우상화

1949년 대한민국은 '인권유린의 천국' • 289   민중의 전방위적 착취 • 291   학교엔 이승만 초상화, 생일엔 태극기 • 293   이조 왕정시대의 부활 • 295   이승만과 김구의 공통점 • 296   한국 현대사의 불행한 업보 • 299

역사 산책 9   초등학교에서 과외수업 성행 • 301

제6장 —— '연설 정치'와 '혈서 정치'

연설은 강력한 커뮤니케이션 수단 • 303   강원용의 활약 • 305   반탁학련과 미군정의 활약 • 307   혈서는 진실과 용기의 표현 • 309   '혈서 충성맹세'의 양산 • 311

제7장 —— 6·25 전쟁 직전, 무슨 일이 벌어졌는가?

농지개혁과 6·25 전쟁 • 313   주한미군 철수와 북한의 선전 공세 • 315   38선 근처 무력 충돌과 북진통일론 • 317   6·25 전쟁 직전 국내외 정세 • 319   북한의 치밀한 전쟁 준비, 남한의 허풍 • 322   이승만 정권은 '국가'였을까? • 324

제8장 —— '여성 외교클럽' 낙랑클럽의 활약

영어 잘하는 가정부인 중심의 클럽 • 328   한국·미국·유엔의 친선을 위한 행사 • 330   '호스티스'를 '술집 호스티스'로, '여흥'을 '접대'로 • 332   이승만 비난을 위한 언론의 선정적 낙인 • 334

역사 산책 10   '크리스마스 실'과 '크리스마스 트리' • 336

맺는말 —— '배신·변절'을 팔아먹는 매카시즘
"극단적 도그마와 성숙하지 않은 이념" • 338   공포·증오·혐오를 유발하는 딱지 붙이기 • 340   대중과 접촉하는 역사를 위하여 • 342   진정한 '주체'는 사실과 진실이다 • 344   '50대 50'의 책임 분담 • 346   김구 평가에 스며든 '안전의 욕구' • 348   일제 잔재의 문화적 저주 • 350   '카오스의 도가니'에서 생존법 • 352   이제 '중간'으로 가야 한다 • 354

주 • 357

1940년대편 1권

머리말　소름 돋게 닮은 해방정국과 지금

제1부 1945 — 36년 묵은 한의 분출

제1장　도둑같이 찾아온 8·15 해방
제2장　38선은 정말 30분 만에 그어졌는가?
제3장　조선인민공화국 선포, 미군의 서울 진주
제4장　한국민주당 창당과 '통역 정치'
제5장　가짜 김일성의 등장 논란
제6장　김구의 귀국, 임시정부의 분열
제7장　'신탁통치' 갈등과 투쟁
제8장　"언론의 둑은 터졌다"
제9장　'문화의 둑'도 터졌다

제2부 1946 — 좌우 갈등의 폭발

제1장　'신탁통치' 갈등은 전쟁이었다
제2장　국방경비대 창설, 자유시장제의 파탄
제3장　민주의원과 민주주의민족전선 출범
제4장　김일성 암살 미수, 미소공동위원회
제5장　조선정판사 위조지폐 사건과 좌익의 '지하화'
제6장　김규식·여운형의 좌우합작운동, 이승만의 단정론
제7장　우익 청년단체의 전성시대
제8장　'국립서울종합대학안' 파동과 '교육출세론' 확산
제9장　좌우 합작, 전평의 총파업, 대구 항쟁
제10장　과도입법의원, 여운형·김규식의 좌절, 이승만의 방미

제1부 1947년 | 분열에서 분단으로

- 반탁독립투쟁위원회, 3·1절 유혈 사태
- '트루먼 독트린'이 한국에 미친 영향
- 제2차 미소공위와 '6·23 반탁 데모'
- 과도입법의원의 친일파 처벌법
- 여운형 암살과 '테러 정치'
- 이승만과 김구의 결별
- 지하로 간 좌익 언론과 예술

제1장 반탁독립투쟁위원회,
3·1절 유혈 사태

김구가 주도한 반탁 궐기대회

1947년 1월 11일 존 하지가 미소공동위원회(미소공위) 재개에 관한 양군 사령관(하지와 소련군 사령관 치스차코프)의 서한 내용을 발표하면서 세상은 곧 반탁운동의 열기 속으로 빠져들었다. 서신의 요점은 의사 표현의 자유를 계속 고수함과 동시에 모스크바 결정에 적극적인 반대를 행사하는 정당과 단체는 정부 조직 협의에서 제외한다는 것이었다.[1]

이는 일종의 절충안이었지만 반탁 진영은 크게 반발했다. 이승만이 미국을 떠나기 전 우익 세력과 세운 계획에 따르면, 반탁운동은 김구가 체포되어 투옥될 정도로 격렬하게 이루어지게끔 되어 있었다. 그러나 그 계획은 미군정의 첩보망에 걸렸고, 미군정은 설득과 경고를 병행하면서 그 계획을 무산시켰다. 이승만도 1월 16일 워싱턴에서 전문을 보내 김구에게 과격한 시위를 중지할 것을 요청했다.[2]

우익 진영은 김구의 주도로 1월 18일 반탁전국학생연맹 반탁 궐기대회 1주년을 기념해 1946년과 같은 대대적인 반탁 데모를 계획했다. '몇 사람의 희생도 불사하는 소요'를 일으키겠다는 것이었다. 그러나 이승만의 만류와 하지의 경고로 김구는 반탁시위를 보류하고, 1월 18일 우익 진영의 반탁 행사는 천도교당에서 열린 학생들 주도의 '매국노소탕 대회'와 '탁치반대투쟁사 발표대회'로 축소되었다. 이 자리에서 김구는 오늘만은 과격한 행동을 삼가고 조용히 해산해줄 것을 당부했다.[3]

1월 20일 입법의원에선 한민당과 이승만 진영 의원들이 중간파 의원들이 기권한 가운데 표결에 의해 반탁결의안을 통과시켰다. 입법의원 회의장에는 우익 청년단체 회원들이 진입해 김성수, 장덕수, 장택상의 지휘 아래 반대파에 야유를 보내는 등 공포 분위기가 조성되어 있었다. 이 반탁결의안의 통과로 입법의원 의장 김규식의 위신이 크게 실추되었다. 김규식은 한민당과 이승만 세력이 지배하는 입법의원에서는 아무것도 기대할 수 없다며 시골로 내려가 버렸다.[4]

김구의 국민의회 결성

1월 24일에 발족한 반탁독립투쟁위원회(위원장 김구, 부위원장 조성환·조소앙·김성수)는 좌우합작위원회가 미군정하에서 토지개혁을 실시하려고 한다고 비난하면서 좌우합작위원회를 유령 집단으로 매도했다(8일 전인 1월 16일에도 민주의원·한국독립당·한국민주당·독촉 등 우익의 35개 정당 단체대표들은 좌우합작위원회가 민족을 분열과 의혹으로 오도한다고 비난하는 성명을 발표했다).[5] 반탁독립투쟁위원회는 가가호호에 입춘축立春祝처

럼 '절대반탁 자주독립', '반탁대길反託大吉 자주독립' 등의 표어를 붙일 것을 지시했다.[6]

그러나 이즈음 한민당은 반탁 투쟁에서 발을 빼고 있었다. 김성수, 장덕수, 김도연 등 한민당 대표들은 수차례 미군정을 찾아가 입법의원에서 통과된 반탁결의안이 오해에서 빚어진 일이라며 이를 사죄하고, 미군정에 대한 계속적인 지지와 대중시위 형태의 반탁운동에 불참할 것을 약속했다.[7]

김구는 2월 14~17일 비상국민회의를 개최해 민족통일본부 비상국민회의, 독립촉성국민회 등을 통합한 국민의회를 결성했다. 반탁운동을 수단으로 해서 국민의회로 하여금 과도정부를 수립하게 하려는 것이었다. 원래 김구는 이승만이 조속히 미국 측에서 확약을 받지 못한다면 자신의 계획을 실천에 옮길 것을 전제로 하여 이승만의 도미에 찬성했기 때문에 이젠 자기 길을 걷겠다고 나선 셈이었다.[8]

그러나 김구와 임정 계열이 이승만의 계획과는 무관하게 3·1절을 전후해 정부 수립을 추진하겠다는 계획은 미리 널리 알려지고 말았다. 신문에서조차 '아이들 장난'으로 조소했으며, 이승만과 한민당도 "국제정세를 모르는 미숙한 자살행위"라고 비판했다. 미군정은 3월 5~6일 김구, 이시영, 조완구, 유림, 조소앙 등을 주한미군 사령관실로 불러들여 잡아넣겠다고 협박하고, 이들은 이에 굴복해 그 계획은 불발로 끝나고 말았다.[9]

정해구에 따르면, "김구의 이 같은 시도에는 이승만 부재시 정국의 주도권을 잡기 위한 김구의 의도도 작용하고 있었다. 결국 국민의회를 통해 과도정부를 수립하려던 김구의 이 같은 시도는 미군정의 적극적인 대처와 여타 세력의 지원 부족으로 인해 제대로 성공할 수 없었다. 단 그것은 김구의 행동에 의해 자신의 주도권이 위협받게 되었던 이승만으로 하여금 귀국을 서두르게 하는 데는 효과가 있었다".[10] 김재명은 이렇게 말한다.

"해방 3년사에 대한 최근 일련의 연구 작업은 이승만·한민당을 비롯한 보수 우파가 반탁운동의 덕을 상당히 본 것으로 평가를 내린다. 민중적 기반이 취약했던 이들이 반탁운동을 자신의 정치 입지를 마련하는 호재好材로 활용하였다. 이런 시각에 바탕해볼 때, 백범 김구로 대표되는 또 다른 우익이 반탁운동을 통해 결국 이승만·한민당의 존립 기반을 정당화시켜준 역기능을 수행한 셈이 된다."[11]

그랬다. 아직 이때까지만 해도, 김구는 이승만과 한민당의 충실한 후원자였다.

점점 멀어져 간 좌우 타협

북한은 1946년 11월 3일 총선거를 실시했는데, 이 선거에선 453명의 여성을 포함해 총 3,458명의 도·시·군 인민위원회의 대의원이 선출되었다. 이 선거는 대대적인 기독교 탄압의 기회가 되었다. 11월 3일은 일요일이었기 때문이다. 북한의 '2천 교회와 30만 기독교 신도들'은 일요일에 선거를 실시하는 것에 반대했다. 그러자 임시 인민위원회 위원장 김일성은 연설을 통해 "흉악한 의도", "반동분자" 등으로 비난하는 동시에 그런 반대를 이용해 투옥과 강제노동으로 교회를 탄압했다(1946년 11월 28일에는 기독교도연맹이라는 가짜 단체를 조직해 교회의 이름으로 남한을

공격하고, 김일성을 절대 지지하며, 선거에 솔선수범한다는 해괴한 결의문까지 발표하게 했다).[12]

1,159명의 대의원이 참가한 인민위원회대회가 평양에서 2월 17일부터 21일까지 개최되었는데, '최고 입법기관'으로 북조선 최고인민회의가 창설되었다. 2월 21일과 22일 양일에 걸친 회의에서 최고인민회의는 북조선노동당 당수인 김두봉金枓鳳을 의장으로 하는 11인의 상임위원회 위원을 선출하는 동시에 김일성을 위원장으로 하는 '최고 집행기관'으로 22인의 위원으로 구성된 새로운 북조선인민위원회를 구성했다.[13]

북한의 체제가 굳어져 갈수록 남한에서 좌우 타협의 가능성은 더욱 멀어져 갔으며 갈등은 더욱 격화되어갔다. 일반 민중에게 좌우 양자택일을 강요하는 분위기도 고조되어갔다. 중도계의 잡지 『신천지』는 1947년 2월호에 게재한 「본지가 1년 동안 걸어온 길」이라는 글에서 『신천지』도 이제 우右에서는 좌左라는 칭호를 받는 동시에 좌에서는 반동이라는 칭호를 받게 되었다고 개탄했다.[14] 그런 사회적 분위기는 오직 '우右로 진군'만을 외치는 전국학련과 같은 우익단체에는 운동의 성과로 축하할 만한 일이었다. 그래서 전국학련의 규모도 더욱 커져갔다. 전국학련을 이끌었던 이철승은 다음과 같이 말했다.

"당시 전국학련은 서울만 해도 10개, 전국적으로 121개 지부 연맹을 가진 통칭 100만 학도의 거국적인 단체가 돼 있었습니다. 그래서 영향력이 상당히 컸습니다. 나는 즉시 관철동에 비밀 아지트를 만들어 노총의 전진한, 청총의 유진산, 독청의 서상천, 서청의 선우기성 등 당시 전국적인 조직체를 갖추고 있으면서 동원 능력이 많은 단체의 대표들과 수시로 비밀 회합을 가졌습니다. 그래서 이들과 3·1절 대책을 세웠는데…….."

이어지는 이철승의 설명을 더 들어보자.

"우리가 이렇게 반탁운동을 철저히 하니까, 우리 학련의 형님 단체라 할 수 있는 유진산의 청총(대한청년총동맹)이 우리에게 동맹군으로서 큰 힘을 보태주었습니다. 그런데 이 단체의 감찰부장을, 종로의 건달 두목이었던 김두한 씨를 데려다 시켰습니다.……그리고 서상천의 독청(대한독립청년단), 선우기성의 서청(서북청년회), 강낙원의 국청(독촉국민청년단)…… 이런 단체의 대표들이 모여서 소위 '애국단체연합회'라고 명칭하여 애국연합전선을 펼 때도 많았습니다."15

38명의 사상자를 낳은 3·1절

모든 게 과소過少인 사회에서 과잉過剩도 없진 않았는데, 그건 바로 이념과 정치에 대한 과잉이었다. 해방된 뒤 두 번째로 맞는 3·1절이었다. 『조선일보』는 이 날 사설에서 "민족아! 커라, 좀더 커라! 숭고崇高해라!"고 외쳤지만,16 당시 한국 사회는 왜소와 옹졸을 향해 치닫고 있었다. 3·1절 기념식은 1946년과 마찬가지로 두 파로 나뉘어 치러졌다. 좌파는 남산공원, 우파는 서울운동장이었다. 그걸로도 모자라 유혈 사태까지 빚어졌다. 기념식을 마치고 시위 행진을 벌이던 두 세력이 남대문 근처에서 충돌했다. 양쪽이 격렬한 투석전을 벌여 많은 부상자가 발생했으며, 정체불명의 총기 발포로 2명이 사망했다.17

민주주의민족전선(민전) 주최의 3·1절 기념 시민대회는 전국적으로 열렸는데, 미군정과 극우단체들은 이 대회를 탄압했다. 부산과 제주

좌우익의 대립이 격화되며 3·1절이나 광복절 기념식도 좌익과 우익이 따로 행사를 갖게 되었다. 광복절에 남대문 부근을 좌익과 우익 세력이 따로 행진하고 있는 모습.

도 등 지방에서는 경찰 발포로 16명이 죽고 22명이 중경상을 입었다. 그날 라디오에선 서울방송국이 3·1절 특집극(노래극)을 위해 만든 「우리의 소원」이라는 노래가 흘러나오고 있었다. "우리의 소원은 통일/꿈에도 소원은 통일/이 정성 다해서 통일/통일을 이루자/이 나라 살리는 통일/이 겨레 살리는 통일/통일이여 어서 오라/통일을 이루자."

제주의 3·1절 발포 사건

제주의 3·1절 발포 사건은 어떠했던가? 3·1절 기념 제주도대회가 열린 제주북초등학교 주변엔 3만 명의 군중이 모여들었다. 경찰은 제주

경찰 330명과 육지에서 파견된 응원 경찰 100명 등 430명으로 경비에 임했다. 행사를 끝낸 군중은 가두시위에 들어갔는데, 이때에 기마 경관이 탄 말에 어린이가 채어 작은 소란이 발생했다. 기마 경관이 어린이가 채인 사실을 몰랐던지 그대로 가려고 하자 주변에 있던 군중이 몰려들었다. 무장을 한 응원 경찰은 몰려오는 군중이 경찰서를 습격하는 걸로 알고 발포해 6명이 숨지고 6명이 중상을 입었다. 공포탄만 쏘아도 군중이 흩어질 상황이었는데, 왜 인명을 살상했던 걸까?[18]

더욱 놀라운 사실은 도립병원의 검시 결과 희생자 1명만 빼놓고 나머지 모두 등 뒤에 총탄이 맞은 것으로 판명되었다는 것이었다. 민심이 들끓자 경찰은 그날 초저녁부터 통행금지령을 내렸다. 저녁 7시부터 다음 날 오전 6시까지였다. 그리고 2일부터 3·1절 행사위원회 간부와 중등학생들을 검속하기 시작했다. 2일 하루 동안 학생 25명이 경찰에 연행되었고, 곧이어 구타와 고문을 한다는 소문이 나돌았다. 게다가 경찰 책임자의 발포 정당성을 강변하는 담화까지 나왔다.[19]

이에 항의해 3월 10일부터 민관 총파업이 시작되었다. 경찰은 3월 15일부터 파업 관련자 검거에 나섰는데, 이틀 새 200명이 검거되었다. 파업엔 경찰도 동참했다. 그 수는 제주 경찰의 20%나 되었다. 66명의 경찰관이 파면되었고, 서북청년회 소속 단원들로 충원되었다.[20]

이게 바로 다음 해에 일어난 그 비극적인 제주 4·3 항쟁의 비극을 불러일으킨 씨앗이 되었다. 경찰이 사과하고 수습했으면 간단히 해결될 수도 있는 일이었는데, 무슨 이유에선지 경찰과 그 배후에 있는 미군정은 사건을 크게 키우려고 작정이나 한 것처럼 계속 무리한 정책을 일삼았던 것이다.

남산 메이데이 사건

좌익은 3·1절 기념 시민대회의 개최에 이어 격증하는 미군정의 탄압과 극우단체의 테러에 항의하는 뜻과 더불어 미소공위 속개를 촉진하는 목적으로 3월 22일 조선노동조합전국평의회(전평) 주도하에 24시간 총파업을 전개했다. 이에 미군정과 우익 세력은 민전과 그 산하단체들을 습격했다. 3월 29일까지 2,000여 명이 검거되었는데, 이때에 독립투사이자 임정의 민족혁명당 계열을 이끌었던 김원봉도 검거되었다. 여론이 들끓자 미군정은 김원봉을 4월 9일 무혐의로 석방했지만, 김원봉은 노덕술盧德述 등 친일경찰에 의해 고문까지 당했다. 일제 침략기에 겪었던 것과 똑같이 친일 경찰이 독립투쟁을 한 민족주의자를 고문하는 사태가 발생했던 것이다.[21] 수모를 당한 김원봉은 이런 신음을 쏟아냈다.

"3일 낮과 밤을 울었다." "여기서는 왜놈 등쌀에 언제 죽을지 몰라." "내가 조국 해방을 위해 중국에서 일본놈과 싸울 때도 한 번도 이런 수모를 당한 일이 없는데, 해방된 조국에서 악질 친일파 경찰 손에 수갑을 차다니 이럴 수가 있소."[22]

좌익 진영은 3월 22일 총파업에 이어 5월 1일 다시 전국에 걸쳐 메이데이 기념대회를 개최했다. 남산공원엔 30만 군중이 몰려들었다. 경찰은 이 기념식에 참가한 남녀 학생들을 연행해 조사한 뒤 그 명단을 학교에 통고했다. 경찰 당국에서 명단을 넘겨받은 덕성여중, 배화여중, 경기고녀(경기여고) 등 각 학교에서는 메이데이 참가 학생 전원을 퇴학 또는 정학 처분을 내렸다. 퇴학 처분 24명, 정학 처분 47명, 근신 167명 등이었다.

이러한 처벌에 대해 5월 10일 미국인 학무국장 고문관 버턴 마틴 Burton Martin은 경찰과 학원 당국의 과오를 지적하는 성명서를 발표하고, 13일 경기고녀 강당에서 열린 서울시 남녀 중학교 교장회의에선 "전前 세기적 전제주의를 버리고 민주주의 교육정신에 입각하여 퇴학생을 복교시키라"고 말하고, 14일 15개 조항에 걸친 민주주의 교육 방침을 시내 각 남녀 중학교에 통고해 정학, 퇴학, 경찰 간섭 등 비민주적 처사를 하지 말도록 지시했다.[23]

미군정 관리의 대응치고 참으로 드물게 보는 민주주의적 대응이었으나, 마틴은 이 일로 인해 일본으로 쫓겨나고 말았다. 이후 좌익 학생 단속은 더욱 강화되었다.

역사 산책 1

명월관의 도색영화 사건

"엄숙한 건국 도상에서 썩은 돈을 뿌려 향락하다 못해 '도색桃色영화'를 즐김으로써 풍기를 문란케 하는 악질 신사 숙녀의 요리점이 수도청 보안과에 드러났다. 서울시 돈의동 명월관에서는 지난달 20일 밤 8시경, 약 15분 동안에 걸쳐 음탕한 도색영화를 상연한 사실이 있었다. 이 도색 필름은 상인 김린이 가지고 와서 주흥에 겨운 나머지 기생 최선 외 4명, 그 외의 파렴치한 신사 숙녀 20여 명과 더불어 음란을 탐한 것이라고 한다. 그러나 이것은 발각된 일에 지나지 않고 일류요리점 몇 군데서는 벌써 오래전부터 이러한 사실이 빈번하던 모양이다. 겨레가 마음을 가다듬어야 할 이 비상시에 이렇듯 부패한 향락에 젖음이 웬 말인고. 방금 경찰 당국에서는 문제의 도색 필름을 엄탐嚴探하는 동시에 파렴치한 분자와 악질 요리점을 샅샅이 수사하여 엄벌에 처할 방침을 세우고 있다."[24]

『조선일보』 1946년 12월 6일자 기사다. 이 도색영화 사건은 1946년

제1부 1947년   25

12월부터 1947년 2월에 걸쳐 세상을 뜨겁게 달구었다. 사실 이게 경찰의 수사 대상이 되어 세상에 널리 알려진 것 자체가 이상한 일이었다. 왜 그런가? 일본 소피아대학 교수 이연식은 『다시 조선으로: 해방된 조국, 돌아온 자들과 무너진 공동체』(2024)에 다음과 같이 썼다.

"종로의 국일관을 비롯해 해방 전 경성의 '긴자銀座'로 불리던 진고개 일대의 청향원, 난정 등에서도 포르노를 틀어 놓고 질펀하게 주지육림에 젖어 있던 패거리가 목격된 일이 한두 번이 아니었다는 의혹이 제기되었다. 그리고 그 자리에는 예외 없이 미군과 통역원들이 함께 자리한 경우가 많았다고 한다. 그렇게 보자면 명월관의 '신사 숙녀'는 그저 운이 없었을 따름이었다."[25]

수도경찰청장 장택상은 기자들 앞에서 엄정 수사를 천명했지만, 사건의 처리는 누가 보아도 이상한 방향으로 흘러갔다. 처음엔 명월관과 국일관이 무기 영업정지 처분을 받았지만, 12월 17일부터 다시 영업을 개시했다는 소문이 돌았다. 경찰청 출입기자들이 캐보았더니 벌금 500원에 고작 일주일 영업정지 처분을 내렸다는 게 밝혀졌다. 기자들이 장택상에게 따지듯이 물었더니, 그나마 '최고수위의 벌칙'을 적용한 것이라는 이상한 답이 돌아왔다.

결국 이 사건은 그런 식으로 싱겁게 끝이 나고 말았는데, 얼마 후 명월관에서 폭행 사건이 일어나면서 다시 세상의 관심이 되살아났다. 1947년 3월 15일 장택상의 수하였던 박충식이 명월관에서 심야에 직원을 폭행했는데, 그 자리에는 장택상이 있었다는 게 드러난 것이다. 그뿐만 아니라 서울에서는 오후 10시부터 다음 날 새벽 6시까지 통행금지를 이제 막 시작한 때였다. 이틀 후에도 두 사람은 다른 요정에서 늦게까지 술을 마셨다는 의혹도 제기되었다. 이에 대해 이연식은 다음과 같이 말했다.

"고급 요정은 고관들에게 일상적인 만남의 장소였고 어떤 의미에서는 '도색 야회'는 공직 생활의 연장이기도 했다. 그가 3개월 전 기자들 앞에서 포르노를 상영한 명월관을 엄벌에 처하겠다며 공언한 것은 화난 민심을 잠재우기 위한 정치적 제스처에 불과했다. 예전부터 그를 지켜본 사람은 그가 해방 전부터 유수 요정들의 단골손님이었다는 사실을 잘 알고 있었다."[26]

'트루먼 독트린'이 한국에 미친 영향

처칠의 '철의 장막' 연설

미국에서 남한만의 단독정부 수립을 위한 이승만의 대미對美 로비를 열심히 도운 건 『맥코믹-패터슨』, 『하워드』, 『허스트』 등 보수 계열 신문들이었다. 『타임』의 사주 헨리 루스Henry Luce, 1898~1967는 이승만의 로비스트인 임영신을 위해 록펠러센터에 사무실까지 내주는 등 열성을 보였다. 임영신은 이승만이 프란체스카 도너Franziska Donner, 1900~1992와 결혼하기 전 이승만의 구혼求婚을 받은 적이 있었는데, 고민하다가 나이 차이(24년)를 문제삼는 주변의 반대에 굴복해 그 구혼을 완곡하게 거절했다. 그러나 임영신의 이승만에 대한 흠모는 여전해 이승만의 이름에서 딴 승당承堂(이승만의 집)이라는 아호雅號를 지어 애용했다. 임영신은 프란체스카가 서울에 도착할 때(1946년 3월 25일)까지 윤치영 내외와 함께 돈암장敦岩莊과 마포장麻浦莊에서 이승만의 비서로 일했다.

이승만의 로비 효과는 영 신통치 않았다. 그는 원래 5~6주 동안 미국에 체류할 예정이었지만, 아무런 성과가 없자 체류를 연장해가면서 미국 정부의 동향을 주시할 수밖에 없었다. 미 국무성은 그의 주장을 무시하는데다 접견 요청조차 받아들여주지 않았다.[27]

그러나 국제 정세는 이승만에게 유리하게 돌아가고 있었다. 1947년 3월 5일, 전前 영국 수상 윈스턴 처칠Winston Churchill, 1871~1947은 미국 남부의 작은 도시 풀턴Fulton에 있는 웨스트민스터대학에서 명예 법학박사 학위를 수여받고 행한 연설에서 유럽에는 '철의 장막'이 드리워졌다고 주장했다. 처칠은 소련의 팽창주의에 대항하기 위한 '영어 사용 국민들 간의 형제애적 단결'을 호소했다. 스탈린은 "소련과 한판 붙자는 거냐"며 격노했다. 그는 『프라우다』 인터뷰에서 처칠의 연설을 "명예훼손과 무례함과 멍청함의 혼합물"이라고 비난했다.[28]

처칠은 민간인 신분이었지만 그의 연설문은 미국의 관리들은 물론이고 해리 트루먼Harry Truman, 1884~1972에 의해 사전에 검토되었다는 점에서 무시할 수 없는 의미를 갖는 것이었다. 『네이션』은 "이미 악화되고 있는 소련과 서구 국가들 간의 관계에 큰 해독을 끼쳤다"고 비판했으며, 『월스트리트저널』은 영미 간의 긴밀한 관계에 대한 처칠의 제안을 적극적으로 반대했다. 그럼에도 처칠의 연설은 미국의 정책 변화와 소련의 위협에 대한 미국민의 이해를 바꾸는 데에 적잖은 기여를 했다.[29]

미국의 동아시아 정책은 1947년 초부터 중국 중심주의에서 일본 중심주의로 전환되기 시작했으며, 이와 관련된 정책 협의를 위해 미국 정부는 2월 초 하지를 워싱턴으로 불러들였다.[30] 이승만은 3월 9일 워싱턴에서 하지를 은밀히 만났다. 이 만남에서 이승만은 미군정의 과도정부 수립을 위한 구체적 일정을 알았을 가능성이 높다. 회담 후 이승만은 국내에 전보를 보내어 모든 행동계획을 입법의원에서 보통선거법 통과로 통일시킬 것을 지시했기 때문이다. 물론 이는 단독정부 구상을 추진하는 데에도 매우 유리한 방법이라는 판단을 했을 것이다.[31] 미군정이 과도입법의원에 부과한 일차적인 과제도 보통선거법 제정이었다. 그건 미소공위의 재개에 대비해 남한 측 협의 대상이 될 새로운 대표기구를 구성하기 위한 것이었지만, 남한 단독정부 수립을 위한 도구이기도 했다.[32]

이승만을 기쁘게 만든 '트루먼 독트린'

1947년 3월 12일 이승만에게 큰 도움이 될 결정적인 사건이 터졌다. 해리 트루먼 대통령이 그날 상하 양원 합동회의에서 행한 연설에서 이른바 '트루먼 독트린Truman Doctrine'으로 불리는 선언을 한 것이다. 공산주의 세력의 확산을 적극적으로 봉쇄하겠다는 강한 의지의 표명이었다. 트루먼은 현 세계가 두 개의 상이한 이데올로기 원칙 간의 선택 문제에 직면해 있다면서 다음과 같이 말했다.

"첫 번째 생활방식은 다수의 의지에 토대를 둔 것으로서 자유로운 제도, 대의정치, 자유선거, 개인적 자유의 보장, 언론 및 종교의 자유, 그리고 정치적 억압으로부터의 자유에 의해 특징 지워지는 생활방식이다. 두 번째 생활방식은 다수에 대한 소수 의지의 강요에 토대를 둔 것으로서 테러와 억압, 언론 통제, 조작 선거, 그리고 개인적 자유의 억압에 의존한다."[33]

이어 트루먼은 "미국의 목적은 소수파가 독재정치를 강요하는 공산

침략주의에 대항해 자유민주주의 제도와 영토 보전을 위해 투쟁하는 세계의 모든 국민을 원조하는 것"이라고 선언하면서 그리스와 터키에 공산 세력의 진출을 저지하기 위한 자금 4억 달러를 의회에 요청했다.

당시 그리스에서는 공산주의자들이 주도하는 반란이 발생했는데, 1947년 2월 영국은 붕괴 직전의 그리스 정부에 대한 원조 중단과 주둔군 철수 발표를 하면서 미국이 개입할 것을 요청했다. 트루먼은 그 지역에서 소련의 영향력을 봉쇄할 목적으로 그리스와 터키를 위한 경제·군사 원조에 4억 달러를 배정한 것이었다.[34] 그리스와 터키 원조 법안은 4월 22일 상원에서 62대 23으로, 5월 8일 하원에서 287대 107로 각각 통과되었다.

미국은 그리스가 사라진다면 "공산주의의 바다 한가운데 남게 될 터키 역시 지켜질 수 없다"는 생각에서 포괄적인 위협을 걱정했다. 트루먼은 미국이 그리스와 터키를 안전하게 지키지 못한다면 "근동과 중앙아시아 전체 그리고 이탈리아, 프랑스, 독일에서도 가장 강력한 반작용을 초래"할 수밖에 없다며, "행동하지 않는 것, '요새 미국'으로의 복귀, 고립주의, 이 모든 것이 가져올 결과는 단 하나뿐이다. 즉 수많은 국가들을 줄줄이 러시아의 입속에 던져 넣는 것이다"고 말했다.[35]

훗날 국무장관이 될 딘 애치슨Dean Acheson, 1893~1971은 그리스와 터키에 대한 원조 승인을 요청하는 연설에서 나중에 '도미노 이론'으로 발전되는 이른바 '썩은 사과 이론'을 제시했다. "같은 통 속에 들어 있는 사과 가운데에서 썩은 사과가 하나 있으면 다른 사과들도 썩는다. 이와 마찬가지로 그리스가 썩으면 이란과 동방의 모든 지역이 썩게 된다. 그렇게 되면 소아시아뿐만 아니라 이집트를 포함한 아프리카도, 그리고 이미 가장 강력한 공산당들로부터 위협받고 있는 이탈리아와 프랑스를 포함한 유럽도 같이 썩고 만다."[36]

트루먼은 '미국의 세기'라고 하는 상징과 실체에 큰 의미를 부여했던 건 아니었을까? 그리스와 터키는 지중해를 지키기 위한 보루였던바, 영국이 그곳에서 손을 뗀다는 것은 '세계사의 한 장이 끝나는' 순간이었기 때문이다. 이와 관련, 김봉중은 다음과 같이 말한다.

"1947년 2월 21일, 영국 정부에서 그리스에 대한 '포기 각서'를 공식적으로 받고 난 후 미국 관리들은 부산하게 움직였다. 그 당시 기록과 회고록들을 면밀히 살펴보면 그들이 무척 들떠 있었다는 것을 알 수 있다. 전후 여러 복잡한 외교 사안들 중에서 특히 이 문제에서 더욱 그랬다는 것이 역력히 나타난다. 언젠가는 그럴 것이라고 예상했지만 영국의 요청에 의해서 미국이 '세계적 책임'을 공식적으로 떠맡게 되는 역사적 순간이었기 때문이다."[37]

화려하게 치장된 '이승만 외교'

이승만은 트루먼 선언을 쌍수로 환영하면서 이것이 모든 나라에 서광을 비추게 될 것이라고 말했다. 이승만은 트루먼에게 감사의 편지를 보내 한국에 이 정책을 수용하게 함으로써 민족주의자와 공산주의자 사이에 협조를 이끌어내려는 미군정의 정책을 포기토록 권했다. 그는 "미국 지역 내에서 즉각적인 과도독립정부를 수립함으로써 공산주의의 진출에 대한 방파제를 구축"해야 한다고 주장했다. 이후 이승만은 트루먼 독트린을 자신이 미국에서 이룬 위대한 공로로 선전하게 된다.[38]

국내 우익도 트루먼 독트린을 대환영했다. 김구는 트루먼이 전 세계 자유 애호 인민에게 희망을 주었다는 내용의 메시지를 보냈으며, 한민당 위원장 김성수는 트루먼에게 찬사를 표하는 무선전보를 보냈다. 한민당의 장덕수는 "이것은 트루먼에게 큰 불빛이다. 긴 터널의 출구가 보이기 시작했다"고 말했다.[39]

『뉴욕타임스』 1947년 3월 20일자는 미국이 3년간 6억 달러의 대한 원조 계획을 검토 중이라고 보도했는데, 이 또한 이승만의 공으로 돌려졌다. 트루먼 독트린이 나온 지 열흘 후인 3월 22일, 기세가 오른 이승만은 뉴욕에서 "미국은 30일 내지 60일 이내에 남조선 독립정부의 수립을 용허하고 그 유엔 가입을 지원하는 동시에 서울에 대사 수준의 미국 고등판무관을 파견할 것"이라고 주장했다. 미 국무성은 이승만의 말은 광신적이라며 언어도단이라고 반박했지만, 이후의 사태는 이승만의 주장대로 가게 되었다.[40]

이승만은 흡족한 기분으로 4월 5일 귀국길에 올랐다. 그는 일본 도쿄에 들러 더글러스 맥아더를 만났고, 중국에 들러 장제스와 국민당 정부의 환대를 받았다. 애초부터 이승만의 방미는 국내용의 목적도 있었던 것이므로 그런 거물들과의 만남은 국내에서 이승만의 지위를 높여줄 것이 분명했다.[41]

한국에 도착할 때에 이승만을 개선장군처럼 보이게 만들 수 있는 또 하나의 희소식이 날아들었다. 4월 19일 서윤복이 보스턴 마라톤대회에서 2시간 25분 39초의 대회 신기록으로 우승한 것이다(남승룡은 12위). 서윤복의 보스턴 마라톤대회 우승 소식으로 '이승만 외교의 승리'는 더욱 화려하게 치장되었다. 일각에선 이승만 진영이 서윤복의 마라톤 우승을 정치적으로 이용한다는 비판까지 나올 정도였으니, 이승만이 그 점에서 성공을 거둔 건 분명한 사실이었다. 이승만이 이 행운을 거저 얻은 건 아니었다. 이승만은 1945년 10월 27일 해방경축체육대회에서 이런 호소를 한 적이 있었다.

"젊은이들이여, 빨리 태극기를 세계에 휘날려다오. 35년간 세계를 다니며 도와달라고 호소하였으나 코리아를 아는 나라가 없더라. 그러니 여러분이 세계대회에서 우승하여야 한다."

그렇게 스포츠의 외교적 가치를 잘 알고 있는 이승만인지라 그는 대회 전날 임영신에게 전화를 걸어 "마라톤 선수를 격려하라"는 지시를 내렸다. 임영신은 35킬로미터 지점에서 서윤복에게 물을 건네주는 등 열심히 응원을 하고, 서윤복의 우승 이후 장장 43일간이나 서윤복 선수 일행을 이끌고 미국 전역을 순회하면서 코리아의 이름을 빛내는 동시에 그 영광을 이승만에게도 돌리는 국내외용 외교전을 펼쳤던 것이다.[42]

이승만의 귀국 환영대회

이승만은 도미 5개월여 만인 4월 21일에 귀국했다. 그의 귀국 다음 날 『동아일보』(4월 22일)는 이승만의 귀국을 「독립 전취에 불후의 공적 쌓고 거족적 감격리 이 박사 작일 환국」이라는 제목으로 대서특필했다.[43]

이에 화답하듯, 이승만이 4월 23일에 발표한 귀국 성명은 '트루먼', '장제스', '맥아더', '하지' 등의 이름을 거론하면서 자신감에 흘러넘쳤다. "트루먼 대통령이 한국에 민주정체 건설을 절대 지지하며, 국무성 당국 모씨는 한국에 총선거로 독립정부를 수립함에 찬성이고 중국은 장

이승만이 5개월여 만에 귀국하자 『동아일보』는 이승만의 귀국을 「독립 전취에 불후의 공적 쌓고 거족적 감격리 이 박사 작일 환국」이라는 제목으로 대서특필했다. (『동아일보』, 1947년 4월 22일)

주석 이하 정부 당국과 민중 여론이 다 동일히 만강열정을 표하며 맥아더 장군은 나와 2시간 동안 담화에 한인들이 자치 자주할 능력 있는 것과 관리 사용의 필요는 누구나 인정치 않을 사람이 없다고……화성돈(워싱턴)에서 하지 중장과 나와 협의된 것이 더욱 충분하여 입법의원을 통하여 총선거제도 통과의 필요를 역설."

4월 27일 열렬한 환영 속에 서울운동장에서 열린 귀국 환영대회에서 이승만은 "남한에서 총선거가 지연되고 미군정이 실패한 것은 하지 중장이 공산파와 합작을 고집하였기 때문이다. 나는 좌우 합작의 성공을 믿지 않았다. 그러나 현재 미국 정책이 공산주의와의 합작을 단념하였으므로 캄캄했던 우리의 길이 열렸다"고 선언했다.[44] 이어 그는 입법의원이 총선거 법안을 만들어 남한 과도정부, 즉 단독정부를 수립해야 하며, 이제 김구와 김규식은 임정법통론과 좌우합작론을 모두 포기하고 "나와 같이 보조를" 취해야 할 것이라고 주장했다.

그러나 어떤 독트린이 대통령에 의해 발표되었다고 해서 그것이 곧장 전 분야에 걸쳐 일시에 실천적 지침이 되는 건 아니었다. 아직 시간이 더 필요했다. 1947년 2월 하지는 미 국무부에 "한반도의 통일을 위해 미소 양국 정부가 곧 조치를 취하지 않으면 한반도는 내란에 빠질지 모른다"고 보고한 바 있었다. 1947년 4월 모스크바 외무장관회의에서 미 국무장관 조지 마셜George Marshall, 1880~1959은 소련 외무장관 뱌체슬라프 미하일로비치 몰로토프Vyacheslav Mihailovich Molotov, 1890~1986에게 다시 한국 문제를 제기해 미소공동위원회의 재개에 합의했다.[45]

5월 21일로 예정된 제2차 미소공위 개최를 앞두고 단독정부론을 공격적으로 외쳐대는 이승만은 위험 인물이었다. 미소공위를 망치기에 딱 알맞은 인물이었다는 말이다. 그래서 이승만은 하지의 지시에 의해 연금 상태에 들어갔다. 그러나 이승만에겐 자신을 따르는 우익 청년단체가 있었다. 이즈음 하지가 미국 기자들과 가진 간담회에서 한국인들의 성격에 대해 말한 게 흥미롭다.

"'동양의 아일랜드인'으로 불리는 사람들이다. 아일랜드 사람들과 너무 비슷하다. 그들은 집단적으로 움직인다. 그들은 즐기는 것을 좋아하고 유머 센스가 많으며, 싸우기를 좋아한다. 또한 주장이 많다. 공상을 좋아하는 한국인들에게는 아일랜드와 비슷한 설화들이 있다. 술 마시는 것을 좋아하며 파티와 휴가, 정치권력을 사랑한다. 질적 수준이 높으며 동시에 그러한 높은 수준으로 인해 다루기가 쉽지 않다. 그들은 매우 획

일적이며 중국인과 다르며, 일본인도 아니다. 그들은 몽골로부터 내려왔으며, 중국으로부터 많은 문화를 받아들였고, 동양의 기준에서 높은 수준의 문화를 유지했다."[46]

| 역사 산책 2 |

심각한 사회문제가 된 귀환 전재민

    8·15 해방 이후 태평양전쟁 전 징용으로 끌려갔다 귀환한 사람들과 공산주의 정책 등에 대한 반발로 북한 지역에서 남한으로 들어온 사람들을 포함한 남한 유입 인구는 대략 250만 명으로 추정되었다. 이는 해방 직후 남한 인구(약 1,600만 명)의 약 15.6%에 해당하는 숫자였다. 이렇다 할 연고나 재산도 없이 귀환한 전재민戰災民들의 고통은 말로 표현하기 어려울 정도였다. 정원식은 "그러나 전재민들을 절망하게 한 것은 해방된 조국의 열악한 환경이라기보다는 동포들의 냉대와 멸시였다"며 다음과 같이 말했다.

    "해방 직후만 해도 전재민에 대한 '포섭·포용·동정·구호'를 강조했던 사람들의 시선은 1945년 12월~1946년 2월 동절기를 지나면서 '배제·경계·소외·방치·조롱'으로 변해갔다. 가뜩이나 식량과 일자리가 부족한데 대규모 전재민이 몰려들어 생활난이 심화되자 기존 주민들

의 시선이 싸늘해진 것이다."⁴⁷

이연식의 『다시 조선으로: 해방된 조국, 돌아온 자들과 무너진 공동체』(2024)에 따르면, 1946년 12월 서울시 장충단의 전재민 수용소 재소자 2,400명 중 1,700명이 영양실조와 동상에 시달렸고 날마다 7~8명이 죽었다고 한다. 수용소 재소자들은 그나마 운이 좋은 편이었다. 수용소에도 들어가지 못한 이들의 운명은 더 혹독했다. 아사 또는 동사 위기에 처한 노숙자가 서울 시내에만 약 4,000명 있는 것으로 추산되었다.⁴⁸

1947년 2월 서울 장충단 전재민 수용소에 있던 귀환자 500여 명이 서울시청으로 몰려가 이러다가는 모두 얼어죽겠다며 시장과의 면담을 요청했다. 『독립신보』 1947년 2월 12일자 기사에 따르면, 수용소에는 약 2,000명이 있는데, 귀환자에게 지급할 장작을 사무원들이 빼돌리고, 지급된 약도 의사가 횡령했을 뿐만 아니라 겨울을 앞두고 약속했던 시설의 보수도 이루어지지 않았다고 항의했다.

이와 관련, 이연식은 "전재민 수용소 직원들의 상습적인 배급품 횡령과 착복 행위도 문제였다"며, "이것은 그만큼 해방 후 남한 사회가 식량과 생필품 부족에 시달렸고, 자신의 배만 채우려는 반사회적 집단의 몰염치한 행위가 사회 전반에 걸쳐 횡행했다는 것을 뜻한다"고 했다.⁴⁹

좌절한 전재민 중 일부는 또다시 고국을 떠나는 쪽을 선택했다. 이연식은 1946년 봄부터 여름 사이 전재민들이 밀항선 등을 타고 만주나 일본으로 되돌아가는 사례가 속출했다고 말한다. 그는 "(만주 재이민과 일본 재밀항 현상은) 해방 직후 신국가 건설의 열기라든가, 민족주의의 고조 속에서 한껏 물신화된 '국가'와 '민족'의 허상을 적나라하게 드러냈다"며 다음과 같이 말했다.

"먹을거리도 해결하지 못한 사람들에게 제대로 된 도움의 손길도 내밀지 못한 조국이 어떤 의미가 있는지를 되묻게 한다. 이러한 남한의 구호 능력과 사회적 통합 능력의 취약성은 오랜 식민 지배로 인해 구조화되었다.……그리고 이웃사촌이라고 믿었던 주변 사람에게 입은 마음의 상처로 인해 '피를 나눈 동포'라는 것은 애초부터 있지도 않은 헛된 신화라는 것을 뼛속 깊이 새기게 되었다."[50]

제2차 미소공위와 '6·23 반탁 데모'

미국의 대소 봉쇄정책

1947년 5월 21일 서울에서 제2차 미소공위가 열렸다. 6월 초엔 김규식·여운형과 노선을 같이했던 한독당 내의 안재홍·박용희·조헌식·이의식·이승복·장지필·엄우룡 등 구舊국민당 세력은 김구 등의 반탁 노선에 반기를 들고 미소공위의 성사를 위해 한독당을 탈당했다. 이들은 "우리 민족의 총의인 자주독립을 쟁취키 위하여는 기동성 있는 총명·과감한 발전적 투쟁을 요한다"면서 미소공위에 지지를 보내는 것이 필요하다고 주장했다.[51]

그러나 미국의 트루먼 행정부는 점점 미소공위에서 멀어져 가고 있었다. 남한에서 미소공위의 성사를 위한 그런 청신호가 나온 지 며칠 후에 3월 12일 트루먼 독트린의 후속 조치가 터져 나왔다. 1947년 1월에 사임한 제임스 번즈James F. Byrnes, 1882~1972의 뒤를 이어 국무장관이 된 조지 마셜은 4월 28일 "서방은 이제 소련에 대한 정책에서 더이상 돌이킬 수 없는 시점을 건넜다"고 선언했다. 이어 그는 6월 5일 하버드대학에서 진행된 명예 법학박사 학위 수여식에 참석해 유럽 부흥을 위한 방대한 원조 계획에 대해 연설했다.

이른바 '마셜 플랜'으로 알려진 이 계획은 경제적 원조로 소련의 팽창주의를 저지하겠다는 것이었다. '마셜 플랜' 직후 미국의 대소對蘇 '봉쇄정책Containment Policy'이 가시화되기 시작했다.[52] ('마셜 플랜' 속엔 이미 남한만의 분단정부라고 하는 씨앗이 잉태되어 있었다. 마셜은 1947년 애치슨에게 "한국에 분단정부를 수립하고 일본 경제와 연결하라"는 자필 메모를 남겼다.)[53]

마셜 플랜이 발표된 지 1개월 후인 1947년 7월, 마셜 플랜의 실무 기획자였던 조지 케넌George F. Kennan, 1904~2005은 외교 전문 잡지 『포린 어페어스Foreign Affairs』에 'X'라는 가명으로 기고한 「소련 행동의 연원 The Sources of Soviet Conduct」이라는 논문에서 소련의 팽창주의 세력화는 불가피하며, 따라서 "기민하고 주의 깊게 대응 세력을 동원해" 소련을 봉쇄할 필요가 있다고 주장했다.

"미국은 당분간 소련과 긴밀한 관계를 기대할 수 없다. 미국은 소련을 파트너가 아닌 경쟁자로 보아야 한다. 소련은 평화와 안정을 존중하지 않을 것이다. 또 사회주의와 자본주의가 영구히 행복하게 공존할 수 있다고 결코 믿지 않는다. 소련은 모든 경쟁 국가를 혼란에 빠뜨리고 그 영향력을 약화시키기 위해 신중하고 집요하게 노력할 것이다. 다행히, 러시아는 아직 서방에 비해 약한 위치에 있다.……소련 사회는 자신의 모든 잠재력을 약화시킬 결점들을 갖고 있다. 그러므로 미국은 소련이 평화롭고 안정된 세계의 이익을 침해할 기미를 보이는 모든 지역에서 자신감을 갖고 불굴의 군사력으로 소련에 대결하는 확고부동한 봉쇄정책을 추진할 수 있다."[54]

조지 케넌의 논문은 1989년 소련 진영이 붕괴할 때까지 서방 외교의 기조가 되어온 '봉쇄'라는 하나의 독트린의 이론적 기초가 되며, 트루먼 독트린과 마셜 플랜은 바로 그런 봉쇄정책의 선구가 된 것이었다. 소련은 '마셜 플랜'에 대응해 1947년 10월 코민포름Kominform을 창설한다(이전에 조직되었던 코민테른은 1943년 5월 22일에 해체되었다). 코민포름엔 소련, 폴란드, 유고슬라비아, 불가리아, 루마니아, 헝가리, 체코, 이탈리아, 프랑스 공산당 대표 등 9개국 공산당 대표가 참가했다. 소련 대표 안드레이 즈다노프Andrei Zhdanov, 1896~1948는 연설에서 세계는 두 진영으로 분열되었다고 선포하고, 미국은 제국주의와 자본주의 진영을 주도하고, 소련은 반제국주의와 반자본주의를 이끌 것이라고 선언했다.[55]

총알과 폭탄이 난무하진 않지만, 언제든 그런 상황으로 치달을 수 있는 '차가운 전쟁', 즉 '냉전cold war' 시대가 열린 셈이었다. '냉전'이란 말은 칼럼니스트 월터 리프먼Walter Lippmann, 1889~1974이 대중화시켰지만, 그 원조는 금융인이자 프랭클린 루스벨트Franklin Roosevelt, 1882~1945의 보좌관으로 루스벨트 시절에 뉴딜정책과 전시 경제정책 수립에 참여했던 버나드 바루크Bernard Baruch, 1870~1965였다. 그는 1947년 사우스캐롤라이나의 컬럼비아에서 연설을 하면서 '냉전'이란 말을 처음 사용했다.[56]

463개 정당·사회단체의 회원 수가 7,000만 명

미국의 대소 봉쇄정책이 가시화되기 시작하는 와중에도 미소공위

양측은 협의 대상 정당·사회단체의 허용 범위를 놓고 논란을 거친 끝에 합의에 도달했다. 6월 11일에 발표된 공동성명에 따르면, 미소공위 협의에 참여하고자 하는 정당·사회단체는 모스크바 결정의 목적을 지지하고 조선 임시정부 수립에 대한 미소공위 결의를 고수하고 신탁통치에 관한 제안을 작성하는 데 협력한다는 내용의 선언문에 서명하고 그 선언문을 첨부한 청원서를 미소공위에 제출하도록 되어 있었다. 좌파 진영과 중도파 진영은 이 성명을 반겼지만, 반탁 진영 내부에서는 미소공위 협의 참가 문제를 둘러싸고 심각한 분열이 발생했다.[57]

한민당은 '참여하여 반대한다'는 명분을 내세워 미소공위 협의에 참가할 것을 주장하면서 6월 19일 74개 정당·사회단체로 구성된 '임시정부수립대책협의회'를 구성했다. 이에 대해 이승만은 "회의에 참가해서 신탁을 반대할 수 있다는 말은 우리로서는 해석하기 곤란하다. 속이고 들어가서 반대하겠다는 것은 자기의 신의를 무시하는 자"라고 불만을 토로했다.[58]

6월 23일까지 협의를 청원한 단체는 남한에서 425개 단체, 북한에서 38개 단체로 모두 463개 단체였는데, 이들 단체의 인원을 모두 합하면 7,000만 명을 넘었고, 그중 80%가 남한에 거주하는 사람들로 되어 있었다. 대부분 엄청나게 인원을 과장해서 기재했다. 한 단체가 여러 명의로 등록하는 등 유령 단체가 많았고, 친목회와 동창회 같은 것도 많았다. 민전은 한민당에서 수백의 유령 단체를 만들어 미소공위에 잠입시켰다고 비난했다.[59]

이에 『조선일보』는 수개월 후(1947년 12월 21일) 이렇게 비꼬았다. "미소공동위원회에 '나도 한목 낍시다' 하고 정당·사회단체의 간판을

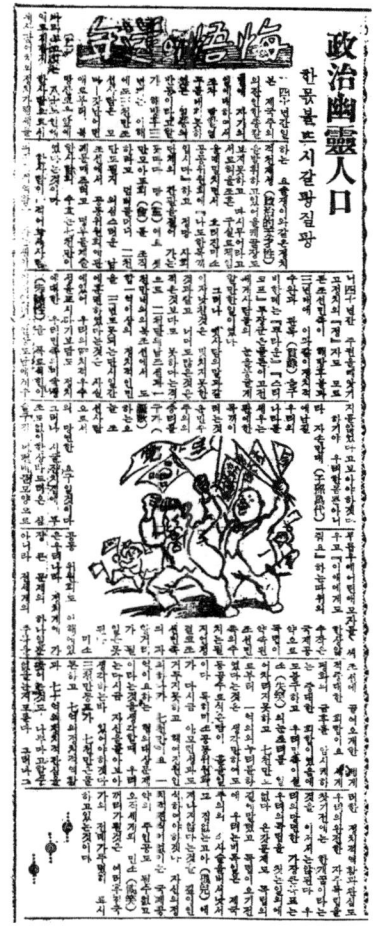

463개 단체에서 7,000만 명이 넘을 정도로 협의를 청원한 단체는 많았지만, 이 중에는 유령 단체가 많았고, 친목회와 동창회 같은 것도 많았다. (『조선일보』, 1947년 12월 21일)

내걸어, 가는 것모다 당黨이요, 셋만 보아도 회會를 조직하려고 덤벼들더니 2000만도 될지 의심스러운 남조선에서 공동위원회에 관계를 맺으려고 제출한 명부에 오른 사람의 수효는 7,000만이었다." 이 기사는 "갓난아기부터 여든 노인에 이르기까지 한 사람이 '세 사람어치' 정치가 행세

를 하는 요술쟁이와 같은 정치적 천재성"을 발휘했다고 꼬집었다.[60]

이승만과 김구의 '마지막 합작품'

6월 하순 미소공위 참여에 찬성하는 혁신파와 민주파가 한독당에서 이탈해 신한민족당과 민주한독당을 결성했다. 이로 인해 이승만과 김구만 고립되었다. 한민당의 변화에 격노한 이승만과 김구는 미소공위 협의 청원서 제출 마감날인 6월 23일 전국 여러 곳에서 반탁시위를 벌이게끔 주도했다.[61]

'6·23 반탁 데모'는 이승만과 김구의 '마지막 합작품'이었다. 두 사람은 공동 서명한 '소집장'을 각지의 독촉 지부장에게 보내 군중을 조직적으로 동원했다.[62] 6월 23일은 단오절이자 미소공위 참여단체의 등록 마감일이었다. 더욱 중요한 건 그날이 서윤복 일행의 거족적 환영대회가 열리기로 되어 있는 날이었다는 사실이다. 전국이 들떠 있었다.

'6·23 반탁 데모'는 그 들뜬 분위기를 이용하겠다는 것이었다. '6·23 반탁 데모'의 기수인 전국학련도 학생 총동원령을 내렸다. 서울 시위를 주도한 전국학련의 반탁 시위대는 소련 측 대표단에 돌을 던지는 등 맹활약을 했다. 학생 시위대는 시위가 끝난 후 이승만을 찾아가 상세히 보고했다. 이승만은 전국학련의 지도자인 이철승을 부둥켜안고 눈물을 글썽이며 격찬했다. "자네는 건국 공신이야. 큰일을 해냈어!"[63]

이철승의 증언에 따르면, "저의 인사를 받은 이 박사는 눈물을 글썽이며 그저 내 손을 잡고 얼굴을 씰룩씰룩하면서……. 나는 이 박사 앞에 가면 그 카리스마와 '학' 같이 고귀한 풍채, 그 독특한 언변 앞에 말려들어 '나'라는 존재는 없어지고, 멍하니 우러러만 봤습니다. 나는 보고를 하면서 나도 모르게 눈물을 흘렸습니다. 이 박사가 '자네는 건국 공신이야. 큰일을 했어' 하며 부둥켜안고 격찬을 해주는 겁니다."[64]

"이승만은 태양, 김구는 달"

여기서 이승만의 탁월한 용인술을 살펴볼 필요가 있겠다. 이승만이 미국에서 단독정부론 외교를 펼치고 있을 때 국내에서 일어났던 1947년 1월 18일 반탁 대회 후 얼마 되지 않아 이승만은 이철승에게 장문의 전보를 보냈다. "군의 불타는 용기와 애국심에 의한 전국학련의 반탁 투쟁은 나의 외교에 큰 도움이 됐다."[65] 이승만의 그런 치하는 이철승을 사로잡았다. 이승만의 귀국 후 이철승의 이승만 독대獨對는 이철승에게 더욱 강한 동기부여가 되었을 것이다. 이철승의 회고다.

"이 박사가 돈암장으로 나를 불러서 '우리는 자율정부를 만들어야 한다. 단독정부가 아니다'면서 '이제 미소美蘇만 믿고 있다가 어떻게 할 것이냐, 신탁통치를 하자는 것 아니냐. 그러니까 우리 민족의 의사로서 세계 여론에 호소해야 한다'고 말하는 겁니다. 이 박사는 항상 데모하는 것, 여론을 일으키는 것……에 익숙해 있던 양반이었습니다. 그래서 우리 보고 '여론을 환기하라'는 겁니다. 이에 따라 우리 학련 동지들이 종로에서 무허가 데모를 하고는 이 박사의 '자율정부 수립 지지'의 플래카드를 들고 하지 사령관이 머물러 있는 반도호텔(지금의 롯데호텔)로 건의하러 가고 있는데…… 그때는 내가 무서울 것이 뭐 있겠어요. 이 박사의 지령이었는데……."[66]

이철승은 그로부터 50년이 지난 뒤에도 "이승만 박사는 '태양'적인 존재였고, 김구 선생은 '달'과 같은 존재로서 '형제의 우의友誼'를 맺은 지도 세력이 반탁반공 애국단체의 호응을 얻어 이승만 박사의 도미 외교가 성공한 것입니다"는 평가를 내리는 데에 주저하지 않는다.[67] 이철승과 전국학련에 '달'과 같은 존재였던 김구는 '6·23 반탁 데모'에 어떤 격려를 보내주었을까? 김구는 남이 장군의 시詩를 선사했다. "남아男兒 이십 세에 나라 평정 못한다면/후세에 그 누가 대장부라 이르리."[68]

박명림은 김구의 이런 처신에 대해 이렇게 말한다.

"1946~47년의 김구의 행태는 이해하기 어려운 것이었다. 그것은, 조직과 대중적 운동을 통하여 목표를 추구하여 점진적으로 그 성과들을 축적해가는 방식이 아니라 은밀한 비밀결사와 테러에 의존한 일격 요법을 즐겨 사용한 그의 관성화된 대응 방식이었다. 친일파와 한민당은 민족주의 이념을 독점한 김구가 자기들보다도 강경한 반탁·반모스크바 협정 태도를 취한 결과 이탈리아의 파시스트들이 그러했던 것처럼 어부지리 효과를 극적으로 얻었다. 이것은 하나의 반전이었다. 1945년의 4개월 동안 해방 국면에서 반공주의는 대중들에게 아직 깊이 침투되지 못했었다. 김구의 격렬한 반탁은 모든 반대 세력에게 민족주의라는 예기치 않은 정당성을 얹어주는 의도하지 않은 결과를 가져왔다. 결국 김구는 반탁 주도로 자신이 증오해 마지않던 친일파에게 큰 힘을 준 셈이었다."[69]

제2차 미소공위의 결렬

이승만과 김구의 극찬에도 6·23 반탁 데모는 대규모 군중을 동원하는 데엔 실패했다. 미군정은 6·23 반탁 데모를 '희가극적인 시도'로 평가했다. 6월 29일과 7월 4일에 다시 시도된 반탁시위의 결과도 미미했다.[70] 그러나 반탁시위의 약화가 곧 미소공위의 성공 가능성을 높여주는 건 아니었다. 1947년 7월 9일자로 맥아더를 거쳐 미 국무장관에게 전달된 하지의 전문에는 미소공위가 한국인의 협력을 얻지 못해 난항에 처하게 되었다는 비관적인 전망이 담겨 있었다. 그는 이 전문에서 이승만과 김구의 활동에 대해 '악당적 행동 skull duggery'이라고 표현하면서 "우리는 말을 강변까지는 끌고 갈 수 있지만 신탁이라는 그림자가 어른거리는 한 말에게 그 물을 마시게 할 수는 없을 것 같다"고 썼다.[71]

그다음 날인 7월 10일 제2차 미소공위는 다시 결렬되었다. 물론 반탁 문제가 가장 큰 이유였지만, '2,000만 대 1,000만'이라고 하는 남북 간 인구의 불균형 문제도 타협을 어렵게 만들었다. 향후 정치 일정에서 미국 측은 인구 비례를 주장한 반면, 소련 측은 "면적과 인구에 따른 차이는 별로 중요하지 않으며 북한의 산업이 더 발전되어 있기 때문에 한반도 전체 경제에서 북한의 비중이 더 높다"는 주장을 폈다. 소련 측이 북한은 이미 김일성을 수반으로 하는 사실상의 친소親蘇 정권이 들어선 상황에서 남한을 대상으로 해서 좌우 균형을 요구하는 것도 무리였다.[72]

미소공위의 결렬에 고무된 이승만은 7월 10~12일 전국에서 올라온 200여 명의 대의원이 참여한 가운데 제1회 한국민족대표자회의를 개최해 자신의 단정 노선을 역설했다. 도진순은 "남한 단정론은 좌우 대립이나 미소공동위원회의 결렬의 결과라기보다는 오히려 그 원인에 가깝다"고 주장하지만,[73] 당시 상황에서 원인과 결과는 명확히 구분될 수 있는 것이라기보다는 상호 순환 관계를 형성하고 있었다고 보는 것이 옳을 것이다.

설의식은 월간 『신천지』 1947년 7월호에 쓴 「미소美蘇 대표에게 보내는 말」이라는 글에서 "우리는 일당 독재의 소련식 민주 방식도 원치 않거니와 명색 좋은 자본독재의 미국적 민주 방식도 원치 않는다. 우리는 새로운 조화의 합일점을 찾아 우리의 독자적 문화 생활양식의 기조를 만들어 나가야 한다"고 역설했다.74 그러나 그런 꿈은 미소 대표에 앞서 남한의 지도자들에 의해 거부되고 있었다.

미국에 살던 서재필의 귀국

1947년 7월 1일 개화기 갑신정변의 주역으로 미국에 살고 있던 서재필이 83세의 나이로 49년 만에 방한했다. 전봉관은 "1875년생 이승만은 1864년생 서재필보다 11세 연하였다. 20세 만학도 이승만이 배재학당에 재학 중이던 1896년, 서재필은 배재학당에서 매주 목요일 세계사, 지리, 국제 정세 등에 대한 특강을 했다. 이승만은 서재필과 첫 대면부터 '그에 대한 신뢰감으로 가슴이 그득해지는 감동'을 받았다. 서재필은 이승만에게 격려와 진로에 대한 조언을 아끼지 않았다"며 다음과 같이 말했다.

"일종의 사제 관계로 맺어진 두 사람의 인연은 이후 미국에서 독립운동 동지이자 경쟁자로 발전했다. 필라델피아 한인대회, 한국친우회, 구미위원부 등 미국에서 벌어진 굵직한 독립운동은 대부분 두 사람이 함께 이룩한 성과였다. 다만 서재필은 이승만의 야심과 독선을 경계했고, 이승만은 미국에 귀화해 한국인으로서 정체성을 상실한 서재필이 한인 사회의 대표자가 되려는 것을 못마땅하게 여겼다."[75]

서재필의 귀국은 하지가 거의 1년 전인 1946년 8월부터 여러 차례 요청해서 이루어진 것으로, 서재필은 하지의 고문 겸 남조선과도정부의 특별의정관으로 초빙되었다. 김규식도 좌우 합작에 소극적이던 이승만을 견제하기 위해 서재필의 귀국을 원했다.[76] 서재필의 귀국을 가장 못마땅하게 여긴 건 개화기 시절 서재필의 제자라 할 수 있는 이승만이었다. 이승만은 서재필이 온다는 소식을 듣고 이렇게 말했다. "서재필 아니라 서재필 할애비를 불러와 봐라, 되나!"[77]

서재필은 7월 1일 오후 4시 인천에 상륙했다. 인천항에는 그를 맞기 위해 민정장관 안재홍, 입법의원 의장 김규식, 대법원장 김용무 등 남

서재필은 49년 만에 한국에 귀국했지만, 그의 제자인 이승만은 그의 구국을 가장 못마땅하게 여겼다. 7월 1일 한국에 들어온 서재필(가운데). 왼쪽은 김규식, 오른쪽은 여운형.

조선과도정부 3부 요인을 위시해 여운형, 홍명희, 원세훈 등 좌우를 망라한 내로라하는 정객들이 총출동했다. 그러나 서재필은 인천항에서부터 실수를 하고 말았다. 그 자리에 모인 기자들에게 이런 말을 하고 말았던 것이다. "한국인들은 비누 한 장도 만들 줄 모르면서 어떻게 독립정부를 갖기를 기대할 수 있는가?"[78]

7월 12일엔 서울운동장에서 서재필을 위한 범국민적 환영대회가 열렸는데, 5만 명 이상의 시민이 참석했다. 귀국 환영대회의 위원장은 오세창, 명예위원장은 이승만·김구·여운형 등이었다. 명예위원장들은 모두 연설 한마디씩을 했지만, 불행히도 주인공인 서재필은 한국 말을 잊어버렸다. 얼마 후 이승만은 미국에 있는 그의 고문 로버트 올리버에게 이런 편지를 보냈다.

"최근에 시내 전역에 몇 가지 각각 다른 삐라가 살포되고 정부가 수립되면 서재필이 대통령직을 수락할 것을 주장하였소. 이 사람들은 이러한 삐라로 100만 인의 서명을 확보하려는 것이고 많은 중간파 사람들, 좌익분자, 그리고 불평분자들이 이 계획을 지지하고 있소. 서재필 박사는 수차에 걸쳐 자기는 한국을 돕기 위해 미국 시민권을 포기하게 될 것이라고 공식으로 밝혔소. 이것은 하지 장군이 한국을 떠나기 전에 벌이는 마지막 책략이오."[79]

그러나 하지의 '책략'은 성공할 수 없었다. 서재필은 83세의 고령인데다 이미 암에 걸려 있는 상태여서 향후 정국에 아무런 영향력을 행사할 수 없었기 때문이다.

제4장 과도입법의원의 친일파 처벌법

민정장관이 된 안재홍

1946년에 행정의 한인화 작업을 마친 미군정은 1947년 2월 5일 안재홍을 민정장관에 임명하고, 2월 15일 각 부처의 장과 도지사를 전부 한국인으로 바꾸고 미국인은 고문으로 앉혔다. 미군정 기구에 중도파가 파고 들어오는 것을 경계한 한민당은 민정장관 안재홍을 맹렬히 공격했다.[80]

미군정의 실정失政에 대한 책임은 지지 않고 싶었던 한민당이 정치적 야심이 많지 않은 비非한민당계 인물을 찾다가 안재홍을 추천했다는 설도 있긴 하지만,[81] 그렇게 보기엔 한민당의 공격이 너무 거셌다. 한민당은 "1개월을 넘지 않는 동안 이 자를 쫓아내고야 말겠다"고 공언하면서, 각종 연설과 삐라 등으로 안재홍을 비방했다. 한민당계 고위 관리들은 5월 하순 안재홍이 민정장관으로서 내린 인사 발령까지 거부했다.[82]

민정장관이란 자리는 "미군정의 실정에 대한 비판을 앞에서 대신 받아내는 '총알받이' 방탄장관"이었는데,[83] 한민당계가 그렇게 나오는 데다 나중엔 음해 공작까지 가세했으니 안재홍으로선 죽을 맛이었다. 자신의 정치 노선을 순정우익純正右翼이라고 불렀던 안재홍은 훗날 "나는 최초에는 찬탁 매국노요, 다음에는 애국운동 저해자요, 또 다음에는 극악무도한 탐관오리로 허다한 비방을 받게 되었다"고 개탄했다.[84]

남조선과도정부 출범

미군정은 제2차 미소공위 시작 직전인 5월 17일 법령 제161호를 공포하고, 1947년 6월 3일 남조선과도정부를 공식 출범시켰다. 과도정부의 한인 고위 관리들은 어떤 사람들이었을까? 1947년 과도정부의 고위 관리 115명을 무작위 추출한 결과, 70명이 일제 총독부에서 관직에 있었으며, 23명은 식민 치하에서 공공·개인 기업의 소유자였거나 지배인 혹은 경영자 출신인 것으로 밝혀졌다. 표본 속의 경찰관 10명 중 7명이 일제 때 경찰 출신, 법무부 관리 4명 중에는 3명이 식민지 경찰 혹은 사법기관에 종사했던 것으로 나타났다. 군수 9명 중 8명은 일제 치하에서도 군수 혹은 군의 기타 고급 관리였으며, 전체 중 조금이나마 항일 활동 경력을 가진 사람은 11명에 불과했다.[85]

1948년 2월까지의 미군정 각 부처장급 한인 고위 관료 30명의 출신지를 분석한 바에 따르면, 평남 23%, 충남 19%, 경남 14%, 평북 12%, 서울 12%, 경기 12%, 경북 8%, 전북 8%, 함남 4% 등이었다. 당시 기독교 세력이 가장 강했던 지역이 평안도와 충남이었는데, 이는 추천 그룹 중 선교사들의 영향이 강했다는 걸 말해주는 것이었다. 이북 출신자들이 전체의 39%라는 건 반공 이데올로기와 관련해 설명할 수 있는 것이었다.[86]

'부일협력자·민족반역자·전범·간상배 처단 특별법'

한편 과도입법의원은 여운형을 비롯한 중도좌파 세력의 포섭에는 실패했지만, 이전의 민주의원과 비교할 때에 중도파가 다수 참가하고 있어서 나름으로 개혁을 시도하게 되었다. 그런 시도 가운데 하나가 1947년 3월 13일 본회의에 상정된 '부일협력자·민족반역자·전범·간상배 처단 특별법'이었다.

친일파 처벌법이 만들어진다는 소문은 이미 1946년부터 나돌고 있었다. 그 소문은 반민족 행위 제1급에 속하는 친일파 인사는 가옥과 전 재산도 몰수한다는 내용까지 담고 있었다. 1946년 5월 21일 이광수가 그의 아내 허영숙과 함께 서울 종로구 호적과에 나타나 합의 이혼을 한 것도 바로 그런 이유 때문이었다. 『서울신문』 1946년 6월 13일자는 이광수와 허영숙의 사진을 싣고, 이혼의 이유를 "장차 이광수가 전범戰犯으로 걸려들 때를 걱정하야 자식과 재산을 보호하기 위하야 취하는 잇속 빠른 길이 아닌가 보고 있다"고 보도했다.[87]

그러나 결과론을 놓고 보자면, 이광수가 그렇게까지 걱정할 일은 아니었다. 과도입법의원의 '부일협력자·민족반역자·전범·간상배 처단 특별법'에 대해 즉각 경찰의 대대적인 반격이 시작되었기 때문이다. 제1경찰청 수사과장 이해진은 신익희가 사장인 『자유신문』 광고란을 이용해 친일파 반민족 행위자 처단의 요구는 민심을 현혹·혼란에 빠지게 하고 일각이 시급한 사회질서를 문란하게 하고, 경제안정을 교란하게 하고, 멸사봉공하려는 용사들의 의기를 저상하게 하고, 동족을 분열하게 하는 후안무치한 도배들의 음모인바, 이러한 기생충을 단호히 제거해 건국 치안을 유감없이 하고 자주독립의 주초柱礎를 놓아야 한다고 주장했다.[88]

'부일협력자·민족반역자·전범·간상배 처단 특별법'이 여러 차례 수정을 거듭하면서, 6월 29일 미군정과 이승만이 큰 기대를 걸었던 보통선거법이 통과된 이후인 7월 2일에 통과되자마자 극우 진영과 경찰 측의 반격이 본격화되었다. 간상배奸商輩의 일반적인 의미는 "간사한 방법으로 부당한 이익을 보려는 장사치의 무리"이지만, 이 법에서 간상배는 "8·15 해방 이후 악질적으로 모리 행위를 하여 경제계의 혼란을 야기하며 국민생활을 곤란하게 한 자"를 일컬었다(모리謀利는 도덕과 의리는 생각하지 않고 오직 부정한 이익만을 꾀한다는 뜻이다).[89]

'김규식과 안재홍은 용공분자'

7월 3일 친일파 처단을 요구하는 김규식과 안재홍을 용공분자로 모는 삐라가 나돌고 벽보가 붙었으며, 기독연맹 모임에서 김구의 연설에 이어 김규식이 연설을 했을 때 참석자들이 귀를 막아 김규식이 퇴장하는 사건이 벌어지기도 했다.[90] 졸지에 안재홍은 김규식과 함께 용공분자로 몰렸다. 거리엔 그들을 공격하는 내용이 잔뜩 담긴 전단이 살포되고 벽보가 나붙었다. 전단이 뿌려진 그 날 괴청년들은 김규식의 집을 둘러싸고 김규식과 안재홍의 사퇴를 요구하는 시위를 벌였다. 괴청년들은 입법의원과 안재홍의 사무실까지 습격해 반탁·반과도입법의원의 내용을 담은 전단을 살포했다.

경찰 지도부는 경찰 파업과 독자적인 정당 결성까지 논의하는 등 적극 대응했다. 경찰들이 앞장서서 "악법 제정으로 민족 분열시키는 악질 입법의원을 제거하자"는 내용의 포스터를 붙이고 다녔으며, 종로경찰서장 김형진은 필요하다면 폭력도 불사할 것임을 공표하기까지 했다. 이 모든 게 일제 고등경찰 출신인 노덕술과 한민당 김준연金俊淵이 관련된 공작의 결과였다.[91]

이 무렵 안재홍이 운영하는 『한성일보』엔 "어째서 경찰이 입법의원 의장과 민정장관을 모독하는 삐라는 붙여도 못 본 척하고, 한민당을 비난하는 삐라를 살포한 애국부녀동맹 소속의 두 여성은 체포했는가?"라는 항의성 기사가 실렸다. 이에 대해 경무부장 조병옥은 7월 8일 담화를 발표해 "입법의원 의장이나 민정장관에 대한 공격 삐라 또는 포스터를 첨부하는 것을 보고도 경찰이 단속을 않았다는 것은 교통정리하는 순경들이 혹시 무관심하게 보고 있는 관계였는지……" 운운하는 변명을 하는 데에 그쳤다.[92]

경찰 조직의 충성과 효율성에 맛을 들인 미군정은 친일파 처벌법을 원치 않았다. 그렇다고 노골적인 반대는 할 수 없어서 어떻게 해서든 그걸 피해가고 싶었다. 박찬표에 따르면, "그 방법은 의제를 좌파의 적화 음모로 전환시키는 것이었다. 즉 8월부터 좌파의 '적화 음모 사건' 적발과 이에 대한 대대적 검거가 시작되면서 '친일파 처벌법' 문제는 핵심 의제에서 사라졌다. 이를 이용하여 군정 당국은 처벌법 인준을 계속 지연시켰고, 결국 11월 27일 러치Archer L. Lerch 군정 장관은 입법의원에 인준 보류를 통지함으로써 친일파 처벌법을 폐기시켰다".[93] 친일파 청산은 대한민국 정부 수립 후 이승만 정권하에서도 똑같은 운명에 처하게 된다.

제5장

여운형 암살과
'테러 정치'

여운형 암살, 좌우 합작의 해체

　1947년 초 미소공위가 재개될 조짐을 보이자 여운형은 남부 지방을 순회하면서 정치활동을 재개했다. 그는 지방 여행의 결과 구舊인민당원의 절반 정도는 남로당에 들어갔지만 아직 10만여 지지자가 있다고 보고 이를 기반으로 1947년 5월 24일 근로인민당을 결성했다. 여운형이 위원장, 백남운이 부위원장을 맡았다. 그러나 근로인민당은 2개월 뒤 여운형이 암살당함으로써 곧 몰락하고 말았다.[94]

　7월 19일 여운형은 서울 성북동 김호의 집에서 미국으로 돌아가는 재미 조선사정협의회 회장 김용중과 작별인사를 나누고 자택으로 돌아가던 중에 저격을 받고 사망했다. 참으로 기구한 운명이었다. 여운형은 해방 3일 후인 1945년 8월 18일부터 테러를 당하기 시작해 그간 10번의 테러를 당했는데, 11번째 테러에 목숨을 잃은 것이다.

여운형은 1945년 8월 18일부터 테러를 당하기 시작해 10번의 테러를 당했는데, 11번째 테러에 목숨을 잃었다. 여운형이 피습을 당해 숨졌다는 소식을 전하는 신문 기사.

여운형의 암살범은 극우 청년 한지근이었다. 한지근은 김두한이 고문으로 있던 백의사의 멤버였다. 김두한은 1946년 7월 16일에 일어났던 여운형 피습 사건과 1947년 3월 17일 여운형 자택 폭파 사건도 모두 자신이 저지른 것이라고 밝히면서, 여운형의 암살도 자신이 몸담고 있던 백의사가 한 일이라고 말했다.

"백의사는 결사대를 뽑았다. 당시 18세의 한지근 군이 선발되었다. 한군이 1947년 7월 19일 하오 1시경 혜화동에서 커브를 도는 여운형 씨의 세단에 올라타고 여씨를 사살하기 전날 밤 나는 한군에게 권총을 수교手交하고 악수를 했다. 일본 장교용 권총 한 자루를 내어주고 넘버를 내 수첩에 적어놓았다. 얼마 후 나는 또 장택상 수도청장에게 불려갔다. 그분은 '죽이지는 말라고 하지 않았나? 그저 혼만 내주라고 했는데 이렇게 되면 시끄럽지 않은가?' 하고 난처한 표정을 지어 보였다."[95]

그러나 한홍구는 김두한에겐 테러리스트로서의 영웅담을 스스로 만들어내려는 경향이 있다고 지적하면서, 김두한은 1947년 7월엔 살인 사건으로 감옥에 있었다는 점을 들어 이와 같은 주장의 신뢰도에 의문을 제기했다.[96] 그러나 2001년 9월에 발굴되어 공개된 미군 정보장교인 소령 조지 실리 George E. Cilley의 보고서는 여운형의 암살범들이 백의사 단원으로 알려져 있다고 기록하고 있어, 김두한은 직접적인 관계가 없을망정 백의사의 관련 가능성을 높여주었다.[97]

여운형의 암살은 어느 정도 예고된 것이었다. 서중석에 따르면, "1947년 6월 28일 하지는 이승만에게 이승만과 김구가 계획 중이라는 테러행위를 즉각 중지하도록 요구하는 서한을 은밀히 보내지 않고 '공개적으로' 보냈는데, 그 이후 미군정의 태도를 보면 여운형의 암살을 짐작하고 있었으면서도 '공개적으로' 경고만 하고는 방관하였다는 인상을 준다. 1947년 7월 19일쯤의 시점에서 미국으로 볼 때 김규식과는 달리 여운형은 이제 더이상 필요한 인물이 아니었다. 이 시기 미국은 냉전의 길목으로 깊숙이 들어서고 있었다. 한국 문제는 더이상 소련과 협의하여 처리할 필요가 없게 된 것이다".[98]

민전 의장 김원봉은 여운형의 죽음에 대한 분노에 찬 애도문을 『광명일보』, 『노력인민』 등 좌익지 7월 25일자에 게재해 여운형의 유지를 받들어 미소공위를 성공시키자고 호소했다. 민전은 7월 27일 '공위 경축 임정 수립 촉진 인민대회'를 전국적으로 개최했는데, 서울 남산공원엔 60만 인파가 운집했다. 민전은 또 여운형 암살에 대한 대중의 공분을 촉발시키고자 8월 3일 서울에서 수십만이 운집한 가운데 여운형의 인민장을 치렀다.[99] ('몽양 선생 추모사업회'는 2002년 4월 국가보훈처에 여운형에 대한 독립유공자 서훈 신청을 했으나, 심사 자체가 보류되었다. 이에 대해 국가보훈처 관계자는 "일제하 사회주의 계열의 독립운동을 인정해 지난 1995년 이동휘 선생을 독립유공자로 포상한 적이 있지만, 광복 이후까지 사회주의 색채를 유지한 경우는 곤란하다"고 설명했다. 그러다가 2005년에 건국훈장 대통령장이 수여되었다. 대통령장은 2급이어서 공적에 비해 너무 낮다는 여론이 일자 노무현은 건국훈장에 등급이 있다는 걸 몰랐고 그냥 보훈처에서 잘 알아서 하겠거니 하고 맡겼는데 이런 일이 있을 줄 몰랐다며 1급으로 올리도록 노력해보겠다고 했다. 그렇게 해서 노무현 대통령 퇴임 직전에 들어서 간신히 건국훈장 1급인 대한민국장이 수여되어 정치적으로 완전히 복권되었다.)[100]

그러나 좌우합작위원회의 좌측 수석이었던 여운형이 암살당함으로써 좌우합작운동은 사실상 활동 정지에 들어가고 말았다. 1947년 9월 한반도 문제가 유엔으로 이관되자, 좌우합작위원회는 활동을 시작한 지 1년 5개월 만인 1947년 12월 6일 공식 해체되었다.

여운형과 김구

오늘날 김구는 여운형에 비해 훨씬 더 높은 평가를 받고 있지만, 이에 대해 이의를 제기하는 사학자가 많다. 최상천은 김구가 점령 국가의 상황을 제대로 읽지 못한 채 "대책 없이 반탁운동에 뛰어들었다가 허송세월만 했다"고 비판하면서 '하나의 민주공화국' 건설을 위해선 여운형의 노선이 옳았다는 평가를 내린다.

"그는 자기와 이념이 다르더라도 '하나의 민주공화국'을 수립하기 위해 협력과 연대를 아끼지 않았다. 여운형은 미국, 소련과의 합의가 '하나의 민주공화국'의 필수조건이요, 좌익과 우익의 협력이 그 충분조건이라는 것도 정확하게 인식하고 있었다. 여운형은 친일파를 제외한 어떤 세력과도 협력했다. 우익과 좌익을 모두 인정하고 미군정과 손을 잡고 좌우합작운동을 펴기도 했다. 그러나 위성국가의 길만은 한사코 거부했다. 그는 두 차례나 김일성을 찾아가서 토지개혁을 만류하기도 했다. 북한만의 토지개혁이 분단의 길임을 잘 알고 있었기 때문이다."[101]

여운형은 1946년 2월 9일 북한을 방문한 이래 4월 17일, 7월 31일, 9월 23일, 12월 말 등 모두 다섯 차례에 걸쳐 북한을 방문했으며, 매번 김일성을 만났다. 바로 이 점이 훗날 남한에서 여운형에 대한 평가를 어렵게 만들고 여운형에 대한 언급을 조심하게 만드는 이유가 되었지만, 오히려 그 점이야말로 여운형의 장점이요 강점이었다는 평가도 나오고 있다. 여운형은 1886년생, 김일성은 1912년생으로, 여운형이 26년 연상이었다. 지금도 그렇지만 그때엔 더욱 장유유서長幼有序 의식이 강하던 때였고 그런 의식이 정치에 큰 영향을 미치기도 했다. 김일성과 김구·이승만은 36~37년의 나이 차이가 났는데, 바로 이런 나이 차이가 세대간 의식 차이와 더불어 남북협상을 어렵게 만든 점도 전혀 없진 않았을 것이다.

어찌되었건 방북, 그것도 위험을 무릅쓰면서 38선을 넘나드는 것에 대해 여운형의 측근들이 그런 장유유서의 질서를 언급하면서 반대할 때에 여운형은 "나라의 통일독립을 위해 선후배나 체면을 가릴 때인가?"

라는 말로 반대를 일축했다고 한다.[102]

이런 점을 높이 평가하는 정병준은 해방정국에서 "북한 방문을 통해 민족통일과 자주독립국가 건설을 위한 정치적 연대 형성에 노력한 것은 여운형뿐이었다고 봐도 과언이 아니다"고 말한다. 9개월 후에 김구와 김규식이 방북해 남북연석회의를 열게 되지만, 그건 "이미 한반도에서 국토분단과 분단정권 수립이 목전에 도달한 시기에 시도된 마지막 민족통일 시도"였던 반면, "여운형이 방북한 1946년은 미소공위를 통한 임시정부 수립에 정치적 관심이 집중된 때"였다는 점에 주목할 필요가 있다는 것이다. 대부분의 남한 정치인들이 정권 장악을 위한 주도권 쟁탈에 여념이 없었던 시점에서 여운형이 민족통일을 위한 구체적 방법으로 남한 내부의 좌우 합작과 아울러 북한과의 남북연대를 내세우며 이를 실천하려 했던 건 높이 평가받아 마땅하다는 것이다.[103]

중간파·좌익 인사들의 '테러 공포증'

테러는 중간파와 좌익 지도자들을 크게 위축시켰으며, 그들의 활동을 제약하는 효과를 낳았다. 앞서 보았듯이, 김규식은 자신이 머무르는 삼청장 안에서도 침실을 자주 옮겨다니기까지 했으며, 측근들은 만일의 테러 사태를 염려해 강원도 홍천에 있는 선친의 묘소로 참배를 가는 것도 만류할 정도였다.[104]

좌익 지도자들은 더욱 심각했다. 염인호는 김원봉의 '테러 공포증'에 대해 "1945년 12월 말의 송진우 암살 사건 이후부터 약산(김원봉)은 테러를 몹시 두려워하였다고 한다. 4당 꼬뮤니께에서 테러 방지 조항을 특별히 넣었던 것은 그러한 분위기를 반영한다. 그래서 약산은 항상 잠행하였다"며 다음과 같이 말했다.

"황용주의 증언에 의하면 약산은 필동의 자택 외에 동대문 밖에 모처 등 대여섯 군데의 거처를 갖고 있었다. 그리고 한곳에 두 시간 이상 머무르는 법이 없었다. 특히 자기 측근과 같이 있다가도 아무 소리 없이 화장실 가는 듯하면서 사라지곤 하였다. 이 같은 잠행은 일제 시기 민족해방운동 과정에서 단련되었던 약산이었으므로 오히려 자연스런 일이었다. 민혁당의 청년 조직은 잠행하는 약산의 손발이 되었다. 그래서 약산은 송진우·여운형·장덕수 등 정치지도자들이 살해된 해방정국에서도 살아남을 수 있었다."[105]

여운형 암살 사건이 일어난 1947년 여름은 해방정국을 내내 강타했던 테러가 유난히 기승을 부린 시절이었다. 7월 한 달 동안 모두 128건의 테러가 발생해 36명이 사망하고 385명이 부상을 입었다. 8월에는 68건의 테러로 17명이 죽고 158명이 부상을 당했는데, 68건 중 37건은 우익에서 저질렀고 16건은 좌익에서, 나머지 15건은 불명이었다. 우익의 37건 중 36건이 좌익에 대한 정치적 테러였다(9월엔 50건이었는데, 우익이 28건 좌익이 12건 불명이 10건이었으며, 10월에는 45건이었는데 우익이 32건이었다. 11월에는 40건, 12월에는 63건의 테러가 발생했다.)[106]

좌익 청년단체보다는 우익 청년단체의 폭력과 테러가 더 심했는데, 이는 우익단체가 경찰의 비호를 받는 동시에 좌익단체와는 달리 중앙과 지방의 명령 계통이 확립되지 않은 탓이었다.[107] 우익 청년단체들은 지방을 원정다니면서까지 테러를 저질렀는데, 가장 왕성한 테러 활동을 벌인 게 바로 서북청년회였다.[108] 1947년 4월엔 한국광복군의 총사령관이던

지청천이 귀국해 청년단체의 대동단결이라는 기치를 내걸고 대동청년단을 결성함으로써 우익 청년단체들 사이에 헤게모니 싸움이 벌어졌다.

서북청년회에서 선우기성 중심의 합류파는 대동청년단에 가입했으며, 문봉제 중심의 재건파는 이승만의 친위대 역할을 하게 되었다. 문봉제는 훗날 서북청년회 행동의 배후는 경찰이었지만 정신적 배후는 이승만이었다고 회고했다.[109] 대동청년단은 김구의 지지자들 중심으로 구성되었으며, 이승만을 지지하는 단체들은 대동청년단을 견제하기 위해 1948년 2월 5일 구국청년총연맹을 결성했다(나중에 대동청년단이 5·10 총선거와 단정 수립에 적극 참여하자, 이에 반대하는 대동청년단의 일부는 1948년 7월 31일 김규식의 민족자주연맹 산하에 자주통일청년단을 결성했다).[110]

우익 정치지도자들의 테러 후원

테러는 우익 정치지도자들에 의해 필요악으로 인정받거나 적극적인 후원의 대상이 되었다. 심지어 조병옥은 1947년 7월 7일 우익 테러 사건이 민족적 애국단체의 공동방위적 입장에서 출발한 행동이라고 공공연히 담화까지 발표했다. 미군정 장관 아처 러치Archer L. Lerch가 몇 번 서북청년회의 해체를 지시했지만, 조병옥과 미군정의 한인 부처장들은 그들에게 다소 불법성이 있다고 해서 서북청년회와 같은 열렬한 반공 우익단체를 해체시켜서는 안 된다고 주장해 실행되지 않았다. 서북청년회를 해체할 경우 경찰만으로 치안을 유지할 수 없다는 논리였다.[111]

이승만도 맞장구를 쳤다. 이승만은 1947년 8월 미군정 관계자에게 테러리스트들의 좌익 공격을 금지할 수도 없고, 금지하는 것을 원하지도 않는다고 말했다.[112] 이런 발언이 말해주듯이, 우익 청년단체는 이승만이 행사하는 권력의 주요 기반이었다. 이와 관련, 강원용은 이렇게 말한다.

"국회를 3분의 2 장악해도 소용이 없습니다. 그 같은 얘기는 당시의 이승만의 권력구조를 모르는 사람들이 하는 얘깁니다.······당시 수단과 방법을 가리지 않고 행사할 수 있었던 힘의 조직을 군정의 경찰을 통해 가지고 있었고 또 미군정이 밀었어요.······그 당시 경찰력 또는 깡패를 동원시키는 등의 힘이 어느 쪽에 있었어요?"[113]

정도의 차이는 있었지만, 다른 정치인들도 그 점에선 본질적으로 다르지 않았다. 미군정 보고서는 "청년단체는 정치지도자들이 탐내는 목표물이 되는데 이는 이 조직으로부터 정치권력의 상당한 원천이 나오기 때문"이라고 지적했다.[114]

존 하지는 1947년 8월 27일 트루먼의 특사로 방한한 미 장성 앨버트 웨더마이어Albert C. Wedemeyer, 1896~1989에게 행한 구두 보고에서 "미국 점령정책의 성공으로 가장 이득을 볼 사람은 극우파지만, 그들은 한국에 민주주의를 이식하려는 우리의 노력을 도와주지 않았다"고 말했다.[115]

정확히 무슨 뜻으로 한 말인지는 모르겠지만, 1947년 9월에 나온 하지의 정세 보고는 한국의 우익 정치지도자들에 대해 대단히 부정적인 평가를 내리고 있었다. 하지는 한국은 "4천 년의 역사라고는 하지만 민주적인 제도보다는 국민의 이익에 반하는 부패한 정부를 가졌을 뿐"이라고 지적하면서, 우익 정치지도자들에 대해 이렇게 말했다.

"대단히 개인주의적이어서 상대하기가 어려우며 그들끼리 협조적이지 못하다. 만일 한국인 10명을 한 방에 모아 놓고 어떤 문제를 해결하도록 하면 한 시간 안에 4~5개 파의 싸움이 벌어질 것이다. 그들끼리

도 합의에 이르지 못하기 때문이다."¹¹⁶

'극우 테러의 최고 비호자는 미군정'

앨버트 웨더마이어는 1947년 9월 19일 트루먼에게 보낸 장문의 보고서에서, 미국 정책 수행에서 가장 큰 장해 요인은 이승만과 김구의 극우 세력으로서, 그들은 산하에 테러리스트적 수법을 행사하는 청년 조직을 두어 중도 세력과 비공산주의적 좌익계의 활동을 가로막게 한다고 지적했다.¹¹⁷ 서중석이 잘 지적했듯이, "물론 그는 극우 테러의 최고 비호자는 이승만과 김구, 조병옥과 장택상의 테러 비호를 계속 두둔하는 미군정의 최고 수뇌라는 점에 대해서는 언급하지 않았다".¹¹⁸

서중석은 테러에 대해 미군정과 극우 세력에 주된 책임을 물으면서도 좌익에도 책임이 있었다고 했다. 그는 "조선공산당과 남로당은 계급노선과 친소 국제노선을 과대히 강조하고, 신탁통치의 필요성을 지나치게 옹호하여, 민족을 위한 세력으로나 자주적인 세력으로 부각되는 데 어려움이 있었다"며 다음과 같이 말했다.

"또한 우편향, 좌편향의 오류를 거듭하면서 독선주의와 모략·선동으로 자신이 추구하는 바를 달성코자 하여, 자신과 의견을 달리하는 세력은 우군조차도 중상모략하고 매도하였으며, 우익 전체를 적으로 규정하고, '친일파'·'파쇼 세력'·'반민주주의 세력'으로 몰아쳤다. 이러한 전쟁터를 방불케 하는, 설득력 약한 무차별적인 공격의 남발은 결과적으로 자신을 고립시키고, 테러에 대한 보호막을 약화시키고 허물어뜨리는 결과를 초래할 수 있었다. 극우는 물론이고, 극좌도 이성과 윤리성·공정성을 상실했다는 비판을 적잖이 들었다. 극우 반공 세력이 특히 그러하였지만, 정치에 의한 해결 방안 대신, 그리고 민주주의의 원칙에 대한 존중 없이, 일차원적 힘의 논리나 모략적인 선동에 의해서 목적하는 바를 해결하려고 할 경우, 테러의 온상이 제공되고 무수한 좌우 충돌, 동족상잔이 벌어지지 않을 수 없었다."[119]

여운형 암살로 극에 이른 해방정국의 '테러 정치'의 정신적 근거라 할 절대적 불관용은 대중의 일상적 삶에까지 파고들었다.

이승만과 김구의 결별

조선 문제의 유엔 이관

1947년 8월 11일 미군정 당국은 남로당 당수 허헌에 대한 체포령을 내리면서 남한에서 공산주의 활동을 불법이라고 선언했다. 이후 대대적인 좌파 검거와 축출 작업이 시작되었다. 왜 하필 이때에 미군정은 이런 강경 대응을 했던 걸까? 좌익 세력은 결렬된 제2차 미소공위의 재개에 기대를 걸고 7월 27일에 '미소공위 진전을 촉구하기 위한 압력 행사용'으로 대규모 군중을 동원한 공위촉진대회를 전국적으로 개최했다. 좌익 세력은 8·15 해방 기념대회도 그 목적으로 이용하려고 했다. 이에 미군정은 행정명령 5호를 공포해 8·15 행사를 금지한 데 이어 8월 11일부터 좌파 세력에 대한 대대적 검거에 들어갔던 것이다.

미군정은 '8·15 폭동설'을 유포하면서 검거에 나섰다. 좌익 세력이 8·15 기념대회를 가장해 일대 폭동적 시위를 일으켜 일시에 공산당 정권을 수립하려고 했다는 것이다. 그래서 '8·15 음모 사건'이라는 이름이 붙여진 총공세를 통해 미군정은 8월 23일경까지 전국에서 약 2,000명을 체포했다.

그러나 쇠퇴 일로에 있던 남로당에 과연 그런 폭동을 일으킬 능력이 있었는지는 의문이다. 이 음모와 관련해 체포된 좌익 거물급 인물들은 대부분 석방되었기에 더욱 그렇다. 이 사건은 미군정이 소련과의 협상을 통한 단일정부 수립 노선이 최종적으로 폐기됨에 따라 분단과 단정 노선으로 전환하면서 좌파 세력을 전면 배제해야 할 필요성 때문에 벌어진 일이었다고 보는 게 옳을 것이다.[120]

미군정의 그런 속셈은 곧 드러났다. 미국은 1947년 9월 17일 조선 문제를 유엔으로 이관하겠다고 밝힌 것이다. 이는 미소공위를 통해 한반도에 민주적 독립국가를 건설한다는 기존 정책의 포기 선언과 다를 바 없었다. 이승만, 김구, 한민당 등은 이를 크게 환영했다. 소련은 강력 반발했다. 소련은 유엔이 미국의 영향력하에 있으므로 모든 게 미국의 의도대로 처리될 것이라고 보았던 것이다.[121]

9월 23일 유엔총회는 한국 문제 상정을 가결했다. 소련은 9월 26일 양군 동시 철수를 제안했다. 바로 다음 날 미국 측은 소련이 미소공위 협의 대상 문제에 관해 미국 측 입장에 동의하지 않는 한 미소공위 재개나 소련 제안을 거부할 것이라는 반박 성명을 발표했지만, 양군 철수는 절차와 선후의 문제였을 뿐 미국도 어차피 철군을 마다할 이유는 없었다.[122]

1947년 10월 17일 미국은 유엔총회에 미소 점령군 관할구역에서 유엔임시위원단의 감시하에 각각 선거를 치르자고 제안하는 결의안을 제출했다. 유엔 정치위원회는 10월 30일 미국안대로 한국 임시위원단 설치와 남북 총선거에 의한 정부 수립을 41 대 0으로 가결하고 소련안은 부결시켰다. 한민당은 이를 8·15 해방 다음 가는 감격적인 낭보로 받아 들였다.[123]

그러나 그건 그렇게 감격해할 일은 아니었다. 미국이 자국의 체면과 위신을 지키면서 한국에서 발을 빼기 위해 유엔을 이용하겠다는 전략의 일환이었기 때문이다. 직위와 무관하게 당시 미국 대외정책의 이론에 막강한 영향력을 행사하고 있던 조지 케넌은 국무장관 마셜의 요구에 의해 제출한 1947년 11월 6일자 보고서에서 한국에 대해 이렇게 말했다.

"한국에 대해서 말한다면, 저는 그 나라에서 참다운 평화와 자유민주주의적인 발전을 기대할 수는 없다고 봅니다. 앞으로 그 나라의 정치는 정치적 미숙성, (상대방에 대한) 불관용과 폭력에 의해 움직이게 될 것이 뻔한 일입니다. 그러한 상황이 벌어질 경우 공산주의자들이 득세할 것은 당연한 일입니다. 따라서 우리는 소련의 팽창을 막기 위한 과정에서 토착 한국인들의 도움을 기대할 수가 없습니다. 이 나라는 우리나라에게 전략적으로 결정적인 중요성을 지니고 있는 곳이 아니므로, 우리가 할 일은 위신을 과히 손실하지 않으면서 빠져나오는 것입니다."[124]

북한과 소련의 인구 남하 유도정책

남북의 완전한 분단은 사실상 1947년 10월부터 시작된 것이나 다름없었다. 소련군이 38선에서 남하자南下者를 통제하기 시작한 것도 바로 이때부터였다. 물론 그래도 월남은 계속되어 대한민국 정부 수립 후에도 월남자들이 있기는 했지만, 적어도 1947년 10월부터는 이전과는 다르게 엄격한 통제가 가해졌다. 소련군은 공식적으로는 1946년 6월 초에 남하 금지령을 내리긴 했지만, 실제로는 방관했다. 오히려 남하를 막으려고 애쓴 건 미군이었다. 미군 측에서 남하자를 송환하려 해도 소련군 측은 받지 않았다.[125]

이는 소련군과 북한 측이 남하의 유도정책을 폈다는 걸 의미하는 것이다. 김일성은 이미 1945년부터 '북풍'을 거론했다. 이는 토지개혁과 같은 민주개혁을 해서 남한에 북풍을 불어넣어 그들의 반동적 선전을 분쇄하고 남한의 민주개혁을 촉진시켜 38선을 없애겠다는 것이었다. 이 북풍 정책은 인구의 남하 유도정책과 맞물려 있는 것이었다.[126]

인구의 남하 유도정책은 남하자들이 퍼뜨리는 공산주의에 대한 나쁜 소문에 의해 남한 민중들의 반공의식이 확산됨으로써 역효과를 낳기도 했지만,[127] '북풍'을 뛰어넘는 더 큰 효과를 염두에 둔 것이었다. 브루스 커밍스Bruce Cumings는 "북한은 남부로의 인구 이동이 남한에 불안을 조장하기 때문에 이를 고무하였다"며 3가지 효과를 들었다.

"첫째로, 귀환하는 실향민들이 남부의 식량 공급 및 구호 설비에 압박을 가했으며 불만에 차 있는 하층 무산계급을 남부에 정착시킨 것이다.……뿌리를 상실한 이주민들이 지방의 소요에 크게 작용하였다. 둘째로, 북한 측은 지주들의 남하를 허용함으로써 토지개혁 후 북한에 존재한 적대적이며 기초를 상실한 지주계급을 다루는 귀찮은 문제를 피하는 한편, 역시 불만에 차 있으며 재산을 상실한 상류계층을 남한에 정착시킨 것이다. 과거 식민시대의 경찰 및 관리를 포함한 이러한 북한 주민들의 남하는 남부에서 양극화 작용을 했다. 이것은 중도화의 가능성을 밀어냈으며 미국인으로 하여금 공산주의와 반동 중 하나를 택하게 만들었다.……마지막으로, 남으로의 유동 덕택에 북한 측은 첩자를 피난민의 무리 사이에 끼어넣을 수 있었으며 이는 미군정과 남한 경찰들의 계속적 걱정거리가 되었다."[128]

바로 이 점을 이해해야 왜 그렇게 북한에서 남하한 피난민이 많았는가 하는 것도 온전히 이해될 수 있을 것이다. 이승만은 나중에 1948년 국회 개원식 축사에서 "이북에서 넘어온 동포가 450만"에 달한다는 허풍을 떨기도 했지만,[129] 그 수가 100만 명이라고 하더라도 그건 놀라운 숫자였다.

박명림에 따르면, "1947년 기준의 전체 인구와 비교하여 볼 때 남하자를 최소한 약 100만으로 추정하더라도 최소한 인구의 10% 정도가 월남하였음을 알 수 있다. 만주나 중국 거주자로서 북한을 거쳐 들어온 자는 여기에 포함되지 않는다. 역사상 어떤 혁명도 인구의 10%를 외부로 추방하면서 진행된 혁명은 없었다. 만약에 이 10%가 전부 친일파이거나 지주라면 그것은 성립되기 어려운 얘기이다. 너무 광범하게 규정하는 것은 차라리 아무것도 아니라는, 즉 친일파와 비친일파의 경계가 없다는 소리와 결국 마찬가지인 것이다. 실제로 식민지 상황에서 이렇게 많은 숫자가 친일파이거나 지주이지도 않았다.……그렇다면 나머지 월남자는 대부분 비친일파, 비지주라는 얘기인데 북한의 규정에 따르더라도 결국 대부분의 월남자는 원칙적인 혁명의 적은 아니었다는 얘기이다".[130]

장덕수 암살 사건

1947년 11월 14일 유엔총회는 사회주의 국가가 불참한 가운데, 미국의 결의안을 다수결로 채택했다. 유엔총회 결의에 대해 한민당은 '민족의 경사'로 감읍했으며, 이승만·한민당계의 14개 단체는 11월 15일 유엔 결정 감사 및 총선거 촉진 국민대회를 열고, 미국의 한국 문제 유엔 이관 등에 감격해 마지않는다는 유엔 결정 감사 결의문을 채택했다.[131]

좌우합작위원회는 미소공위의 결렬과 한국 문제의 유엔 이관으로 사실상 해체되고 말았다. 그 대신 중간 세력을 새롭게 결집시킨 민족자주연맹(민련)이 결성되었다. 1947년 12월 20일 천도교 강당에서 거행된 결성식에서 의장에 김규식, 부의장에 김붕준·홍명희·원세훈·이극로·김성규 등이 선임되었다.

이 당시 김구는 오락가락 또는 모호한 태도를 취했다. 그는 1947년 11월 24일 남한 단독선거는 국토 양분의 비극을 가져올 것이라고 경고했으나, 일주일 후인 11월 30일엔 전혀 다른 태도를 취했다. 그날 김구는 이화장으로 이승만을 방문해 1시간 정도 요담要談한 후, 자신과 이승만은 조금도 근본 의사의 차이를 보지 못했다고 말하면서 사실상 단독정부 참여 의사를 밝히는 성명서를 발표했다. 성명 발표 후 두 사람은 나란히 서북청년회 1주년 기념식에 참석해 훈화를 했다.[132]

그러나 두 사람의 협력관계가 강화되어가던 시점인 12월 2일에 일어난 장덕수 암살 사건은 두 사람의 관계를 파국으로 끌고 가는 결정적인 계기가 되었다. 12월 4일 경찰은 암살 용의자로 박광옥과 배희범을 체포했다. 경찰에 의하면, 용의자 6명은 장덕수를 암살하기 위해 1947년 8월 대한혁명단이란 단체를 조직했는데, 이들은 임정을 절대 지지하는 대한학생총연맹의 간부 또는 맹원들이었다. 대한학생총연맹은 1947년 6월 운현궁에서 발족되었는데, 김구를 총재, 조소앙과 엄항섭을 명예위

장덕수 암살 사건의 용의자로 체포된 박광옥과 배희범은 자신들은 김구의 추종자라고 주장했다. 1948년 3월 15일, 미군정청 제1회의실에서 열린 장덕수 암살 사건 재판에서 증인으로 출석해 김구가 발언하고 있다.

원장으로 추대한 바 있었다. 용의자들은 자신들은 김구의 추종자이며 김구는 자신들의 혼魂이라고 주장했다.[133]

경찰은 김구가 이끄는 국민의회 간부 10여 명을 연행하는 등 수사의 초점을 김구에 맞춰 나갔다. 8개월 전 우파 정당들의 통합 운동 시 빠졌던 한민당에서 한독당 중심의 통합에 가장 반대했던 사람이 장덕수였다고 하는 점도 김구를 암살의 배후로 지목하는 시각에 무게를 더해 주었다. 당시 김성수는 한독당과의 통합을 지지하는 입장이었지만, 정덕수는 통합은 한민당을 임정 요인들에게 헌납하는 것이라고 주장했다. 미소공위 참여에 대해서도 반대하는 김구와 찬성하는 장덕수 사이에 고성이 오가는 일도 벌어졌다.[134]

용의자들은 재판에서 장덕수가 "정권을 잡기 위하여 신탁을 시인하는 미소공위에 참가한 것, 해방 전 공산당은 민족주의자들로 조직되었는데 장덕수는 그때 공산당의 이론분자"였던 사실, "일본 헌병대의 촉탁 국민총연맹의 고문으로 학생들을 격려하여 학병을 장려하는 등 친일적 행동을 감행한 것" 등이 암살 동기라고 주장했다.[135]

　2001년 9월에 발굴되어 공개된 미군 정보장교인 소령 조지 실리George E. Cilley의 보고서는 장덕수의 암살범들이 백의사 단원으로 알려져 있다고 기록하고 있다. 1946년 하반기부터 김구와 신익희가 멀어지면서 김구는 신익희의 조직인 백의사와도 멀어졌지만, 김구가 한때 백의사와 인연을 맺었던 건 사실이므로 김구는 미군정에 의해 이래저래 장덕수 암살의 배후로 몰리게 되었던 것이다.[136]

김구의 이승만에 대한 배신감

　김구는 자신이 법정의 증언대에 서지 않도록 해달라고 이승만의 도움을 요청했지만, 이승만에겐 그럴 뜻이 없어 보였다. 이승만에게 그만한 영향력이 없었던지 아니면 김구가 법정에 서는 걸 원했던지 알 길은 없으나 김구는 결국 법정에 소환되었다. 김구는 1948년 3월 12일 미군정 재판에 소환당해 4시간 반이나 심문을 받아야 했다.[137]

　3월 15일에도 증인으로 출석한 김구는 "나는 국제 예의를 존중해서 미국 대통령이 증인으로 나오라기에 여기 나왔는데, 마치 죄인처럼 취급하니 매우 불만이오. 나는 왜놈 이외에는 죽이라고 명령하지 않았소. 그때도 실행자에게 직접 명령했지, 다른 사람을 통해 말을 전하지는

않았소. 내게 죄가 있다면 체포해서 기소하시오"라고 말하며, 검사의 질문에 답변을 거부했다.[138]

이승만이 장덕수 암살 사건으로 위기에 처한 국민의회를 뒷짐 지고 바라보면서 한민당과 연계해 독자적으로 '한국민족대표단'을 구성하자 김구는 크게 분노했다. 김구는 12월 22일 '단독정부 절대 반대'와 더불어 한국민족대표단의 즉각 해산을 주장했다.[139]

이승만과 김구의 통합에 비판적이었던 한민당은 이 사건을 '결정적인 호재'로 활용하고자 했다.[140] 김구의 강력한 항의로 김구의 국민의회와 이승만의 한국민족대표자회의의 합동 작업이 재개되었지만, 한민당의 강한 방해에 부딪혀 무산되고 말았다. 한민당은 김구와 임정계를 일제시대의 악명 높은 사교邪敎 집단인 백백교白白敎에 비유하면서 "살인마의 조직과 명령 계통"을 근절하라고 촉구했다. 이승만도 "김 주석(김구)이 고의로 이런 일에 관련되었으리라고는 믿을 수 없다"며 사실상 김구 관련설을 강하게 암시했다.[141]

그러나 박태균은 암살된 시기로 보아 김구 배후설은 설득력이 없다고 말한다. 한독당이 "장덕수를 암살하여 더 큰 정치적인 이득을 볼 수 있었던 시기는 1946년 3월이나 1947년 7월이었을 것"인데, "1946년 3월 장덕수가 죽었다면 한국독립당을 중심으로 하는 우파 정당의 합당에 한국민주당이 참여할 가능성이 있었으며, 1947년 7월에 장덕수가 암살당했다면 한국민주당의 미소공위 참여 선언도 멈춰질 수 있었다"는 것이다.[142]

신복룡에 따르면, "장덕수 암살 사건이 일어남으로써 김구가 이끄는 국민회의와 이승만이 이끌던 한국민족대표자대회의 통합이 무산되었고 결과적으로 이승만에 대한 김구의 배신감이 배가되었다. 장덕수가 암살되었을 때 이승만은 김구를 배후로 지적했고 그 후 김구는 검찰에 연행되어 씻을 수 없는 수모를 당한 후로 이승만과 헤어질 것을 결심했다. 그 후속 조치로 나온 것이 단정론의 철회와 남북협상론이었다. 따라서 김구의 남북통일론의 배후에는 우국적 고뇌만 있었던 것이 아니라 이승만과의 애증의 문제가 밑바닥에 깔려 있었다".[143]

김구와 김규식

이제 김구는 극우 지도자가 아니었다. 김구는 이 사건을 계기로 좌우를 초월하는 진정한 민족주의자로 다시 태어났다. 돌이켜 보자면 참으로 아쉬운 일이었다. 김구의 방향 전환은 너무 늦었기 때문이다. 서중석은 김구식과 김구는 자주 함께 거론되지만, "1945년 이전 중국 관내(만주 지역이 아닌 산해관 안쪽을 말함)에서 활동한 것이나 1945년에서 1947년까지를 놓고 볼 때, 민족 전체의 입장에서 역사를 잘 아는 사람이라면 두 사람 중 누구를 더 평가할까?"라는 질문을 던지면서 이렇게 말한다.

"예컨대 해방 직후의 경우, 민족정기를 바로 세우기 위해서 친일파 처단을 역설한 사람도 우사(김규식)였고, 소작농 위주의 토지개혁을 강력히 촉구한 것도 우사였다. 그 점에서 백범은 1947년 말까지만 놓고 볼 때 상당한 차이가 있었다. 이보다 더 중요한 것은 민족국가 건설과 관련된다. 통일하면 백범을 떠올리는 사람이 있지만, 친일파 처단과 마찬가지로 민족국가의 건설은 해방된 그날로부터 빠를수록 가능성이 높았다. 외세의 원심력보다 민족적 구심력이 더 강하게 작용할 수 있었기 때문이다. 해방 직후 민족국가를 건설하는 데 유일한 방도가 있었다면 구체적인 역사가 명백히 말해주듯 좌우 합작에 의한 민족대단결밖에 없었다. 우사는 몽양과 함께 좌와 우, 남과 북의 합작에 전력을 투구하였지만, 백범은 좌익과 북측의 반대 때문에 분단으로 귀결되기 쉬웠던 중경 임시정부 추대에 혼신의 노력을 경주하였다."[144]

김구의 노선 전환과 함께 그간 김구를 지지해온 우익 세력이 점점 떨어져 나갔다. 그중엔 『조선일보』도 포함되어 있었다. 그간 김구와 정치 노선을 같이해온 『조선일보』는 1948년 1월 10일자 사설을 통해 김구의 주장을 '이상론이나 공론空論'이라고 비판했다.[145] 김구와의 결별이 괴로웠던지 사장까지 나섰다. 사장 방응모는 2월 3일자에「김구 선생 의견에 대한 우리의 취할 바 태도」라는 글을 썼다. 이 글에서 방응모는 김구가 잘못된 길을 걷고는 있지만, 그에 대한 '과도한 비난과 폭언'은 '유감'이라고 말했다. "운무雲霧가 자욱할 때 행로行路를 오도했다고 해서 그의 본심을 의심할 수는 없다."[146]

제7장

지하로 간 좌익 언론과 예술

호남선 열차 강간 사건과 언론 탄압

1947년 1월 7일 호남선 열차 안에서 벌어진 희대의 강간 사건은 세상을 경악시켰다. 미군 4명이 달리는 열차 안에서 다른 승객들을 내쫓고 조선 여자 3명을 능욕했던 것이다. 2명은 젖먹이까지 거느린 가정주부였다. 집단 성폭행 사건의 현장에 있었던 미군은 24명이나 되었지만, 그들 가운데 어느 누구도 동료 미군 병사의 만행을 제지하지 않았다.

『동아일보』 1947년 1월 11일자는 "오천 년 문화민족으로서 처음 당하는 천인이 공노한 미군의 조선 부녀 능욕 사건", 『독립신보』 1월 12일자는 "조선의 피를 받은 사람이면 모두가 민족적인 분격을 느낀다"고 하는 등 민심이 들끓자, 하지는 1월 14일 "정의를 완수하기 위하여 조금도 주저치 않겠다"는 성명을 발표했다.

그러나 처벌은 지나치게 가벼웠다. 재판은 1947년 2월 17일부터 호남선 열차 안에서 미군 4명이 조선 여자 3명을 강간한 사건은 세상을 경악시켰다. 그중 2명은 젖먹이까지 거느린 가정주부였다. (『동아일보』, 1947년 1월 11일)

28일까지 총 11회에 걸쳐 진행되었는데, 3월 11일 4명 중 1명은 무죄, 나머지 3명은 각각 1년 4개월, 10개월, 10개월의 징역 언도를 받아 인천 평송형무소에서 복역했다. 이에 남조선민주여성동맹은 3월 17일 다음과 같은 내용의 담화를 발표했다.

"이 사건의 굴욕적·야만적 진상이 피해자의 진술로 남김없이 폭로되어 유죄로 판결됐음에 불구하고 상상 이외로 가볍게 언도한 것은 하지 중장의 약속에 위반될 뿐 아니라 이러한 죄상을 경시함은 조선 여성에 대한 미군인의 능욕 행동을 조장하며 민족적 멸시를 의미한다."[147]

미군에 의한 강간 범죄는 대부분 집단 윤간 형태로 나타났다. 그밖에 세상을 떠들썩하게 만들었던 큰 사건으론 1946년 3월 한 부녀자가 미군 4명에 의해 집단 윤간 당한 사건과 1948년 3월 3일 미군 2명에 의한 15세 소년 살인 사건 등이 있었다. 후자는 미군들이 서울을 떠난 춘

천행 열차 속에서 변태적인 성욕을 채우려다가 반항하자 목을 졸라 질식시키고 달리는 열차의 창밖으로 내던진 사건이었다.[148]

이 사건은 언론에 널리 보도되었지만, 일부 지역에선 미군정이 강력한 언론 통제를 하기도 했다. 광주『호남신문』사회부 기자로 이 사건을 취재해 보도했던 위민환은 "군정 당국에서는 허위보도를 했다고 나를 맨날 잡으로 댕긴 것이여. 열흘 동안 집에도, 신문사에도 얼씬을 못하고 도망댕기다 신문을 전부 압수당한 대가로 대충 무마가 됐제"라고 말했다. 당시 미군정의 전반적인 언론 통제에 대해 위민환은 "걸핏하면 압수에 정간이었제. 미군정 경찰들을 피해 도망도 많이 댕겼구만. 그놈들(미군정)도 그때 말로만 민주주의를 내세웠제 여그 와서 한 짓을 보면 못돼 묵은 놈들이었어"라고 회고했다.

"1946년 가을 나주의 어느 동네 골목에서 한 농부가 나락 먹는 새를 쫓다가 미군한테 총 맞아 죽은 사건이 있었제. 소식을 듣고 광주에 있는『동광신문』,『조선중보』,『호남신문』등 3사 합동으로 취재반을 만들어서 현장에 갔어. 미군이 동네 어귀에 딱 버텨 서서는 정당방위였으니 들어갈 필요없다고 그래. 확인해보겠다고 우기며 뚫고 들어가 죽은 농부의 몸을 뒤새보니 이놈들(미군) 말이 쌩판 거짓이여. 정당방위라면 몸 앞쪽에 총알 흔적이 있어야 헌디 등에 맞았더라고. 바로 올라와 본대로 기사를 써서 넘겼는디. 아 글씨 도군 정당국에서 신문사로 우루루 몰려와 신문을 배포하면 사건 현장에 간 3사 취재기자 전부를 무기징역에 때리도록 하겠다는 것이여. 그럼시롱 다 압수해갔제."[149]

공연·방송 분야 좌익 제거 작업

1947년 1월 미군정청 공보부의 검열을 마친 『해방뉴스』와 『조련뉴스』가 서울을 위시해 대도시의 상영을 거쳐 경남 통영에서 상영되던 중, 광복청년단원들에게서 테러를 당하는 사건이 벌어졌다. 경찰이 테러단을 처벌하기는커녕 돌려보냈고 필름 탈취도 그냥 방치했다.[150] (해방 직후 설립된 '조선영화건설본부'는 미군정청의 조선 관계 보도부에서 국내 각 도시에서의 뉴스영화 제작 촬영에 대한 독점권을 부여받아, 1945년 9월 24일부터 뉴스영화를 제작했다. 이에 대응해 좌익 영화인들도 '조선영화동맹'을 결성해 뉴스영화 등을 제작했다. 1945년엔 극영화는 제작되지 않았으며, 좌우익 간 뉴스영화 제작 경쟁만 있었다.)[151]

그간 우익 청년단체들이 전담해오다시피 한 '극장 통제'에 경찰도 발 벗고 나섰다. 1월 30일, 수도경찰청장이자 한성극장협회 명예회장인 장택상은 '흥행취체에 관한 고시'를 발표했다. "최근 시내 각종 흥행 장소에서 오락을 칭탁하고 정치선전을 일삼고 있는 흥행업자가 다수한 듯하다. 경찰은 엄중한 감시를 하고 있다. 민중의 휴식을 목적하는 오락 이외 정치나 기타 선전을 일삼아 정치 교란을 양성한 자는 포고령 위반으로 고발하야 엄형에 처함."[152]

이건 좌파 예술인들에게는 엄청난 타격이었다. 이에 20여 명의 좌파 예술인이 미군정 장관 아처 러치를 방문하고 항의문을 전달했지만, 미군정은 이들의 항의를 묵살하고 정치선전 행위의 금지를 재확인했다. 2월 13일 '문화 옹호 남조선 문화예술가 총궐기 대회'가 열렸지만, 이미 좌익이 힘을 쏠 수 있는 세상이 아니었다. 김남천이 『문학평론』 1947년 4월호에 쓴 「남조선의 현 정세와 문화예술의 위기」라는 글에 따르면, "극장은 모리배의 손에 들어가 있으며 극장 취체령에 의하여 일제 시대의 간섭이 재생되어 있으며 검열, 삭제, 간섭, 위협 등 문명한 국가에서는 찾아볼 수 없는 극도의 억압이 해방된 이 땅에 재현되고 있"었다.[153]

김두한 일행의 테러도 계속되었다. 김두한은 1947년 4월 좌익이 주관하는 〈제3전선〉이라는 연극이 공연되고 있던 시공관市公館을 습격해 좌익 인사 3명을 납치하고 죽이는 사건을 주도했다.[154] 방송 쪽에서도 좌익 제거 작업이 벌어졌다. 1947년 8월 5일 수도경찰청은 남로당계 방송국 직원 12명을 검거했다는 특별성명을 발표했다. 각 부서에 잠복한 그들은 방송기계를 고의로 고장내 우익 정당의 방송연설을 방해하거나, 은근히 찬탁을 지지하면서 남조선과도정부를 전복시키려고 획책했다는 것이다. 이게 바로 이른바 '방송국 적화 공작 사건'이다.[155]

쫓고 쫓기는 '신문 전쟁'

이제 신문도 자유로울 수는 없었다. 미군정은 1947년 3월 26일 공보부령 제1호로 '정기간행물 허가·정지에 관한 건'을 공포해 정기간행물의 허가를 당분간 신규로 내주지 않도록 하여 군정 법령 제88호의 허가제를 더욱 경직되게 운영했다. 좌익 진영은 이에 굴하지 않고 빼앗긴 (폐간당한) 신문을 되찾겠다는 듯 기존 신문의 판권을 사서 다시 신문을 발행하기 시작했다. 쫓고 쫓기는 '신문 전쟁'이었다. 그리하여 1947년 3월에는 『문화일보』와 『대중신문』을 창간하고, 5월에는 『우리신문』과 『광명일보』 등을 속간했다. 6월에는 『노력인민』, 『중외신문』, 『독립신보』, 『국제일보』 등이 등장했다.

『노력인민』은 사실상의 남로당 기관지였다. 공산당 기관지 『해방일보』가 폐간된 후 그 기능을 대신해온 『조선인민보』가 1946년 9월 6일 발행정지 처분을 당해서 실질적인 폐간 상태에 이르자, 1947년 3월에 창간된 『대중신문』을 사들여 제호를 바꾼 게 바로 『노력인민』이었다. 이는 앞으로 있을 제2차 미소공위의 속개에 대비하기 위한 것이었다.[156]

1947년 8월 1일 우파의 신문기자 조직인 조선신문기자협회가 결성되면서 좌우파 언론 간 힘 겨루기는 좌파 우세에서 우파 우세 쪽으로 기울기 시작했다. 미군정은 그런 추세를 가속화시킬 결정타를 가했으니 그게 바로 앞서 살펴본 바와 같은 '8월 대공세'였다. 8월 11일 미군정 당국이 남로당 당수 허헌에 대한 체포령을 내리면서 남한에서 공산주의 활동을 불법이라고 선언했는데, 이제 모든 좌익 세력은 "부모와 자식과 동무들과 눈물을 머금고 사라지게 되어 드디어 태양 없는 지하로 들어가지 않으면 안 되게 되었다".[157] 남한의 모든 좌익 신문도 지하로 들어갔고 좌익 언론인은 우익 신문에 위장 취업하는 일이 벌어졌다.[158]

언론 탄압이 꼭 이데올로기 문제만으로 이루어진 건 아니었다. 우익 신문이라도 고위층의 심기를 건드리면 그건 응징의 대상이 되었다. 1948년 1월 24일 수도경찰청장 장택상이 자택 근처에서 청년 2명에게 수류탄 저격을 받은 사건이 일어났다. 장택상은 무사했다. 현장에서 범인 1명은 체포했지만 며칠 후 도주하고 말았다. 강원용에 따르면, "하루는 저녁 무렵 교회에서 일을 보고 있는데, 누군가가 온몸이 피투성이가 된 채 내게로 기어오다시피 다가오고 있었다. 깜짝 놀라 자세히 살펴보니 나와 동향으로서 『경향신문』 기자로 일하는 사람이었다. 우선 몸의 피부터 닦아주며 어떻게 된 일이냐고 물었더니 경찰에서 당했다는 것이었다. 그는 장 총장 저격범 도주 관계 기사를 쓰면서 '장택상 저격범 도주'라고 표현했는데, 고의로 '총감'이라는 직함을 삭제했다고 심한 구타를 당했다고 말했다. 그런데 더욱 놀라운 것은 그의 다음 말이었다. 저격범이 도주한 것이 아니라 고문 도중에 죽고 말았으며, 그래서 자기가 항의의 뜻으로 일부러 총감이라는 직함을 빼버렸다는 것이었다. 나는 정말 기가 막히지 않을 수 없었다".[159] (한홍구의 『대한민국사』에 따르면, 이 사실이 세상에 폭로되어 노덕술 등 관계자들이 구속된 것은 7월 하순에 이르러서였지만, 노덕술은 경찰청의 도움으로 기소 전에 도주했다. 노덕술이 체포되었던 것도 정부 수립을 앞두고 벌어진 조병옥의 군정 직속 경무부와 장택상의 수도경찰청 사이의 치열한 자리다툼 덕분이었다. 노덕술 사건이 양쪽의 대결 구도로 발전하려 하자 조병옥은 노덕술을 체포했던 수사국장 조병계와 부국장 이만종에게 사표를 강요했다.)[160]

미군정의 공보 물량 작전

미군정은 언론과 예술 분야의 좌익 소탕 작전을 전개하는 한편, 자체 홍보 기능은 강화시켜 나갔다. 이미 1946년 해리 트루먼의 특사로 남북한을 시찰한 에드윈 W. 폴리Edwin W. Pauley, 1903~1981는 한국이 공산주의 이데올로기를 수용하기에 좋은 조건을 갖추고 있다고 보고하면서, 하루빨리 한국 내에서 강력한 홍보, 교육, 선전을 행할 것을 주장했다. 이 보고에 따라, 1946년 말 미 전쟁성 소속 민정홍보 담당관인 제임스 스튜어트James L. Stewart가 인솔하는 홍보요원들이 한국에 도착했다.[161]

스튜어트는 '행정의 한인화' 정책으로 인해 한국인의 손에 넘어간 공보국으론 더는 미국의 정책 의도를 살릴 수 없다고 주장했다. 그는 하지에게 미군의 직접적 지휘하에 문화와 공보 정책을 수행할 것을 촉구했다. 하지는 스튜어트의 주장을 받아들였는데, 그 결과 1947년 6월 군정청 공보부와 별도로 공보원Office of Civil Information, OCI을 신설했다. 그와 동시에 주간 『세계신보』를 창간해 매주 10만 부씩 발행·배포했다. 이는 나중에 최고 80만 부까지 발행했다.[162]

공보원은 1947년 7월부터 뉴스영화를 제작해 각 도에 배포했다. 8월에는 200여 대의 휴대용 영사기를 미국에서 도입해 홍보 활동을 강화했는데, 영화 상영 편수는 매월 평균 40~50편이었다. 또 공보원 연락사업국에 의해 조직된 토론집단은 1947년 7월까지 전국에 걸쳐 총 1,000여 개에 이르렀고 여기에 총 3만 4,0000여 명이 동원되었다. 이동교육 열차도 만들었고 한국인 연사를 선발하고 교육시켜 전국 각지에 파견했다.[163]

미국이 남한 단정 수립을 향한 구체적 행보를 시작한 시점인 1947년 7월부터 12월까지는 각 도를 순회하면서 여론조사와 선전 활동도 수행했다. 또 공보원은 대중에게 좀더 다가가기 위해 전국 각 지역에 지부를 세웠는데, 1947년 9월 12일에 세워진 부산 지부를 시작으로 광주, 대구, 대전, 전주, 청주, 춘천, 개성 등에 잇따라 지부가 만들어졌다.[164]

선거가 임박한 1948년 3월 19일 하지는 '모든 전술 지휘관과 군정의 요원들에게' 공보원 활동의 효과적인 임무 수행에 필요한 물자와 협력에 최우선 순위를 두도록 명령했다. 서울의 인기 연예인들은 27개의 연예부대(한 부대당 18명씩 소속)에 소속되어 전국 각지에서 선거 홍보를 위한 공연을 펼쳤다. 그밖에도 온갖 매체들과 인력이 동원되어 선거 홍보

전을 전개했는데, 공보원 스스로 평가했듯이 '엄청난 물량전'이었다.[165]

〈아내의 노래〉, 〈신라의 달밤〉, 〈베사메무초〉

한국은 1947년 9월 3일 미국 애틀랜타에서 개최된 국제무선통신연맹ITU 총회에서 무선호출부호 HL을 할당받음으로써 전파 주권을 획득해 10월 1일 방송국명을 서울중앙방송국HLKA으로 변경하고 10월 2일부터 그 호출 부호로 방송을 시작했다(1964년부터 10월 2일을 '방송의 날'로 기념해왔으나, 1978년부터 9월 3일로 변경해 기념하고 있다. 그 이유는 종전에 10월 2일 방송의 날은, 10월 1일 '국군의 날'과 10월 3일 '개천절' 중간에 끼여 여러 가지 기념행사가 많고 각 방송국의 업무도 중계방송 등으로 업무량이 많은 날이었기 때문이었다고 한다. 그런 현실적 이유에다 10월 2일보다는 ITU에서 콜사인을 할당해준 날이 더욱 뜻있는 날이라는 명분을 만들어 9월 3일로 바꾼 것이다).[166]

서울중앙방송국은 1947년 6월엔 전속 경음악단을 조직하고 전속 가수를 모집했다. 작사·작곡을 의뢰해 신작 가요를 보급했는데, 이때 탄생한 노래 중의 하나가 손목인이 작곡하고 김백희가 부른, 그 유명한 〈아내의 노래〉였다(이 노래는 6·25 전쟁 후 가사를 고쳐 심연옥이 다시 불렀다).[167]

1947년의 최고 히트 가요는 중국 톈진天津에서 돌아온 현인이 독특한 창법으로 부른 〈신라의 달밤〉이었다. "아 신라의 밤이여 불국사의 종소리 들리어온다/지나가는 나그네여 걸음을 멈추어라/고요한 달빛 어린 금옥산 기슭에서/노래를 불러 보자 신라의 밤 노래를."

이 노래는 영화관인 명동 시공관의 관객 끌기용 쇼 무대에서 처음 발표되었다. 최규성에 따르면, "민족 해방을 감동적으로 그렸던 영화가 끝나자 현인의 노래 순서가 왔다. 시원한 마스크와 독특한 바이브레이션 창법을 접한 관객들은 눈이 휘둥그레졌다. 이내 관객들의 기립 박수가 터지며 시공관은 열광의 도가니가 되었다. 이날 현인은 무려 아홉 번의 앵콜을 받았다. 공연은 열흘 이상 계속되었고 시공관은 영화 〈자유만세〉도 보고 〈신라의 달밤〉을 들으려는 인파로 대성황을 이루었다. 이전의 가요와는 전혀 새로운 스타일의 멜로디와 독특한 창법은 장안의 화제가 되었다. 그는 하루아침에 대스타로 떠올랐다".[168]

중국 상하이에서 클래식 음악 공부를 했던 현인은 샹송이나 라틴송을 국내에 소개하는 데에도 앞장섰는데, 그가 적당히 번역해서 부른 라틴 민요 〈베사메무초〉는 번안 가요 제1호가 되었다. 〈베사메무초〉는 원래 1943년부터 불렀던 것인데, 키스를 좀더 많이 하라는 뜻의 '베사메 무초'가 여자의 이름으로 둔갑한 엉터리 가사였지만 폭발적 인기를 얻었다. "베사메 무초야 그대는 외로운 산타 마리아/베사메 무초야 그대는 리라꽃 향기 같은 남국의 아가씨야."[169]

〈빈대떡 신사〉와 기생집의 전성시대

한복남의 〈빈대떡 신사〉도 1947년의 히트곡이었다. 세태를 풍자한 코믹송이었다. "양복 입은 신사가 요릿집 문 앞에서 매를 맞는데/왜 맞을까 왜 맞을까 원인은 한 가지 돈이 없어/들어갈 땐 폼을 내어 들어가더니 나올 적엔 돈이 없어 쩔쩔매다가/뒷문으로 도망가다 붙잡히어서 매를 맞누나 매를 맞는구나/으하하하 우습다 이히히히 우습다 에헤헤헤 우습다 우화화화 우습다/돈 없으면 집에 가서 빈대떡이나 부쳐먹지/한

푼 없는 건달이 요릿집이 무어냐 기생집이 무어냐."[170]

1946년 초, 경기도 경찰부장 장택상은 유흥업소를 30%만 남기고, 70%를 폐업시키겠다고 호언했다. 하지만 그 이듬해 허가받은 유흥업소는 술집 3,225곳, 유곽 111곳, 댄스홀 4곳으로 격증했다. 유흥업에 종사하는 기생이 631명, 창기가 682명, 그밖에 여급과 작부가 2,556명에 달했다. 미등록 유흥업소와 그 종사자는 그보다 몇 배는 많을 것으로 추산되었다.[171]

사정이 그러했으니, 요릿집과 기생집이 보통 사람들의 화제가 되지 않는다면 오히려 그게 더 이상한 일이었을 것이다. 당시 요릿집과 기생

〈빈대떡 신사〉는 돈이 궁핍한 신사가 비싼 요릿집에 갔다가 돈을 못 내서 도망치다가 망신당하는 내용의 노래다. 그 당시에는 빈대떡 집이 번창했다. (『경향신문』, 1947년 6월 28일)

집 출입은 정치지도자들에서부터 경찰에 이르기까지 사회 전 분야에 걸쳐 만연된 관행이었다. 오죽하면 1946년 12월 중순 수도경찰청은 "경찰관들의 요정 출입으로 경찰 행정에 불민한 점이 적지 않으므로 경찰의 각종 요정 출입을 일체 엄금할 것"을 지시했겠는가. 그러나 위에서부터 늘 요릿집과 기생집을 출입하는데, 그것이 근절될 리는 없었다. 조병옥, 장택상 등 경찰 수뇌부도 '요정 정치'의 선두 주자였던 것이다.[172]

역사 산책 3

'마돈나'와 '모나리자'

　해방이 되면서 모든 시민이 거리로 쏟아져 나왔다. 멀리 이역만리에서 독립운동을 하던 지사들이 돌아왔고 일본 경찰에 쫓겨 숨어 다니던 사람들이며 세상이 싫어서 은거하던 사람들까지도 다 거리로 쏟아져 나왔다. 서울 거리에는 이들을 위한 만남의 장소가 더욱 필요했고 따라서 명동을 비롯해서 충무로·소공동·종로 등 번화가에 다방이 생기기 시작했다.[173]

　『동아일보』 1947년 11월 23일자에 실린 「다방-아침부터 출입 빈번, 다방은 안식처」라는 기사는 "거리의 항구요, 실업자 모리배의 '오아시스'라는 다방. 오늘도 다방에는 흘러나오는 멜로디에 도취하여 담배 연기로 안개 끼인 방 속에서 무엇을 생각하는지 50원씩 하는 한 잔의 커피를 앞에 놓고 벽만 바라보는 실업군상失業群像의 일당을 발견할 수 있다"며 다음과 같이 말했다.

"현재 서울 시내에는 100여 개소나 되는 다방이 있는데 시내 명동 모 다방 조사에 의하면 매일 평균 드나드는 사람의 수는 350여 명이라고 한다. 그러면 시내 전 다방의 출입자 총수를 따지면 무려 3만여 명이나 되는 셈이다. 그들 중에 매일 같이 오는 사람, 남들은 일터로 나가서 눈코 뜰 새 없이 바쁜 시간에 다방으로부터 다방을 찾아다니는 직업이 없는 사람이 한 집에 100여 명이나 될 것이라고 하니 한심한 일이다. 이들이 꿈꾸는 것은 과연 무엇일까? 진한 커피 연기에 마취되어 혈식이 없는 실업자의 안식처가 과연 다방 이외에는 없는가? 조선의 다방이 그들의 소일 장소로 변한 것은 조선에서만 볼 수 있는 통탄할 일이 아닐 수 없다."[174]

그러나 모든 다방이 통탄의 대상은 아니었다. 다방은 문인들의 아지트이기도 했다. 1947년 손소희孫素熙, 전숙희田淑禧, 유부용劉芙蓉 등은 문학 잡지 『혜성』의 적자를 줄이기 위해 '마돈나'라는 다방을 개업했다. 이 다방에는 김동리金東里, 조연현趙演鉉, 김송金松을 비롯한 문인들이 모여들었다.[175] 전숙희는 다음과 같이 회고했다.

"거기는 좀 점잖은 분들이 많이 오셨어요. 젊은 패들은 이쪽으로 오고 저희가 거기서 손소희 씨랑 무엇을 했냐면은요. 다방을 중심으로 사무실을 해서 손소희 씨 하고 저하고 거기서 처음으로 문학잡지를 시작했어요. 커피값도 없어서 커피 한 잔 시켜놓고 하루 종일 앉아 있는 사람들에게 벽화라고 우리가 별명을 붙이는 거예요. 벽화처럼 커피 한 잔 시켜놓고 안 가고 앉아 있는 거예요. 자리 차지하고……."[176]

'마돈나'는 문학 사랑방 구실을 톡톡히 해냈다. 마돈나의 한구석에서는 다방 주인이었던 손소희와 김동리가 나란히 앉아 문학과 사랑을 속삭이다 결혼에까지 이르게 되었다. 이 무렵 '모나리자'라는 다방도 문을 열었는데, 다방 정면엔 '모나리자의 미소'가 걸려 있었고, 문을 열고 들어서면 홍 마담의 미소가 기다리고 있었다. 모나리자에는 인근에 레코드회사가 많아 당대의 명가수 왕수복王壽福, 선우일선鮮于一扇, 김복희金福熙 등이 애용했다.[177]

제2부 1948년 | 욕망과 폭력의 제도화

- 유엔위원단 입국과 단독선거 확정
- 단독선거 반대운동과 토지개혁
- 제주 4·3 항쟁의 비극
- 김구와 김규식의 방북
- 5·10 남한 단독 총선거
- 개신교의 반공친미주의
- 대한민국 정부 수립
- 반민족행위처벌법 공포
- 이승만을 총재로 모신 대한청년단
- 여순사건의 비극
- 국가보안법 공포
- 제주에서 벌어진 '인간 사냥'

제1장

유엔위원단 입국과
단독선거 확정

유엔위원단의 입국

　미소공동위원회가 결렬되자, 미국은 1947년 9월 한국 문제를 유엔에 이관했다. 11월 14일 유엔총회는 '유엔 감시하에 남·북한 총선거' 실시를 결의했고 1948년 1월 7일 호주, 캐나다, 중국, 엘살바도르, 프랑스, 인도, 필리핀, 시리아 등 8개국으로 구성된 유엔한국임시위원단(유엔위원단)이 입국해 업무를 시작했다.

　1월 12일 서울운동장에서 열린 군중대회에서 인도인으로 유엔위원단 의장을 맡은 크리슈나 메논Krishna Menon, 1896~1974은 북한에도 애국적인 지도자가 있다고 말하면서 "독립으로 충분하지 않다. 단결이 되어야 한다"고 말했다.[1] 메논은 1월 21일 방송을 통해서도 유엔위원단의 업무에 대해 설명하는 도중 "만일 이전에 세계에 통일된 국가가 있었다고 한다면 그것은 조선이었습니다"고 지적하면서 다음과 같이 말했다.

유엔위원단 의장 크리슈나 메논은 "세계에 통일된 국가가 있었다고 한다면 그것은 조선"이라고 1월 12일 서울운동장에서 열린 군중대회에서 말했다. 1948년 1월 서울운동장에서 열린 유엔위원단 환영 대회.

"조선은 단일민족으로 동일한 언어를 쓰고 있으며 동일한 전통을 사랑하고 있습니다. 우리 위원단은 38선을 인정하지 않습니다. 38선은 마땅히 철거하여야 할 것이며, 정치적 분규를 야기시키는 것입니다. 우리 안중에는 조선은 단일체이며 결코 분단되어서는 안 될 나라입니다.……본인은 모든 조선 사람의 가슴에 품고 있는 염원을 반드시 반영시킬 각오를 가지고 있습니다."[2]

유엔위원단은 북한 지역으로 가려 했으나 소련은 이를 거부한다고 1월 22일에 공식 발표했다. 모두 합해서 35명에 불과한 유엔위원단은 조선에 대해 백지상태였을 뿐만 아니라, 격리된 채 미군정의 철저한 통제하에서 지내야만 했다. 유엔위원단은 정보를 우익적 견해를 가진 조선인 통역관과 미군정 당국에 전적으로 의존하지 않을 수 없었다.[3]

극우파의 김구 비난

김구의 이승만·한민당과의 결별은 1월 28일 김구가 유엔위원단에 보낸 의견서에서 더욱 명확해졌다. 김구는 이 의견서에서 단독정부를 반대하고 남북지도자회의를 소집할 것을 요구했다.[4] 김구의 이런 방향 전환에 대해 "어제까지 김구를 최고 영도자로 받들던 극우 세력은 일제히 비난과 모략으로 나왔다".[5] 한민당 관계자 등으로 구성된 한국독립정부수립대책협의회는 김구를 다음과 같이 매도했다.

"소련은 조선의 김구에게서 그 충실한 대변인을 발견하였다고 생각할 것이다. 그의 자살적 행동으로서 참으로 해괴한 일이라고 하지 아니할 수 없다. 우리는 금후에는 김구를 조선 민족의 지도자로는 보지 못할 것이고, 크레믈린궁의 한 신자라고 규정하지 아니할 수 없음을 유감으로 생각한다."[6]

한민당의 대변지인 『동아일보』도 2월 3일자 사설 「총선거를 단행하라」에서 김구를 다음과 같이 비난했다. "풍상 30년간에 임정 간판을 사수하였는데, 그대로 법통을 인정치 않고 총선거란 무엇이냐는 반발심에서 실현성 없는 양군 철퇴니 남북 요인 회담이니 하여 이것도 저것도 되지 않으면 정권은 결국 자파自派에 돌아온다는 시대착오적 타산으로……입국 이래 반복된 허다한 과오가 여기에 이르러 그 절정에 달한

감이 없지 않다."⁷

또 이 사설은 김규식 등 중간파에 대해선 "통일조선을 염원하는 민중의 심리를 이용하는 동시에 무시할 수 없는 공산 세력에 추파를 던져 좌우에서 지지를 받음으로 자파 세력을 확충하려는 것"이라고 비난했다.⁸ 중간파의 모임인 민족자주연맹(민련)은 2월 4일 남북 통일정부를 세우는 문제를 토의하기 위해 남북 요인 회담을 개최할 것을 요구하는 서한을 북한의 김일성과 김두봉에게 발송할 것을 결의했다. 북한의 두 김에게 보내는 서한은 김규식과 김구와 공동명의로 발송하기로 했으며 이에 김구의 동의를 얻었다. 서한은 2월 16일에 발송되었다.⁹

남로당의 2·7 파업과 김구의 2·10 읍고

남로당은 1948년에 들어와 강경 투쟁으로 전환했는데, 그 대표적인 투쟁이 바로 2·7 파업이었다. 2월 7일 아침, 서울을 비롯해 전국적으로 노동자들은 통신과 운송설비의 가동을 중지시키면서 총파업에 들어갔다. 이들은 "쌀을 다오, 임금을 인상하라, 공출을 중지하라, 토지제도를 개혁하라, 미소 양군은 즉시 철수하라, 유엔위원단은 조선에 오지 마라" 등의 구호를 외쳤다.¹⁰ 3월 초까지 계속된 이 투쟁에서 좌파는 90회 가까이 경찰을 공격해 18명의 경찰을 사망하게 했지만, 좌파 공격자들도 12명이 사망하고 군중은 70명이 사망해 모두 100명의 인명 피해를 가져왔다.¹¹

2·7 투쟁에서는 "제국주의의 앞잡이인 이승만, 김구, 김규식 등 친일반동을 타도하자"는 구호까지 나왔는데, 이는 김규식과 김구가 남북

김구는 남한만의 단독정부에 반대한다면서 "통일하면 살고 분열하면 죽는다"고 말했다. 1948년, 평양에서 열린 남북협상회의에서 연설 중인 김구.

요인 회담을 하는데 유엔위원단에 협조를 요청한 걸 겨냥한 것이었다. 이에 대해 서중석은 이렇게 말한다.

"남로당과 북조선노동당은 소아병적인 헤게모니 의식을 가진 데다가, 명백히 소련의 의사와 거리가 있는 남북지도자회의가, 한두 달 후에 자신들도 인정하지 않을 수 없었지만, 역설적이게도 너무나 중요한 방안이기 때문에도 더욱더 경직된 태도를 보이지 않을 수 없었다."[12]

김구는 1948년 2월 10일 남한만의 단독정부에 반대한다는 내용이 담긴 「삼천만 동포에게 읍고泣告함」이라는 성명을 발표했다. 그는 이 성명에서 "통일하면 살고 분열하면 죽는 것은 고금의 철칙이니 자기의 생명을 연장하기 위하여 남북의 분열을 연장시키는 것은 전 민족을 사갱死坑에 넣는 극악극흉의 위험일 것이다"라면서 다음과 같이 말했다.

"삼천만 자매 형제여! 한국이 있고야 한국 사람이 있고, 한국 사람이 있고야 민주주의도 공산주의도 또 무슨 단체도 있을 수 있는 것이다.

마음속의 38선이 무너지고야 땅 위의 38선도 철폐될 수 있다. 이 육신을 조국이 수요需要한다면 당장에라도 제단에 바치겠다. 나는 통일된 조국을 건설하려다가 38선을 베고 쓰러질지언정 일신의 구차한 안일을 취하여 단독정부를 세우는 데는 협력하지 아니하겠다. 나는 생전에 38 이북에 가고 싶다. 그쪽 동포들도 제 집을 찾아가는 것을 보고서 죽고 싶다. 궂은 날을 당할 때마다 38선을 싸고도는 원귀의 곡성이 내 귀에 들리는 것도 같았다. 고요한 밤에 홀로 앉으면 남북에서 헐벗고 굶주리는 동포들의 원망스러운 용모가 내 앞에 나타나는 것도 같았다. 삼천만 동포 자매 형제여! 글이 이에 이르매 가슴이 억색抑塞하고 눈물이 앞을 가리어 말을 더 잇지 못하겠다. 바라건대 나의 애달픈 고충을 명찰하고 명일의 건전한 조국을 위하여 한번 더 심환深患하라."[13]

'남산 위의 소나무' 논쟁

김구와 김규식 등이 분단을 막아야 한다는 뜨거운 열정으로 넘쳐 있던 반면, 이승만은 차가운 계산을 하고 있었다. 이는 이승만이 자신의 고문인 로버트 올리버에게 보낸 2월 11일자 편지에 잘 나타나 있다.

"며칠 전 하지 장군이 덕수궁에서 위원단과 단독 회의를 가졌소. 한편 김구와 김규식도 함께 모여 장시간의 회담을 가졌소. 신문들이 보도하기를 이 두 사람이 위원단에게 자유선거가 현재 불가능하다는 것과 이것을 연기해야 한다고 믿는다는 것과 정치범을 석방해야 한다는 것 그리고 김구가 생명을 무릅쓰고 북한으로 여행을 하겠다는 걸 허가해주어야 한다는 것 등을 얘기하였소.……위원단 멤버들에게 선거의 필요성을 확신시키기 위하여 3일간을 노력한 끝에 (중국의) 류 영사는 나에게 사교적으로라도 양 김씨와 만나서 한국 지도자들이 화해가 어려울 정도로 분열된 것은 아니라는 인상을 위원들에게 주어야지 그렇게 아니 되면 사정을 더욱 악화시키게 된다는 말을 조용히 들려주며 충고하는 것이었소. 나는 이 충고를 고맙게 여기는데 그 이유는 하지 장군이 바로 바라는 것이 우익 지도자들의 분열이기 때문이오."[14]

바로 그런 충고에 따라, 이승만은 2월 12일 김구·김규식 등과 같이 점심식사를 했다. 물론 그 회합은 사람들에게 보여주기 위한 것이었을 뿐 그 자리에서 무슨 새로운 일이 일어날 수는 없었다. 이제 각자의 길을 가는 것뿐이었다. 이승만은 2월 22일자 편지에 다음과 같이 썼다.

"21일 토요일 오전 『동아일보』의 어떤 기자가 찾아와 말하기를 김구가 한국 언론인들에게 식사를 내고, 자기는 남한 선거에 반대한다고 그들에게 말하였다 하오. 『동아일보』 기자가 김구에게 '나의 이 박사에 대한 충절은 결코 변치 않을 것이오. 남산 위의 소나무가 그 색깔을 변한다 해도 나는 안 그럴 거요'라고 한 그의 말을 상기시켰다는 것이오. 그러고 나서 그에게 '지금 선생님 입장이 이 말과 모순되지 않습니까' 하고 물었더니 김구가 약 10분간 침묵하고 있더니 그는 이렇게 말하더라는 것이오. '우리는 작은 문제들에 대하여 의견이 같지 않을 수가 있으나 전체적으로는 우리는 모두 함께 공동보조를 취하오.' 나는 그 기자에게 '남산의 모든 소나무가 지금 다 죽어가고 있소'라고 말해주었소."[15]

크리슈나 메논과 모윤숙

2월 19일에 열린 유엔 소총회에서 메논은 조선 문제 처리 방안으로 4가지를 제시했는데, 미국은 4개 방안 중 제1안을 지지해 남한에 국한해서 선거를 실시하라고 권고하는 결의안을 제출했다. 2월 26일 유엔 소총회는 미국의 제안을 찬성 31, 반대 2, 기권 11로 채택했다. 3월 1일 하지는 선거를 5월 9일로 잡은 남한 단독선거에 관한 포고를 발표했다. 선거일자는 5월 9일이 일요일이라 하여 기독교 단체에서 강렬히 반대하는 데다 그날이 일식日蝕이어서 하루 연기해 5월 10일로 바뀌었다.[16] 이승만과 한민당은 3월 1일 정부수립결정안 축하 국민대회를 열었다.

유엔 소총회의 결의에도 유엔위원단 내부에서는 남한에서만 선거를 치르는 것이 바람직하지 않다는 의견이 계속 제기되었다. 결국 수차례의 논란 끝에 유엔위원단은 1948년 3월 12일, 찬성 4개국(중국, 인도, 필리핀, 엘살바도르), 반대 2개국(오스트레일리아, 캐나다), 기권 2개국(프랑스, 시리아)으로 5월 10일 선거를 감시하는 것에 동의하는 결정을 내렸다. 이때에 인도 대표 메논의 태도 돌변은 주목을 받았다.[17]

이승만은 유엔위원단의 마음을 사로잡기 위해 갖가지 방법을 동원했다. 특히 메논의 마음을 돌리는 데엔 이승만의 지시를 받은 모윤숙이 큰 활약을 했는데, '미인계'를 썼다는 설이 떠돌았다. 나중에 인도의 국방부 장관이 된 메논은 1965년에 낸 자신의 자서전에서 "이것이 나의 업무 수행에 있어 감정이 이성을 지배한 유일한 경우였다"고 썼다.[18]

반면 모윤숙은 훗날 『신동아』 1983년 3월호에 기고한 「잊을 수 없는 메논 위원장과 나의 우정」이라는 글에서 이렇게 말했다. "한국의 건국과 우리의 우정은 미묘한 함수관계에 있었고, 만약 나와 메논 위원장의 우정이 없었다면 남쪽만의 선거는 어쩌면 없었을지도 모른다. 이승만 박사가 대통령이 안 됐을지도 모르고, 그렇다면 오늘의 한국은 어찌 되었을까?"[19]

| 역사 산책 4 |

공창제 폐지와
공창철폐연기운동

여성 단체들의 공창 폐지 활동에 자극 받은 미군정은 1946년 5월 17일 '부녀자의 매매 또는 그 매매 계약의 금지'를 공포하는 법령 제70호를 발표했다. 이후 한동안 경찰의 포주 단속이 벌어졌고, 신문은 "이들 창기들이 마굴魔窟에서 벗어나와 광명한 사회로 진출하려는 모습을 사진 찍어 독자에게 소개"하는 등 대대적으로 보도했다.[20]

오기영은 월간 『신천지』 1946년 9월호에 쓴 「공창」이라는 글에서 "그러나 이뿐으로서 한 개의 사회제도가 완전히 개선될 수 있는 것인가"라고 회의를 표시했다.

"정조를 상품으로 삼는 이외에 아무런 생활수단도 배운 것이 없고 능력도 없고 후원도 없는 그들이다. 갑자기 어느 회사의 여사무원이 된달 수도 없고 써주는 회사도 있을 리 없고 바느질을 배웠으니 침모針母가 되나, 반찬을 할 줄 아니 식모食母가 되나, 되고 싶으니 써줄 집이 있나.

시골 가서 농사를 지으라고? 더구나 농사를 지으라고?……그야말로 몽땅 감옥에라도 쓸어넣어 이런 에로당エロ黨을 완전히 소탕했다고 치자. 그러나 여인의 육신을 일시의 상품으로나마 사야만 할 기회조차 없으면 안 되는 독신노동자獨身勞動者 빈민은 어떻게 될 것인가. 이들은 결단코 청교도들이 아니다. 성불成佛을 꿈꾸는 스님들도 아니다. 이들 보고 생리의 욕구를 무리하게 거저 참기만 하란다고 사회질서는 명랑하게 유지될 건가. 모두가 안 될 말이다. 인간을 상품화하는 근본적인 모순을 꺾어버리기 전에, 정당한 일부일처의 정의가 확립되기 전에, 불평등한 생활과 빈부의 차별을 천국으로 올려 쫓기 전에 매음賣淫의 필요와 매음買淫의 필요는 아마 존속하지 않을 수 없을 것 아닐까?"[21]

법령 제70호의 발표 이후 인신매매만 더 한층 극심해져 아무런 실효를 거둘 수 없었다. 김말봉, 박현숙 등 10여 명의 여성 단체 지도자들은 공창폐지연맹을 조직해 기왕에 발표된 법령 제70호는 단지 인신매매 금지령일 뿐이므로 시급히 공·사창을 폐지하게 하는 법령을 제정해달라고 입법의원에 건의했다.

미군정은 1946년 12월 남조선과도정부의 입법의원을 구성할 때 45명의 관선위원 중 신의경, 박승호, 황신덕, 박현숙 등 4명의 여성 지도자를 임명했다. 이에 자극받아 1946년 11월 5일에 결성된 우익 계열의 전국여성단체총연맹과 1947년 2월 조선부녀총동맹을 이어 받은 민주여성동맹은 남녀평등을 보장하는 입법을 요구하는 건의문을 제출했다.

민주여성동맹에서는 미군정 장관 아처 러치Archer L. Lerch와 사법부장 김병로에게 경제·정치·문화 부문, 선거권, 노동사회적 보험과 교육 부문, 자유 결혼과 이혼, 상속권 등 5개 영역에서 남녀평등권을 요구하는 건의안을 제출했다. 이를 받아들여 입법의원은 1947년 10월 28일 전격적으로 공창폐지법을 통과시키고 즉시 미군정 장관의 추인을 요청해 이듬해인 1948년 2월 14일 공창제 폐지를 실시하는 법령을 공고하게 되었다.[22]

이에 서울의 창녀들과 포주들은 종로에서 공창철폐연기운동을 위한 긴급회의를 열고 제각기 억울함을 호소했다. 그중 한 창녀는 일어서서 이렇게 외쳤다. "우리 동생 부모들은 누가 구해줍니까? 우리들은 훌륭한 사람으로 만들어준다니 고맙지만, 우리들의 영업 간판만을 떼가는 것이나 다름없어요! 우리더러 어떻게 살라는 말입니까!"[23]

단독선거 반대운동과 토지개혁

'7거두 공동성명'과 김구의 독설

인도 대표 크리슈나 메논Krishna Menon, 1896~1974의 태도 돌변이 주목을 받은 그날(3월 12일), 이른바 '7거두 공동성명'이 발표되었다. 7거두는 김구, 김규식, 홍명희, 조소앙, 조성환, 조완구, 김창숙 등을 일컫는다. 이 성명서 내용 중 일부는 다음과 같다.

"반쪽이나마 먼저 정부를 수립하고 그다음의 반쪽을 통일한다는 것은 그럴듯하나 실상은 반쪽 독립과 나머지 반쪽 통일이 다 가능성이 없고 오직 동족상잔의 참화를 격화시킬 뿐일 것이다. 우리 몇 사람은 정치의 가변성이나 그 밖의 여러 가지 구실로 부득이한 채 현 정세에 추종하는 것이 우리들 개인의 이익됨을 모르지 아니하나, 개인의 이익을 도모하려고 민족의 참화를 촉진하는 것은 민족적 양심이 허락지 아니하므로 반쪽 국토에 중앙정부를 세우려는 이른바 가능한 지역에서의 선거에는

참여하지 아니할 것이다."²⁴

단독선거에 대해 다른 모든 주요 정당이 반대하는 가운데 한민당만이 지극히 만족이라고 표명하면서 적극적인 지지를 보내자, 김구는 한민당과 친일 세력에 대한 독설도 마다하지 않았다. 김구는 1948년 3월 21일 『신민일보』와의 인터뷰에서 "한민당을 가리켜 일진회와 같은 매국매족적 반역자 집단이라고 하였는데, 왜 중경 임정은 저들과 합작하였느냐, 또 1947년 이승만이 도미하여 단정 운동을 전개할 때에는 시종일관 침묵을 지키다가 지금에 와서 단정을 반대하는 것은 정권을 잡을 수 없어서가 아니냐"는 질문을 받았다.

이에 대해 김구는 민족적 단결과 정치적 통일을 위해서 친일파 문제를 신중히 할 수밖에 없었고, 이승만이 도미해 단정 운동을 전개할 때 공표만 안 했을 뿐이지 동지들에 대해서는 그 부당성을 지적했으며 이승만에게도 권고했다고 해명했다. 덧붙여 "소위 우익 중에는 왕왕히 친일파 반역자의 집단까지 포함하는 것이 큰 문제입니다. 그것들은 우익을 더럽히는 군더더기입니다"고 비난했다.²⁵

3월 25일 밤 평양방송은 북조선민주주의민족통일전선 중앙위원회가 유엔 소총회 결의와 남조선 단선·단정을 반대하고 조선의 통일적 자주독립을 위한 전조선정당사회단체 대표자 연석회의를 4월 14일부터 평양에서 열 것에 대한 의제를 채택했다면서 단선·단정을 반대하는 남조선의 모든 민주주의 정당과 사회단체는 참석해달라는 방송을 내보냈다. 이 방송에선 김구와 김규식의 서한에 대한 언급은 없었으며, 김일성과 김두봉의 답신은 3월 27일 인편을 통해 전달되었다.²⁶

3월 31일, 김구와 김규식은 북한의 김일성과 김두봉에게 보낸 2월

16일자 서한의 요지와 함께 3월 25일자로 온 김일성과 김두봉의 답신의 요지를 공개했다. 김구와 김규식은 평양방송을 통한 제의나 답신의 문제점을 지적하면서도 남북회담 요구엔 응하겠다는 뜻을 밝혔다.

미군정의 선거용 토지개혁

전국적으로 엄청난 규모의 선거 반대운동이 일어나자 1948년 3월 7일 하지는 선거 반대에 대한 염려를 워싱턴에 보고했다. "선거를 중단시키려는 공산주의자들의 적극적인 폭동, 중도파의 반대, 그리고 우익 진영의 선거 보이콧,……선거의 유의미한 결과에 대해 희망을 갖지 못한 조선 민중의 냉담함,……전망이 조금도 밝지 못하다."

하지의 보고에 대한 답변으로, 미 국무성은 남조선 단독선거에서 "실질적인 대중 지지의 감소"를 막기 위해서 "힘찬 선거 활동"을 전개하라고 명령했다. 그래서 미군정 당국은 많은 사람이 선거에 참여하도록 홍보 활동에 힘을 기울였다. 미군정 정치고문관 조지프 제이컵스Joseph E. Jacobs, 1893~1971에 따르면 "미군정의 정보와 홍보 담당 직원은 전부 사실상 선거 홍보 운동에 투입되었다". 또한 선거 운동을 위해 국무성 외교 담당 예비역 장교들이 남한에 급파되었다.[27]

1946년 3월 북한에서 이루어진 토지개혁에 주목한 미 국무성은 남한에서 좌익 세력과 공산주의에 대한 방파제를 구축하기 위해서는 토지개혁 실시가 필수적이라는 판단을 내리고 이를 미군정에 권고했다.[28] 미군정도 토지개혁을 할 뜻이 없진 않았지만, 이 경우엔 반대 세력이 좌익이 아니라 미군정의 주요 지지 기반인 지주들과 한민당 세력인지라 이러지도 저러지도 못하는 상황에 놓여 있었다. 미군정은 토지개혁을 몇 차례 시도하긴 했지만 그때마다 지주 출신 의원을 중심으로 한 입법의원 대다수의 반대에 부딪혀 실패로 돌아가고 말았다.[29]

미군정은 토지개혁을 더는 미룰 수 없다는 판단을 내리고 신한공사가 지배하는 전 일본인 소유지라도 분배하기 위해 1948년 3월 22일 남한과도정부 법령 제173호를 공포했다. 여전히 지주 측의 반대가 만만치 않았지만 5월 10일 총선을 염두에 둔 미군정으로선 결단을 내리지 않을 수 없었다.

법령 제173호에 따라 신한공사가 국가토지행정국으로 바뀐 가운데 구舊일본인 소유 농지(귀속농지)를 당시 시세대로 생산물의 3배로 쳐서 매년 2할씩 15년간 분할 상환하는 조건으로 농민에게 매각했다. 신한공사 소유 토지는 전체 소작 토지의 6분의 1에 불과했으며, 이 가운데서도 전체 신한공사 소유 토지의 82.8%에 달하는 과수원이나 산림지는 제외되었다.[30]

토지개혁의 시점에 대한 이승만의 불만

이승만 측은 이를 매우 못마땅하게 여겼다. 이승만의 고문인 로버트 올리버가 이승만에게 보낸 3월 29일자 보고서는 워싱턴에 있는 이승만 참모 조직의 대응 방안을 담고 있는데, 이들이 국무성 재무관리 아서 번스Arthur C. Bunce와 만난 이야기를 들어보자.

"이 계획은 그 자체로서는 우리에게도 훌륭한 것으로 보입니다. 우리가 제기한 요점은 이것은 새로 들어설 한국 정부가 발표하도록 넘겨주었어야 옳았다는 것입니다. 만일 그렇게만 했더라면 이 조치가 '반동' 분자들을 뒤흔들어 아마도 그들을 쳐부술 수 있었을 것이고, 선거 운동의 후유증으로 불가피하게 남을 상처를 고치는 데 도움이 되는 하나의 통합적 조치가 되었을 것입니다. 지금 느껴지는 것은 미군정이 인기 있는 일은 자기네가 하고 인기 없는 조치들은 신정부에 넘겨준 것 같습니다. 번스는 설명하기를 이 발표로 해서 민족 진영이 선거에 승리하도록 도우려는 의도에서 한 것이며 새로운 정부는 그 계획을 상당히 뒤로 연장시킬 수가 있을 것이라고 했습니다.……어찌되었거나 이 발표는 '반동주의'의 문제점을 우리들에게 더욱 강력하게 남겨주는데, 그것은 새로 들어서게 될 정부에 대하여 하나의 기정사실을 던져주어 미군정 관리들이 민족 진영 지도자들을 하나의 반동집단으로 생각하고 있음을 '증명하기' 위하여 이 발표가 이루어졌다고 회의론자들이 모두 확신을 가지게 될 것이 분명하기 때문입니다."[31]

그러나 미군정은 그런 장기적인 배려보다는 우선 당장 5월 10일 총선이 발등에 떨어진 불이라고 여겼을 것이다. 미 국무성과 군정 당국은 3월에 이루어진 귀속농지의 처분은 좌익의 힘을 약화시키는 데에 크게 기여한 것으로 평가했다.[32]

과도입법의원의 '보잘것없는 장난'

한국 문제가 유엔으로 이관되면서 과도입법의원은 무력화되었지만, 그래도 무언가 보여주려고 발버둥치긴 했다. 예컨대, 1947년 12월 25일에는 이미 9월부터 제안되어 있던 유흥영업정지법안을 통과시켜

요리업·카바레·댄스홀·예기업藝妓業 등 "인간 정신을 태황怠慌케 하는 영업을 일체 폐쇄"하도록 했다. 그리고 비록 보류되긴 했지만, 김약수는 "입법의원 일동은 임시정부가 수립될 때까지 매주 금요일을 무육無肉·무주無酒·무연無煙의 3무일로 정하기로" 하자는 결의안을 내기까지 했다.[33]

과도입법의원은 1948년 2월 19일 한민당 중심의 의원 43명이 유엔위원단을 지원하자는 긴급결의안을 내면서 대혼란에 빠졌다. 김규식, 원세훈, 김학배 등이 결사 반대했으나 중과부적이었다. 재적 79명 중에서 30명을 몰아내는 등 내부 싸움이 치열했지만, 그러나 "이미 총선거를 서둘고 있는 군정 당국에는 입법의원의 이런 막판 싸움이 보잘것없는 장난으로밖에 비치지 않았다".[34]

과도입법의원은 1948년 5월 19일 과도정부 법률 제12호로 해산되었는데, 이때까지 약 1년 6개월간 공포한 법률이 11건, 심의한 법률이 50여 건이었다. 또 입법의원을 거치지 않고 군정 법령으로 공포된 것이 80여 건에 달했다.[35] 과도입법의원 의원 중 대한민국 제헌국회 총선에 출마한 의원은 43명이었고 그중 15명이 당선되어 제헌국회에 참여하게 된다.

제주 4·3 항쟁의 비극

제주 인구의 10%가 죽은 대참사

1948년 4월 3일 새벽 2시, 훗날 긴 세월 끝에 '제주 4·3 항쟁'이라는 이름을 얻게 될 사건이 일어났다. 350명의 무장대가 제주도 내 24개 경찰 지서 가운데 12개 지서를 일제히 공격함으로써 시작된 이 사건이 1954년 9월 21일 한라산 금족禁足 지역이 전면 개방될 때까지 사실상 6년 6개월간 지속되면서 엄청난 유혈 사태로 비화되리라고 그 누구도 생각하지 못했을 것이다. 무장대는 경찰과 우익 청년단체의 탄압에 대한 저항, 단선·단정 반대와 조국의 통일독립, 반미구국투쟁을 봉기의 기치로 내세웠다.[36]

제주 4·3 항쟁은 30여 만 명의 도민이 연루된 가운데 3만 명 이상의 희생자를 냈다. 희생자의 수를 정확히 알기가 어려워 심지어 '8만 명 희생설'까지 나오고 있다. 3만 명이라고 해도 당시 제주도 인구의 10분의 1이다. 당초 토벌대가 파악한 무장대 숫자는 최대 500명이었다. 이들이 모두 골수 빨갱이라고 하더라도, 어이하여 3만 명이 희생될 수 있었단 말인가?[37] 게다가 전체 희생자 가운데 여성이 21.1%, 10세 이하의 어린이가 5.6%, 61세 이상 노인이 6.2%나 차지하고 있다는 건 어찌 설명해야 할까?(이는 2001년 5월 제주 4·3 사건 지원사업소가 접수한 희생자 신고에 의한 피해자 1만 3,000여 명을 대상으로 해서 분석한 결과다).[38]

이 불가사의를 이해하기 위해선 지난 1년간 일어난 일을 잠시 살펴볼 필요가 있다. 1947년 3·1 발포 사건 이후 1948년 4·3 발발 직전까지 1년 동안 2,500명이 검속되었다. 유치장은 차고 넘쳤다. 가로 3미터, 세로 3.6미터의 감방 하나에 35명이 갇혀 있어야 했다.[39]

제주 4·3 항쟁에서 3만 명 이상이 희생되었는데, 그중에 여성이 21.1%, 10세 이하의 어린이가 5.6%, 61세 이상 노인이 6.2%나 되었다.

3·1 사건 이후 지역 주민과 경찰이 자주 충돌했는데, 1947년 3월 우도와 중문리 사건, 6월 종달리 사건, 8월 북촌리 사건 등이 대표적인 사건이었다. 1947년 9월부터 우익 청년단체의 조직이 강화되기 시작했다. 대동청년단과 서북청년회(서청) 제주 조직이 발족되었으며, 조선민족청년단(족청) 제주도 단부團部도 창립되었다(족청은 5월 10일 단독선거 참여에 소극적으로 대응함으로써 이승만 계열의 불만의 대상이 되기도 했는데, 4·3 사건의 진행 과정에서 일부 지역의 족청 단원들이 '빨갱이'로 몰려 집단으로 사살되는 등 수난을 겪었다).[40]

1948년 3월 경찰에 연행되었던 청년 3명이 경찰의 고문으로 잇따라 숨지는 사건이 발생해 민심이 동요했다. 죽은 청년들과 같이 수감되었던 청년들의 증언에 따르면, "지서에서는 매질부터 시작했다. 주로 몽둥이로 때리거나 각목을 다리 사이에 끼워 위에서 밟기도 하고 물고문을 하기도 했다. 수감자들이 더욱 울분을 느꼈던 것은 경찰관들이 심심하면 한 사람씩 불러내 장난 삼아 고문을 했던 일이다.……경찰관들이 형님의 머리카락을 천장에 매달아 놓고 송곳으로 불알을 찌르는 고문을 하다가 결국 불알이 상해 숨지게 됐다".[41]

평화협상을 깬 '오라리 사건'

남로당 제주도당은 이미 1948년 2월 신촌회의에서 무장투쟁을 결정했다. 공격 대상은 경비대나 미군이 아닌, 경찰과 우익 청년단체였다. 서북청년단, 대동청년단, 독촉국민회 등 우익 청년단체 중에서도 가장 많은 원성怨聲을 산 서청이 주요 공격 목표였다. 그리하여 유격대를 결성했는데, 3월 28일 현재 8개 읍면에 걸쳐 모두 320명이 편성되었다. 이들이 확보한 무기는 겨우 소총 27정, 권총 3정, 수류탄 25발, 연막탄 7발, 나머지는 죽창이었다.[42]

경찰과 서청에 대한 도민의 분노를 잘 알고 있던 제주 주둔 경비대 제9연대는 4월 3일의 무장대 습격 사건을 도민과 경찰·서청 간의 충돌로 간주했다. 그래서 출동에 주저했다. 경찰은 경비대가 사태 진압에 적극 나서지 않자 경비대를 출동시키기 위해 스스로 산간마을에 불을 지른 후 무장대의 짓이라고 주장했다.[43]

경비대가 처음으로 토벌전에 나선 것은 4월 22일부터였다. 미군정의 지시에 따라 4월 28일 연대장 김익렬金益烈과 무장대 총책 김달삼金達三 간의 평화협상이 열렸다. 두 사람은 4시간에 걸친 협상 끝에 다음과 같은 3개항에 합의했다. 첫째, 72시간 내에 전투를 완전히 중지하되 산발적으로 충돌이 있으면 연락 미달로 간주하고, 5일 이후의 전투는 배신행위로 본다. 둘째, 무장해제는 점차적으로 하되 약속을 위반하면 즉각 전투를 재개한다. 셋째, 무장해제와 하산이 원만히 이루어지면 주모자들의 신병을 보장한다. 또한 귀순자 수용소를 세우되 군이 직접 관리하고 경찰의 출입을 통제한다.[44]

그러나 협상 사흘 만인 5월 1일 우익 청년단이 제주읍 오라리 마을을 방화하는 세칭 '오라리 사건'이 벌어졌고, 5월 3일에는 미군이 경비대에 총공격을 명령함으로써 협상이 깨지고 말았다. 이 사실을 모르고 평화협상에 따라 귀순의 성격을 띠고 산에서 내려오던 사람들이 정체불명의 자들에게서 총격을 받았다. 총격을 가한 자들은 경찰로 드러났다. 경비대의 취조 결과, 그들은 "상부의 지시에 의하여 폭도와 미군과 경비

대 장병을 사살하여 폭도들의 귀순공작 진행을 방해하는 임무를 띤 특공대"라고 자백했다.[45]

김익렬의 증언에 따르면, "경찰은 폭동 진압에 뜻이 있는 것이 아니라 자기들의 과오와 죄상을 은폐하기 위하여 오히려 폭동을 조장, 확대하려고 하였다. 경찰들은 폭도를 가장하여 민가를 방화하고는 폭동의 소행으로 선전하고 다녔고, 이렇게 되자 폭도들도 산에서 내려와 각 지서를 습격하여 중지되었던 전투가 다시 개시되었다".[46]

'오라리 사건'에 대해선 미국이 그 배후에 있었던 게 아닌가 하는 의혹이 제기되었다. 무엇보다도 오라리 사건 현장이 미군 촬영반에 의해 공중과 땅에서 모두 촬영되었기 때문이다. 그것도 놀라운 사실이지만, 더욱 놀라운 건 그 기록영화는 폭도들이 방화를 저지른 것처럼 조작 편집되었다는 사실이다.[47]

"제주도 사람은 이제 다 죽었구나"

5월 5일 미군정 장관 윌리엄 딘William Dean, 1899~1981은 민정장관 안재홍, 경무부장 조병옥, 경비대 사령관 준장 송호성 등을 이끌고 제주를 방문해 비밀회의를 가졌다(이전의 미군정 장관 아널드는 114일 만인 1946년 1월 4일 육군 소장 아처 러치에게 그 자리를 물려주었으며, 러치는 1947년 9월 11일에 사망해 9월 15일자로 육군 소장 윌리엄 딘이 미군정 장관을 맡았다). 이 회의에서 김익렬은 폭동은 복합적인 이유에서 비롯되었다고 지적하면서 경찰의 실책을 비판했다. 김익렬이 경찰의 행동을 의심할 만한 물적 증거물과 사진첩을 제시하자, 딘은 이를 조병옥에게 추궁했다.

"그러나 조병옥은 김익렬의 설명은 잘못된 것이고, 증거물과 사진첩도 모두 조작된 것이라고 주장했다. 그러고는 김익렬을 가리키며 '저기 공산주의 청년이 한 사람 앉아 있소'라고 외치면서, 김익렬의 아버지는 국제공산주의자로서 소련에서 교육을 받고 현재 이북에서 공산주의 간부로서 활약하고 있으며, 김익렬은 자기 아버지의 지령을 받아 행동하고 있다고 주장했다. 김익렬이 조병옥의 발언에 격분해 달려들어 몸싸움을 벌이자 회의는 난장판이 되었다."[48]

안재홍은 싸움이 그치지 않자 갑자기 탁자를 두드리면서 통곡했다. "아이고 분하다. 분해! 연대장 참으시오! 이것이 다 우리 민족 스스로의 힘으로 해방이 된 것이 아니고 남의 힘을 빌려서 해방이 된 때문에 이런 억울한 일을 당하는 것이오. 연대장! 참으시오!"[49]

다음 날인 5월 6일 제9연대 연대장이 중령 김익렬에서 중령 박진경으로 전격 교체되었다. 이는 미군정이 이미 제주회의 이전에 무력 진압 방침을 굳혔다는 걸 의미하는 것이었다. 김익렬이 해임 후 서울로 가서 송호성에게 제주 상황을 보고했더니 송호성은 "제주도 사람은 이제 다 죽었구나" 하고 걱정했다고 한다.[50]

제주에서 5월 10일 선거는 어떻게 돌아가고 있었던가? 최종 선거인 등록 결과 제주도 등록률은 64.9%로 전국 평균 91.7%에 훨씬 못 미치는 전국 최하위를 기록했다. 5월 10일 선거에선 3개 선거구의 총 유권자 8만 5,000여 명 중 5만 3,000여 명이 투표해 62.8%의 투표율을 기록했다. 남제주군 선거구는 86.6%의 투표율로 무소속 오용국의 당선이 확정되었지만, 북제주군 갑구와 을구는 각각 43%와 46.5%의 투표율로 과반수 미달이었다. 결국 2개 선거구는 선거 무효로 처리되었다.[51]

젊은이들을 산으로 내몬 '무차별 체포 작전'

5월 15일, 경비대 총사령부는 1948년 5월 4일 수원에서 창설된 제11연대를 제주도로 이동시키면서 기존의 제9연대를 제11연대에 합편合編시켰다. 아울러 5월 6일 제9연대장의 자격으로 제주도에 온 중령 박진경은 5월 15일자로 제11연대장으로 변경되었다. 박진경이 연대장으로 부임한 직후인 5월 20일 경비대 병사 41명이 집단으로 탈영해 무장대에 합류하는 사건이 터졌다. 이 사건으로 인해 제주 출신 병사들이 진압 작전에서 소외됨으로써 사태는 더욱 악화될 수밖에 없었다. 당시 제11연대 소속으로 제주 출신이었던 한 군인의 증언이다.

"탈영한 군인들 중 90%가 제주 출신이었기 때문에 우리는 서자 취급, 빨갱이 취급을 받았다. 제주도 놈은 다 빨갱이라는 것이었다. 당시 제주 출신은 모두 '모슬포 대대'라는 이름 아래 한 개의 대대를 이루고 있었는데, 탈영 사건 이후 우리 모슬포 대대를 제주읍 오등리 천막 속에 분리시켜놓고 토벌도 시키지 않았다."[52]

제11연대는 5월 27일까지 3,000여 명을 체포했다. 박진경의 '무차별 체포 작전'은 미군의 인정을 받아 박진경은 6월 1일 대령으로 진급했지만, 6월 18일 부하에 의해 살해당하고 말았다. 박진경 살해에 가담한 하사 손선호는 나중에 재판정에서 이렇게 말했다.

"박 대령의 30만 도민에 대한 무자비한 작전 공격은 전 연대장 김익렬 중령의 선무 작전에 비하여 볼 때 그의 작전에 대하여 불만을 갖지 않을 수 없었다. 그러한 그릇된 결과로 다음과 같은 사태가 빚어졌다. 우리가 화북이란 부락을 갔을 때 15세가량 되는 아이가 그 아버지의 시체를 껴안고 있는 것을 보고 무조건 살해하였다.……사격 연습을 한다 하고 부락의 소牛 기타 가축을 난살亂殺하였으며 폭도의 있는 곳을 안다고 안내한 양민을 안내처에 폭도가 없으면 총살하고 말았다. 또 매일 한 사람이 한 사람의 폭도를 체포해야 한다는 등 부하에 대한 애정도 전연 없었다. 박 대령을 암살하고 도망할 기회도 있었으나 30만 도민을 위한 일이므로 그럴 필요도 없었다. 나 하나의 생명이 30만의 도민을 위한 것이며 3천만 민족을 위한 것인 만큼 달게 처벌을 받겠다."[53]

미군 사령부는 6월 21일 제11연대장에 중령 최경록崔慶祿, 부연대장에 소령 송요찬宋堯讚을 임명했다. 모두 일본군 준위 출신인 이들 역시 무차별 체포 작전을 전개했다. 이는 젊은이들을 오히려 무장대 편으로 몰아넣는 결과를 초래했다.

『서울신문』1948년 7월 13일자는 "600리 제주도 주변 부락에는 청년을 구경하기 어렵다. 그들은 무차별 집단 검거를 피하여 소위 인민해방군의 전위대에 몸을 던져버렸다 한다"고 전하면서, 가장 큰 고통을 묻는 질문에 "호적에도 없는 아들딸을 내놓으라는 데는 질색하겠다"고 말하는 주민들의 한탄을 보도했다.[54]

경비대 총사령부는 7월 15일자로 경비대 제9연대를 부활시키면서 연대장에 기존 제11연대 부연대장인 소령 송요찬을 임명하고, 최경록의 제11연대는 수원으로 철수시켰다. 그리고 부산 제3여단의 2개 대대를 차출해 제9연대에 배속했다. 이러한 병력 교체의 이유는 놀랍게도 '훈련'이었다. 제주도 사태를 경비대의 야전 훈련용으로 활용한다는 게 미군정의 방침이었던 것이다.[55]

'레드 헌트'의 시작

육지 응원 경찰의 대거 투입으로 1948년 7월경 경찰 병력은 2,000명으로 늘어났다. 이 가운데 응원 경찰이 1,500명이었는데, 이들은 '제주는 빨갱이섬red island'이라는 인식으로 무장하고 있었다. 게다가 서북청년회 등 사설 단체원을 무분별하게 임시경찰로 활용했으며, 무장대의 습격으로 인명 희생을 당한 피해자 집안의 청년들을 경찰에 우선 채용했다.[56]

이제 본격적인 민간인 학살은 대한민국 정부가 수립된 이후인 1948년 11월 중순부터 1949년 3월까지 약 4개월 동안에 발생하게 된다. 4월 3일의 무장대 습격은 남로당 중앙당의 지령은 없었으며 제주도당의 독자적인 행동이었다(한때 남로당 지하총책을 지낸 박갑동은 1973년 "남로당 중앙당의 폭동 지령에 의해 4·3 사건이 발생했다"고 주장했는데, 이는 수많은 사람에 의해 널리 인용되었다. 그러나 『제민일보』 4·3 취재반이 박갑동에게 추궁한 결과 "중앙 지령설은 내 글이 아니고 정보부에서 고쳐 쓴 글"이라는 답을 들었다).[57]

경찰과 우익 청년단체의 탄압과 착취가 봉기의 발단이었다. 물론 다른 견해들도 있다. 그러나 그 어떤 견해건, 당시 일부 신문들이 제기했던 다음과 같은 물음에 어찌 답할 수 있을 것인가? "주민들이 공산주의자들에 의해 고무되었을 수는 있다. 그러나 3만 명이 넘는 사람들이 총칼에 개의치 않고 행동으로 떨쳐 일어난 것을 어떻게 이해해야 할 것인가? 원인 없이는 행동도 있을 수 없다."[58]

제주에서 제11연대의 '무차별 체포 작전'이 벌어지고 있던 6월 8일 독도 근해에서 조업 중이던 11척의 어선단을 향해 9대의 미군 비행기가

제주도에 투입된 응원 경찰들은 '제주는 빨갱이섬'이라는 인식으로 무장하고 있었다. 이승만이 제주도로 출동하는 토벌군을 격려하고 있다.

고공 폭격을 가해 14명의 어부가 사망하는 사건이 일어났다. 여론이 들끓자 미군은 여러 날 후에서야 오폭誤爆이라고 해명했다.[59]

그랬을 것이다. 그러나 향후 제주에서 벌어지게 될 대량 학살극에서 이루어진 미국의 배후 역할은 결코 오인誤認이나 오해誤解에 의한 건 아니었다. 미군정 보고서는 4·3 사건 이전까지 제주에서 공산주의자에게 부화뇌동해 일어난 소요는 상대적으로 적었고 경찰에 대한 즉각적인 반발이 이 사건을 촉발하는 원인이 되었다고 기록했다. 그러나 사건이 일어나자 미군정 보고서는 군대, 경찰, 우익 청년단체의 토벌을 '레드 헌트Red Hunt'로 명명했다. 민중을 '사냥'해야 할 인간 이하의 '동물적 대상'으로 격하시킬 학살극의 어두운 그림자가 점점 제주를 뒤덮고 있었다.[60]

역사 산책 5

불야성을 이룬 도시의 요정

　공창은 공식적으론 폐지되었지만 매춘제도 자체가 폐지된 건 아니었다. 매춘부 2,000여 명(1947년 10월 기준)은 공창제도가 폐지되자 살길이 없어져서 대부분 사창으로 전업했으며, "곧 한국전쟁이 터지고 수많은 한국군과 미군이 상존하게 되면서 일반 여성들까지 매춘으로 생존을 도모"하게 되었다.[61]

　1947년 서울에만 3,000개 이상의 요정이 있었으며, 부산의 매춘 여성의 수는 한 달 동안 연延 인원 10만 명을 돌파해 '마도화魔都化'라는 말까지 나오던 시절이었다.[62] 『조선경제』 1948년 4월호에 게재된 「도탄에 빠진 남조선의 민생 문제」라는 글은 다음과 같이 말했다.

　"도시의 요정은 불야성을 이루고 있나니 그곳은 포만도당飽滿徒黨인 친일파 자본가 모리배 악덕 관리들의 호유처豪遊處로 되어 근로 인민들의 세계와는 별천지를 형성하고 있다. 신문 보도에 의하면 최근 1개월

제2부 1948년　　　127

동안 서울 시내의 유흥비는 1억 수천만 원이라 하여 작년 6월 한 달 동안의 유흥세(서울)만 약 6천만 원에 달하고 있다."[63]

특히 엘리트 계급이 주도하는 '요정 정치'는 미국 기자가 조롱할 정도로 기승을 부리고 있었다. 미국 『라이프』의 사진 기자 조지 실크George Silk는 서울발 기사에서 이렇게 썼다.

"나는 지금 한국의 유명한 기생집에서 파티가 벌어지는 가운데 이 기사를 쓴다. 이 파티는 이와 유사한 51개 파티 중 세 번째 것이다. 지난 수 주일 동안 한국에서는 51개의 정치집단이 우후죽순처럼 생겨났으며, 그들은 저마다 미군 당국에 접근하려고 노력하고 있다. 이에 실패하자 그들은 미국 언론으로 표적을 바꾸어 환대해주고 있다."[64]

1948년에 발표된 소설 「낙조」에서 채만식蔡萬植은 미군의 아이를 밴 '춘자'의 입을 통해 당시 한국 엘리트 계급의 '정신적 매음'을 이렇게 꼬집었다.

"난 양갈보야 난 XX 놈한테 정조를 팔아먹었어. XX 놈의 자식 애 뱄어. 그러니까 난 더런 년야……. 그렇지만서두 난, 누구들처럼, 정신적 매음을 한 일 없어. 민족을 팔아 먹구 민족의 자손까지 팔아 먹는 민족적 정신 매음은 아니했어. 더럽기루 들면 누가 정말 더럴꾸? 이 얌체빠진 서방님네들아!"[65]

김구와 김규식의 방북

이승만·미군정의 조소, 문화인 108명의 지지

앞서 소개한 제주 4·3 항쟁에 관한 기록은 모든 것이 다 밝혀진 현재 시점의 이야기일 뿐이다. 남한 사회의 4월을 지배했던 화두는 제주가 아니었다. 김구와 김규식의 방북訪北 문제였다. 4월 1일, 이승만은 김구와 김규식을 다음과 같이 비판했다.

"남북회담 문제는 세계에서 소蘇 정책을 아는 사람은 다 시간 연장으로 공산화하자는 계획에 불과한 것으로 간파하고 있는데, 한국 지도자 중에서 홀로 이것을 모르고 요인 회담을 지금도 주장한다면 대세에 애매하다는 조소를 면키 어려울 것이다."[66]

그날 미군정 장관인 소장 윌리엄 딘은 기자회견에서 이런 조소嘲笑를 보냈다.

"김구 씨와 김규식 씨가 평양행을 한다는 것은 그들의 자유이므로 나는 도로나 철도를 이용하는 데 있어 참고가 되도록 내 책상 위에 있는 지도를 제공하려 한다. 이 말이 퍽 냉소적인 말인 것만은 사실이나, 나로서는 남북협상이 5·10 선거를 방해하려는 연막이라고 보는 까닭에 이같이 냉소적인 말을 하는 것이다."[67]

4월 6일 하지는 남북회담을 비판하는 성명을 발표하면서 김구와 김규식을 '착각을 가진 사람들'이라고 비판했다. 그는 그렇게 비판하면서도 아직 김규식에 대한 미련은 버리지 않았기에 레너드 버치Leonard Bertsch와 해럴드 노블Harold J. Noble 등 자신의 정치고문들을 시켜 다른 사람은 다 가더라도 김규식만은 북한행을 중지해달라고 만류했다.[68] 4월 13일 남북협상파들이 모인 회의에서 김구는 북한행을 결정한 반면, 김규식은 행동을 보류하고 추후로 떠나겠다고 표명했다.

4월 14일 설의식, 유진오, 정지용, 김기림, 염상섭 등 문화인 108명의 명의로 「남북협상을 성원함」이라는 글이 발표되었다. 이 글은 남한만의 5월 10일 선거가 38선의 '실질적 고정화'이자 '민족 분열의 구체화'라고 지적하면서, 자주독립을 달성할 때까지 "최후의 일각까지 최후의 1인까지 남북협상의 태도를 추진하여 통일국가의 수립을 기필期必하자"고 주장했다. 또 이들은 "우리의 지표와 우리의 진로는 가능·불가능의 문제가 아니라 가위可爲·불가위의 당위론인 것이니, 올바른 길일진대 사력을 다하여 진군할 뿐인 것이다"고 말하면서 "남북협상만이 조국의 영구분단과 동족상잔의 비극을 막는 조국의 길이다"고 역설했다.[69]

당시 중도우파 계열의 신문이었던 『한성일보』의 편집부장으로 108명의 서명에 참여했던 송지영은 다음과 같이 회고했다.

"1948년 봄 5·10 선거가 민족 분열을 항구화시킬지도 모른다는 우려가 일반 지식인들 사이에서는 팽배해 있었다. 따라서 김규식·김구 선생이 중심이 된 남북협상이 민족 분열을 막을 수 있는 마지막 기회로 보았다. 108인에 이르는 지식인들이 공동선언을 발표하게 된 것도 이런 사정에서였다. 시간상의 제약 탓에 숫자가 그 정도였지만, 당시 양심적 지식인들의 일반적 생각을 반영했다고 보는 것이 옳을 것이다."[70]

"38선을 베고 죽을망정 가야 돼!"

김구는 4월 19일 북한행 길에 올랐다. 북한행 직전 수많은 만류와 반대가 있었다. 당일, 김구의 경교장 일대는 그의 북한행을 저지하려는 군중 때문에 수라장이 되었다. 청년 단체, 학생, 기독교 단체, 월남 인사들의 단체들까지 모두 나서서 반대하고 나선 것이다. 김구는 "가야만 해. 38선을 베고 죽을망정 가야 돼!"라고 외쳤지만 군중은 말을 듣지 않았다. 김구는 몰려든 군중에게 이렇게 호소했다.

"나는 독립운동으로 내 나이 70이 넘었다. 더 살면 얼마나 더 살겠느냐? 여러분은 나에게 마지막 독립운동을 허락해 달라. 이대로 가면 한국은 분단될 것이고 서로 피를 흘리게 될 것이다."[71]

김구가 말리는 학생들을 뿌리치고 승용차에 오르자 그들은 정문을 가로막고 차 앞에 드러누웠다. 김구는 다시 집으로 들어갔다. 학생들은 김구의 승용차 바람을 빼버렸다. 김구는 베란다에 올라서서 격앙된 어조로 이렇게 말했다.

"너희들은 왜 여기에 있는 거야. 한번 간다고 내가 결심했으면 누가 말려도 쓸데없어! 100마리 소를 모아서 나 김구를 끌려고 해도 내 마음

김구는 북한행을 만류하는 사람들에게 "38선을 베고 죽을망정 가야 돼!"라고 외쳤다. 남북협상을 위해 황해도 여현의 38선 푯말 앞에 서 있는 김구(중앙), 수행 비서 선우진(왼쪽), 아들 김신(오른쪽).

은 끌려가지 않아! 누가 뭐라고 해도 좋다. 북한의 공산당이 나를 미워하고 스탈린의 대변가들이 나를 시베리아로 끌고 가도 좋다. 김일성도 다 우리와 같은 조상의 피와 뼈를 가졌다. 나는 이 길이 마지막이 될지도 모르지만 이북의 우리 동포들을 뜨겁게 만나야 한다. 내가 옳다고 생각하면 그만이야. 어서 집으로 돌아들 가."[72]

결국 김구는 경교장 뒷담장을 넘어 빠져나갔다. 김구가 북한에 갔다는 소식을 듣고 홍명희도 19일 저녁 북한에 갔으며, 조소앙·조완구·엄항섭 등은 20일에 북한으로 출발했다. 김규식 일행은 21일에 출발했다. 사실 김규식은 북한에 가고 싶은 마음이 없었다. 그가 북한행의 전제 조건으로로 제시했던 5원칙은 독재정권 절대 불가, 사유재산제 인정, 총선거, 외국군 문제 등 김일성으로선 수락할 수 없는 것이었는데도 김일성이 수락한다고 평양방송을 통해 답을 주었으니 북한행을 피할 수 없게 된 것이었다.[73]

당일, 김규식은 출발에 앞서 성명서를 발표해 "나는 오직 남북 정치지도자가 한자리에 앉아서 성의껏 상토相討하는 것만이 통일단결의 기본공작이라는 신념에서 북한행을 결정했다"고 말했다.[74] 이윽고 정오경에 38선에 다다른 김규식은 38선 푯말을 잡고 "이제 내가 짚고 있는 푯말을 뽑아버려야만 하겠소. 그러나 그것은 나 혼자의 힘만으로는 되는 것이 아니요. 온겨레가 합심만 한다면 곧 뽑아버릴 수가 있을 줄 아오"라고 말했다.[75]

『동아일보』 4월 27일자 사설 「남북협상의 모략성」은 김구와 김규식 일행에 대해 격렬한 비난을 퍼부었다. "이제 임정의 수뇌부로 자처하는 인사들이 자기의 정권욕을 만족시키기 위하여 적도赤都 평양에서 공산파에 아유(아첨)하고 소련에 국궁鞠躬(존경하는 마음으로 몸을 굽힘)하고 있는 것을 본다."[76]

김구·김규식·김일성·김두봉 '4김 회동'

김구의 북한행은 놀라운 대반전이었다. 그는 그간 북한의 불구대천不俱戴天의 원수가 아니었던가? 북한은 "살인강도단 두목 김구·이승만 타도하자!", "삼천만이 다 죽더라도 숙망宿望이던 황제 노릇 해보고야 말겠다"는 내용의 김구를 비방하는 포스터와 삐라를 김구가 오기 직전에서야 황급히 떼어냈다.[77]

4월 30일 평양에서는 김구와 김규식, 김일성과 김두봉이 참석한 '4김 회동'이 열렸다. 남북협상 당시 회의장으로 향하는 김구와 김일성.

1948년 4월 19일부터 23일까지 평양에서 남북정당사회단체 대표자 연석회의가 열렸다. 본회의 개막 시 '동해물과 백두산이'로 시작되는 애국가가 합창되었고, 행사장엔 태극기가 붙어 있었다. 4월 26일부터 30일까지 남북 요인 15명이 참석한 가운데 '남북한 정당사회단체 지도자협의회'라는 이름으로 정치회담이 열렸다. 이 모임에서는 해방 이후 최초로 좌익과 우익, 중도계 인사들이 한자리에 모여서 통일민족국가를 수립하자는 이야기가 오고 갔다.

4월 30일 평양 김두봉의 집에서는 김구와 김규식, 김일성과 김두봉이 참석한 채 이른바 '4김 회동'이 열렸다. 이 자리에서 김구와 김규식은 이승만의 단선·단정 반대를 주장하면서 김일성에게도 북한의 단독정부 건설을 중단해줄 것을 요청했다.[78]

이 밖에도 '4김 회동'에서 이들은 남북 요인 회담에서 만들어진 4개 항의 공동성명서를 심의해 5월 1일 4개항의 성명서 초안을 채택했는데, 첫째, 우리나라에서 외국군이 철수하는 것은 우리 문제를 해결하는 유일한 방법이다. 둘째, 외국군이 철수해도 내전은 일어날 수 없으며 반통일적인 무질서의 발상도 허용치 않음을 확인한다. 셋째, 여러 정당 단체는 국민을 대표하는 민주주의 임시정부를 수립할 것이며 이 정부는 비밀투표로써 통일적인 입법기관을 선거한다. 넷째, 남한의 단정·단선을 반대하며 동시에 지지하지 않는다는 내용을 담고 있었다.[79]

그밖에도 '4김 회동'에서는 38선 이남에 있는 연백평야에 그간 내려보내다가 중단되었던 38선 이북에 있는 수리조합의 물을 다시 내려보내는 문제, 남한에 전기를 계속 송전하는 문제 등이 거론되었는데, 김일성은 즉석에서 단수斷水와 단전斷電은 없을 거라고 약속했다. 김구와 김규식은 5월 5일 서울로 돌아왔다. 같이 북한에 갔던 허헌, 백남운, 홍명희, 이극로, 이영, 이용 등은 평양에 잔류하고, 이들 중 일부는 나중에 북한 정권 수립에 참여했다.

김구와 김규식은 5월 6일 귀환보고서 성격의 공동성명을 발표했다. 이들은 이 성명에서 남북협상의 목적이 남북의 단선·단정을 반대해 통일조국을 건설하는 데 있다고 전제하면서 남과 북이 미군과 소련군의 철수를 요청하는 데 의견이 일치했고, 북한이 절대로 단독정부 수립을 하지 않겠다는 약속을 했다고 말했다.

"그 밖의 문제에도 앞으로 남북 지도자들이 각자 노력하며 자주 접촉하는 데서 원활히 해결할 수 있으리라고 믿는다. 우리는 행동으로써만 우리 민족이 단결할 수 있다는 것을 증명한 것뿐만 아니라 사실로도 우리 민족끼리 무슨 문제든지 협조할 수 있다는 것을 체험으로 증명하였다."[80]

이에 한민당은 5월 7일 김구와 김규식의 공동성명을 읽고 공허감이 더욱 증대했으며, 이들이 5월 10일 선거를 반대하는 것은 "민주주의적 민족국가가 확립되면 그들의 존재가 불가능하게 될 줄로 생각하고 불문 不問 시비곡직是非曲直하고 반대하는 것뿐"이라고 비난했다.[81]

김구의 자기모순과 때늦은 반전

물론 이후 역사는 이 성명이 너무 순진했다는 걸 입증하긴 했지만, 김구와 김규식도 '희망 사항'을 역설했던 것이지 실제로 자신들의 성명 내용을 그대로 믿은 건 아니었을 것이다. 문제의 핵심은 이들의 시도가 너무 늦었다는 것이다. 북한은 이미 체제 공고화로 치달으면서 이들을 이용하려고만 했을 뿐이다. 이는 북한이 여운형 암살 후 근로인민당을 이끌었던 장건상을 한동안 연금시킨 사건에서도 잘 드러났다. 북한은 장건상의 다음과 같은 발언을 문제삼았다.

"우리 겨레는 공산주의를 갖고는 살 수 없다. 우리가 근로인민당 운동을 하는 까닭은 공산사회를 만들려는 데 있는 것이 아니라, 평등의 이념으로 평화롭게 살려는 데 있다."

장건상은 김구와 김규식이 떠난 지 보름 후에서야 서울로 돌아올 수 있었는데, 그것도 친분이 있던 북로당 위원장 김두봉 덕이었다.[82] 공산주의에 대한 비판을 절대 금기시하면서 남북회담을 하자는 건 도무지 앞뒤가 맞지 않는 것이었다. 어찌되었건 남북회담이 너무 늦은 것에 대한 가장 큰 책임은 적어도 장덕수 암살 사건 이전까지 극우 노선을 걸어온 김구에게 물어야 할 것이었다.

송건호는 김구의 노선 전환이 자기모순적이라고 했다. 그는 "8·15 해방은 일찍이 김구가 개탄했듯이 한민족의 주체적 힘으로 달성한 것이 아니고 보다 더 연합국의 힘이 결정적 계기가 되었으므로 한반도 문제 해결은 한민족의 발언권에 의해서보다 연합국, 특히 미·소의 입김이 절대적으로 강하리라는 것은 2차 대전 후의 극동 정세를 어느 정도 통찰하는 정치인이라면 당시 누구나 간파할 수 있는 문제였다"며 다음과 같이 말했다.

"따라서 한반도의 통일에의 길은 모스크바 삼상회의의 결정에 따르는 길이 가장 확실하고 만약 미소공위가 결렬되는 경우 통일의 가능성이 쉽지 않다는 정도는 간파하고 있어야 했을 것이다. 이런 점에서 김구가 모스크바 삼상회의 결정을 반대하여 통일에의 여건을 크게 악화시켜 놓고, 즉 스스로 묘혈을 파놓고서 그 위에서 남북협상으로 통일을 하겠다고 나선 것은 자기모순의 길을 걸었다고 보아야 하지 않을까 한다."[83]

박명림도 지적한 바와 같이, 민족분단을 막기 위해 김구는 1948년에 북한을 갔어야 하는 것이 아니라 1945년 말에서 1946년 초에 갔어야 했으며, "그러한 선택은 자기 노선과 헤게모니의 포기가 아니면 불가능한 결단이었다. 그러나 김구는 이때 통일을 위해 손잡는 대신 오히려 김일성을 죽이려 하였고 임정의 독점적 법통을 고집하였다".[84]

김구도 그걸 뒤늦게나마 느꼈을 것이다. 김구의 자기모순과 때늦은 반전反轉에 대한 회한은 그가 자신의 북한행을 말리는 사람들에게 던진 다음과 같은 한마디에 담겨 있었던 게 아닐까? "가야만 해. 38선을 베고 죽을망정 가야 돼!"

5·10 남한 단독 총선거

유권자 등록 부정행위

선거라고 해서 똑같은 선거가 아니다. 지금 이해하는 식으로 70여 년 전의 선거를 이해하려고 든다면 5·10 선거를 온전히 이해하기는 어려울 것이다. 지금도 그런 점이 전혀 없진 않지만, 당시엔 선거 관리의 주체와 선거 분위기가 절대적으로 중요한 것이었다. 사실상 선거를 결정한다고 해도 과언이 아니었다.

경남 미군정 장관이었던 대령 프랜시스 질레트Francis E. Gillette는 1946년 7월 초순 미국에 귀환해 국무부 관리들과 가진 면담에서 "군정의 감독하에 시행된 선거는 항상 보수파에 대한 지지율이 80%가량 되었으나, 군정의 감독이 없으면 항상 공산주의자에 대한 지지율이 80%가량 되었다"고 말했다.[85]

질레트의 관찰 결과를 실현시키겠다는 듯, 하지는 선거에 반대하는 것은 "소련식 공산주의의 노예"를 자청하는 일이라고 엄포를 놓으면서 유권자 등록을 촉구했다. 3월 29일부터 4월 9일까지 10일간의 유권자 등록 기간에 전체 유권자의 79.7%인 약 780만 명이 선거인 명부에 등록했다. 미군정 당국은 "선거 등록의 결과는 대체로 만족스럽다"고 논평했다. 그러나 높은 등록자 비율이 민심을 정확하게 반영한 건 아니었다. 4월 말 신문들은 "약 500명의 인터뷰 여론조사에서 91%가 선거 등록을 강요당했다"고 한 사실을 폭로했다.[86]

4월 28일 유엔위원단도 선거를 치를 수 있는 자유스러운 분위기를 확인할 수 있는가 하는 문제를 제기했다. 유엔위원단은 투표자 등록에서 부정행위를 다음과 같이 지적했다. "미곡 배급통장을 발급하는 지방행정 사무실에서 등록을 실시한 사실이 있었다는 것. 미곡 배급통장을 몰수하겠다고 위협함으로써 강제 등록을 시킨 사실이 있다는 것. 경찰과 청년단체가 등록을 권유한 것은 일종의 강제로 간주된다는 것."[87]

또 유엔위원단은 전국선거위원회의 15명 위원 중 12명이 극우 진영의 한민당과 이승만 계열 조직에 속한 인물이라는 점을 염려했다. 이와 관련, 미국 외교 문서에는 이렇게 기록되어 있다. "지방선거위원회는 거의 우익이 차지할 것이다. 우익단체의 테러 활동에 익숙한 주민들은 비우익 인사에게 투표하는 자의 비밀이 유지되고 나중에 아무 일도 없을 것이라는 약속을 믿지 않을 것이다."[88]

유엔위원단 위원장인 시리아 대표 야심 머기는 남조선은 "경찰국가일 뿐만 아니라, 선거 지지파들이 경찰과 긴밀한 관계를 맺고 또 지방 당국을 조정하여 완벽하게 선거를 좌지우지하고 있다"고 지적하면서 "남조선에서 자유선거를 치르기 위한 분위기가 조성되어 있지 않다"

는 결론을 내렸다. 이러한 비판에도 유엔위원단의 친미적인 위원들은 "남조선에는 자유로운 분위기가 존재하고 있다.……미 점령군 사령관이 1948년 5월 10일에 거행하겠다고 언명한 선거를 감시하겠다"고 결의했다.[89]

향보단·족청의 활동과 5·8 파업

1948년 5·10 총선 직전 경찰 인력은 2만 5,000여 명으로 투표소 한 곳에 2명씩 보내기도 부족했다. 부족한 경찰력을 보충하기 위해 경무부장 조병옥은 총선 1개월을 앞두고 선전과 동원을 위해 경찰보조대인 향토보위단(향보단鄉保團)을 100만 명 규모로 조직했다. 미군정 장관 딘의 명령에 의해 선거를 위해 한시적으로 결성된 조직이었다. 향보단은 "남조선 전역에 걸쳐 향토정신의 고취와 민족 공동의 책임 관념의 앙양 등을 꾀한다는 의도 아래 만 18세 이상 35세 이하 남자 전부로써 구성"되었다.

향보단은 온갖 탈법을 저지르면서 선거의 자유 분위기를 크게 저해했다. 족청도 미군정에 의해 대대적으로 동원되어 폭압과 공포로 유권자들의 선거 등록을 강요하고 불법선거에 깊이 개입했다.[90] 향보단은 경찰국가라는 말을 듣는다는 이유로 미군정이 반대했으나 조병옥이 밀어붙여 만들어진 것이라는 주장도 있다.[91]

한민당은 선거 직전인 5월 5일 '총선거에 임하여 만천하 동포에게 고함'이라는 신문광고를 게재해 "한국민주당이야말로 독립을 최고 목표로 하며, 우리 민족의 행복을 제일 위에 두고 공산당과 싸워온 정당이라

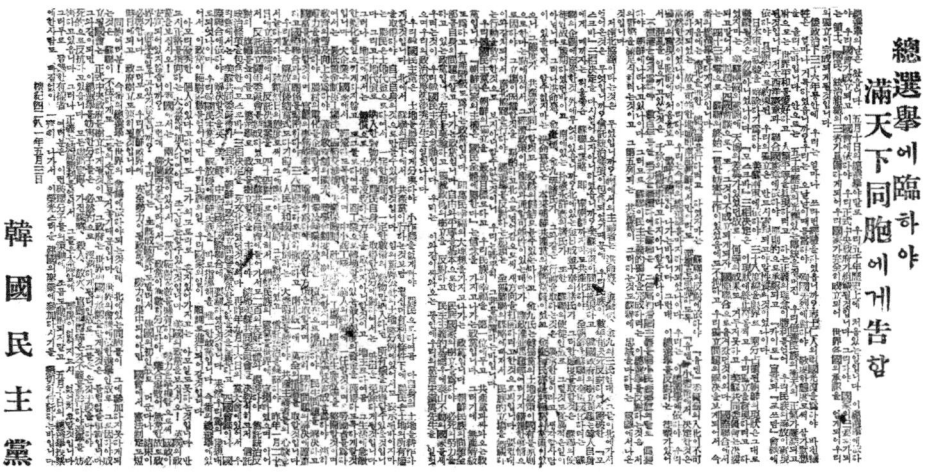

한민당은 '총선거에 임하여 만천하 동포에게 고함'이라는 신문광고를 게재해 "한국민주당이야말로 독립을 최고 목표로" 한다고 주장했다. (『조선일보』, 1948년 5월 5일)

고 자랑하며, 이 과정에서 송진우와 장덕수를 잃게 되었다고 주장"했다.[92]

이미 쇠락한 좌익 진영은 선거를 반대하기 위해 몸부림을 쳤는데, 그 결과 나온 것이 전평 지도하의 마지막 총파업이 된 5·8 파업이었다. 이들의 총파업 선언문은 스스로 '실현 불가능'이란 걸 너무도 잘 알고 있었던 탓인지 씨알도 먹히지 않을 과도한 요구 사항들을 내걸었다. 이들의 요구 사항은 8개항으로 5·10 선거의 보이콧, 친미 대행기관인 유엔위원단을 우리 강토에서 추방, 미소 양 점령군의 즉시 무조건 철수, 인민위원회로 정부 권력을 이양, 토지제도의 민주적인 개혁과 민주노동법의 제정, 민주 세력에 대한 폭력적인 탄압 중지, 구속된 민주투사의 석방, 미 제국주의자의 충복인 민족반역자 이승만과 김성수 일당의 처단 등이었다.[93]

이 파업의 최대 피해자는 그간 남한 단독 총선거를 가장 강력하게 지지하고 촉구한 『동아일보』였다. 『동아일보』는 1948년 2월 3일자 「총선거를 단행하라」는 사설을 게재한 이후 선거일인 5월 10일까지 이와 유사한 사설을 10차례나 게재했다. 이런 강경한 태도로 인해 『동아일보』가 입은 피해도 만만치 않았는데, 『동아일보』 사사社史는 다음과 같이 기록하고 있다.

"5·10 선거를 이틀 앞둔 5월 8일, 서울공인사에 입주해 있던 동아일보 사옥은 좌익의 방화로 편집국과 공장이 몽땅 불에 타버리기도 했다. 좌익지와 중립지가 인기를 독점하던 당시 『동아일보』는 발행부수에서는 3, 4위였으나 반공지로는 최대 규모였다. 좌익과 중도 세력이 보기에는 가장 영향력 있는 우익 신문이자 남한 단독정부 수립을 강력히 주장하는 '보수 반동' 신문이었던 셈이다. 조선공산당은 그동안 산하 전국 노동조합평의회가 통제하는 인쇄공들로 하여금 수시로 태업과 파업을 벌이도록 해 『동아일보』를 몇 차례 휴간토록 한 적이 있었다. 이 방화로 창간 때부터 모아둔 『동아일보』 보관지들과 사진 등 중요한 자료들이 대거 소실됐다. 그로부터 총선거일을 포함한 5개월 동안 『동아일보』는 『조선일보』…… 등을 전전하며 겨우 신문을 제작했다."[94]

"투표는 애국민의 의무, 기권은 국민의 수치"

5월 10일 유엔한국위원회에서 파견한 35명의 감시원이 선거 감시에 나선 가운데 남한 단독 총선거가 치러졌다. 처음에는 일요일인 5월 9일 실시될 계획이었지만, 주일主日에 선거를 할 수 없다고 기독교인들이 반대한 데다 한반도에 360년 만에 찾아온 금환일식金環日蝕(달이 태양의 둘레만 남기고 가려 태양이 고리 모양으로 보이는 일식)이 예정되었기 때문에 하루 연기되었다. 하지 중장이 평일을 임시공휴일로 지정해 총선거를 실시한 덕분에 오늘날에도 한국의 주요 선거는 평일을 임시공휴일로 지정해 치러지는 전통을 갖게 되었다.

200개 선거구에서 각 선거구당 1명의 국회의원을 뽑는 소선거구제였고, 임기는 2년이었다. 단선에 반대한 좌익과 중간파는 총선에 참여할 명분이 없었기 때문에 입후보자들의 정치적 성향은 우익 일색이었다. 이승만이 출마한 '동대문을', 신익희가 출마한 '경기도 광주' 등 정치적 실력자나 지역 명망가가 단독 후보로 출마한 12개 선거구는 무투표로 당선자가 확정되었다.[95]

5·10 총선거 포스터엔 "투표는 애국민의 의무, 기권은 국민의 수치"라고 적혀 있었다. 이 선거에 대해 미국은 민주주의의 대승리이며 공산주의에 대한 거부의 표현이라고 논평했지만, 이는 실상과는 다소 거리가 있었다. 김구는 "국민들은 경찰과 향토보위단의 억압적인 태도하에 등록하고 또 투표를 강요당했다"고 평가했다.[96] 한 외신 기자는 선거 당일의 분위기를 다음과 같이 묘사했다.

"서울에서는 수천 명의 경찰과 특임된 민간인이 미국 군대 지원하에서 각 중요 도로와 교차장에 바리케이드를 설치했으며 각 골목 입구에는 경비대가 배치되었다. 민간 경비대원은 도끼자루, 야구배트, 곤봉 등을 휴대하고 있었고 모든 조선 경찰은 미국 카빈총으로 무장하였다. 선거일은 휴일이나 분위기는 계엄하의 도시와 같았다. 조선 부인들은 보통 일요일 기타 휴일에는 황색 녹색의 신선한 의복을 입는데 이날은 흐

유엔의 감시 아래 진행된 1948년 5월 10일의 남한 단독 총선거는 처음으로 치러진 국민 주권의 행사였지만, 투표장 바깥에는 총과 몽둥이를 든 경찰과 향토보위단의 삼엄한 경비가 있었다.

릿한 황백색 의복 또는 바지를 착용하고 투표장으로 가면서 가만가만히 주위를 살피는 기색이 있었다."[97]

유엔위원단 위원장 야심 머기에 따르면, "우리는 투표소 둘레나 안에서 향토보위단 회원의 존재를 발견했다.……그들은 투표자의 자유를 제한한 것 같다. 어떤 투표소에서는 경찰이 투표소 안에 있었다. 청년단체 회원들도 투표소 둘레나 안에 정복을 입은 채로 있었다. 어떤 투표소는 (투표의) 비밀이 결여되었다".[98]

향보단은 선거 이후에도 활동하다가 5월 22일에 해체되었는데, 『신민일보』 1948년 5월 18일자에 실린 「향보단원의 만행: 방송국원을 구타 중상」이라는 기사는 향보단의 실체를 짐작하게 해준다. "요즈음 향보단원의 만행이 심하다 하여 세간의 비난이 자자한 이때, 지난 15일 밤 10시 20분경 강모 아나운서는 서대문구 향보단원이 '통행금지' 시간이 넘었는데 어디를 가느냐 하기에 야간통행증을 내보이며 방송국에 간다 하니, '이 자식 방송국 놈이냐? 너 작년 방송국 사건('방송국 적화 공작 사건') 알지?' 하며 육각방망이로 무수히 구타하여 현재 김성진 병원에 입원 가료 중이라 하는데 출혈이 심하여 생명이 위독하다 한다."99

한민당 기피, 무소속 약진

그러나 전반적으로 '향보단원의 만행'보다는 남로당의 '단선 저지 투쟁'이 비교할 수 없을 정도로 훨씬 더 폭력적이었다. 3월 30일 이후 총선거 때까지 선거사무소 134곳, 관공서 301곳이 피습당했고 선거 공무원 15명, 후보자 2명, 경찰관 51명, 경찰관 가족 7명이 피살되었다. 남산·북악산 등 전국 86곳에서 봉화가 올랐고, 방화 135건, 도로와 교량 파괴 48건, 전화선 절단 541건 등 좌익 테러에 의한 인명과 재산 손실은 전시戰時를 방불케 했다.

이에 전봉관은 "5·10 총선거 이후에도 남로당은 관권을 동원한 총체적 부정선거였다고 선동했다. 하지만 5월 12일 오후 윤곽이 드러난 개표 결과 당선자 198명 중 무소속 당선자가 전체의 42.9%에 이르는 85명이었다"며 다음과 같이 말했다.

"제1당인 이승만의 대한독립촉성국민회는 27.8%에 불과한 55명이었다. 미군정에서 여당 격이었던 한국민주당은 29명이 당선되는 데 그쳐 참패했다. 제주도의 선거구 3곳 중 2곳은 4·3 사건의 영향으로 투표율이 과반을 넘기지 못해 당선자를 내지 못했다.……'단선에 참여하는 것은 죽음으로 단죄해야 할 매국 행위'라고 남로당이 겁박했지만, 국민은 민주 정부 수립을 향한 열망을 담은 소중한 한 표를 포기하지 않았다."[100]

등록 유권자 784만 871명 중 748만 7,649명, 즉 전체 등록 유권자의 95%(전체 유권자의 75%)가 투표에 참가했다. 평균 경쟁률은 4.7대 1로, 948명이 입후보해서 198명이 선출되었다. 전봉관도 지적했듯이, 사실 총선 결과는 뜻밖이었다. 좌익 진영은 물론 김구와 김규식을 비롯해서 중도 진영과 우익 정당인 한국독립당마저 참가를 거부한 선거였기 때문에 한국민주당의 독무대로 예상되었지만 결과는 전혀 다르게 나타났다. 아니 선거에 임할 때부터 한국민주당의 기치를 내걸고 선거에 임한 후보가 91명에 불과했다. 민중의 한국민주당 기피 때문에 한민당원들이 무소속으로 위장하거나 대한독립촉성국민회의 간판을 내걸고 출마했기 때문이다. 그래서 198명 중 무소속 당선자가 85명이나 되었다.

85명 가운데 김구와 김규식 노선이거나 진정한 무소속은 60명 내외였으며, 이승만 세력도 60명 내외였다. 한민당은 후보를 내세운 91개 선거구에서 29명만이 당선되었으며, 홍성하·백남훈·함상훈·윤보선 등 당의 주요 간부가 상당수 낙선했다. 한민당계이면서 유권자의 기피 때문에 다른 간판으로 당선된 의원들을 합쳐 한민당은 80명을 확보했다.

비록 선거에서는 한민당이 패배했다고 할지라도 경찰·사법 계통을 비롯한 행정 업무의 실권은 장악하고 있었고, 조각이 한민당을 중심으로 해서 이루어질 것을 예상했기 때문에 많은 의원을 규합할 수 있었던 것이다.[101] 유권자의 한민당 기피에 대해 박태균은 "무엇보다도 한국민주당에 대한 한국인들의 인상이 중요했다"며 "그들은 일본 제국주의에 협력했다는 '오명'을 갖고 있으며, 동시에 자산가들이 그 중심이라고 여겨졌다"고 말한다.[102]

5·10 총선거엔 김활란·박순천 등 19명의 여성 후보가 출마했다. 전국여성단체총연맹(여총)은 풀 그릇과 빗자루를 들고 거리로 나가 담벼락에 포스터를 붙이며 여성 후보들을 지원했다. 하지만 여성 취학률 13%, 여성 문맹률 80%에 이르던 당시 여성 국회의원의 탄생은 꿈 같은 일이었다. 대구에서 출마한 김선인 후보의 선거사무소는 '여자가 설치는 게 못마땅하다'며 수십 차례 습격당했다. 선거 당일인 5월 10일 아침에는 '투표장에 나타나면 사살하겠다'는 협박까지 받았다.

여성 후보와 단체의 분투奮鬪에도 첫 총선에서 여성 의원은 탄생하지 않았다. 1919년 3·1 운동으로 투옥되었고 1960년대 민주당 총재를 지낸 박순천도 5,518표에 그쳤는데, 그나마 19명의 여성 후보 가운데 최다 득표였다. 박순천은 "이번에 우리 여성이 19명이나 입후보했다가 한 사람도 당선되지 못한 것은 유감이다. 다음에는 이번과 같이 '홀아비 국회'를 만들지 않도록 우리 여성은 총궐기해야 하겠다"고 말했다.[103]

5·10 선거 거부는 옳았는가?

『동아일보』 1948년 5월 16일자 사설 「총선거의 교훈」은 "5·10 총선이야말로 세계의 수범이 될 만큼 모범적인 선거"라고 평가하면서 남북협상파를 겨냥해 "정권욕에서 나온 일시의 감언이나 모략에 일반 대중은 결코 속지 않는다"고 비난했다.[104]

친일 경찰 문제로 조병옥을 비판했다가 사직한 최능진은 이 선거에서 서울 동대문 갑구에서 출마해 이승만과 대결을 벌이고자 했다. 그러나 이승만 측의 방해 공작으로 등록 무효선고를 받아 이승만은 무투표

당선되었다.[105]

여기서 중요한 것은 최능진은 미군정 장관의 특별 배려로 후보 등록 마감일을 4일이나 지난 4월 20일에 등록할 수 있었다는 사실이다. 그러나 김규식이 남한 단독선거에 대해 계속 비판하자 선거를 이틀 앞두고 최능진의 등록은 취소되었다.[106] (최능진은 정부 수립 후인 1948년 10월 1일 내란음모죄로 경찰에 구속되어 1951년 1월 20일 사형을 선고받고 집행되었다.)

이는 미군정이 선거 막판까지도 '김규식 대통령' 카드를 포기하지 않았다는 설을 뒷받침하는 에피소드로 자주 거론되고 있다. 이와 함께 김구와 김규식이 5·10 선거를 거부한 것이 과연 옳았느냐 하는 의문이 후일 많은 사람에 의해 제기되었다. 당시 변영태는 다음과 같이 말했다.

"실제 문제로 혹은 사실로 상상해도 무리 없는 것으로, 만일 김구 씨와 그의 지지자들이 선거에 전력을 기울였다고 한다면, 그들이 국회를 지배하게 되었을 것이다. 현재에도 입법부 내에는 그의 동정자가 한민당보다 수적으로 더 많다."[107]

이호재는 "만일 남북협상파 정치지도자들이……선거에 참여하였다고 한다면 그들은 선거에서 이 박사를 패배시키는 데 성공했을 가능성이 충분히 있었다"며 다음과 같이 말했다. "만일 공산당 및 좌익계가 유엔한국임시위원단의 권위와 역할을 인정하고 그들의 의견 제시를 위해 동 위원단과 접촉하였다고 한다면, 결과적으로 그 후의 역사의 주류는 많이 달라졌을지도 모른다. 중도파와 좌파들의 선거 보이콧은 이승만의 주장이 합법화되는 길을 열어주어 이 박사를 도와주었을 뿐이다."[108]

이동화는 "김구와 김규식을 비롯하여 중간파 정치인들이 명분을 중시하여 5·10 선거를 전면적으로 보이콧한 것은 이승만을 선두로 하는 보수 세력에게 큰 정치적 이득만을 안겨주었을 뿐"이라며, 다음과 같이 말했다.

"무릇 정치란 것은 결코 관념의 유희가 아니고 구체적 행동이다. 그런데 협상파 정치인들은 5·10 총선거에 대하여 적극적이고 현실타당적인 행동을 취하는 대신에 소극적·관념적인 명분론을 크게 내세웠다. 이것은 큰 과오가 아닐 수 없었음은 물론이다. 왜냐하면 5·10 총선거는 단순한 양심과 지조 또는 명분과 위신의 문제가 아니었으며, 어디까지나 우리 민족의 운명과 직결된 중대한 현실정치적 문제였기 때문이다."[109]

김구의 남북협상에 의한 남북총선거 주장에 대한 비판도 제기되었다. 정해구는 김구의 주장은 모순적이고 비현실적이었다면서 다음과 같이 말했다.

"그 하나는 모스크바 삼상회의 결정이 무산되었을 때 그것이 남북한 분단정권의 수립으로 이어질 수 있으리라는 것은 그리 예상하기 어려운 일이 아니었다는 것이다. 그러나 가장 강력한 반탁운동을 전개했던 김구 세력은 모스크바 삼상회의 결정의 붕괴로 인한, 어쩌면 그 논리적 결과일 수 있는 남북한 분단정권 수립을 받아들이려 하지 않았다. 다음으로 남북협상을 통한 남북 총선의 가능성 역시 그리 크지 않았다는 점이다. 그러나 그들은 현실성이 결여된 그러한 길을 선택했다. 그러나 이같은 모순성과 비현실성에도 불구하고, 아니 그 모순성과 비현실성을 가능하게 했고 결국 그들이 그러한 길을 선택할 수 있게끔 추동했던 것은 바로 그들의 정의적情意的 민족주의적 성향이었다는 것 또한 분명한 사실이다."[110]

최장집은 "이승만-한민당 그룹과 유사하게 과격한 사회주의적 개혁이나 공산주의 혁명이념을 혐오하는, 정의적情意的 민족주의 이념을 바탕에 깔고 전투적 애국주의를 체득한 김구는 미국이든 소련이든 민족국가 통일에 장애가 되는 외세의 논리를 배격하고자 했다"고 말한다. 이어 최장집은 "급변하는 사태의 복합적 국면을 이해하고 이에 대응하는 데 김구만큼 더디고 효과적이지 못한 지도자는 많지 않다"는 평가를 내렸다.[111] 특정 상황에서 지도자의 위상과 역할에 대한 사회적 '기회비용'이라는 게 있다면, 김구는 그 점에선 비판받아 마땅한 지도자였는지도 모른다.

북한의 단전

4월 30일 '4김 회동'에서 김일성은 남한에 전기를 계속 송전하겠다고 약속했지만 이는 지켜지지 않았다. 북한은 5월 14일 낮 12시부터 아무런 예고도 없이 그동안 남한에 계속 공급해오던 전기를 일시에 중단해버린 것이다. 겉으로 내세운 이유는 남한에 보내는 전기에 대한 요금 지불 문제였지만, 유엔위원단 입국을 앞두고 남한에 보내는 일종의 경고이자 보복 조치였다.

북한의 단전은 남한에 큰 타격을 주었다. 해방 직전의 발전 능력에서 남북간 비율은 14%대 86%였으며, 평균 발전 실적을 기준으로 하면 8%대 92%로 북한에 편중되어 있었다.[112] 남한 전력 수요 9~10만 킬로와트 중 5~7만 킬로와트를 북한 송전으로 충당했기 때문에 남한은 큰 타격을 받을 수밖에 없었다.[113]

미군정은 이런 단전 사태를 예견하고 영월·당인리·부산 화력발전

평균 발전 실적을 기준으로 하면 8%대 92%로 북한에 편중되어 있었기 때문에 북한의 단전은 남한에 큰 타격을 주었다. 인천항에서 발전을 시작한 미군 6,500킬로와트 발전선 엘렉트라.

소의 복구를 서둘렀고, 임시방편으로 미군이 운용하는 발전선 2척을 도입했다. 2만 킬로와트 발전선 '자코나Jacona'는 부산항에 정박해 3월부터 발전에 들어갔고, 6,500킬로와트 발전선 '엘렉트라Electra'는 인천항에서 발전을 시작했다(1930년에 준공한 당인리 화력발전소의 발전 용량은 2만 2,500킬로와트였다). 2척의 발전선은 단전 직후 남한 전체 전력량의 20%를 발전했지만, 그것만으론 전력을 충당할 수 없어 남한 사회는 심각한 전력난에 직면하게 되었다.[114]

9월 1일부터는 각 가정에서 30촉 이하 전구 사용을 의무화했지만, 그 정도론 어림없었다. 웬만하면 아예 전기를 쓰지 않는 게 최상의 방법이었다. 모든 매체가 총동원되어 절전節電 캠페인에 나섰다. "불이 또 나간

제2부 1948년

다! 지금 전기를 절약하지 않이 하면 나중에는 아조 없어진다"고 호소하는 포스터가 거리 곳곳에 나 붙은 가운데, 특히 방송의 활약이 돋보였다.

1947년 8월 말 통계로 라디오는 18만 5,000대가 보급되어 있었기 때문에 얼마나 큰 효과를 거두었는지는 모르겠으나, 라디오 방송은 뉴스 해설, 스폿spot 광고 등 모든 방법을 동원해서 전기 사정의 어려움을 강조하면서 절전을 하자는 방송을 연일 되풀이했다. 노정팔은 당시를 다음과 같이 회고했다.

"종로구 관수동에 있는 배전소에 마이크를 설치하고 '배전 실황 중계 방송'이라는 세상에 둘도 없는 기상천외의 방송을 실시했다. 즉, 배전소에 아나운서가 나가 '지금 어느 동네는 배전량을 초과해서 쓰고 있으니 한 집에서 한 등씩만 꺼주십시오', '지금 눈금이 조금씩 내려가고 있습니다. 아직 한 등씩 소등하지 않은 집이 있습니다. 지금 이 방송을 듣는 즉시 한 등씩만 꺼주십시오' 하고 방송에서 협조를 요청하면 금방 효과가 나타나서 계획송전을 이룩할 수 있었다."[115]

애원하기도 하고 단호하게 겁을 주기도 했다. "전기다리미나 전기곤로를 쓰고 계신 분은 지금 당장 꺼주시기 바랍니다." "높은 촉수의 전등이나 전기다리미를 쓰시면 여러분 동네의 변압기가 타서 암흑세계가 됩니다." 이런 식의 배전 실황 중계 방송과 캠페인은 "북한 공산집단에 대한 증오심을 불러일으켜 남한 단독정부 수립을 더욱 촉진시키는 결과를 초래하였다"는 주장도 있다.[116]

북한의 단전 이전에도 전력난이 심각해, 1947년 12월 25일 서울 시내 초등학교 교장회의는 초등학교의 겨울방학을 2주일간 더 연장하는 결정을 내린 적도 있었다. 연료조차 귀했기에 추위가 닥치면 시민들이 전열 기구를 남용해 변압기들이 터지는 바람에 정전이 더욱 잦았다. 1947년 11월 18일과 1948년 10월 11일에는 남한 8도 전체가 정전되는 대혼란이 벌어지기도 했다.

당시 정전은 잠깐 전기가 나가는 정도를 넘어섰다. 1947년 11월 서울에서 며칠씩 암흑 생활을 하는 곳이 80여 동리나 되었다. 저녁마다 "전기 닳는다! 일찍 자거라" 하며 아이들을 타이르던 부모들 말이 이 시절 나왔다. 정전이 하도 잦아 양초 값이 큰 부담이 되자 신문은 '18세기로 돌아가 등불을 켜는 수밖에 없다'며 등잔 만드는 법을 소개했다. 서울시도 등잔불용 등유 배급을 검토했다.[117]

전기난은 1949년에도 지속되었다. 설을 쇤 지 일주일쯤 지난 1949년 2월 4일 『조선일보』 2면에 실린 서울 무교동 요릿집 '춘경원春景園' 광고의 첫 줄은 메뉴 소개도 서비스 자랑도 아닌 '자가발전自家發電' 네 글자

서울 무교동 요릿집 '춘경원'은 『조선일보』에 자체 발전기를 갖춰 정전이 되어도 전등불을 밝힐 수 있는, 즉 '자가발전'이 가능하다고 광고했다.

를 가장 먼저 내세웠다. 자체 발전기를 갖췄으므로 정전이 되어도 전등불을 밝힐 수 있으니 마음 놓고 찾아 달라는 이야기다. 식당뿐만 아니라 비슷한 시기에 실린 서울역 부근 '금계여관金鷄旅館' 광고의 제목도 '욕실·자전自電(자가발전) 완비'였다. 인사동 조선극장은 영화 광고를 내면서 '20킬로 발전기로 자전自電 완비'라며 발전기 용량까지 명시하고는 '절대 안심하시고 보시압'이라는 당부의 말도 곁들였다.[118]

산의 적화와 생존형 절도·사기의 극성

전력난은 곧 연료난을 의미하는 것이기도 했기 때문에, 나무를 더 베어야 할 이유가 생겼다. 가로등이나 남의 집으로 가는 전선에서 몰래 선을 하나 더 연결해서 쓰는 식의 전기 도둑질에 이어 나무 도둑질이 기승을 부렸다. 오기영은 1948년 7월 9일에 쓴 글에서 산山이 적화赤化되어간다고 개탄했다.

"산이라는 산마다 모두가 새빨갛다. 봄이 되면 그래도 잔디가 돋아나서 그야말로 억지로나마 푸르르나 해가 갈수록 산이라는 산은 점점 새빨개간다. 적치하敵治下 40년에 기껏 그들의 선정善政이라 할 것은 강제적이나마 녹화계획이라 할 만하여 그동안 산림은 어지간히 무성하기도 하였었다. 그러나 이것은 왜구倭寇의 대륙 침략전쟁을 위한 장구한 준비에 불과하였다. 그들은 전쟁 중에 40년 자란 나무만 베어간 것이 아니라 수백 년 묵은 나무까지도 모조리 베어갔다. 이것을 다시 그만큼 녹화를 하자 하면 수십 년의 노력이 필요하게 되었다. 그런데 이 노력은커녕 해방 후 점점 더 새빨개간다. 모조리 베어 먹는 판이다. 저마다 제 성미에 맞지 않으면 빨갱이라고 몰아붙이지만 이건 정말 적화赤化가 아닌 한 대수롭지 않으나 이렇게 산마다 빨갱이가 되는 청산靑山의 적화赤化야말로 조국 재건에 근본적인 중대 문제라고 지적한다."[119]

산이 적화되어 피해가 더 커진 탓이었는지 그해 여름은 수해로 인한 피해액이 197억 원으로 집계되었다. 그러나 당시로선 답이 없었다. 나무를 도둑질하는 건 죽지 않기 위한 생존 차원의 것이었으니까 말이다. 도둑질은 전기와 나무에만 그치지 않았다. 전 분야에 걸쳐 도둑질이 성행했다. 오기영은 이렇게 말했다.

"해방 후 수도 없이 늘었거니와 절도 방식은 장족의 진보를 하여서 미국 영화에 무슨 탐정극이나 보는 것처럼 '스릴'을 느낄 정도의 대담한 절도가 부쩍 늘었다. 권총 찬 MP가 지켜 서 있는 옆에서 미군 자동차 타이어를 떼어가든가, 때로는 MP의 옆구리에서 권총을 슬쩍 실례해 가는 것쯤 보통이요, 미군 창고와 군용품을 배에서 풀어내리는 장소에서 백주白晝에 연출되는 가지가지 절도 기술의 대담한 진보는 미국 사람으로 하여금 조선 사람은 절도 천재라고 감탄하게끔 되었다."[120]

'생존형 절도'가 성행하는 데 '생존형 사기'가 빠질 리 없었다. 오기영은 1948년 6월 3일에 쓴 글에선 불신과 경계의 팽배가 담배에까지 미쳤다고 말한다. 담배는 전매품이지만 인천에만 사제私製 담배 제조소가 4,000여 개소나 된다는 것이다.

"거리에 나서기가 무섭게 보이는 것이 담배 파는 어린아이들이요, 따라서 들리는 것이 그들의 손님을 부르는 소리다. '진짜 무궁화요, 진짜 무궁화……' 한 아이가 하루에도 몇백 번 외치는지 모르는 이 소리가 충무로 좁은 거리에서 가히 초여름의 맹꽁이 합창을 연상하리만큼 피차에 약속 없는 합창의 연속이다. 대체 이 진짜 무궁화라는 칭호를 저 어린 행상들이 부르기 시작한 동기는 분명코 손님 편에서 먼저 시작된 가짜 무궁화라는 칭호에 대항하려는 상업술商業術의 일단이라고 할 것이다. 가짜 무궁화가 성행하여 무궁화에 대한 손님의 신용이 떨어지자 이들은 자기 상품의 정통적인 본질을 선전할 필요가 절실한 데서 그냥 무궁화라기보다도 그 위에 진짜라는 보증을 첨가한 것임이 확실하다."[121]

'절도'와 '사기'의 경계를 넘나든 무역

이즈음 무역이라고 하는 것도 '절도'와 '사기'의 경계를 넘나드는 것이었다. 해방 직후 무역이라는 건 중국 상인들이 중국 각지에서 일본군용 창고나 일본인 상사의 창고를 털은 약탈물자를 정크선에 싣고 인천으로 오면 국내업자들이 오징어나 역시 국내의 일본군 창고에서 나온 화공약품 등과 물물교환을 하는 수준에 불과했다. 1946년은 이런 정크무역의 절정기였는데, 한 해 동안 300여 척의 정크선이 인천항을 드나들며 중국 본토의 물자를 실어왔다. 정크무역은 이익이 10배가 넘는 노다지 장사였다.[122]

일본과의 밀무역도 성행했다. 해방으로 쌀 공급 루트가 차단되자 일본인들은 미군을 움직여 한국산 쌀을 일본에 수출하도록 압력을 넣어 1945년에 8만 석의 쌀이 일본에 공식 수출되었지만, 밀수출의 규모가 더 컸다. 쌀을 주는 대신 일본에서 시멘트, 가성소다, 화장품, 의약품 등을 구입해 와서 4~5배의 이윤을 남겼다.[123]

해방 직후 1년 6개월여 동안 정크무역에서 마카오 무역, 홍콩 무역

등으로 한국의 무역 대상 지역이 점차 변화되었다. 정크무역 이후 6개월 간은 마카오 무역 시대였다. 중국 대륙에서는 마오쩌둥毛澤東, 1893~1976 의 남진으로 어수선해지자 중국 화주貨主들이 홍콩에서 물건을 선적해 한국으로 보내려 했으나 홍콩을 지배하고 있던 영국이 허가하지 않자 대신 홍콩에서 선적해 마카오로 수출하는 척 우회해 인천항으로 입항했던 것이다.

홍콩 무역 시대는 1947년 8월부터 개시되었다. 당시 중국의 상선들은 우리나라에 시계, 양복지, 면사, 페니실린, 사카린 등을 실어오는 한편, 폭약 제조용인 해로중석과 화약연료, 미군이 불하한 지프차와 중고차 부품 등을 싣고 갔다. 이 기간 중 삼성의 이병철과 효성의 조홍제는 서서히 무역업계의 다크호스로 등장했다.[124]

그러나 무슨 무역이건 그 속을 들여다보면 겉과는 많이 달랐다. 오기영은 1948년 7월 1일에 쓴 글에서 "국내에는 무슨 무역상, 무슨 무역회사라는 간판들은 번쩍번쩍하고 흥청거리는 모양은 그럴듯하지마는 알고 보면 대개가 보트 한 개 없는 무역상들이다"고 지적하면서 이렇게 말한다.

"이러한 무역상들이 인천, 부산 같은 항구마다 그물을 치고 앉았다가 외국 배가 들어오면 그 손님을 요릿집으로 모셔다가 기생을 앵겨주고……그나마 경쟁이 붙으니 저마다 요리를 많이 내고, 기생을 많이 앵겨주고, 물건값을 올리고, 그렇게 해서 우리 손으로 올려놓은 비싼 값에 짐을 풀게 하는, 이러한 무역상들이 태반이라고 듣고 있다. 그러면 물건을 팔 때는 어떤가? 이 편이 살 때에 경쟁을 하였으니 저 편도 살 때에는 경쟁을 해서 비싸게 사가나? 천만에, 아니다. 살 때에 경쟁한 그 솜씨로 물건을 팔 때에도 경쟁은 하는 것이다. 외국 손님을 요릿집에 모셔다놓고, 기생을 앵겨주고, 여기 경쟁이 붙으니 저마다 요리를 많이 내고 기생을 많이 앵겨주고……다만 다른 것은 물건을 살 때에 값을 올리던 것과는 반대로 값을 내리는 경쟁이다. 저마다 싸게, 더 싸게, 이렇게 우리 손으로 값을 깎은 물건을 싣고 외국 상선은 돌아가는 것이다."[125]

민족 분열을 위한 기아 수입?

이 시절엔 밀수密輸가 성행했는데, 1948년엔 경찰청 후원의 밀수 방지를 위한 영화가 많이 제작되었다. 물론 이 영화들은 동시에 민주경찰 이미지 개선용이기도 했다. 〈밤의 태양〉, 〈수우愁雨〉, 〈여명黎明〉 등의 영화들은 모두 제목은 그럴듯하지만 경찰청이 후원한 밀수 방지 영화였다. 〈밤의 태양〉과 〈수우〉는 무료 상영되었다. 경찰청의 후원 없이 민간 영화사가 자체 제작한 〈끊어진 항로〉도 밀수 고발 영화였다.

〈밤의 태양〉은 도시의 카바레를 아지트로 비밀리에 활동하는 대규모 밀수단을 민완 형사들이 일망타진하는 내용이었고, 〈수우〉는 오발로 밀수 두목을 죽인 아내와 아내의 무죄를 주장하며 구명운동을 벌이는 수사관의 이야기였고, 〈여명〉은 밀수단에 포섭당한 경찰관의 양심선언으로 밀수단을 일망타진한다는 스토리였고, 〈끊어진 항로〉는 밀수로 일확천금을 노리는 청년을 친구가 우정으로 설득해 자수하게 만든다는 내용이었다.[126]

그렇게 영화들까지 나서서 '밀수 타도'를 외칠 만큼 경제 질서의 기초가 잡히지 않은 상황에서 무역은 오늘날의 개념과는 거리가 먼 것이

영화 〈수우〉는 오발로 밀수 두목을 죽인 아내와 아내의 무죄를 주장하며 구명운동을 벌이는 수사관의 이야기인데, 당시 경찰청 후원을 받아 제작된 밀수 방지 계도용 영화였다.

었다. 오기영은 앞서 거론했던 글에서 기아 수입飢餓輸入을 개탄했다. 그는 "제1차 세계대전 후 패전자 독일은 많은 배상을 걸머졌다. 물다물다 못해 중간에 가서는 나가 넘어지고 말았지마는 처음에 그들은 배상 지불을 위하여 먹지 않고 쓰지 않고 생산품은 모조리 외국에 내다가 팔았다. 이른바 기아 수출飢餓輸出이라는 것이다. 자신은 굶지마는, 자신에게도 필요한 생산품이지마는 수출 우선주의를 강행하였던 것이다"며 다음과 같이 말했다.

"그런데 오늘날 우리는 어떤가? 기막힌 말이나, 우리는 지금 그야말로 기아 수입을, 기아 수출의 정반대되는 기아 수입을 하고 있는 것이다. 갚을 길도 없고, 갚을 예산도 없는 외화를 들여다가 흐지부지 소비하는 중이다. 수출품이라야 기껏 오징어라 하면 들여오는 물건은 무엇인가? 생고무는 또 우리가 이제 다시 짚신 감발을 못할 처지에 맨발로 살 수는 없으니 부득이하다고 하자. 그 비싼 종이를 사다가 우리는 무엇에 쓰는 중인가? 나부터도 종이를 소비하는 부류에 속한 인간이지마는 그 비싼 값에 들여온 종이가 파쟁의 선전용에 하염없이 소비되는 것을 생각할 때에 우리는 지금 민족 분열 작용을 위하여, 기아 수입을 하고 있는 중이 아닌가."[127]

오기영은 1948년 7월 20일에 쓴 글에선 농민들의 비참한 생활상을 거론한 뒤 이렇게 자책했다. "나부터도 글을 써서 팔아먹는 부류에 속한다. 그러나 그것이 이들 농민에게 무슨 관련이 있나? 내가 아무리 '민족의 비원'을 호곡하고 '자유조국을 위하여' 외쳤다지만 대대로 문맹이요, 현재도 문맹인 저들 무지와 빈궁과 굴종에 파묻힌 이들을 위하여 무슨 기여함이 있었나? 확실히 그렇다 하면 도시의 정치 연설도, 시 낭독도, 영화 감상도, 그리고 문화의 향상도, 자유의 옹호도 이들 흙의 노예와는 아무런 관련도 없었다 하면, 민족을 구성한 팔 할을 이러한 지경에 내버려둔 채 도시에서만 떠들어대고 아무리 열심히 UN을 바라다본대야 거기서 무엇을 얻을 건가?"[128]

개신교의
반공친미주의

상층부를 점령한 개신교

'통역 정치'의 다른 한쪽엔 '기독교 정치', 특히 '개신교 정치'가 있었다. 미군정 치하에서 우대를 받고 미국인들에게 접근하는 데엔 영어 다음으로 개신교가 유리했다는 뜻이다. 몇 가지 통계를 살펴보자.

1945년 10월 5일 미군정이 임명한 11명의 행정고문 중에서 목사 3명을 포함한 6명(55%)이 개신교 신자였다. 1946년 12월부터 이듬해 8월까지 군정청에 의해 임명된 군정 각 부처의 초대 한국인 국장 13명 가운데 7명(54%)이 개신교 신자였으며, 이들 전원이 미국 유학 출신자였다. 1946년 미군정의 최고위직에 임명된 한국인 50명 가운데 35명이 개신교 신자였다. 이는 해방 당시 개신교 신자는 총 10만 명으로 인구 대비 비율은 0.52%에 지나지 않았다는 사실에 비추어볼 때에 놀라운 수준의 비율이다.[129]

평안도 출신의 기독교계 엘리트들이 미군정청의 '친위부대'로 자리 잡았다는 주장도 있다. 한때 미군정청의 19개 부처장 중 8명, 차장급 중 3명이 평안도 출신이었으며, 민정장관은 안재홍을 견제했던 부처장들도 평안도 출신이었다는 것이다.[130]

어디 그뿐인가? '우익의 3영수'로 불린 이승만, 김구, 김규식은 모두 독실한 개신교 신자였다. 11월 28일 임정 요인 환영대회에서 이승만은 "만세반석 되시는 그리스도 위에 이 나라를 세우자"고 말했고, 김구도 "우리는 어떻게 하면 망하지 않는 강한 나라를 세울까. 곧 성서 위에 세워야 한다. 그리하여 우리는 하나님의 국민이 되어 서로 잘 살자"고 말했으며, 김규식도 "그리스도라는 반석 위에 하나님의 나라를 세우자"고 말했다.[131]

김구는 일요일이면 이승만이 나가는 정동감리교회를 찾아 같이 사이 좋게 예배를 드렸으며, 1946년 부활절엔 "나는 그리스도인인 고로 거짓 없는 내 양심은 죽음을 초월하여 나라를 사랑하였다"는 내용의 유언을 미리 공표했다. 임정 요인에 기독교 신자가 많다고 일반 대중 사이에선 '너도 나도 예배당을 찾는' 일까지 벌어졌다.[132]

한민당의 교세도 만만치 않았다. 한민당의 8인 총무 가운데 5인(백관수, 김도연, 허정, 백남훈, 김동원)이 저명한 개신교 지도자였으며, 미군정과의 교섭을 담당한 한민당의 외교부(일명 해외유학부)의 9인 멤버 가운데 5명(윤보선, 윤치영, 구자옥, 문장욱, 최순주)이 개신교 신자였다.[133]

대한민국 초대 국회 임시의장 이승만은 1948년 5월 31일 제헌국회 개원식에서 다른 종교를 가진 의원들의 항의에도 "대한민국 독립민주국 제1차 회의를 열게 된 것을 하나님께 감사한다"면서 "하나님께 대

1948년 5월 31일 서울 광화문 중앙청에서 열린 제헌의회 개원식에서 이승만은 이윤영 목사에게 감사 기도를 드리게 했다.

한 기도로 첫 국회의 첫 회의를 시작하자"고 말했다. 그러고는 의원들 중 유일하게 목사였던 이윤영으로 하여금 감사 기도를 드리게 했다.[134] 개신교 신자 우세는 대한민국 정부에까지 이어졌다. 대한민국 정부의 초대 내각 21개 부서장 가운데 2명의 목사를 포함한 9명이 개신교 신자였다.[135]

우익 청년단체의 근간이 된 개신교

해방정국에서 개신교는 '반공反共'과 '친미親美'의 강력한 보증 수표였다. 개신교 스스로 '반공'과 '친미'를 위해 적극적인 이념성과 정치성을 띠는 걸 마다하지 않았고, 종교 지도자들은 그걸 부추겼다. 해방 후 장로교 내에서 가장 영향력 있는 목사 가운데 하나였던 한경직은 1945년 9월 평안북도에서 기독교사회민주당을 조직했다가 1946년 1월 5일 조만식의 연금 이후 월남했다.[136] 한경직은 일본 천리교회가 남기고 간 재산을 미군정에서 접수해 영락교회를 세웠다. 공산주의를 반드시 베어야만 할 '괴물'이며 '묵시록에 있는 붉은 용'으로 간주한 한경직은 신자들의 정치 참여를 촉구했다.

"오늘의 기독교인은 잠잠하다. 최선의 정치이념이 우리에게 있음에도 불구하고 왜 이리 퇴영적이냐. 좀더 주도성을 갖자. 십자가를 갖고, 노동운동도 좋고 정치 운동도 좋다. 전후에 있어서 각국에 기독교민주당이 일어나 주도성을 갖고 활발히 움직이는 것을 보라! 일어나 일하라."[137]

개신교 지도자들의 그런 부추김에 따라 개신교 청년들의 초교파 조직인 한국기독교청년연합회(기청)는 우익청년·학생단체와 협조해 반탁시위를 벌이다 좌익과 충돌하는 등 반공 운동에 주력했다. 기청은 서북청년회 등과 연합해 용산역에서 철도 노동자 파업을 무력 진압 등 때로 폭력 투쟁도 불사했으며, 영락교회 청년과 대학생회 등 일부 집단은 서북청년단과 유기적인 협조 관계를 유지했다.[138]

또 영락교회 청년회는 서북청년단의 발족을 주도하고 반탁운동, 기독교민주동맹의 창립대회장 습격, 제주 4·3 항쟁 평정 등 '반공건국, 멸공건국, 승공건국'을 위한 활동을 전개했다. 영락교회 청년회의 핵심 회원 가운데 한 사람인 오제도는 서북청년단 조직에 참여하고 나중에 '사상검사'로 이름을 날렸다. 개신교 청년들은 조선민족청년단, 대동청년단, 대한청년단 등 반공주의적 청년단체에도 다수 참여했다.[139]

개신교는 5월 10일 선거에도 적극 참여했다. 강원용은 "선거를 앞두고 한국 교회 대부분의 지도자들이 거의 무조건적으로 이승만을 지지하고 나섰"다며 이렇게 말했다.

"교계에서는 소위 기독교선교대책위원회라는 것을 조직하곤 각 교회마다 지부를 만들어 노골적으로 이 박사를 지지했다.……한번은 우리 교회의 장로 한 사람이 예배가 끝나자 앞으로 나와서 '이번 5·10 선거를 반대하는 것은 공산당을 지지하는 것이기 때문에 우리 교회는 절대로 이 선거에 참여해야 합니다' 하고 교인들을 향해 선거 참여를 강권하는 발언을 하는 것이었다. 나는 가만히 있을 수가 없어 앞으로 뛰어나가 '교회가 이번 선거에 개입해서는 안 됩니다' 하고 반박을 했다."[140]

물론 강원용은 개신교계의 극소수파였으니, 그의 그런 목소리가 설득력을 갖긴 어려웠다.

개신교의 체질적인 반공·친미주의

해방 후 개신교 교회의 반공주의는 '교리'의 수준으로 올라가 '교회법'에 의해 보호받기에 이르렀다. 강인철은 "1947년 7월에 김규식은 자신이 원로 장로로 재직했던 새문안교회 당회의 청원에 의해 노회로부터 유물론자 여부를 조사받아야 했다. 강원용 목사가 중도좌익계라고 소문나자, 장로교의 노회에선 그를 강단에 세우지 않기로 결의했을 뿐 아니라 그를 초청한 사람마저 징계했고, 목사 안수를 위한 노회의 시취試取에서도 사상 문제와 관련된 심문을 받았다"며 다음과 같이 말했다.

"또한 개신교 신자들의 반공 태도는 해방 후 직접적인 행동으로 전화되고 종종 폭력까지 동반하는 적극적인 것으로 발전했다. 개신교 신자들의 반공주의는 종교 이데올로기의 뒷받침을 받았다는 면에서 '성스러운 반공주의'이기도 했다. 공산주의의 '관념론적 유물론'과 '전투적 무신론'의 측면을 일방적으로 부각시킴으로써 공산주의와 기독교 간의 적대적 측면을 극대화할 때, 반공 투쟁은 곧 '기독교 수호 투쟁'이 된다. 또한 공산주의와 기독교의 대립은 '악마와 천사 간의 전쟁'으로 발전한다. 동시에 반공 투쟁에 나선 기독교 신자들은 성전聖戰에 참여한 군대 곧 '십자군'이 되며, 이 전쟁에서 희생된 사람들은 '순교자'가 된다."[141]

강인철은 개신교의 체질적인 친미주의에 대해선 이렇게 말한다.

"'반공'이라는 가치와 마찬가지로 '친미' 역시 한국 개신교 신자의 절대다수에 의해 폭넓게 공유되고 또 높이 평가된 가치였다. 복음을 전해준 것도 전도에 필요한 막대한 물질적 원조를 제공한 것도 미국들이었으며, 무엇보다 일제 지배하에서 개신교 신자들은 미국인과 지속적·전면적으로 접촉을 유지한 거의 유일한 한국인 집단이었다. 한국 개신교 신자들이 미국과 맺은 특수한 '인연'으로 인해 해방을 맞을 당시 개신교 교회는 한국 사회 안에서 가장 '미국화'된 부분이었다."[142]

그런데 따지고 보면 참으로 희한한 일이었다. 일제 시기에 개신교는 "귀축미영鬼畜美英(귀신과 짐승인 미국과 영국)을 박멸하자!"를 목이 터져라 외친, 가장 강력한 반미 세력이었기 때문이다. 개신교계의 대표적 지도자였던 어느 목사는 아예 창씨명이 '평강미주平康美洲(미국 대륙을 평정한다)'였다.[143] 그렇게 반미성전反美聖戰의 열렬한 전사戰士 노릇을 했기 때문에 해방 후엔 그걸 속죄하려고 친미 노선으로 돌아선 것이었을까?

북한의 종교 탄압이 미친 영향도 컸다는 걸 간과할 수 없다. 김일성은 1946년 미국이 선교사를 파견해 '종교의 탈'을 쓰고 숭미 사상을 불어넣었으며, 그런 종교 선전에 넘어간 '일부 반동적인 목사 또는 장로'들이 사회주의 정권 수립에 반대했다고 비난했다. 김일성은 1949년 7월 내각 제21차 전원회의에선 "종교는 반동적이고 비과학적인 세계관으로서 계급의식을 마비시키고 혁명 의욕을 없애므로 아편과 같은 것"이라고 주장했다.[144]

오기영의 '예수와 조선'

언론인 오기영이 월간 『신천지』 1947년 4월호에 쓴 「예수와 조선」이라는 글에서 개신교의 공과功過를 거론한 게 흥미롭다. 그는 우선 예수의 혁명 정신을 예찬한다. 그는 "한문을 진서眞書라 하고 국문을 언문諺文이라 하던 썩어빠진 헌 부대 속에서 민중을 끌어내어 국문을 보급시킨 성경과 찬송가는 그 내용의 진리 전파에 앞서서 문화적 공헌의 절대한(매우 큰) 바 있었음을 감히 아니라 할 수 없는 것이며 반상班常의 귀천이 엄격하고 남존여비와 재하자在下者 유구무언의 세계에서 서로 형님이요 누님인 새 세계로의 진출만도 그때에 있어서는 결코 과소히 평가할 수 없는 진보적이요 혁명적인 것이었다"며 다음과 같이 말했다.

"흔히 쉽게 말하여 선교사를 자본주의 경제침략의 선구先驅라 하고 성경과 함께 오는 상품 견본을 지적하지마는, 또 이것이 불무不誣할 사실이기도 하였지마는 그러나 만일 우리가 병인양요나 강화江華 척화비로써 대원군의 완명頑冥한 만족을 장하게 알기 전에 그들의 성경과 상품을 좀더 일찍 받아들였던들 조선에는 좀더 일찍 자본주의가 들어왔을 것이요 거기 따르는 신문화의 개화가 좀더 일렀을 것이며 그로 인하여 봉건제도의 붕괴가 좀더 빨랐을 것은 공평公平한 사필史筆이면 부인할 수 없는 사실이다.……이렇게 우리가 좀더 일찍 자본주의 문명을 받아들여 봉건제도의 완전 타파에 이미 성공하였던들 오늘날까지도 오히려 봉건의 잔재를 소탕하라는 달갑지 않은 숙제는 벌써 전에 해소되었을 것이라고 생각할 때에 기독교의 수입이 늦었음을 한恨할지언정 기독교가 조선에 끼친 혁명적인 공적을 폄貶할 바가 못 되는 것이라 믿는 것이다."[145]

그러나 오기영은 개신교가 일제 치하에서 하느님과 돈과 일본이라고 하는 삼위三位를 섬겼다면서 다음과 같이 질타한다.

"신사참배 문제가 일어났을 때에……예수교에서 얼마나 많은 대일 협력자를 내었는가. 얼마나 많은 미영美英 타도打倒의 용감한 투사를 내었는가. 그뿐이 아니다. 진실로 그뿐이 아니다. 서로 일본에 친하기 위하여, 그 앞에 무릎을 꿇기 위하여 서로 싸우고 모해謀害하며 서로 더 황민화의 공적을 나타내기에 노력하지 아니하였는가. 이 모든 추악한 사실에 대하여는 구태여 필자로 하여금 그 구체적 사실의 제시를 요구할 것이 아니라 당시 교역자들은 서로 골방에 들어가 각자의 가슴을 두드려 보면 넉넉할 것이다. 이러한 중에 이 땅이 해방되어 일제는 구축되었다.……괴이한 것은 일제가 구축된 오늘에 있어서도 의연히 교회의 영도권은 저들 일제 권력에 교우敎友를 방매放賣하였던 자들의 손에 있는 것이다. 이들이 섬기는 삼위三位는 다시 하느님과 돈과 미국으로 바꾸어진 것이다."[146]

그러나 해방정국에서 그런 이권 투쟁보다 더욱 위험한 건 어쩌면 종교화된 극단적 반공이었는지도 모른다. 오기영은 개신교가 반공의 최전선에 나서는 것을 다음과 같이 꼬집었다.

"오늘 예수교는 어떤 지도자에 의하여 어떤 진영에 속해서 어떤 길을 걸어가고 있는가. 그들은 공산주의를 싫어하는 나머지 공산주의와 공통되는 것이면 예수의 혁명 정신까지도 배격하는 지경에 이르러 있다. 그래서 교도들은 자기인식이 철저하였거나 불철저하였거나를 불구하고 실제에 있어서 친일파 민족 반역자를 비호하는 산하에 들어 있으며 역사의 발전과 예수의 진리에 역행하여 특권계급의 권익을 보수유지하려는 조선의 바리새와 사두개에게 농락되고 있는 것이다. 권력에의 미신 앞에 진리에의 신앙이 농락되고 있는 것이다.……조선의 예수교는 무슨 필요가 있어서 허다한 교파로 갈리고 다시 속에 파별이 있고 서로 한 동족임을 잊고 싸우는가. 원수도 사랑하라는 교훈은 잊었는가."[147]

대한민국 정부 수립

'대한민국'과 '국민' 채택

1948년 5월 10일 남한 단독 총선거를 통해 5월 31일에 구성된 제헌국회는 이승만을 초대 의장, 신익희를 부의장으로 선출했다. 이제 국회가 할 일은 헌법 제정이었다. 헌법의 초안 작성은 유진오俞鎭吾가 맡았으며, 6월 초 국회헌법기초위원회에 헌법 초안이 제출되었다. 헌법 초안은 이승만도 포함한 모든 정파가 동의한 의원내각제를 채택했는데, 6월 15일 이승만이 돌연 기초위원회에 나타나 의원내각제를 대통령제로 바꿔야 한다고 주장했다. 그는 대통령제로 바꾸지 않으면 자신은 대통령직을 맡지 않고 일반 시민으로 남아 개헌운동을 하겠다고 버틴 끝에 결국 자신의 뜻을 관철시켰다.[148]

권력 구조 문제는 그렇게 정치적으로 해결되었으며, 6월 23일부터 시작된 헌법 초안에 대한 독회에서 가장 큰 논란을 빚은 건 국호 문제였다. '대한민국', '고려공화국', '조선', '한韓' 등을 놓고 논란을 벌였다. 일제 때부터 민족주의 계열은 '대한', '한국' 등을, 사회주의 계열은 '조선'을 각각 선호했으며, 중간파는 '고려'를 선호했기 때문이다.[149]

그래서 "세칭 보수적 우익 측은 대한이오, 자칭 진보적 좌익 측은 조선이오, 통칭 회색적 중간 측은 고려다"느니 "소위 좌조선 우대한이라 하고 남대한 북조선"이라는 말까지 나왔다.[150] 또 헌법 초안에는 일괄적으로 '인민'이란 용어가 사용되었는데, 이를 두고도 논란이 벌어졌다. 윤치영은 "'인민'이라는 말은 공산당의 용어인데 어째서 그런 말을 쓰려 하는가. 그런 말을 쓰는 사람의 사상이 의심스럽다"고 주장했다. 이에 대해 조봉암은 "'인민'은 미국·프랑스·소련 등 세계 많은 나라에서 사용하는 보편적인 개념으로 단지 공산당이 쓰니까 기피하자는 것은 고루한 편견일 뿐이다"고 반론을 폈다.[151]

결국, '대한민국'과 '국민'이 채택되었다. '인민' 대신 '국민'이 채택된 것에 대해 유진오는 훗날 회고록에서 다음과 같이 아쉬움을 토로했다. "'국민'은 '국가의 구성원'이라는 뜻으로 국가우월주의의 냄새가 풍기는 반면, '인민'은 '국가도 함부로 침범할 수 없는 자유와 권리의 주체'를 의미한다. 공산주의자들에게 좋은 단어 하나를 빼앗겼다."[152]

이승만의 대통령 당선

제헌국회는 7월 12일 '대한민국 헌법'을 제정해 7월 17일에 공포했다. 헌법에 따라 대통령은 국회에서 간접선거로 치러지게 되어 있었다. 김구는 자신이 부통령으로 거론되자, 국회에서 정부통령을 선출하기 직전에 "남한 국회가 이 김구에게 어떤 임무를 요구하든 그 참여가 단정 참여를 뜻할 때는 단호히 거부한다"는 성명을 발표했다.¹⁵³ (6월 7일 김구와 김규식은 "통일이 없이는 독립이 있을 수 없고, 독립이 없이 우리는 살 수 없다"는 내용의 공동성명을 발표했다.)¹⁵⁴

7월 20일에 치러진 대통령 선거에서 이승만은 180표를 얻어 대통령에 당선되었다. 김구는 거부 의사를 밝혔지만 13표를 얻어 2위를 차지했다. 그밖에 안재홍 2표, 서재필 1표였다. 부통령엔 133표를 얻은 이시영이 당선되었지만 김구에게 던진 표도 62표나 나왔다. 이때에 김구는 무슨 생각을 하고 있었을까? 김재명은 다음과 같이 말한다.

"제헌국회에서 이승만·이시영을 정·부통령으로 선출하던 날 이승만의 이화장梨花莊에서는 성대한 축하연회가 벌어졌다. 그러나 김구의 경교장은 적막 속에 침통한 공기가 감돌았다. 조완구·엄항섭 등 몇몇 이들이 김구와 더불어 어두운 얼굴을 하고 있을 뿐이었다. 이런 분위기를 스케치하기 위해 기자들이 찾아왔다. 인터뷰를 굳이 사양하던 김구는 기자들의 거듭된 요청에 '소감이 있다면 그저 가슴이 아플 뿐'이라 말했다."¹⁵⁵

7월 24일 중앙청 광장에서 국회 주최로 정·부통령 취임식이 거행되었으며, 이어 유엔위원단이 주최한 이승만의 대통령 당선을 축하하는 만찬이 열렸다. 헌법의 대통령제 채택에서부터 대통령 당선에 이르기까지 이승만은 한민당의 협조를 받았기 때문에 거의 모든 사람이 새 공화국의 총리는 김성수가 될 것이라고 믿었다. 그래서 유엔위원단의 메논이 김성수에게 건배를 제의했는데, 바로 그 순간 이승만은 만찬에 참석한 사람들에게 "김성수에게는 총리직보다 더 중요한 자리를 맡겨야만 한

다"고 말했다.[156]

7월 27일 이승만은 국회에 출석해 이윤영을 총리 지명자로 발표했다. 이윤영은 북한에 기반을 두고 있던 조선민주당의 부위원장이었으므로 민족통일을 위한 상징적인 의미는 있었지만, 국회는 132대 59의 표결로 인준을 거부했다. 그러자 이승만은 광복군 지도자이며 한때 중국 국민당 정부군에서 장교 생활을 했던 이범석을 총리로 지명했다. 이승만과 이범석은 적극적으로 한민당의 협조를 요청하고, 이범석은 8월 2일 110대 84의 표결로 국회의 인준을 얻었다. 이범석은 국방부 장관도 겸하게 되었다(이범석은 내각의 8개 자리를 한민당에 주겠다고 약속해서 한민당의 지지를 얻어냈는데, 인준 후 이승만의 지시로 그 약속을 이행하지 않았다는 설도 있다).[157]

이승만이 김성수에게 주겠다던 '총리직보다 더 중요한 자리'는 재무장관이란 것이 밝혀졌지만, 김성수는 모욕적이라고 생각해 이승만의 제의를 거절했다.[158] 로버트 올리버에 따르면, 이승만은 유엔의 승인을 염두에 두고 국무총리는 북한 출신이면서 부유계급 출신이어서는 안 되겠다고 생각했으며, 김성수에 대해선 "내가 함께 일하고 싶은 인물이지만 그와 가까운 사람들이 맹랑한 정책을 중심으로 한데 뭉치고 있소"라고 말했다 한다. 올리버는 이승만이 김성수를 국무총리로 삼을 생각도 했지만, 한민당에 7석의 각료 자리를 요구하는 바람에 이승만이 이범석을 선택하게 되었다고 말했다.[159]

한민당을 배제한 내각 구성

이승만의 초대 내각은 국방부 이범석, 내무부 윤치영, 외무부 장택상, 재무부 김도연, 법무부 이인, 문교부 안호상, 농림부 조봉암, 상공부 임영신, 사회부 전진한, 보건부 구영숙, 체신부 윤석구, 교통부 민희식, 무임소 이윤영·지청천, 총무처 김병연, 공보처 김동성, 법제처 유진오, 기획처 이순탁, 심계원 명제세, 고시위 배은희, 감찰위 정인보 등이었다.

이 내각의 특징은 미국(4명), 유럽(2명), 일본(2명), 중국(1명), 소련(1명) 등에서 유학을 한 외국 유학파가 많다는 점이었지만, 가장 중요한 건 한민당은 단 1명의 장관(재무장관 김도연)만 배출했다는 사실이다. 의회를 장악하고 있던 한민당은 내각책임제를 채택해 이승만을 대통령에 앉히고 실권자인 국무총리에 김성수를 옹립함으로써 신생국가의 권력을 장악하려던 꿈은 두 번에 거쳐 깨지고 말았던 것이다.[160]

바로 여기서 한민당은 이승만과 결별하게 된다. 그 결별의 메시지는 한민당 기관지 『동아일보』 8월 7일자 사설을 통해서도 나타났다. "건국정부의 구성 인물을 본 국민의 실망과 낙심은 너무나 크다. 대통령은 자기의 우월성을 너무도 과신한 나머지 국회의 세력관계를 아예 무시했을 뿐만 아니라, 정실을 경계하면서 스스로 정실에 흘렀고 당파성을 배척하면서 스스로 당파성을 초월하지 못한 것에 국민은 빈축을 하지 않을 수 없다."[161]

이승만의 내각에서 가장 이색적인 인물은 모스크바대학을 나왔고 박헌영의 조선공산당에서 경기도 지부장을 맡았던 조봉암이었다. 조봉암은 이승만과 자기는 농지개혁 노선이 다르다며 농림장관직 제의를 거절했지만, 이승만이 조봉암의 노선을 받아들이기로 약속해 승낙을 했다는 주장도 있지만, 이승만의 뜻에 대해선 여러 가지 설이 난무한다.

한민당을 견제하기 위해서라는 한민당 견제설, 총리 비준 과정에서 무소속파의 표를 얻기 위한 정치적 타협설, 이승만에 대한 세간의 부정적인 인식을 개선하기 위한 이미지 쇄신설, 우익 일색 조각에 대한 변명거리를 만들기 위한 상징적 이용설, 미군정이 남한의 민주주의를 과시하기 위해 이승만에게 요구했다는 미군정 압력설 등이다.[162] 서중석은 조봉암이 무소속 의원들의 리더였다는 점에 무게를 두고,[153] 박명림은 이승만의 토지개혁 의지를 높이 평가했다.[164]

조봉암 이상으로 화제가 된 인물은 대한민국 첫 여성 장관이 된 상공부 장관 임영신이었다. 임영신이 상공부 청사에 출근했는데도 결재를 받으러 나타나는 직원이 없었다. 화가 난 임영신은 퇴근길에 측근들에게 이유를 물었다. 이들은 "'서서 오줌 누는 사람들이 앉아서 오줌 누는 사람에게 어떻게 결재를 받느냐'는 말이 부처 내에 나돌고 있다"고 전했다. 임영신은 나흘째 되는 날 긴급 직원회의를 소집했다. 그 자리에서 임영신은 "나에게 인사도 안 하고 결재를 받으러 오기 싫은 사람은 지금 당장 보따리를 싸라"고 호통을 치면서 이렇게 말했다. "내 비록 앉아서 오줌을 누지만 조국 독립을 위해 오랫동안 싸웠고, 나라를 세우기 위해 서서 오줌 누는 사람 못지않게 뛰어다녔다."[165]

김구와 이승만의 '비분과 실망'

7월 중순부터 8월 초까지 충청·전라·경상 지방에 폭우가 쏟아져 8월 9일까지 확인된 수해 피해만도 사망자 316명, 중상자 992명, 실종자 345명, 가옥 유실 3,232호, 침수 5만 7,544호 등에 이르렀다. 30년간 최악의 기상 재난이었지만, 중앙청 광장에서 대한민국 정부 수립을 내외에 선포하는 기념식이 거행된 8월 15일 하늘은 화창하게 맑았고 무더위도 한풀 누그러졌다. 기념식이 거행되는 중앙청(옛 조선총독부 건물로 광복 후 정부 청사와 국립중앙박물관 등으로 쓰이다 1995년 철거되었다) 앞부터 세종로·시청·남대문 앞까지 새벽부터 인파가 몰려들었으며, 태극기와 플래카드를 손에 들고 행진하는 학생들의 행렬이 거리마다 이어졌다.[166]

이 기념식에 참석하기 위해 일본 도쿄에서 날아온 맥아더는 이승만을 껴안으면서 "북한이 공격해온다면 나는 캘리포니아를 방어하는 것과 똑같이 한국을 방어하겠노라"고 말했다.[167] 그러나 이승만은 그 정도론 만족할 수 없었다. 정부 수립 기념준비위원회(사무장 정일형)에서는 "오늘은 정부 수립, 내일은 남북통일"이라는 표어를 선정했는데,[168] 이승만

1948년 8월 15일 대한민국 정부 수립 기념식에서 이승만은 "국토를 통일하기 위해 문호를 개방하고 모든 노력이 경주되지 않으면 안 된다"고 말했다.

의 기념사도 그 정신에 충실했다.

"국토를 통일하기 위해 문호를 개방하고 모든 노력이 경주되지 않으면 안 된다. 한국 해협이 남단의 국경인 것처럼 북단의 국경은 백두산이다. 어떠한 일시적인 국제 정세도 수세기를 통해 엄연하게 확립되어 있는 역사적 사실을 소홀히 할 수는 없을 것이다."[169]

진덕규는 이승만의 대한민국 정부 수립 기념사는 '30분이 넘는 지루한' 것이었지만, 모든 내용이 결국 한 가지 사실로 모아졌다며 이렇게 말한다.

"그것은 맥아더에 대한 감사였다. 광복의 본질적인 의미와 지향, 그리고 민족해방을 이룩하기 위하여 해내외에서 독립투쟁에 일신 일가를 던졌던 독립운동가에 대한 찬사는 고사하고, 일본의 압제하에 고통받으면서 독립국가 쟁취를 열망했던 일반 민중들의 노고에 대해서는 한마디의 언급도 없었다. 오직 대한민국의 수립은 미군, 특히 맥아더의 대일 전승에 의해서 이루어진 것으로 표현했으며, 이것에서 사실상 신생 독립국가의 성격의 한 가닥을 짐작할 수 있게 해주었다."[170]

김구는 이날 '비분과 실망'을 토로하면서 '강력한 통일독립운동'의 필요성을 역설했다.[171] 그러나 자신의 뜻대로 대한민국 정부를 출범시킨 이승만에게도 나름의 '비분과 실망'이 싹트고 있었다. 그는 자신의 고문인 로버트 올리버에게 보낸 9월 10일자 편지에서 이렇게 말했다.

"(김성수가 이끄는) 한민당이 우리를 반대하고 있기 때문에, 『동아일보』와 기타 신문들의 내각에 대한 공격이 날로 심해가고 있는 중이오. 그러나 귀하에게 내가 말할 수 있는 것은 각료직에 대한 한민당의 추천에 내가 굴복하였더라면 사태는 더 악화되었을 것이라는 점이오. 그때에는 지방의 국민들이 나를 반대하고 나섰을 터이니 말이오. 지금은 다만 서울의 정치인들이 나를 반대하고 있소. 나는 항상 외로운 싸움을 해나왔고, 나는 이것을 계속하지 않으면 안 되오."[172]

대한민국 정부에 대한 미군정 당국의 권한 이양은 1948년 9월 11일 한·미 간에 체결된 재정과 재산에 관한 최초 협정에 의해 완료되었다. 이제 남은 건 외교 문제였다. 이승만 정부는 이미 9월 1일 조병옥을 단장으로 하는 대통령 특사를 17개 자유우방국에 파견해 대한민국 정부 승인을 요청하도록 했다. 또 유엔의 승인을 얻기 위해 9월 프랑스 파리에서 열리는 제3차 유엔총회에 장면을 수석 대표로 하는 대표단을 파견했다. 한국의 독립 승인안은 12월 12일 유엔총회에 상정되어 48대 6(기권 1)으로 가결되었다.

유엔은 대한민국 정부가 "한국 국민의 대다수가 거주하는 지역에 대해 교화적인 지배와 관할권을 가진 합법 정부이며, 한국에서 '유엔임시위원단'이 감시한 지역 선거인의 자유의사의 정당한 표현에 의한 선거로 수립된 유일한 정부"임을 인정했다.[173] 이에 북한은 "남한은 미 제국주의자의 앞잡이들과 조선 민족 반역자들이 세운 반동정권"이라는 주장을 내세우면서 유엔총회의 결의안은 이러한 반동정권을 합법화하려는 시도라고 주장했다.[174]

태극기 대신 인공기를 채택한 북한

1948년 2월 6일에 열린 북조선인민회의 제4차 회의는 헌법제정위원회가 작성한 헌법 초안을 검토해 조선인민군의 창설을 결정했으며, 2월

8일 조선인민군의 창설을 발표했다. 4월 27일에 열린 북조선인민회의 특별회의에선 조선민주주의인민공화국 헌법 초안이 승인되었다(북한은 2월 8일이 조선인민군 창설일이지만, 매년 4월 25일에 성대한 창군 기념행사를 치른다. 이는 김일성의 항일 무장투쟁이 그가 20세 되던 해인 1932년 4월 25일에 시작되었기 때문이라고 한다. 북한은 1977년 2월 8일에 창군 29주년을 기념하고 1978년에 갑자기 창군 46주년을 주장하면서 4월 25일을 기념하기 시작했다).[175]

이 헌법에 따라, 태극기는 폐지되고 '인공기人共旗'가 쓰이게 되었으며, 애국가도 폐지되고 새 국가가 채택되었다. 태극기 폐지에 앞장선 사람은 김두봉이었는데, 그는 태극기의 태극 4괘가 『주역』의 음양 사상을 기초로 한 것임을 지적하면서, 음양 사상은 "반민주주의적인 지배 계급의 미신적 사상"이며, 태극기는 "이조 봉건 시대의 망여유물亡餘遺物"이라고 비판했다. 그러나 일제 치하에서 조선 민중이 보여준 태극기에 대한 지극한 사랑을 언급하면서 앞으로 태극기가 통일과 단결의 무기가 될 수 있다는 반론이 제기되자, 김두봉은 자신의 이름으로 『왜 태극기를 없애야 하는가』라는 작은 책을 다량으로 출판해 북한 전역에 뿌리기까지 했다.[176]

제1차 남북협상 이후, 북한은 해주에서 제2차 남북협상을 열 것을 제의했으나, 김구와 김규식은 이에 응하지 않았다. 그렇지만 북한은 6월 29일부터 7월 5일까지 제2차 남북지도자회의를 개최했다. 7월 10일 북조선인민회의 제5차 회의 둘째 날 회의에선 태극기 대신 인공기를 내걸었다(남로당은 1948년 10월부터 '인공기 게양 투쟁'을 벌이기 시작했다).[177] 자기들이 빠진 채로 알맹이 없는 남북지도자회의를 열지 않나, 이젠 태극기까지 거부하고 인공기까지 내걸었으니, 김구와 김규식의 마음이 편할 리 없었다. 7월 19일 김구와 김규식이 발표한 공동성명을 보자.

"최근 평양에서 소위 제2차 남북협상(남북지도자회의)을 행하였다 한다. 이것을 보는 우리는 괴이怪異치 아니할 수 없다. 그들은 일방적으로 결정한 헌법에 의하여 인민공화국을 선포하여 국기國旗까지 바꾸었다. 물론 시기와 지역과 수단 방법에 있어서 차이가 있을지언정, 반 조각 국토 위에 국가를 세우려는 의도는 일반一般인 것이다. 이로부터 남한 북한은 상호 경쟁적으로 국토를 분열하야 동족상잔同族相殘의 길로 나갈 것이다. 이제 우리는 진정한 애국동포들로부터 민주적 자주통일의 국가를 건립하려는 그 노정路程을 더욱 굳게 지키며 최후까지 노력할 것을 천하에 정중하게 밝힌다."[178]

조선민주주의인민공화국의 수립

북한에선 8월 25일 최고인민회의 선거가 실시되어 212명의 대의원이 선출되었다. 8월 21일부터 26일까지 해주에서는 이른바 '남조선인민대표자대회'라는 것이 열렸는데, 이 대회에서 360명의 대의원을 뽑아서 남북한을 합해 모두 572명의 대의원이 선출되었다. '남조선 인민대표자회의'의 주장에 따른다면, 남한 총유권자의 77.5%가 지하에서 실시된 투표에 참가해 대표자 1,800명을 뽑았다는 것인데 "남한에서 그러한 선거가 실시되었다고 믿는 사람은 아무도 없었다".[179]

물론 선거 비슷한 것이 없었던 건 아니다. 7월 15일부터 이른바 '연판장운동'이라는 것이 있기는 있었다. 엷은 미농지에 서명하고 날인하는 형식을 취했는데, 경찰에 발각될 것이 두려워 도장을 찍는 대신 지장을

김일성은 1948년 9월 9일 조선민주주의인민공화국의 수립을 선포하고, '국토의 완정'이 가장 큰 당면 과제라고 역설했다. 9월 3일 최고인민회의 제1차 회의 모습.

찍는 경우가 많았고 아무 이름이나 마구 적고 적당히 도장을 파서 찍는 경우도 있었다. 도토리나 감자로 도장을 파서 찍는 경우도 적지 않아 감자도장이니 도토리도장이니 하는 말이 한때 나돌았다.[180]

어찌되었건 이렇게 선출된 대의원들로 9월 3일에 최고인민회의 제1차 회의가 열려 '조선민주주의인민공화국'의 헌법을 최종 채택했다. 9월 9일 조선민주주의인민공화국의 수립이 선포되었으며, 김일성을 수상으로 하는 각료가 구성되었다. 김일성은 조선민주주의인민공화국의 영토가 한반도 전체임을 상기시키면서 '국토의 완정完整(완전히 갖춘다)'이 가장 큰 당면 과제라고 역설했다.[181]

이 '국토 완정론'에 따르면, 평양은 '혁명 수도' 또는 '임시 수도'이며 남한 공산화를 통해 서울을 수도로 삼을 때에 조선민주주의인민공화국은 자신의 영토를 완전히 갖추게 된다는 것이다. 대한민국도 대한민국의 영토가 한반도 전체임을 선언하고 무력을 통해 북한을 흡수하겠다는 흡수 통일론을 제시했는데, 남북 간의 갈등과 대결은 불가피한 것이었다.[182] 9월 10일 북한 최고인민회의는 미국과 소련에 한반도에서 각각 자신의 점령군을 철수할 것을 요구하는 결의안을 통과시켰다. 소련은 이 결의안을 지지하는 성명을 내고, 1948년 12월 24일까지 철군을 끝냈다.

서재필의 이승만에 대한 선전포고

남북한 양쪽에 별개의 정부가 들어선 상황에서 통일정부에 대한 기대를 걸고 귀국했던 서재필이 더는 머물러야 할 이유는 없었다. 서재필은 귀국 1년 2개월 만인 1948년 9월 11일 인천항을 떠났다. 그의 귀국과 귀국 이후의 활동은 이승만과 하지 사이에 벌어진 갈등의 한 에피소드에 불과한 것이었지만, 그 전말을 한 번 개괄적으로 훑어보는 것도 의미는 있을 것이다.

서재필은 『신민일보』 1948년 3월 14일자 인터뷰에서 '이승만에 대한 선전포고'라고 해도 좋을 정도로 이승만을 겨냥해 '극우적인 운동', '거짓말', '거짓 선전' 등과 같은 단어들을 구사하면서 격렬하게 비난했다.[183] 그런 감정적 언사를 걷어내고 보자면, 서재필의 메시지는 이런 것이었다. "미국은 민심의 수습과 정치적 통일을 위해 이 박사를 내세운 것입니다. 하지 중장도 그를 대단히 친절하게 접대하였고, 열렬한 성원을 보내주었습니다. 그러나 결과는 섭섭한 것이었습니다.…이 박사는 미국으로 건너가서 샌프란시스코에서 기자단을 향해 하지 중장은 조선에서 공산주의자를 도와주고 조선 독립을 방해하니까, 내가 그를 소환시키기 위해서 미국에 왔노라고 성명한 것입니다."

이 인터뷰에 대해 이승만 지지 단체는 일제히 비난 성명을 쏟아냈다. "우리 독립에 협조하러 온 줄 알았던 서재필 박사가 의외로 선거를 반대하는 반동분자의 도구가 되어서 최고 영도자인 이 박사를 중상하여 민중과 이간을 일삼는 것은 진실로 유감스러운 일이다. 미군정 관리로서 이러한 말을 하는 것은 결국 군정을 연장할 기도가 아닌지 의심하지 않을 수 없다."[184]

브루스 커밍스Bruce Cumings는 하지가 서재필을 대통령 선거에 출마시키기 위해 미국에서 귀환하도록 한 것이 "지금도 여전히 믿기 힘든 일"인 듯하다고 논평했지만,[185] 서재필의 이와 같은 공격성은 서재필 자신도 적어도 이때까지는 대통령직에 대한 도전 의사가 있었던 듯하다.

1948년 4월 10일 서재필은 김구와 김규식의 방북과 관련된 기자의 질문을 받고 남북협상의 전망에 대해 이렇게 말했다. "그 정신은 극히 좋다. 남북협상이 잘 되어서 통일되기를 바란다. 통일만 된다면 나도 따라 가겠다. 이에 대한 사전의 기우는 불가하다."[186]

갑신정변 때나 지금이나 똑같다

서재필의 그런 일련의 발언들이 중도파에 강한 인상을 심어주었던 걸까? 제헌의회 원 구성이 끝나고 대통령 선거가 임박했을 때, 반反이승만 세력을 중심으로 서재필 대통령 추대 운동이 본격화되었다. 5월 25일 최능진, 백인제, 주요한 등 서북 출신 흥사단 계열의 인사들은 각계 인사 2,000여 명이 서명한 간원문懇願文을 작성해 서재필에게 미국 국적을 포기하고 한국 국적을 회복해 대통령에 출마해줄 것을 청원했다. 훗날 제15대 대통령에 취임하는 24세 젊은 정치인 김대중도 간원문에 이름을 올렸다.[187]

6월 10일 60여 명의 국회의원이 참가해 무소속구락부를 결성하는데, 이들 중 일부는 서재필을 대통령으로 옹립하는 데 가담하고, 서재필이 고국에 남으라는 국회 결의의 통과를 주도하기도 했다.[188] 6월 29일엔 '서 박사 추대 연합준비위원회'까지 만들어졌다. 그러나 대세의 흐름을 감지한 서재필은 대통령 선거를 약 2주일 앞둔 7월 7일 자기는 미국 시민권을 계속 유지하겠노라며 대통령 불출마를 선언하는 성명을 발표했다.

"나는 조선 각지로부터 나에게 조선 대통령 입후보를 요청하는 동시에 내가 출마하는 경우 나를 지지하겠다는 허다한 서신을 받았다. 나는 그들의 후의에 깊이 감사하는 한편 과거에 있어 그 관직에 입후보한 일이 없으며 지금도 그리고 장래에도 그리하지 않을 것이라는 뜻을 그들에게 전달해야 할 것이다. 나는 미국 시민이며 또한 미국 시민으로서 머물 생각이다."[189]

7월 20일에 치러진 대통령 선거에서 그는 1표를 얻었지만, 이는 그의 국적 문제로 무효 처리되었다. 서재필은 미국으로 떠나기 수일 전 기자 김을한에게 다음과 같은 말을 남겼다. "우리 한국 사람은 단결할 줄을 모르고 당파 싸움만 하다가 일을 그르치는 수가 많은데, 갑신정변 때나 지금이나 그 점만은 똑같으니 한심한 일이오."[190]

서재필은 미국으로 떠나는 날엔 이런 메시지를 남겼다. "인민들은 정부에 맹종盲從만 하지 말 것이며 정부는 인민의 종복從僕이요, 인민이 곧 주인이라는 사실을 망각해서는 안 된다."[191] 서재필은 인천항을 떠난 지 약 2년 4개월 후인 1951년 1월 5일 87세의 나이로 사망했다.

서재필의 마지막 메시지는 백번 옳은 말이었지만, 한국의 현실과는 너무 동떨어진 말이었다. 그가 1년 2개월 전 인천항에 도착하면서 했던 말처럼, 당시 한국인들은 비누 한 장도 만들 줄 모르는 수준이었기 때문에 결국 분단으로 나아가게 된 건 아닌지 모를 일이었다.

서재필을 한국으로 불러들인 하지는 어떻게 되었는가? 1948년 8월 24일 밤 이젠 대한민국 대통령이 된 이승만은 육군 제5군단장이라는 새로운 직책을 맡기 위해 본국으로 떠나는 하지를 위해 베푼 환송연에 참석했다. 의례적인 덕담을 나눈 이 환송연이 두 사람의 마지막 만남이 되었다. 하지는 사흘 후인 8월 27일 한국을 떠났는데, 이에 대해 차상철은 "이승만과 하지의 '견원犬猿의 동반자' 관계도 마침내 청산되었다"며 다음과 같이 말했다.

"그날 이후 하지가 세상을 떠날 때까지 15년 동안 두 사람은 한 번도 만남의 기회를 갖지 못했다. 군정 3년 동안 이승만과 하지가 서로 가슴속에 품고 있었던 앙금의 골은 인간적인 화해를 시도하기에는 너무나 깊었는지도 모른다. 귀국 후 하지는 야전군 사령관을 거쳐 1953년에 대장 계급으로 예편했고, 1963년에 노환으로 사망했다."[192]

| 역사 산책 6 | # '사바사바'와 통역관의 폐해 |

　　해방 직후 뇌물이나 매수 등을 뜻하는 속어인 '사바사바'라는 말이 생겨났는데,[193] 이 당시 나온 소설들은 바로 그런 '사바사바 정치'를 많이 다루고 있다. 대표적인 작품이 1946년에 발표된 채만식의 「미스터 방」일 것이다. 이 소설의 의미에 대해 이재선은 이렇게 말한다.

　　"머슴이요 구두 직공인 떠돌이 방삼복은 해방이 되자 일본-상해-서울 등 동양 삼국을 떠돌다 얻어들은 영어 지식으로 일약 미군의 통역관이 되어 호화로운 적산 저택에 살게 된다. 그의 이런 벼락출세는 영어 몇 마디로 성취된 것이다.……이런 방삼복의 영어 실력은 경회루를 설명하는 대목에서 '킹 듀링크 와인 앤드 땐스 앤드 씽 위드 땐서king drink wine and dance and sing with dancer'라고 설명하는 정도의 실력이다.……과장을 통한 시대상의 풍자에 초점을 둔 이 작품은 영어의 위력이 곧 출세와 영달로 통하는 이 시대의 사회적 징후를 반영하고 있을 뿐만 아니라,

군정통치의 무분별성과 무원칙성을 시사하는 의미도 함께 지닌다."[194]

나중에 해방정국을 다룬 소설들에서도 통역관은 빠지지 않고 등장한다. 박완서의 『지렁이 울음소리』도 해방 이후 혼란한 사회상을 묘사하면서 '사바사바 정치'의 폐해를 꼬집고 있다.

"좌우 대립으로 정계가 불안한 틈에 모리배와 정상배가 미군정을 둘러싸고 혀 꼬부라진 영어를 씨부렁대며 사욕을 채우고, 친일파가 한층 극성맞고 탐스럽게 애국과 민주주의를 노래 부르고, 또 부를 때였다."[195]

통역관의 폐해는 대한민국 정부 수립 직전까지도 여전했다. 『조선일보』 1948년 8월 12일자에 실린 「악질 통역: 건국을 좀먹는 악의 군상」이라는 기사는 "밤이 되면 이 집 저 집으로 찝차를 몰고 돌아다니며 뚜쟁이 노릇하기에 분주하여 양쪽에서 몇 푼 안 되는 푼돈이나 얻어 먹는 추잡한 통역으로부터 호가호세狐假虎勢하여 진주군의 권한을 최대한대로 악용하고 사복을 채우는 통역에 이르기까지" 다양한 비리 유형을 소개했다.

"김광수=야간질주하는 찝차 중의 여인을 발견하고 일단 미군기관으로 인치하였다가 다시 미군 모 기관으로 데리고 가노라고 자동차로 나서자 시외 산속으로 끌고 들어가서 욕을 뵈다가 피검. 송재승=과부만 찾아다니며 세 명의 과부와 사기 결혼을 하고 수십만 원의 금품을 편취하는 악행을 계속하다가 형무소에 수감되자 배후를 동원시켜 사법 당국도 모르게 미인 고문관 싸인으로 슬쩍 출감하고 사법계에 일대 충동을 일으킨 철면피."[196]

제8장 반민족행위처벌법 공포

'친일파 처단'을 둘러싼 뜨거운 갈등

해방 후부터 계속 제기되어온 친일파 처단 문제는 1948년 8월 5일 제헌국회 제40차 본회의에서 의원 김웅진의 발의로 다시 본격 논의되기 시작했다. '반민족행위처벌법' 제정을 둘러싸고 공방이 치열하던 8월 26일 국회의원의 숙소와 시내 각처에는 다음과 같은 내용의 삐라가 살포되었다.

"대통령은 민족의 신성神聖이다. 절대로 순응하라. 민족을 분열하는 반족안反族案을 철회하라. 민족 처단을 주장하는 놈은 공산당의 주구走狗다. 인민은 여기에 속지 말고 가면 쓴 의원을 타도하라. 민의를 이반하는 의원은 자멸이다. 한인은 지금 뭉쳐야 한다."[197]

이 삐라는 '공산주의자=반민족 세력'이고, '반공 세력=민족 세력'이라는 반공 이데올로기를 악용해 친일파 숙청 문제를 이념 대립으로 몰고가려는 의도였다. 8월 27일엔 2명의 방청객이 국회의사당 안에서 "국회에서 친일파를 엄단하라고 주장하는 자들은 빨갱이다"는 삐라를 살포했다. 이런 반발 움직임을 가리켜『독립신보』8월 27일자는 "친일파들이 발악"한다고 평했다.[198]

친일파 처단을 둘러싼 갈등은 대한민국 정부 수립과 함께 예고된 것이었다. 그간 친일파가 활개치는 것에 대해선 미군정 탓으로 돌릴 수 있었지만, 이제 조선인의 정부를 갖게 된 이상 그 어떤 변화가 있으리리고 기대하는 건 당연한 일이었다. 특히 친일파의 아성이라 할 경찰이 가장 큰 문제로 대두되었다. 이는 정부 수립 후에도 달라지지 않았으며, 오히려 더 활개치는 듯한 모습까지 보여주었다.

김원일의『불의 제전』에 묘사된 친일 경찰

소설가 김원일은『불의 제전 1』에서 그런 모습을 잘 묘사했다. 김원일은 "일제 말기, 노기태는 고향 경북 영천에서 순사 보조원으로 일 년 동안 일한 적이 있었다. 그는 지하 독립 운동꾼, 강제 징병자, 정신대원을 색출하여 공을 세우느라 법석을 떨었다. 해방이 되자 투옥되었던 독립 운동원, 징병 피해 숨었던 자들이 속속 고향으로 돌아왔다. 그는 보복이 두려워 그 바닥에 죽치고 있을 수 없었다. 서울로 도망쳐 서울역을 무대로 일 년 반을 건달 노릇과 막노동으로 숨어 살았다. 그러다 한광조 주임을 남대문목에서 우연히 만났다. 한광조는 일제 말기 창씨개명까지 하고 경주경찰서 고등계 형사로 근무한 적이 있었고, 노기태는 그의 영천 출장길에 더러 만나 술대접을 하기도 했다"며 다음과 같이 말했다.

"'이 사람아, 세월이 두 번째 바뀐 줄 아직 모르누만. 이제는 우리가 왜놈 앞잡이며 좌익을 잡아들이는 끗발 좋은 호시절을 다시 만났단 말야. 우리가 일정 때 그 방면에 유경험자다 보니 다들 복직이 됐지. 계급도 껑충 뛰고. 골수 좌익들 중엔 우리가 예전에 취조했던 불령선인 놈들이 많아. 일정 때 좌익 사상에 물든 놈들이 독립운동에도 극렬했잖아.' 중국 음식점 이층방에서 배갈을 시켜놓고 한광조가 말했다. 정부가 들어서고 경찰 치안 업무가 본격화되자 일본이라면 골수에 맺힌 원수로 여겼던 이승만 대통령도 자신의 정권 안정을 위해 일정 시대 수사 경험자를 다시 쓰지 않을 수 없었다는 설명 끝에, 한광조는 자기 명함을 노기태에게 주었다. 명함에는 경남 도경 정보과란 한자가 박혀 있었다. 한광조는 출장차 서울로 올라온 길이었다."[199]

친일파에 대한 이승만의 생각

친일 경찰 문제에 대해 이승만은 로버트 올리버에게 보낸 9월 1일자 편지에서 경찰은 미군정에서 물려받은 것이라며 이렇게 말했다.

"경찰 책임자들은 자기들의 견해를 밝히기에 이르렀는데, 자기들이 질서를 유지하여 왔는데, 이제 와서 파직되게 되었다는 것이오. 요약해 본다면 남녀를 불문하고 친일분자가 아니었다 말할 수 있는 사람이 하나도 없다는 것이오. 김성수와 한민당의 모든 다른 지도자들도 일인들과 함께 일하여 돈을 벌었소. 하지 장군 환송연에서 김활란은 국회의원들에게 친일파를 신중히 다루어 달라고 말했소. 왜냐하면 그 사람들은 모두가 다 협력할 수밖에 없었다는 것이오. 그 사람과 임영신도 자기들 학교

를 지키기 위해 어쩔 수 없이 협력했던 것이오."²⁰⁰

이승만의 9월 10일자 편지는 정치인들에 대한 분노까지 드러내고 있다.

"3년간 외국인 치하에 있던 한인들은 나라 전체를 망하게 만들 권력욕을 발전시켜 놓았소. 서울 정치인들은 귀하가 상상할 수 있는 가장 심한 악당들이오. 부통령은 (친일파들을 검거하기 위해 설치한) '수사' 본부의 지휘권을 요구하였는데 나는 그와 그를 지지하는 집단과의 대립을 피하기 위해 양보하였소. 신익희가 오직 유능한 정치지도자이오. 그는 매사를 해낼 수 있으나 당이나 어느 누구보다도 자기 자신을 위해 일할 뿐이오. 그에게 국민회의 책임을 맡겼더니, 그는 전적으로 자기 자신의 명성을 확립하는 데 이용하였고, 국민은 결국 여기에 분노하였소. 그는 소수의 추종 세력을 가지고 있소. 그러나 청신호가 떨어진다면 어느 누구보다도 그가 대통령이 될 수 있을 것이오. 여러 가지 보고에 현혹되지 마시오. 지방민들이 내 뒤에 있는 한 모든 것이 잘 되어가리라 믿소."²⁰¹

친일파 비판 의원은 공산당 프락치

그러나 친일파 처단을 간절히 바라는 민심을 외면할 수는 없었기에, 우여곡절 끝에 1948년 9월 22일 '반민족행위처벌법(반민법)'이 제정되었다. 법무장관 이인은 정부 보유미를 확보하기 위해 반강제적으로 양곡수매를 할 수 있는 양곡수매법안의 국회 통과를 위해 반민법을 비토하지 않고 공포했다고 말했지만, 반민법을 반대할 명분이 있을 리 없었다.²⁰² 명분에 밀려 반민법을 공포하긴 했지만, 이승만 정권은 반민법에

1948년 9월, 반민족행위처벌법이 공포되어 위원회가 구성되었지만, 경찰을 중심으로 한 친일 세력의 방해로 활동이 중단된다. 반민특위에 끌려가는 친일 부역자들.

대해 대단히 적대적인 태도를 보이기 시작했다.

이승만이 반민법을 공포한 9월 23일 서울운동장에선 내무부 주관으로 '반공구국 총궐기 및 정권이양 축하 국민대회'가 열렸다. 형식적으론 반공대회였지만 사실은 반민법 반대 국민대회였으며, 군중의 상당수는 강제로 동원되었다. 경찰은 집집마다 찾아다니면서 "오늘은 국기를 꽂아라. 오늘 서울운동장에 나오지 않으면 빨갱이다, 양곡 배급통장을 뺏는다"는 협박을 했다.[203]

이 국민대회는 "동족 간의 화기를 손상케 하는 반민법을 시정하는 동시에 공산 매국분자를 소탕할 조문의 삽입을 요청하기로 결의"했다. 대회장 곳곳에는 다음과 같은 내용의 삐라가 뿌려졌다. "국회에서 통과한 반민법은 반장이나 통장까지 잡아넣을 수 있도록 되어 있어 이것은 온 국민을 그물로 옭아매는 망민법이다." "이런 민족 분열의 법률을 만든 것은 국회 안에 있는 공산당 프락치의 소행이다." "국회 내의 김일성 앞잡이를 숙청해야 한다."[204]

그런 성격의 대회였지만, 대회장에서는 이승만의 축사가 낭독되었고, 국무총리 이범석은 직접 참석해 격려사를 했다. 내무부 장관 윤치영은 다음 날 "해방 이후 처음 보는 애국적 대회"라고 극구 찬양하는 방송까지 했다. 이 대회를 준비한 『대한일보』(이전의 『대등신문』이 제호를 바꾼 것이다) 사장 이종형은 『대한일보』를 통해 10여 일 전부터 반민법을 비난해왔다. 그는 대회장에서도 반민법 반대를 외치며 "민족 분열의 법률을 만든 것은 국회 안에 있는 공산당 프락치의 소행"이라고 주장했다.[205]

반민법에 근거해 국회 내에 '반민족행위자특별조사위원회(반민특위)'가 구성되었다. 반민특위는 그해 10월 23일 각 시·도 출신 국회의원들이 추천한 임기 2년의 위원 10명을 선출하고, 위원장에 경상북도 대표인 김상덕을, 부위원장에 서울 대표 김상돈을 뽑았다. 반민법 제정이 '국회 안에 있는 공산당 프락치의 소행'이라는 주장은 8개월 후에 터질 '국회 프락치 사건'을 내다본 무서운 예견력이었을까? 아니면 이미 이때부터 그 사건을 조작해내기 위한 음모가 꾸며지고 있었던 것이었을까?

역사 산책 7	스웨덴에 0대 12로 패한 한국 축구

　한국은 최초로 태극기를 달고 런던올림픽에 참가했는데, 참가한 52명의 선수 중 31명이 30대 노장이었다. 부산을 출발해 런던에 도착하기까지 20일이 걸렸다. 한국은 58개국 가운데 24위를 차지했지만, 일본이 패전국으로 불참한 가운데 한국은 동양 참가국 중에선 1위였다. 김성집이 역도 라이트급, 한수안이 권투 플라이급에서 각각 동메달을 따낸 덕분이었다. 전봉관은 "'세계 제패'를 꿈꾸던 한국인들의 기대에는 미치지 못했지만, 올림픽 첫 출전치고는 나쁘지 않은 성적을 얻었다"며 "숨은 영웅들의 헌신과 희생이 없었다면, 대한민국이 출범하기도 전 런던 하늘에 태극기가 휘날리는 감격은 없었을 것이다"고 했다.[206]

　축구팀은 올림픽 출전을 불과 2개월여 앞두고 대표팀을 구성한 데다 선수 선발에 따른 내분으로 축구협회장이 사퇴하는 등 대회 출전마저 불투명한 상황에서 연습할 겨를이 없었다. 선수의 나이도 16명 중 11명이 30대였다. 한국팀은 8월 2일 멕시코와의 1차전에서는 5대 3으로 승리했지만, 이어 8월 5일 스웨덴과의 8강전 경기에서 0대 12로 패배하는 수모를 당하고 말았다. 실력 차가 워낙 컸지만, 멕시코전에서 너무 힘을 뺀 탓이었다.[207]

당시 축구공은 오늘날과 같은 방수공이 아니라 가죽공이라서 비가 오면 무게가 늘어 골키퍼가 막으면 거대한 흙덩이가 와서 안기는 것 같았다. 골키퍼였던 홍덕영은 "비가 내려 가죽으로 만든 공이 물에 젖어 무거운 데다 스웨덴 선수들의 슈팅이 어찌나 강한지 가슴이 뚫리는 것 같았다"며 "48개의 슈팅 중 36개를 막아냈다"고 회고했다.[208]

"거대한 체구의 스웨덴 공격수가 힘껏 날린 슛을 막고 나면 내 가슴이 텅텅 울렸어요. 날아오는 슛을 받아 길게 보내고 난 뒤 골문 앞으로 다시 되돌아와 몸을 돌리면 상대의 공은 벌써 페널티 에어리어에 와 있었지요.……볼보이가 공을 주워 되돌아오는 시간이 우리 선수에게 공을 주고 되돌아오는 시간보다 길었기 때문이지요. 오늘날처럼 여유 공 없이 하나의 공으로 경기가 진행된 게 그나마 다행이었어요."[209]

홍덕영은 9점을 잃을 때까지 세다가 그 뒤로는 그것도 그만두고, 나중에 숙소에 돌아와 동료들에게 점수를 물었더니 0대 11, 0대 10 등 대답도 각양각색이었다. 다음 날 신문을 보고서야 그날 경기 스코어가 0대 12였다는 걸 알았다. 이 대회에선 스웨덴이 우승을 차지했다.

런던올림픽 충격은 국내에서도 일어났으니, 그건 바로 대학생 대표급 선수들의 월북 사건이었다. 대한축구협회 평의원 겸 감사인 현효섭이 런던올림픽 대표선수 선발에서 탈락한 선수들을 선동해 1948년 9월 10명을 데리고 월북한 사건이었다.[210]

이승만을 총재로 모신 대한청년단

130만 명의 단원을 거느린 족청

조선민족청년단(족청)은 1946년 10월 창설 당시 300명에 불과했으나, 1년 뒤엔 1947년 11월에는 30만 명으로 늘어났다. 1947년 4월 한국광복군의 총사령관이던 지청천이 귀국해 대동청년단을 결성하면서 족청에 대해서도 합류를 요청했지만, 이범석은 합류를 거부하고 대동청년단과 경쟁 관계에 들어갔다. 족청은 계속 우위를 유지하면서, 1948년 6월에는 87만 명, 8월에는 115만 명, 가을에는 130만 명으로 급팽창했다. 단원 수는 과장된 것이었겠지만, 족청이 전국 각지에 훈련을 받은 많은 당원을 가지고 있는 가장 강력한 우익 청년단체임이 틀림없었다.[211]

장준하도 족청에 잠시 몸을 담았는데, 그가 족청을 떠난 이유에 대해 박경수는 이렇게 말했다. "(김구의) 경교장을 나온 장준하는 30세가 되는 1947년에 민족청년단의 교무처장직을 맡는다. 그러나 이 또한 오래 가지는 못한다. 족청에 발을 들여놓고 보니 단장 이범석은 지난날 광복군의 서안 지대장 이범석 장군이 아닌 것 같았다. 어느 사이엔가 그에게서도 한 정파의 영수 냄새가 나기 시작하고 언행에서는 자꾸 계략과 술수가 비쳐 나오는 것만 같았다. 그런가 하면 족청도 다른 정당 단체나 다를 게 없이 급격한 세력 키우기가 눈에 보이면서 마침내 거기 모여드는 구성원에 온갖 시정잡배들이 옥석을 가릴 수 없게 뒤섞여가고 있었다."[212]

제헌 국회의원 선거에선 6명이 족청을 표방해 당선되었으며, 나중엔 원내교섭단체를 구성할 정도로 세력이 커졌다. 5월 10일 선거에서 이범석과 조봉암 사이의 갈등과 관련된 한 에피소드는 족청의 성격을 시사해준다. 선거에서 강원명이 조봉암을 돕기로 하고 이범석을 찾아가자, 이범석은 "조봉암은 공산당이야. 족청이 도와줘서는 안 돼"라고 말했다. 이범석의 국무총리 인준시 무소속 의원들이 협조를 부탁하자, 조봉암은 "그 사람은 파시스트야, 위험한 군국주의자지"라고 냉담한 반응을 보였다고 한다.[213]

대한청년단의 발족

우익 청년단체들 간의 암투가 치열해지고 다른 청년단체들도 계속 우후죽순처럼 생겨나자 이승만은 청년단체들의 통합을 지시했다. 날이 갈수록 세가 커지는 족청에 대해 견제할 필요도 있었다. 그 지시의 결과 탄생한 것이 이승만을 총재로 삼아 준국가기구의 성격을 가진 대한청년단이었다. 단장은 신성모였으며, 대한청년단에 가세한 대한민주청년연맹의 몫으로 김두한은 감찰국장 겸 건설국장을 맡았다.[214]

1948년 10월 4일에 설립된 대한청년단은 10개 도지부, 9개 서울 구지부, 17개 지방지부, 180개 시지부, 4,230개의 군·읍지부로 구성되었다. 두 달여 간의 정지작업을 거친 후인 1948년 12월 21일 300만 명에 달하는 거대 조직으로 우뚝 선 대한청년단은 이승만의 정치적 도구로 활용되었다. 대한청년단은 소속 청년단원을 훈련시켜 예비역 장교로 임명해 정규 군조직과 청년단 조직이라는 이원 체제로 운영했다.[215]

　안호상은 대한청년단이 "족청을 무력화시키기 위해 만들어진 것"이었기 때문에 조직의 상층부는 모두 대동청년단 출신이 맡았으며, 이들은 "주로 머리 대신 주먹을 쓰는 사람들이었다"고 말한다. 족청은 이범석의 고향인 충청도와 전남·경남 출신이 많은 반면 대동청년단은 북한에서 내려온 사람들이 많아 지역적인 갈등도 없지 않았다.[216]

　족청은 대한청년단과의 합류 과정에서 이승만의 노여움을 샀다. 이승만의 명령에 단계적인 합류안을 내놓는 등 저항한 것이다. 이에 이승만은 1949년 1월 5일 담화문까지 내면서 족청의 해체를 공식 촉구했으며, 1월 15일엔 족청의 완전 해산령을 내리는 특별 담화문까지 발표했다. 이제 족청이 저항하긴 어려웠다. 1949년 2월 족청이 해산되자, 이범석은 국방장관에서 해임되었다.[217]

대동청년단의 건재

　대한청년단으로 통합 이후에도 일부 우익 청년단체들은 독자적인 활동을 계속했다. 예컨대, 경남 거창에서 대동청년단의 활동에 대해 주민 임주섭의 증언을 들어보자.

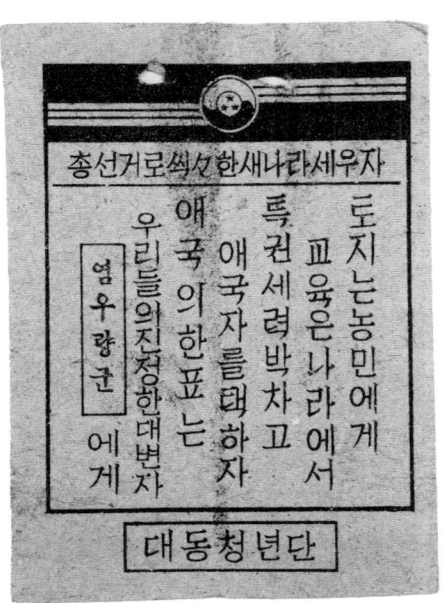

대동청년단은 사람들에게 무자비한 테러를 가하거나 5월 총선거에서도 큰 활약을 했다. 대동청년단의 총선거 독려 전단. (대한민국역사박물관 소장)

"당시에 빨갱이의 태반이 만들어진 것이나 마찬가지지. 더구나 그런 일이라면 대동청년단 사람들이 발벗고 나선 것이었으니까. 그래 빨갱이를 잡는 게 아니라 대동청년단 애들이 평상시에 봐두었던 사람들에게 분풀이를 하는 식이었지. 결국 대동청년단 사람들한테 잘못 보이면 빨갱이로 몰리기가 예사였지."[218]

대동청년단은 1950년 5·30 선거시에도 맹활약을 하게 된다. 김선의 증언이다. "나는 1950년 2대 국회의원 나가니까 다 새롭지. 제일 와서 가깝게 보는 사람들이 대동청년단인가 무슨 청년단체인데 그저 돈이야. 그저 돈 달래요. 어디 가서 무슨 봉변을 당할지 몰라. 그래서 돈 달라면 돈 줘. 식당에 가서 밥 먹으면 돈 내줘요."[219]

고은의 「어떤 대동청년단」이라는 시는 대동청년단의 활약상을 이렇게 묘사했다.

"무서웠다/그들 일당이 나타나면/마을 하나/쑥대밭/닭을 잡아갔다/돼지도 잡아갔다/쌀독도 퍼내었다/빨갱이를 잡는다면/모든 무법이 법이었다/처녀도/무엇도 겁탈했다/면사무소 사무도 좌우했다/면장은 허수아비/대동청년단과 지서 순경이 모든 것을 좌지우지/북한 출신 서북청년단은/주로 사람을 죽이고/남한 출신 대동청년단은 주로 약탈을 한다/이런 반공으로 한 정권이 길어져갔다/아 그들 후손의 시대 어서 오라."[220]

국가 운영의 이원 구조

그레고리 핸더슨Gregory Henderson은 우익 청년단체들이 "모집한 강제적 내지 '자발적' 기부금은 1949년 국가 세입의 거의 절반에 달했다"고 지적하면서 그 의미에 대해 이렇게 말했다.

"그들 청년단체들은 좀더 발달한 정치조직이나 충성심의 결여를 보충했을 뿐 아니라, 한국 정치의 거의 절반이라고 할 수 있는 지하 활동적 성격을 조장했다는 것이 특히 중요한 점이며, 그 결과 한국 정치는 공식적 조직과 비공식적 조직으로 분리되어 거의 이중 국가적 작동을 하게 되었다."[221]

김정원도 "이승만은 자기를 지원해주던 한민당 소속 지주계급들의 정치자금원이 떨어져 나간 후 주로 청년단체와 경찰이 국민들로부터 거둬들인 돈을 정치자금으로 사용했었다"고 주장한다.[222] 김정원은 이승만의 우익 청년단체 활용은 이승만이 군을 완전히 장악하지 못했던 것과도 관련이 있다고 말한다. 우익 청년단체 단원들을 대거 군과 경찰에 투입시킨 것도 바로 그런 이유 때문이라는 것이다. 그와 더불어 이승만은 군 장악을 위해 군 내부에 파벌을 조성하고 부패를 묵인했으며, 나중엔 대통령 직속기관으로 미군방첩대CIC라는 군 수사기관을 설치해 고위 장교들의 비행을 일일이 체크해 그걸 그들의 절대적 충성을 이끌어내는 데에 이용했다는 것이다(김정원은 여기서 한 걸음 더 나아가 이런 주장까지 내놓는다. "군부는 이승만에게 새로운 조직적 기반을 제공함과 동시에 새로운 정치자금원이 되기도 했다. 이승만이 고위 장성들의 부패행위를 묵과한 것은 그들 장성들이 원조 물자를 팔아서 축재한 돈의 일부를 이승만의 정치자금으로 제공하였기 때문이었다").[223]

서북청년단원들은 이미 1947년부터 군에 많이 들어갔다. 류상영은 "서북청년단의 좌우 투쟁은 군 내부로도 확대되었는데, 이것 역시 당시 국방경비대 내에 있는 좌익 세력에 대항하기 위한 것이었다. 유동열 통위부장, 조병옥 경무부장, 선우기성 위원장 사이에 합의가 있게 되고 서청 내부로서도 대동청년단으로의 합류파와 재건파 사이에 분열이 있게 되면서 제3의 진로로 군을 선택한 서청원이 많았다"며 다음과 같이 말했다.

"예컨대 1947년 10월 23일에 경비사관학교에 입교한 5기생 가운데 서북 출신이 무려 3분의 2를 차지했고, 이들 380여 명은 6개월 교육을 마치고 1948년 4월 6일 육군 소위로 임관된 후 각 연대에 배치되게 되었다. 5기생 서북 출신자 모두가 서청 회원은 아니었으나 이들은 모두 군 내부의 좌우 투쟁에 중요한 역할을 하고 그 이후로도 계속 충원되어 한국 군부의 하나의 맥을 형성하게 되었다."[224]

　　대한청년단장 신성모는 대한청년단을 주축으로 1949년 11월 초 청년방위대를 창설하는데, 11월 15일 육군본부 교도국을 청년방위국으로 개칭하고 청년방위대의 지도감독 업무를 수행하게 했다.[225] 6·25 전쟁 중에 터진 이른바 국민방위군 사건은 국민방위군 부대의 운영을 대한청년단과 청년방위대에 맡겼기 때문에 저질러진 것이었다. 이승만을 매우 긍정적으로 평가하는 유영익조차 이 사건을 "9만 명가량의 군인이 동사, 아사, 병사한 천인공노할 사건"으로 평가했다.[226]

여순사건의 비극

"동족상잔의 제주도 출동을 반대한다"

1948년 10월 15일 여수 신월리에 주둔하고 있던 제14연대는 육군 사령부에서 19일 오후 6시를 기해 1개 대대를 제주도로 출동시키라는 명령을 받았다. 이 명령은 제14연대 내의 사병들을 갈등 속으로 몰아넣었다. 특히 중위 김지회와 상사 지창수 등 남로당 전남도당 소속의 군인들은 월북越北이냐, 제주로 가는 길에 선상船上 반란이냐, 아니면 여수에서 봉기냐 하는 세 가지 방안을 놓고 고민했다. 결국 이들의 선택은 여수에서 봉기였다. 이들은 "우리는 동족상잔의 제주도 출동을 반대한다"는 주장을 비롯해 남로당의 평소 선전 구호들을 외치면서 다른 군인들을 선동하고 제주 사태의 '진압군'으로 가는 대신 여수에서 '반란군'으로 돌변하게 되었다.[227]

10월 19일 제14연대의 일부 군인들은 무장반란을 일으켰는데, 반란군의 기세는 파죽지세였다. 반란을 일으킨 지 불과 4시간 만에 여수 시내의 경찰서와 파출소, 시청, 군청 등 치안 기관과 행정 기관을 장악했으며, 우익계 인사와 경찰관을 살상했다. 여수경찰서장과 사찰계 직원 10명, 한민당 여수지부장, 대동청년단 여수지구위원장, 경찰서 후원회장 등을 포함해 우익계 인사와 그 가족 수십 명이 처형당했다.[228]

여수를 완전히 손아귀에 넣은 반란군 2,000명은 순천으로 이동해 중위 홍순석이 지휘하는 제14연대 2개 중대 병력과 힘을 합쳐 오후에는 순천까지 수중에 넣는 데 성공했다. 반란군은 다음 날인 21일에는 인근 벌교, 보성, 고흥, 광양, 구례를 거쳐 22일에는 곡성까지 점령했다.

10월 20일 약 3만여 명의 여수 시민이 참석한 가운데 인민대회가 열렸고, 인민의용군과 인민위원회를 조직했다. 반란군은 "우리들은 조선 인민의 아들이고 노동자, 농민의 아들이다. 우리들은 제주도의 애국 인민들을 무차별로 학살하기 위하여 우리들을 제주도에 출동시키려는 명령에 대해서 거부하고 조선 인민의 권리를 보고하기 위하여 총궐기했다"는 내용의 성명서를 발표했다.[229] 그리고 나서 이들은 인민위원회의 여수 행정기구 접수, 반동적 이승만 종속정권 타도 투쟁, 이승만 정권의 모든 법령 무효 선포, 친일파 경찰과 민족반역자 처벌, 무상몰수 무상분배의 토지개혁 실시 등의 내용이 담긴 삐라를 살포했다.[230]

경찰과 경비대는 견원지간

여순사건의 배경에는 좌익 군인들이 '숙군肅軍 작업'에 불안감을 느끼고 있었다는 점과 아울러 경찰과 경비대가 평소 견원지간犬猿之間이었다는 점도 자리하고 있었다. 제14연대 군인들은 한 달 전인 9월 14일에도 구례에서 경찰과 충돌한 적이 있었다. 당시 여수군청 직원이었던 김계유는 "우리는 흔히 식민지 경찰 운운하면서 일제 경찰을 욕했지만 그래도 일제 경찰은 법에 걸려야 단속을 했고 무고한 양민을 건드리지는 않았다. 미군정을 거쳐 대한민국 정부 수립 이후 이승만 정권 치하에서의 우리 민주경찰(?)은 일제 경찰을 뺨칠 정도로 강퍅했다"며 다음과 같이 말했다.

"국민 생활의 모든 면에 걸쳐서 간섭하지 않는 것이 없었고, 걸핏하면 생사람을 좌익으로 몰아 때려잡는 바람에 '관제 공산당'이라는 새 용어가 생겨났고, 사람들은 그게 무서워 무조건 쩔쩔 댔다. 그래서 젊은이들은 흔히 좌익 운동을 하다가 경찰에 쫓기게 되면 국방경비대에 들어가는 것이 상식처럼 돼 있었고, 일반 청년들도 경찰에 억울하게 당하고 나면 그들을 한번 봐주기 위해 일부러 국방경비대에 입대하는 사람들이 많았다. 국방경비대와 경찰은 마치 견원지간처럼 으르렁거렸다. 그들은 서로 만나기만 하면 충돌하기 마련이었고 그게 커지면 총격전까지 벌이는 일이 더러 있었다."[231]

미군정의 차별 대우도 갈등을 키우는 데 일조했다. 미군정은 경찰에는 창설 때부터 새 제복과 미제 카빈 소총을 지급한 반면 국방경비대에는 일본 군복과 일제 소총을 지급했다. 장택상 등 일부 권위주의적인 경찰 간부들이 경비대를 경시하고 경찰관들도 경비대를 경찰예비대로 간주해 깔본 것도 갈등을 키웠다.[232]

국경경비대와 경찰 사이에 빚어진 충돌은 전남에서만도 이미 여러 건 있었다. 1947년 6월 3일 광주 제4연대가 영암경찰서를 습격했던 사건이나 1948년 10월 광주 제4연대 일부 병사들이 순천경찰서를 습격했던 일도 바로 그런 경우였다(광주에서 군경 충돌이 일어났을 때, 군인이 맞고 들어온 것이 계기가 되어 사병들에게 태권도가 보급되었다).[233] 제14연대도 늘 그런 조짐을 보여왔다.

"1948년 5월 4일 신월리에 14연대가 창설되었을 때도 그랬다. 그들은 술집이나 다방 같은 데서 만나도 크고 작은 시비가 늘 붙었고 심지어는 길을 가다가도 만나기만 하면 태도가 불손하다느니 왜 째려보느냐고 생트집을 잡아 싸우기 일쑤였다. 그때 시민들은 그들이 마주치기만 해도 무슨 일이 터지지 않을까 해서 늘 조마조마해야 했다."[234]

제14연대 내부에서는 휴가 중에 경찰서를 부수고 왔다는 이야기가 자랑거리로 통했다. 반란이 일어났을 때에도 부대 내 사병들은 군인과 경찰 간에 싸움이 난 것이라고 짐작했을 정도였다. 반란 주동자들이 다른 군인들을 선동할 때에 "경찰을 타도하자"고 외친 것도 바로 그런 악감정에 호소하고자 한 것이었다.[235]

군경의 잔인한 보복극

10월 20일 정부는 주한미군 군사고문단장인 준장 윌리엄 로버츠 William L. Roberts, 국방장관 이범석, 경비대 총사령관 송호성 등이 참석한 가운데 긴급회의를 열었다. 그리고 다음 날 광주에 여수반란사건을 진압하기 위한 작전지도부를 세우기로 결정했고, 이튿날 여수와 순천 지역에 계엄령을 선포하고 진압에 나섰다. 그러나 3일간의 전투에서 패배하자 23일 미 군사고문관의 지휘를 받아 탱크와 군함의 함포 사격 등의 지원

정부는 반란군을 진압하기 위해 여수와 순천 지역에 계엄령을 선포했다. 여수에서 반란군을 진입하고 있는 진압군.

을 받아 여수와 순천에 대한 집중공격을 실시했다. 23일 순천을 장악했고 25일에는 여수를 제외한 모든 지역을 탈환했다.

순천에서부터 군경軍警의 잔인한 보복극이 시작되었다. 경찰은 순천의 모든 성인 남자를 순천북초등학교 교정에 감금해 놓고 엉터리 선별심사를 통해 가려낸 사람들을 각목과 쇠사슬, 소총의 개머리판으로 때리면서 '악질적'이라고 판단된 10여 명을 교정에서 총살했다.[236]

광주지방검찰청 순천지청의 차석 검사인 박찬길이 총살당한 사건은 당시 무법無法의 광기狂氣가 어느 정도였는지를 잘 말해준다. 경찰이 뒤집어씌운 반란군에 협조했다는 혐의는 조작된 것이었다. 박찬길의 즉석 총살은 그간 경찰이 검거한 좌익 인사를 박찬길이 법 규정대로 처리해 빚어진 경찰과의 갈등 때문이었다. 당시 경찰은 검찰 위에 군림하고

있었다.[237]

여수 진압 작전은 10월 26일부터 시작되었다. 전 육군 병력의 3분의 1인 5개 연대와 7척의 해군 함정, 전 공군력에 해당하는 10대의 비행기까지 총동원되었다. 그런 여수에 대한 대대적인 봉쇄와 포격 이후 진압군이 막상 여수에 진입하고 보니 시내 거리는 텅 비어 있었다. 반란군은 이미 24일 밤 소형 선박을 타고 탈출해 산속으로 도주했던 것이다. 중위 김지회 등 반란군 1,000여 명은 지리산과 백운산에서 장기 빨치산 투쟁을 전개했는데, 바로 이것이 남한 무장 유격전의 본격적인 출발점이 되었다.

우리의 역사에는 진압군이 26일과 27일 양일간 치열한 시가전을 벌였다고 기록되어 있지만, 그건 사실과 전혀 다르다. 이런 기록이 시사하는 건 당시 진압군이, 없으면 만들어서라도 '치열한 시가전'을 부각해야만 하는 압력을 받고 있었으리라는 점이다. 그 엄청난 병력과 장비를 동원한 대작전이 웃음거리로 전락한다면, 그건 군으로선 견디기 어려운 일이었을 것이다. 그런데 진압군은 여수로 오는 도중에 반란군의 습격을 받아 혼비백산했기 때문에 여수 진압 작전을 전개할 때엔 "경악과 분노, 집단 히스테리 상태"에 빠져 있었다.[238]

그래서 애꿎은 민간인들이 있지도 않았던 '치열한 시가전'의 증거물로 보복의 대상이 되었다. 진압군은 여수 서초등학교에 4만 명을 집결시켜 놓고 보복 대상자를 골라내는 작업에 들어갔다. 여수여중 운동장 등 다른 곳에서도 같은 일이 벌어졌다. 그 현장을 목격한 한 미국 기자는 『라이프』 1948년 12월 6일자에 쓴 기사에서 이렇게 말했다.

"이곳에서 폭동을 진압했던 정부의 군대가 반란자들의 잔학 행위와 같은 짓의 야수성과 정의를 무시한 태도로 오히려 그들보다 더한 보복 행위를 자행하고 있었다.……한쪽에서는 그 광경을 여자들과 아이들이 가만히 보고 있었다. 그런데 그중에서 내가 가장 무섭고 두려운 징벌의 장면을 말하라고 한다면, 보고 있는 아녀자들의 숨 막힐 것 같은 침묵과 자신들을 잡아온 사람들 앞에 너무나도 조신하게 엎드려 있는 모습과 그들의 얼굴 피부가 옥죄어 비틀어진 것 같은 그 표정, 그리고 총살되기 위해 끌려가면서도 그들은 한마디 항변도 없이 침묵으로 차례를 기다리고 있다는 사실이었다. 한마디의 항변도 없었다. 살려 달라는 울부짖음도 없고 슬프고 애처로운 애원의 소리도 없었다. 신의 구원을 비는 어떤 중얼거림도 다음 생을 바라는 한마디의 호소조차 없었다. 수세기가 그들에게 주어진다 해도 이런 상황에서 그들이 어떻게 울 수조차 있었겠는가."[239]

'손가락 총'과 김종원의 참수형

반란군에 가담했던 사람의 선별 작업은 마구잡이식이었다. 예컨대, 당시 가담자들이 신발공장에서 '찌까다비'(일할 때 신는 신발)를 가져다 신었다는 소문 하나만 듣고 진압군은 그 신발을 신은 청년은 무조건 사살했다. 그밖에도 수많은 청년이 학생복을 입은 죄로, 머리를 군대식으로 짧게 깎은 죄로, 국방색 런닝셔츠를 입은 죄로 살해되었다.[240]

'손가락 총'도 동원되었다. 당시 여수군청 직원이었던 김계유에 따르면, "세 곳에 모인 시민들에 대하여도 살아남은 경찰관이나 우익 진영 요인들이 돌아다니면서 소위 '심사'라는 것을 했는데, 시민들 중에 가담자가 눈에 띄면 뒤따른 군경에게 '저 사람' 하고 손가락질만 하면 그 자

리에서 바로 즉결처분장으로 끌려가는 판이니 누구나 산목숨이라고 할 수 없었다".[241]

그 손가락질은 곧 총살 대상을 지목하는 것이었기 때문에 '손가락 총'이었다. 홍영기는 "지역공동체 성원 간에 자행된 '손가락 총'은 인간성 말살과 공동체의 붕괴를 의미하는 것이었다. '심사' 과정에서 '손가락 총'이라는 말이 유행하였으며 중상모략이 난무했다. 이로 말미암아 무고한 희생자가 더욱 많아졌고, 그 희생의 주체가 누구인지 애매한 경우가 많았음은 물론이다"고 말했다.[242]

당시 해양대학교 학생으로 승선 실습을 하고 있던 리영희는 부산에서 여수로 출동한 함정에 타게 되어 진압 후 여수를 들러 볼 기회가 있었다. 그는 여수여자중학교에서 목격한 장면을 이렇게 증언했다.

"운동장에는 수를 헤아릴 수 없이 많은 시체가 즐비해 있었고, 반란군과 진압군 쌍방의 희생자들은 대부분이 젊은 민간인들이었다. 운동장 울타리를 둘러싸고 많은 사람들이 먼 발치에서 통곡하고 있었다. 나는 동료 학생들을 재촉해서 그 자리를 빨리 떠나버렸다. 멸치를 뿌려놓은 것처럼, 운동장을 덮고 있는 구부러지고 찢어진 시체들을 목격한 후회와 공포감 때문이기도 했지만, 울타리 밖에서 울부짖고 있는 남녀노소의 시선이 두려워서였다."[243]

토벌군이 작전의 실패를 감추기 위한 조작과 반란군을 놓친 것에 대한 분풀이의 잔인성을 가장 잘 보여준 것이 제5연대 지휘관인 대위 김종원의 행태였다. 제5연대가 상륙작전을 하면서 마구 쏘아댄 박격포탄에 반란군이 아닌 제12연대 수색대가 맞아 중대장과 하사관 1명이 전사했다. 그 어이 없는 실수를 만회하기 위해 김종원은 반란군을 찾아 돌산섬을 비롯해 여기저기를 수색했지만 허탕을 쳤다.

독이 오른 김종원은 아무 증거도 없이 마구잡이식으로 군내리에서 3명, 남면 안도에서 20여 명을 죽이고, 중앙초등학교에 자리 잡은 부대로 돌아와 붙잡혀온 청년들을 보고 "이놈들에게 칼 시험이나 해보겠다"며 들고 다니던 일본도를 빼들고 한 청년의 머리를 내리쳤다. 그 청년이 중상을 입고도 피를 흘리며 다른 청년들 뒤로 몸을 피하자 김종원은 계속 칼을 휘둘러 7명의 젊은이를 모두 죽였다. 희대의 즉결 참수斬首였던 것이다. 김종원은 6·25 때 '백두산 호랑이'라는 별명을 얻게 되는데, 바로 그런 인물이 유능한 군인이나 경찰로 대접받던 시절이었다.[244]

이승만 정권의 여론 조작

토벌군과 정부는 허위 사실까지 유포해 '여순 지역 죽이기'에 나섰다. 어린 여학생들이 총을 들고 싸웠으며 국군에게 '오빠!' 하고 달려가서 치마 속에서 총을 꺼내 국군을 죽였다는 이야기들이었다. 전혀 사실 무근이었지만 널리 유포된 이야기였다.[245]

소령 함병선은 어린 여학생이 전봇대 뒤에 숨어 자신을 총으로 쏘았는데 총알이 아슬아슬하게 자신을 비켜갔다는 증언까지 남겼다. 그런데 놀라운 건 그 여학생을 훈계해서 돌려보냈다는 것이다. 당시 여수에서 군에 의해 저질러진 학살극의 잔인성에 비추어볼 때에 도무지 앞뒤가 맞지 않는 이야기였다.[246]

그런데 바로 이런 식의 이야기와 소문이 정부의 강경 대응책을 내놓는 배경이 되기도 했다. 이승만은 11월 4일 여순사건에서는 '어린아이들이 앞잡이'가 되었고 여학생들도 심하게 반란군에 가담했다고 발표해 여론을 호도했다(이승만은 그 이듬해 여수를 방문해서도 시민들에게 "어린 학생들과 심지어 계집들까지 총을 들고 나와서 눈에 불을 쓰고 덤비고" 운운하는 연설을 해댔다).[247]

엄격하게 통제된 신문들에 의한 여론조작은 학살은 은폐하고 '미담 美談' 수준의 이야기만 양산했다. 임종명이 이 시기 신문 기사들을 분석한 바에 따르면, 처음에는 "양민의 피해를 방지하기 위"해 "적극적인 작전" 대신 "소극적인 작전"도 마다 않았던 "관군"이 시내에 돌입해서는 "먼저 식량창고를 탈취하여 시민의 식량을 확보"하고 "서西국민학교나 여수국민학교에 수용"된 "피난민에게는 주먹밥을 나누어주"는 "인간적인 너무나 인간적인" "국군"의 모습을 재현했으며, "국군"은 "인명을 보호"하는 수호천사로 묘사되었다.[248]

또 문교부는 문인들을 현지에 파견해 시찰을 시킨 다음 정부에 유리한 글을 쓰게 했다. 박종화, 이헌구, 정비석, 최영수, 김송 등은 서울역에서 문교부 장관의 전송을 받으면서 기차를 탔다. 『동아일보』 1948년 11월 24일자에는 진압 작전에 참가했던 한 작전장교의 언급을 박종화가 윤색해 정리한 글이 실렸다.

"우리 민족은 이렇게 나가야 하고 이렇게 싸워야 하고 이렇게 살아야 하고 이렇게 죽어야 하는 것을! 확고부동하게 조직적으로 체계 있게 머리속에 깊이 넣어주어야 할 것입니다. 공연한 미국식 민주주의, 미국식 자유주의가 이러한 혼란을 일으켜놓은 것입니다. 이 악랄한 세계 제패의 공산주의자의 사상은 학교뿐 아니라 군인과 사회 속 각층 각 방면에 침투가 되었던 것입니다. 이것이 이 불행한 이 반란을 일으킨 원인입니다. 정부에서는 우리 민족이 가져야 할 국시를 하루바삐 명확하게 세워서 3천만 전 민족의 머리속에 깊이깊이 뿌리박고 일어나도록 교육하고 선전해야 할 것입니다."[249]

이승만 정권은 전라남도와 전라북도 전역에 계엄령을 확대했으며, 계엄령은 다음 해 1949년 2월 5일까지 지속되었다. 정부는 반란을 일으킨 제14연대를 연상하게 한다고 해서 전국적으로 각 건물에서 4호실을 없애라는 명령을 내렸고, 토벌 작전에 지장이 있다고 3개월 동안 여수-서울 간 열차를 없애버리고 전주-서울 간만 오가게 했다.[250]

사망자 2,600명

여순사건으로 인한 피해는 끔찍했다. 여수 지역 국회의원 황명규는 정부의 진압 과정에서 여수에서는 3,400여 가옥이 불에 탔고, 약 2만 명의 이재민이 발생했다고 국회에 보고했다. 여수에 진압군이 들어온 26일과 27일에 불이 났을 때 소방서장이 불을 끄려고 사람들을 모으자 5연대장 김종원이 총대로 서장을 구타해 쫓아냈다는 증언은 이 불이 진압군의 의도적인 방화였을 가능성을 말해준다.[251]

정부의 공식적인 통계에 의하면 여순사건으로 인해 토벌군은 141명이 사망, 263명이 실종, 391명이 반란군 측에 합류했으며, 반란군은 821명이 사망했고 2,860명이 체포되었다. 1948년 11월 말 미군 소식통이 발표한 바에 따르면, 약 1만 7,000명에 달하는 사람들이 반란에 참가했다는 혐의를 받고 군사재판에 회부되어, 그들 중 866명이 사형언도를 받았다.[252]

여순사건으로 반란군은 821명이 사망하고 2,860명이 체포되었다. 그리고 약 1만 7,000명에 달하는 사람들이 반란에 참가했다는 혐의를 받고 군사재판에 회부되었다.

    전라남도 보건후생국은 11월 1일 여수에서는 약 1,300명의 시민이 사망하고 약 900명이 중상을 입었으며 37억 원의 재산 피해가 발생했으며, 순천에서는 1,135명이 사망하고 103명이 중상을 입었으며 1,350만 원의 재산 피해가 났다고 보고했다.[253] 보성(80명), 광양(57명), 구례(30명), 고흥(26명), 곡성(6명) 등에서도 약 200명의 사망자가 발생해 여순사건으로 인한 사망자는 2,600명이 넘었고, 중경상자는 약 1,500명, 행방불명이 825명이었다.[254]

    『한국전쟁사』를 필두로 한 공식 기록물들은 그 수많은 사망자를 "인민재판 등 폭도들에 의해 학살된 사람들"이라고 기록하고 있지만, 인민재판이란 구경꾼 앞에서 하는 재판인데 그걸 보았다는 증인이 단 한 명도 없다는 건 무엇을 말하는가? 10월 26일 진압 작전 이전까지 반란 군 치하에서 희생된 사람은 경찰관 74명과 우익 인사 등 민간인 16명뿐 이라는 설과 좌익에 의해 희생된 사람은 모두 155명이라는 설이 제기되고 있다. 반란군이나 폭도에 의해 살해된 사람이 그렇게 많다면 그 유족은 군경 유가족에 준한 대접을 받을 수 있고 부역자 가족의 굴레에서 벗어날 수 있을 텐데도 왜 지금까지 침묵만 지키고 있겠는가?[255](전남 여수 지역연구소가 1998년 10월 19일에 발간한 「여순사건 실태 조사 보고서」에 따르면, 확인 가능한 여수 지역 희생자 수는 모두 884명으로 좌익에 의해 155명, 우익에 의해 410명이 살해된 것으로 집계되었다. 또 행방불명이 157명, 형무소 내 사망 121명, 미확인 41명으로 나타났다.)[256]

미국은 여순사건에 전폭적인 지원을 보냈다. 고문단장 준장 윌리엄 로버츠William L. Roberts는 진압군 측에 무기, 탄약, 휘발유, 식량 등을 무제한 공급했다. 고문단을 대표하는 작전 책임자였던 대위 제임스 하우스먼James H. Hausman은 이때의 공적을 인정받아 미 국방부에서 훈장을 받았다. 미국 측은 여순사건의 진압이 '성공적'이라는 평가를 내렸다. "군의 작전 능력과 순발력을 과시한 계기"가 되었고 "(경찰 보조 병력으로 산돼지 몰이나 하던) 한국군 현대화의 시발"이 되었다는 것이다.[257]

이승만 정권은 여순사건에 김구를 엮어 넣으려는 듯한 시도를 했다. 사건 발생 사흘째인 10월 21일 국무총리 겸 국방장관 이범석은 기자회견에서 사실상 김구를 겨냥해 "이 사건은 정권욕에 눈이 어두운 몰락한 극우 정객이 공산당과 결탁해서 벌인 정치적 음모"라고 주장했으며, 그래서 시중에는 여순 반란에 김구의 선동이 작용했다는 소문까지 나돌았다. 김구는 어이없다는 듯 10월 27일 "나는 극우 분자가 금번 반란에 참여했다는 말을 이해할 수 없다. 그들은 극우라는 용어에 다른 해석을 내리는 자신의 사전을 가지고 있는 것으로 보인다"고 말했다.[258]

숙군 작업과 박정희 체포

여순사건을 계기로 대대적인 숙군 작업이 시작되었다. 이승만은 군법무관 김완용을 불러 "한 달 내로 빨갱이들을 다 잡아 죽이고 오라"면서 숙군 작업을 몰아붙였다. 남로당 세력뿐만 아니라 광복군 계열까지 제거 대상으로 삼은 숙군 작업은 1948년 10월부터 1949년 7월까지 진행되어 전 군軍의 약 5%에 달하는 4,749명을 숙청했다. 이 중 2,000명 이상이 총살형을 당했다. 초급장교와 하사관은 전체의 3분의 1이 체포, 구금, 처형, 제대당했다. 군 내부의 반공 이념 교육도 더욱 강화되어 1948년 11월 29일 국방부 내에 반공 이념 교육을 목적으로 한 정치국(후에 정훈국으로 개칭)이 설치되었다.[259]

숙군 작업은 증거주의에 의해 이루어진 것이 아니라 많은 무리가 있었다. 고문을 가해 자백을 받아내는 식이었고, 다른 좌익을 대라고 또 고문을 가하는 식으로 이루어졌기 때문에, 무고한 사람들이 억울하게 당한 경우가 많았다. 그래서 총살을 당하는 마당에서도 애국가를 부르거나 '대한민국 만세', '이승만 대통령 만세'를 부르며 죽어간 이들도 있었다. 이런 식의 고문 수사를 통한 숙군 작업에 탁월한 면을 보여 나중에 이승만의 총애를 받아 특무부 대장이 된 인물이 바로 김창룡이었다.[260]

숙군 작업의 와중에서 1948년 11월 11일 소령 박정희도 체포되었다. 1942년 만주군관학교 졸업, 1944년 4월 일본 육사 졸업 후 1944년 7월 일본 만주군 소위로 부임한 박정희는 해방 후 중국 베이징으로 가서 광복군이 되었다가 1946년 12월 경비사관학교 2기를 졸업했는데, 여순사건이 터지자 우습게도 토벌사령부에 작전장교로 차출되었다. 우습다는 건 그가 남로당 프락치였기 때문이다.

만주군에서 광복군으로 변신했던 박정희는 좌익에서 우익으로 또 한 번 변신을 꿈꾸고 군부 안의 좌익을 색출하는 숙군 수사에 적극 협력했다. 자신이 알고 있는 군부 내 남로당원의 명단을 모두 털어놓은 것이다. 군부 내 남로당의 조직표까지 그려서 제출했다. 박정희는 일단 기소되어 사형을 구형받았지만, 남로당원 색출의 공로를 인정받은 데다 그의 만주군 선배들이 적극 구명운동에 나서 기사회생하기 되었다.

불구속 상태에서 무기징역을 선고받은 박정희는 관할관 확인 과정에서 10년으로 감형됨과 동시에 형 집행을 면제받는 파격적 대우를 받았고, 백선엽 등의 배려로 숙군을 지휘한 육군본부 정보국에 직제에도 없는 비공식 문관으로 복직해 기밀비에서 월급을 받았으며, 6·25 전쟁이 터진 뒤에는 현역으로 복귀했다. 여순사건 당시의 문서들은 대부분 행방불명이다. 훗날 박정희가 대통령으로 집권한 뒤 자신의 좌익 전력을 감추기 위해 모두 소각했다는 이야기도 있다.[261]

이승만 정권은 여순사건을 '반공국가'를 완성시키기 위한 계기로 간주해 이후 전 사회의 병영화를 위한 방안들을 계속 내놓게 된다. 한국 사회가 반공을 국교國教로 삼다시피 하는 외길로만 내달리는 동안 여순사건은 악명惡名과 오명汚名을 뒤집어쓴 채 피해자들은 숨을 죽이고 살아야만 했다.[262]

2020년 10월 5일, 여순사건 72주기를 맞아 전남 순천에 처음으로 여순사건을 다룬 '여순항쟁 10·19 역사관'이 개관했다. 2021년 6월 29일 국가 차원에서 여순사건의 진상을 규명하고 희생자와 유족의 명예회복과 합당한 권리 행사를 보장하는 내용의 '여순사건 특별법'이 국회를 통과했다. 이어 2024년 12월 10일 진실규명을 위한 조사 기한이 연장된 특별법 일부개정법률안이 국회를 통과했다. 개정안은 여순사건 진상규명 조사·분석 기간 1년 연장(필요 시 1년 추가 연장), 희생자 특별재심 청구 근거 마련, 위원회 구성 시 국회 추천 4인 인사 포함 등의 내용을 담았다.[263]

국가보안법 공포

국가보안법 찬반 논쟁

여순사건이 거의 진압되어가던 9월 29일 잠자고 있던 내란행위특별조치법안이 다시 등장해 국회 본회의에 제출되었다. 이 법은 곧 '국가보안법'으로 이름이 바뀌었고, 사회적으로 논란의 대상이 되었다. 이 법은 공산주의를 불법화하고, 공산주의에 대한 정의와 처벌 규정이 아주 모호해서 정권이 정적政敵을 제거하는 데에 얼마든지 악용할 수 있었다.

국회에선 찬반 논쟁이 벌어졌다. 야당 국회의원 조헌영은 이렇게 말했다. "속담에 고양이가 쥐를 못 잡고 씨암탉을 잡는다는 격으로 이 법률을 발표하고 나면 안 걸릴 사람이 없을 것입니다.……일본놈 시대와 같이 잡아다 물 먹이고 이놈 자식이 그랬지 하면 예예 그랬습니다. 이래서 거기 다 걸려 들어갈 수 있습니다. 정치적 행동 하는 사람은 다 걸려 들어갈 수 있는 이런 위험도 있으니까 우리가 신중히 고려해야 할 것입니다. 약을 꼭 써야 하면 분량을 맞추어서 써야 하는데 이 법안은 분량이 맞지 않습니다."[264]

김옥주는 이렇게 말했다. "국가보안법은 포악무도한 일제 침략주의의 흉검이라고 할 수 있는 치안유지법과 똑같은 비민주적 제국주의 잔재의 하나라고 볼 수 있습니다. 이제 우리가 민주독립국가를 재건하는 이 마당에……제국주의 잔재 폐물은 용납할 수 없습니다."[265]

반면 찬성파인 박순석은 "농사짓는 농민은 피를 압니다. 피를 한 포기 뽑자면 나락을 다칠 때도 있습니다. 그렇다고 피를 안 뽑을 수가 있습니까?"라고 주장했다.[266] 법무장관 권승렬은 다음과 같이 말했다. "지금 우리는 건국을 방해하는 사람하고 건국을 유지하려는 사람하고 총·칼이 왔다갔다하고 하루에 피를 많이 흘립니다. 즉 국가보안법은 총하고 탄환입니다.……이것은 물론 평화 시기의 법안은 아닙니다. 비상 시기의 비상조치니까 이런 경우에 인권옹호상 조금 손상이 있다고 하더라도 불가불 건국에 이바지하지 않으면 안 되리라고 생각합니다."[267]

『조선일보』11월 14일자 사설「국가보안법을 배격함」은 국가보안법이 '크게 우려할 악법이 될 것'이며 '무서운 결과를 가져올 것'이라고 경고했다.[268]

"빨갱이는 무조건 포살해야 돼"

그러나 국가보안법은 한민당과 이승만 지지 세력의 연합에 의해 11월 20일 국회를 통과해 12월 1일 공포되었다. 이제 통일 논의 자체가 어렵게 되었다. 북측에 무엇을 제안한다거나 남북회담을 하자거나 합작을 하

자는 것도 국가보안법에 따라 처단될 수 있었기 때문이다.[269]

국가보안법을 가장 원한 사람은 이승만이었다. 이승만은 당시 법무부 검찰국 초대 검찰과장 겸 고검 검사로서 '빨갱이 잡는 검사'로 이름을 날린 선우종원鮮于宗源에게 "빨갱이는 무조건 포살捕殺해야 돼"라고 격려했다.[270] 대한민국 정부 수립 후 장택상이 즐겨 던지던 질문이 하나 있었다. "오늘의 대한민국이 있게 한 세 사람이 누군지 아나?" 답은 "이승만, 나 그리고 김두한이야"였다.[271] '빨갱이 사냥'에서 세 사람은 상중하上中下 역할 분담이 잘 이루어진 삼위일체三位一體였던 것이다.

국가보안법은 곧 괴력을 발휘했다. 외무장관 장택상이 유엔위원단에 제시한 통계에 따르면, 1949년 4월까지 국가보안법으로만 체포된 숫자는 8만 9,700여 명이었다. 1949년 한 해에만 체포된 인원은 11만명 이상이었다.[272]

군경 조직의 강화

군 내부의 숙군 작업은 국가보안법이 조장한 사회적 분위기에 자극되어 더욱 거세졌다. 그 분위기를 타고 1949년 1월 2일 육군 정보국에 특별수사과와 그 예하의 15개 지역파견대를 설치하고, 1949년 10월 21일에는 육군특무부대를 창설했다.[273]

그렇게 압박이 조여오는 만큼 좌익계 군인들의 반란과 탈출 시도도 잇따랐다. 국가보안법이 공포된 다음 날인 12월 2일에는 대구 제6연대가 반란을 일으키는 사건이 벌어졌다. 관련자 590명이 체포되었다. 1949년 전반기엔 육군 대대장(소령) 2명이 470여 명의 부하를 이끌고 월북했으며, 공군 조종사 2명은 비행기를 타고 월북했는가 하면, 해상에서는 좌익 인사들이 해군 함정과 미국 상선을 납치해 월북하는 사건이 벌어졌다.[274]

이런 일련의 사건들은 기존의 군과 경찰력 강화 프로그램을 더욱 강화해야 할 이유가 되었다. 1947년 말 경비대는 1만 7,000명 수준이었으나 1948년 여름에는 5만 명, 1949년 초엔 6만 5,000명으로 증강되었다. 이제 경비대는 아니었다. 정부 수립 후인 1948년 9월 1일 조선경비대와 조선해안경비대가 국군에 편입되었고, 9월 5일에 각기 육군과 해군으로 개칭되었으며, 11월 30일 국군조직법이 공포된 뒤 12월 15일 국군이 정식 법제화되었기 때문이다. 경찰력도 1947년 7~8월에 2만 8,000명 수준이었으나 1948년 초 3만 명, 1949년 3월에는 4만 5,000명으로 증강되었다.[275]

친여·친야로 나뉜 우익지, 국영방송의 출범

대한민국 정부 수립 이전까지 해방정국의 언론계엔 좌우 갈등이 치열했고 그 와중에서 테러도 난무했다. 1948년 7월 말까지 좌우익 청년들에게서 습격을 받은 신문사는 『조선인민보』(5회), 『자유신문』(5회), 『중앙신문』(3회), 『동아일보』(3회), 『대동신문』(2회), 『서울신문』(3회), 『문화일보』·『독립신보』·『중외신보』·『광명일보』·『민주일보』·『전북신문』·『대구민성일보』·『부산민주중보』·『인천신문』·『동광신문』(각 1회) 등이었다. 하지만, 이제 국가보안법 체제하에선 그런 갈등은 먼 옛날이야기가 되고 말았다.[276]

이승만은 이미 정부 수립 일주일 전인 8월 9일 미군정청 경무부장 조병옥을 통해 일제 시대의 언론통제법인 '광무신문지법光武新聞紙法'이 여전히 유효하다고 밝혔다.[277] 그 후 9월 3일 『부산일보』의 간부와 기자를 광무신문지법과 포고령 위반으로 구속, 9월 13일 『제일신문』의 간부 사원 10여 명 검거, 9월 15일 『조선중앙일보』의 간부들 검거, 9월 18일 『세계일보』의 간부 7명 검거와 함께 세 신문이 정간을 당하는 사건들이 있었다. 이제 『조선일보』, 『동아일보』, 『경향신문』, 『한성일보』 등 4대 우익지들이 주류 언론으로 우뚝 서게 되었다.[278] 그러나 우익 신문들도 더는 자유로울 수는 없었다. 우익지들은 친여지와 친야지로 분류되었으며, 친야지는 새로운 탄압을 각오해야 했다.

9월 22일 7개항의 언론 단속 지침이 발표되었다. 이 지침은 대한민국의 국시와 정부 시책을 위반하는 기사, 정부를 모략하는 기사, 공산당과 이북 북괴정권을 인정하거나 비호하는 기사, 허위의 사실을 날조해 선동하는 기사, 우방과의 국교를 저해하고 국위를 손상시키는 기사, 자극적인 논조나 보도로써 민심을 소란시키는 기사, 국가의 기밀을 누설하는 기사 등의 게재를 금지시켰다.

이 7개 조항 지침도 큰 문제였지만, 12월 1일에 공포된 국가보안법은 언론의 자유를 더욱 위축시켰다. 1949년 5월까지 7개 일간지와 1개 통신사가 폐간과 폐쇄당했으며, 많은 기자가 체포되었고 발행인과 편집자들이 제거되었다.[279]

방송은 아예 정부의 산하로 들어가 국영방송이 되었다. 미군정은 1948년 6월 1일 방송국을 조선방송협회에 돌려주었으며, 조선방송협회는 8월 6일 대한방송협회로 이름을 바꾸었다. 그러나 다음 날인 8월 7일

제14회 국제올림픽 중계방송에서 KBS 아나운서 민재호는 혼자서 방송과 기술조정까지 도맡아 했다. 그해 12월에 우리나라 최초의 근대적 복권인 100원짜리 '올림픽 후원권'이 발행되었다. (대한민국역사박물관 소장)

국회를 통과한 정부조직법에서 방송국이 정부의 하부 조직으로 흡수되어 '대한민국 공보처 방송국'으로 국영화되었다.

    1948년 방송에서 특기할 만한 것은 7월 20일 런던에서 개최된 제14회 국제올림픽 중계방송이었다. KBS는 아나운서 민재호를 파견해 중계방송을 했는데, 민재호는 혼자서 방송과 기술조정까지 도맡아 했다. 선수들을 후원하기 위한 목적으로 1947년 12월 100원짜리 '올림픽 후원권' 140만 매가 발행되었는데, 이는 우리나라 최초의 근대적 복권이었다.[280]

제주에서 벌어진 '인간 사냥'

미군이 제안한 '초토화 작전'

앞서 지적했듯이, 4·3 항쟁에 대한 미군정 정보보고서는 군대, 경찰, 우익 청년단체의 토벌을 '레드 헌트'로 명명하면서 민중을 '사냥'해야 할 인간 이하의 '동물적 대상'으로 격하시켰다.[281] 이러한 '인간 사냥'으로 인해 빚어진 가장 참혹한 희생은 1948년 11월 중순부터 1949년 3월까지 약 4개월 동안에 발생했다. 이 기간 중 160여 개 마을 가운데 130여 개 마을의 수만 주민들이 학살되었다.

8월 15일, 대한민국 정부가 수립되었고, 8월 24일 한미韓美 사이에 맺어진 '한미 군사안전 잠정협정'에 따라 주한미군이 한국군의 작전권을 갖게 되었다. 이런 큰 변화가 있었으니 그 이전에 벌어진 학살극도 이젠 달라져야 할 때가 되지 않았을까? 물론 달라지긴 했다. 학살은 더욱 잔인한 방식으로 진행되었다.

10월 11일 제주도 경비사령부가 설치되었다. 6일 만인 10월 17일 제9연대장 송요찬은 포고문을 발표했다. 그 핵심은 "10월 20일 이후 군 행동 종료 기간 중 전 도의 해안선부터 5km 이외의 지점 및 산악지대의 무허가 통행금지를 포고함. 만일 차此 포고에 위반하는 자에 대하여서는 그 이유 여하를 불구하고 폭도배로 인정하여 총살에 처할 것"이라는 내용이었다.[282]

이게 바로 그 악명 높은 '초토화 작전'이라는 것이었는데, 이는 사실상 남녀노소를 가리지 않고 살해하겠다는 작전이었다. 이 작전은 미군에서 나온 것이었다. 4·3 발발 직후 제9연대장으로서 무장대와 평화협상을 추진했던 김익렬은 자신의 회고록에서 "군정 장관 윌리엄 딘 장군의 정치고문이 제주도 폭동을 신속하게 해결하는 유일한 방법은 초토작전이라고 강조했다"면서, 이를 거절하는 자신에게 작전 수행 후 미국행 알선과 10만 달러의 돈을 주겠다며 유혹했다고 밝혔다.[283] 김익렬의 밑에서 제9연대 정보참모로 일했던 이윤락도 "CIC(미군방첩대) 소령이 김익렬 연대장과 나에게 해안선에서 5km 이상 떨어진 중산간 지대를 적성敵性 지역으로 간주, 토벌하라고 명령했다"고 증언했다.[284]

바로 이 초토화 작전이 5개월 만에 실행된 것이었다. 이 작전에 따라 10월 18일 제주 해안이 봉쇄되었다. 10월 19일에 제주에 파병될 예정이던 여수 주둔 제14연대 1개 대대는 여수에서 반란을 일으켰다. 제5여단장으로서 제주도 경비사령부 사령관을 겸직하고 있던 대령 김상겸이 제5여단 예하부대인 여수 제14연대가 반란을 일으킴으로써 파면되었다. 그래서 송요찬이 제주도 경비사령관까지 맡게 되었다.

11월 17일 제주에 계엄령이 선포되었다. 이 계엄령은 12월 31일에 해제되지만, 선포부터가 불법이었다. 이 당시 국내엔 계엄법이라는 게 없었기 때문이다. 그러나 이미 제주는 법의 지배를 받는 공간이 아니었다. 그날부터 중산간마을을 모두 불태우고 남녀노소 구분 없이 총살하는 초강경 진압 작전이 전개되었다. 아니 '인간 사냥'이었다. 무슨 항거를 해야 '진압'이 아닌가.

서청의 착취와 '민보단 강요'

여순사건 직후 1948년 11~12월 두 달 사이에 최소한 1,000명 이상의 서북청년회 단원들이 경찰이나 경비대원으로 급히 옷을 갈아입고 진압 작전에 투입되었다. 이 일엔 이승만이 앞장섰다. 미군의 1948년 12월 6일자 보고에 따르면, "최근 대통령(이승만)과 내무부 장관(신성모)의 합의에 따라 서북청년 단원들이 한국군에 6,500명, 국립경찰에 1,700명이 공급될 예정이다. 이들은 남한 전역에 있는 9개 경비대와 각 경찰청에 배정될 것이다. 모든 단체들 간의 상호 합의에 따라, 서북청년회는 경찰에서 단원 20명당 경사 1명, 50명당 경위 1명, 200명당 경감 1명 등의 비율로 경사급과 간부급 요원으로 배치하도록 합의돼 있다".[285]

이승만은 12월 10일 서북청년회 총회에 참석해 "제주도 4·3 사태와 여수·순천 반란사태로 전국이 초비상 사태로 돌입했다. 이 국난을 수습하기 위하여 사상이 투철한 서북청년회를 전국 각지에 배치하겠다"고 말했다.[286] 이승만은 "사상이 건전한 여러분이 나서야 한다"며 서청의 제주 파견을 앞장서서 독려했는데, 여기엔 미군도 가세했다. 미군 보고서는 "제주도의 서북청년단이 경찰과 경비대를 지원하게 된 것은 몇몇 미

군 장교들의 추천에 의한 것이었다"고 기록했다.[287]

서청 단원들은 '특별 중대elite company'라는 특수 임무를 부여받았는데, 이들에겐 군 내부의 '반대자 색출'이라는 헌병 기능까지 부여되었다.[288] 그러나 정작 주어야 할 건 주지 않았다. 이승만 정권은 서청 대원들을 대거 경찰이나 군인으로 내려보내면서 월급이나 보급 체계를 제대로 갖추지 않은 채 현지 조달하라는 식으로 내몰았으며, "제주 도민들은 사상적으로 믿을 수 없다. 대부분이 빨갱이 물이 들었다. 그러기 때문에 사상이 건전한 서청이 이곳을 진압해야 한다"는 논리를 주입시켰다.[289]

서청 단원들은 3·1 발포 사건 직후부터 제주에 내려오기 시작했는데, 이들은 그때부터 경찰과 더불어 민중을 착취하는 길로 들어섰다. 김종민에 따르면, "당초 서청은 민간인 자격으로 제주도에 들어왔다. 처음엔 주로 엿장수를 하다가 점차 세력이 커지자 이승만의 사진과 태극기를 강매했다. 4·3이 발발하자 서청은 경찰로 또는 군인으로 옷을 바꿔 입었다. 과거에 이승만 사진과 태극기를 사지 않았던 사람들은 총살되었다. 서청의 위세는 너무도 커서 제주 출신은 경찰조차 꼼짝 못했다".[290]

이승만 정권의 의도된 서청의 착취 행위 조장의 결과는 가공할 만한 것이었다. 서청의 약탈 행위에 대한 제주 도민들의 분노는 하늘을 찔렀고, 그걸 감내하든가 아니면 다른 선택을 해야 하는 양자택일의 구도로 내몰렸다.

"군인도 아니고 경찰도 아니고 사람 피쟁이(백정) 서북청년단들, 다 사람 백정이지.……순 엿장수나 하던 무식한 것들이었지.……매일 소 한 마리 말 한 마리 잡으라 하고, 조금만 거슬리면 잡아다가 총대가리로 때리고, 죽였지.……시계 달라고 해서 안 주면 죽여버렸지. 낮에는 일 시키고 밤에는 대총 들고 보초 서고……징그럽고 억울하게 그 빌어먹을 놈들의 종노릇 하며 생명까지 바치며 산 우리들. 우리들끼리 울며 분노하며 한탄하며 떨며 살았지. 산목숨으로 산 게 아니었지. 지옥살이 하듯 죽지 못해 살았지.……그래 살기 위해 싸우기 위해 산으로 갔지."²⁹¹

이 시기 서청의 행적과 관련해 2000년에 명예훼손 소송이 제기된 바 있다. 『경향신문』 9월 21일자 기사에 따르면 이런 내용이었다. 서울지법 민사25부(재판장 안영률 부장판사)는 20일 "제주 4·3 항쟁과 관련된 『경향신문』의 '여적' 내용 중 '서북청년단이 양민을 학살했다'는 문구가 명예를 훼손했다"며 서북청년단을 대리한 문모 씨가 경향신문사와 해당 논설위원을 상대로 낸 손해배상 청구 소송에서 원고 패소 판결을 내렸다. 재판부는 판결문에서 "이 사건 기사의 주된 취지는 '제주 4·3 항쟁 발생 뒤 반세기가 지났는데도 진상이 밝혀지지 않은 것'에 대해 반성을 촉구하는 공익적 내용"이라며 "논설위원이 기사를 쓰며 참고했던 자료에 원고의 발언이 담겨 있는 등 서북청년단에 의한 제주 도민의 희생이 컸다는 것을 믿는 데에 합리적인 이유가 있어 보인다"고 밝혔다.²⁹²

제주 도민에 대한 착취엔 '민보단 강요'까지 가세했다. 5월 10일 선거에서 맹활약한 향보단은 1948년 5월 22일에 해산되었지만, 이는 6월 민보단民保團으로 부활했다. 제주도에선 8월 11일에 민보단이 결성되었는데, 이들은 경찰의 외곽조직으로 군경 진압 작전에 동원되었다. 보초를 서는 일과 더불어 토벌 작전 시 죽창 등의 무기를 들고 군인이나 경찰관보다 앞서가는 총알받이 역할을 해야 했다.

제주 민보단은 5만 명 규모였는데, 소집할 청년이 있을 리 없었다. 그래서 나중엔 남녀노소 모두에게 민보단의 이름 아래 동원 의무가 부여되었다. 민보단에 대한 미군의 한심한 보고서는 무지가 지나쳐 완전히 조롱이라는 느낌을 갖게 한다. 미군 보고서 1949년 4월 1일자는 "제주도 남자들은 농사일보다는 보초를 서거나 토벌전에 나가는 것을 더 좋아한다"고 기록하고 있다(민보단은 1950년 5월 30일 선거가 끝난 1950년 7월 2일에 해산되었다).[293]

토벌대의 집단 광기

초토화 작전 기간 중에서도 1948년 12월 중순부터 약 열흘간 집단학살이 가장 극심했다. 김종민은 "이 시기 토벌대의 행태는 마치 총살시킬 '머릿수'를 채우기 위해 광분한 듯 보인다"며 그 이유에 대해 이렇게 말했다.

"이와 관련, 한 미군 보고서는 9연대의 작전이 성공적이었다고 평가하면서 그 이유를 '수준 높은 작전을 펼치려는 욕망과 2연대 성공자들의 훌륭한 업적 기록에 부응하려는 욕망 때문'이라고 분석했다(『G-2 보고서』, 1948년 12월 17일). 당시 제주 주둔 9연대는 12월 말로 2연대와 교체하기로 되어 있었다. 9연대가 제주를 떠나기에 앞서 '마지막 토벌 작전'을 벌였는데 여순사건 진압을 완수했던 2연대의 성과에 맞서기 위해 '전과' 올리기에 열을 냈다는 분석이다."[294]

12월 말 제주 주둔 토벌대가 9연대(연대장 송요찬)에서 2연대(연대장 함병선)로 교체되면서 서청도 더욱 기승을 부렸다.[295] 상상을 초월하는 '집단 광기'가 벌어지기 시작했다. 그러나 당시 상황은 외부에 전혀 알려지지 않았다. 완전한 언론 통제 때문이었다. 13세 소년을 고문해서 죽게

제주 4·3 항쟁에 가담했다는 혐의로 군인들에게 끌려가는 주민들 중에는 노인과 부녀자들도 있었다.

만든 사건이 1948년 9월 15일자 중앙 신문들에 보도된 이후 언론마저 토벌대의 토벌 대상이 되었다. 1948년 10월 『경향신문』 제주지사장 현인하와 『서울신문』 제주지사장 이상희가 끌려가 처형당했으며, 유일한 지역 언론사인 『제주신보』 사장과 전무가 끌려갔고 편집국장은 총살되었는데, 누가 감히 목숨 걸고 제주에서 벌어지는 일을 밖에 상세히 알릴 수 있었겠는가?[296]

사실 '집단 광기'의 조짐은 사태 초기부터 있었다. 김종민은 "처음엔 '말 태우기'와 '뺨 때리기'가 유행했다. 토벌대는 주민들을 집결시킨 가운데 시아버지를 엎드리게 하고 며느리를 그 위에 태워 빙빙 돌게 했다. 또 할아버지와 손자를 마주 세워놓고 서로 뺨을 때리도록 했다. 머뭇거리거나 살살 때리면 곧 무자비한 구타가 가해졌다"며 다음과 같이 말했다.

"심지어는 총살에 앞서 총살자 가족들을 앞에 세워놓고 자기 부모 형제가 총에 맞아 쓰러질 때 만세를 부르고 박수를 치게 했다. 표선면 가시리 안공림 씨(58)는 여덟 살 때 총살장에서 박수를 쳤던 끔찍했던 기억을 갖고 있다. '너무도 끔찍해 눈을 뜰 수도 없었지만 벌벌 떨며 박수를 쳐야 했다'고 했다.……미친 짓거리는 점점 심해져갔다. 연행자들을 학교 운동장에 모아놓고 남녀 모두 옷을 벗긴 후 강제로 성행위를 시키다 총살한 일도 있었다."[297]

할아버지와 손자 사이에 '뺨 때리게 하기'는 오라리 방화 사건 때 벌어진 일이었는데, 고은은 「오라리」라는 시에서 그 장면을 다음과 같이 묘사했다.

"제주도 토벌대원 셋이 한동안 심심했다/담배꽁초를 던졌다/침 뱉었다/오라리 마을/잡힌 노인 임차순 옹을 불러냈다 영감 나와/손자 임경표를 불러냈다 너 나와/할아버지 따귀 갈겨봐/손자는 불응했다/토발대가 아이를 마구 찼다/경표야 날 때려라 어서 때려라/손자가 할아버지 따귀를 때렸다/세게 때려 이 새끼야/토벌대가 아이를 마구 찼다/세게 때렸다/영감 손자 때려봐/이번에는 할아버지가 손자를 때렸다/영감이 주먹질 발길질을 당했다/이놈의 빨갱이 노인아/세게 쳐/세게 쳤다/이렇게 해서 할아버지와 손자/울면서/서로 따귀를 쳤다/빨갱이 할아버지가/빨갱이 손자를 치고/빨갱이 손자가 빨갱이 할아버지를 쳤다/이게 바로 빨갱이 놀이다 봐라/그 뒤 총소리가 났다/할아버지 임차순과/손자 임경

표/더이상/서로 따귀를 때릴 수 없었다/총소리 뒤/제주도 가마귀들 어디로 갔는지 통 모르겠다."²⁹⁸

'함정 토벌', '대살', '이름 빼앗기지 마라'

집단학살이 가장 극심했던 1948년 12월 중순부터 약 열흘간 토벌대는 전과戰果를 입증받아 승진하기 위해 입산한 사람들을 총살한 후 목을 잘라오기도 했다.²⁹⁹ '함정 토벌' 또는 '자수 사건'도 있었다.

"토벌대는 무장대처럼 낡은 옷으로 변장해 민가에 들어가 '산에서 왔다'며 식량을 요구하거나 숨겨줄 것을 애원했다. 측은하게 여겨 밥을 주는 사람은 곧바로 본색을 드러낸 토벌대에게 총살되었다. 또한 여기저기서 소위 '자수 강연'이 열렸다. 토벌대는 주민에게 '과거에 조금이라도 산에 협조한 사실이 있으면 자수해 편히 살라'고 했다. 이미 '명단'을 확보하고 있다거나 자수하지 않았다가 나중에 발각되면 죽음을 면치 못할 것이라는 협박이 뒤따랐다. 사태 초기 무장대가 영향력을 끼치고 있었을 때 주민들 어느 누구도 무장대의 요구를 거부할 수 없었다. 옷가지를 올렸고 쌀 한 되 내지 않은 사람이 없었다. 하나둘 자수자가 나오자 토벌대는 이들을 집단학살했다."³⁰⁰

'대살代殺'이라는 것도 있었다. 가족 중 청년이 사라진 집안의 사람들은 '도피자 가족'이라 하여 총살하는 것이다. 1948년 12월 13일 대정면 상모리와 하모리 주민 48명이 도피자 가족이라는 이유로 총살당했다. 이 마을에서는 주민들을 집결시킨 후 총살극을 구경시켰다 하여 이 사건을 '관광 총살'이라고도 부른다.³⁰¹

'이름 빼앗기지 마라'는 유행어도 나돌았다. 토벌대의 고문이 워낙 가혹해 일단 취조를 받으면 허위로라도 자백해야 했기 때문에 벌어진 일이었다.

"남원면 신례리 양경수 씨(78)는 당시 '이름 빼앗기지 마라'는 유행어가 있었다고 말했다. 우연히 토벌대에게 끌려가는 사람의 앞에 가거나 근처에 있다가 그의 기억 속에 자신의 존재를 남기지 말라는 뜻이다. '매에는 장사가 없어 고문을 받으면 아무 이름이나 튀어나오는 법'이라고 했다."[302]

사살 연습이 벌어진 북촌리 학살 사건

1949년 1월 17일에 벌어진 북촌리 학살 사건도 끔찍했다. 제2연대 3대대 중대 일부 병력이 북촌리를 통과하다가 무장대의 기습을 받아 2명의 군인이 살해된 것에 대한 보복으로 230~300명의 주민을 학살하고 300여 채의 가옥을 잿더미로 만든 사건이다.

"북촌초등학교 운동장에 모인 1,000여 명의 마을 사람들은 공포에 떨었다. 교단에 오른 현장 지휘자는 먼저 민보단 책임자를 나오도록 해서 '마을 보초를 잘못 섰다'는 이유로 주민들이 보는 앞에서 즉결처분했다. 주민들이 동요하자 위협 사격을 가하기 시작했다. 이 위협 사격으로 30대 임산부와 두 살짜리 젖먹이를 안은 40대 여인들이 쓰러졌다. 많은 마을 주민들은 젖먹이가 머리에 총상을 입어 숨진 어머니의 가슴에 파고들어 젖을 빨던 모습이 지금도 생생하다고 전한다. 군인들은 다시 군경 가족을 나오도록 해서 운동장 서쪽 편으로 따로 분리시켰다. 공기가 심상치 않음을 느낀 주민들 가운데는 군경 가족이 있는 쪽으로 가는 것이 '사는 길'이라 여겨 필사적으로 달려나가다 개머리판으로 얻어터지거나 총상을 입기도 했다. 어린 학생들을 일으켜 세워 '빨갱이 가족'을 찾아내라고 들볶던 군인들은 이 일이 여의치 않자 주민 몇십 명씩 끌고 나가 학교 인근 밭에서 사살하기 시작했다."[303]

당시 제2연대 3대대의 대대장 차량을 운전했던 김병석은 "그때 대대장 차량은 임시로 앰뷸런스를 사용하고 있었어. 날씨가 추워서 나는 운전석에 앉아 있었고 6~7명의 장교들이 앰뷸런스 뒤에서 참모회의를 가졌지"라면서 다음과 같이 증언했다.

"여기에 모인 사람들을 처리하는 문제를 논의했어. '학교 담 위에 대대 병력을 모아놓고 기총사살을 해야 한다', '대대 화기인 박격포를 이용해야 한다' 등 의견이 분분했지. 그때 한 장교가 '군대 들어와서 적을 사살해본 경험이 없는 군인이 태반이다. 분대별로 길 건너 옴팡밭(길 아래쪽에 푹 꺼진 밭)으로 끌고 가서 처리하는 것이 좋겠다'고 했어. 모두 좋다고 했지. 동쪽 줄부터 끌고 가기 시작했어. 그때는 나도 혼이 다 나갔던 것 같애. 고향이 함덕리니까 거기 모인 사람들 중에는 인척관계도 있을 거고 동창들도 있었을 텐데 그때는 아무 생각도 안 났어."[304]

1960년 4·19 이후 『조선일보』 1960년 12월 22일자가 이 사건을 기사화했다. 이 기사는 「끔찍한 악몽, 과부寡婦의 마을…해마다 이맘땐 집단제사」라는 제목 아래 "남녀 유권자 비율을 따져보면 거의 3대 1에 가까울 만큼 남자들이 희소한 곳"이라고 보도했다.[305] 그러나 5·16쿠데타로 진상은 다시 파묻히고 말았다.

현기영의 『순이 삼촌』

현기영의 『순이 삼촌』에 기록된 내용도 눈물겹다.

"작전명령에 의해 소탕된 것은 거개가 노인과 아녀자들이었다. 그러니 군경 쪽에서 찾던 소위 도피자들도 못 되는 사람들이었다. 그런 사람들에게 총질을 하다니! 또 도피 생활을 하느라고 마침 마을을 떠나 있어서 화를 면했던 남정네들이 군경을 피해 다녔으니까 도피자가 틀림없겠지만 그들도 공비는 아니었다. 사실 그들은 문자 그대로, 공비에게도 쫓기고 군경에게도 쫓겨 할 수 없이 이리저리 피해 도망다니는 도피자일 따름이었다."[306]

"이렇게 안팎으로 혹독하게 부대낀 마을 남정들 중에는 아버지처럼 여러 달 전에 밤중에 통통배를 타고 일본으로 밀항해 버린 사람도 있고 육지 전라도 땅으로 피신하는 사람도 있었다. 어떤 집에서는 아무래도 불길한 예감이 들었던지 사내아이들을 다른 마을로 보내기도 했다. 그것도 큰놈은 읍내 이모네 집에, 샛놈(가운데 아들)은 함덕 외삼촌한테, 막내놈은 또 어디에 하는 식으로 사방에 뿔뿔이 흩어놓았다. 그건 아마도 한 군데 모여 있다가 몰살되어 씨멸족하면 종자 하나 추리지 못할까봐 생각해낸 궁리였으리라."[307]

"내 아래 또래의 아이들에게 몰래 양과자를 주어 아버지나 형이 숨은 곳을 가리켜 달라고 꾀어내던 서청 출신의 순경들, 철모르는 아이들은 대밭에서, 마루 밑에서, 외양간 밑이나 조짚가리 밑을 판 굴에서 여러 번 제 아버지와 형을 가리켜냈다. 도피자 아들을 찾아내라고 여든 살 노인을 닦달하던 어떤 서청 순경은 대답 안 한다고 어린 손자를 총으로 위협해서 무릎 꿇고 앉은 제 할아버지의 따귀를 때리도록 강요했다. 닭 잡아내라고 공포를 빵빵 쏘아대기도 했다."[308]

"그들은 또 여맹女盟이 뭣 하는지도 모르는 무식한 촌 처녀들을 붙잡아다가 공연히 여맹에 가입했다는 혐의를 뒤집어씌우고 발가벗겨놓고 눈요기를 일삼았다.……지서에 붙들어다놓고 남편의 행방을 대라는 닦달 끝에 옷을 벗겼다는 것이었다. 어이없게도 그건 간밤에 남편이 왔다 갔는지 알아본다는 핑계였는데, 남편이 왔다 갔으면 분명 그 짓을 했을 것이고, 아직 거기엔 분명 그 흔적이 남아 있을 테니 들여다보자는 것이었다.……거기다가 이들은 밭에서 혼자 김매는 젊은 여자만 보면 무조건 냅다 덮친다는 소문이었으니 나이 찬 딸을 둔 집에서는 이래저래 여간 불안한 게 아니었다. 그러니 딸이 겁탈당하기를 기다리느니 미리 선수를 쳐서 서청 출신 군인에게 시집보낸 우리 할아버지의 처사는 백번 잘한 일이었다. 아직 스무 살 어린 나이에 별 분수를 모르던 고모부는 할아버지가 꾀로 얼르는 바람에 얼떨결에 결혼하고 만 것이었는데 고모는 고모부보다 두 살이 더 많았다."[309]

"찌르지 않으면 너희들이 대신 죽는다"

1949년 1월 21일 국무회의에서 이승만은 "가혹한 방법을 동원해서라도 제주 4·3 사건을 완전히 진압해야 한국의 중요성을 인식하고 있는 미국의 원조가 가능하다"고 지시했다.[310] 이승만을 총재로 모시고 있는 대한청년단은 이승만의 그런 기대를 저버리지 않았다. 당시 18세였던 김계순의 증언이다.

"4·3 발발 이듬해 봄으로 기억되는데, 금덕리에서 소개온 한 처녀가 하귀 지서에 끌려와 매일 전기고문을 받았어요. 사라진 오라버니를 찾아내라는 게 빌미였지요. 그녀는 고문을 견디다 못해 몰래 도망쳐 바닷가에 숨었지만 며칠 후 결국 경찰에 붙잡혔지요. 경찰들은 하귀국교 동녘 밭에 남녀 대한청년단을 모두 집합시킨 후 그녀를 끌고 왔습니다. 그땐 너나 할 것 없이 대한청년단원이 돼야만 하는 시절이었습니다. 우리 앞에 끌려왔을 때 그녀는 이미 초주검 상태였습니다. 그러나 경찰은 그녀를 홀딱 벗긴 후 '여자니까 대한청년단 여자대원들이 나서서 철창으로 찌르라'고 명령했습니다. 우린 기겁을 했지요. 누가 나서서 찌를 수 있다는 말입니까. 그러나 '찌르지 않으면 너희들이 대신 죽을 것'이라고 협박하는 바람에 단장인 한 여자가 나서서 먼저 찔렀어요. 경찰은 모두들 한 번씩 찌르라고 했습니다. 눈뜨고 볼 수 없을 지경이었어요. 내 차례가 되기 전에 그 처녀는 이미 죽었습니다. 경찰은 시신을 이리저리 굴려보다가 죽음을 확인하고는 남자들에게 처리하라고 했습니다. 집에 돌아온 후 토하고 밥도 못 먹고 난리가 났어요. 또한 그 일로 몹시 앓았습니다. 사촌언니는 그때 찔렀다면서 그 후 막 아파서 죽다 살아났다는 겁니다. 친구들에게 물어보니 모두들 나처럼 앓았다고 하더군요. 그런 일을 겪었으니 앓는 것이 당연하지요. 내가 죽어서야 잊혀질 일입니다. 그런데 경찰들은 그녀에게 몹쓸 짓을 하려다 안 되니까 그렇게 한 것입니다. 그래서 한 친구는 '몸을 줬으면 살 수도 있었을 텐데……'라며 안타까워했습니다."[311]

4·3의 배후엔 미국이 있었다

1948년 5월 10일 선거에서 꼭 1년이 지난 1949년 5월 10일 제주도에서는 국회의원 선거가 치러졌다. 1949년 5월 10일 재선거를 치르고 돌아온 경찰대에 국무총리 이범석은 환영사에서 "제주도의 완전 진압은 비단 대한민국에 대한 큰 충성일 뿐 아니라 동남아시아와 태평양을 공산주의 독재로부터 방어하는 데 큰 공적이 있는 것"이라고 치하했다.[312]

『조선중앙일보』1949년 9월 1일자는 "외국 기자들은 이 사태를 가리켜 가장 흥미롭기나 한 듯이 '마셜'과 '몰로토프'의 시험장이니, 미소 각축장이니, 38선의 축쇄판이니 하고 이곳 제주도의 눈물 없이는 볼 수 없는 실정을 붓끝으로만 이리 왈 저리 왈 한 사실도 있었다"면서 제주도는 "극동의 반공 보루로써 새로운 시험장이 되어져 있는 것"이라고 썼다.[313]

미국은 제주에서 일어난 '인간 사냥'에 어느 정도 개입했던 것일까? 최근 들어 4·3 진압을 미군 장교가 직접 지휘했다는 미국 측 인사들의 증언도 나오고 있지만,[314] 아직까지도 정확한 진상을 알기는 어렵다. 다만 한 가지 분명한 사실은 미국이 '인간 사냥'을 방조 혹은 부추겼다는 점이다. 미국은 왜 그랬을까?

그 이유에 대해 박명림은 '상황론'과 '음모론'을 제시한다. 상황론은 "철수에 앞서 친미반공 기지를 구축한다는 미군의 점령 목표가 여순 사건으로 인해 차질을 빚었고, 제주도 사건이 전국으로 확산될 것에 위기를 느낀 나머지 전율할 학살극을 전개했다"는 것이다. 음모론은 "미군은 대공 투쟁의 전초 기지로서 제주도에서 '고도로 의도된 실험'을 했

미국은 왜 제주에서 일어난 '인간 사냥'을 방조 혹은 부추겼을까? 1948년 5월 5일 제주비행장에 도착한 미군정 장관 윌리엄 딘(왼쪽 두 번째).

다"는 것이다.[315]

　미국이 제주도의 군사적 기지로서의 가치에도 주목했으리라는 시각도 있다. 일본이 태평양전쟁 말기인 1945년에 약 7만 명의 병력을 제주도 내에 주둔시켰던 것, 1946년 10월 AP 통신이 제주도를 지중해의 전략적 요충지인 지브롤터에 비유했던 것, 1947년 이승만의 제주도 미군 기지 제공 발언, 1949년 대만 총통 장제스의 공군기지 설치 제안, 1949년 10월 주한 미 대사관의 보고서에서 '전략상 엄청난 가치를 지닌 제주도'라고 거론한 점 등이 바로 제주도의 그런 군사전략적인 가치를 말해주고 있다는 것이다.[316]

　미군이 제주 4·3 항쟁에 대해 초토작전을 강행한 건 본국 정부의 압력 때문이기도 했다. 미국은 당시 유엔에서 겪고 있던 곤경, 즉 한반도 문제 해결을 둘러싼 소련의 비난을 의식했다. 소련은 "미군정의 폭정에 대항해 주민들이 각지에서 폭동과 반란을 일으키고 있다. 그 좋은 예가 제주도 폭동 사건"이라는 성명을 발표하는 등 공세를 취하고 있었다. 미국 정부는 관계자를 문책하고 조속한 시일 내에 폭도를 진압하라는 명령까지 하달했던 것이다. 이승만 정권은 유엔의 한국 정부 승인을 앞두고 정통성 문제로 번질까봐 초강경 대응을 원했으니 양쪽의 이해관계가 맞아떨어진 것이었다.[317]

날조된 딱지와의 투쟁, 기억의 타살

이승만 정권과 미국의 뜻이 어떠했건, 그들이 성공을 거두었다고 자축하는 그 순간에도 제주 도민들의 고통은 계속되고 있었다. 이제 제주 도민들은 이승만 정권이 덧씌운 '빨갱이섬'이라는 날조된 딱지와의 투쟁을 전개해야 했다. 한수영이 지적했듯이, "한국전쟁이 일어나자 제주도 출신 청년들이 해병대에 무더기로 자원입대해 '귀신 잡는 해병'이라는 별명을 낳게 만든 것도 '빨갱이섬' 혹은 '잠재적인 좌익분자들의 소굴'이라는 바깥의 인상을 어떤 방법으로든 허물고 당당한 대한민국 국민이 되고 싶었던 제주 사람들의 생존 의지 때문이었다".[318]

바로 그런 이유 때문에 학살극이 완료된 이후에도 제주 도민들의 고통과 공포는 끝나지 않았다. 다시 현기영의 말을 들어보자.

"아, 떼죽음 당한 마을이 어디 우리 마을뿐이던가. 이 섬 출신이거든 아무라도 붙잡고 물어보라. 필시 그의 가족 중에 누구 한 사람이, 아니면 적어도 사촌까지 중에 누구 한 사람이 그 북새통에 죽었다고 말하리라. 군경 전사자 몇백과 무장공비 몇백을 빼고도 5만 명에 이르는 그 막대한 주검은 도대체 무엇인가?……누가 뭐래도 그건 명백한 죄악이었다. 그런데도 그 죄악은 30년 동안 단 한 번도 고발되어본 적이 없었다. 도대체가 그건 엄두도 안 나는 일이었다. 왜냐하면 당시의 군 지휘관이나 경찰 간부가 아직도 권력 주변에 머문 채 아직 떨어져나가지 않았으리라고 섬사람들은 믿고 있기 때문이었다. 섣불리 들고 나왔다간 빨갱이로 몰릴 것이 두려웠다. 고발할 용기는커녕 합동위령제 한 번 떳떳이 지낼 뱃심조차 없었다. 하도 무섭게 당했던 그들인지라 지레 겁을 먹고 있는 것이었다. 다만 합동위령제를 한 번 떳떳하게 올리고 위령비를 세워 억울한 죽음들을 진혼하자는 것이었다. 그들은 가해자가 쉬쉬 해서 30년 동안 각자의 어두운 가슴속에서만 갇힌 채 한 번도 떳떳하게 햇빛을 못 본 원혼들이 해코지할까봐 두려웠다."[319]

"역대 독재정권들은 공포정치를 통하여 4·3을 금기의 영역에 묶어놓고, 그 사건에 대한 도민의 집단적 기억을 폭력적으로 말살하려고 해왔다. 비참한 사건에 대한 도민의 집단적 기억을 말살하는 정치를 '망각의 정치'라고 한다. 이러한 기억의 타살 행위는 반세기 동안 도민의 입을 얼어붙게 만들었고, 도민들은 그 참혹한 경험을 망각하지 않고는 도무지 살 수 없어 스스로 기억을 지우는 기억의 자살을 하지 않으면 안 되었다. 죽은 자와 살아남은 자 간의 내통이 철저히 봉쇄되고 말았으니, 살아남은 자 역시 살아 있되 기억이 타살당한 죽은 자나 다름없었던 것이다."[320]

『제민일보』 기자 김종민이 1988년 봄 생존자의 증언 채록에 나섰을 때의 경험담이다.

"일부 할머니 할아버지들은 취재반을 문 앞에서 쫓아냈다. 어쩌다 할아버지가 증언을 할라치면 어느새 부엌에서 나온 할머니가 막았다. '이 하르방 또 잡혀 가려고 실없는 소리를 한다'고.……반발심도 '적당하게' 당해야 생기는 걸까. 체험자들은 철저하게 좌절해 패배주의에 빠져 있었고 큰 피해의식에 시달리고 있었다. 부모가 죽을 때 박수를 치고 만세를 불러야 했던 유족들은 진상규명 의지는커녕 '4·3'에 대해 생각하는 것조차 꺼렸다."[321]

공포는 아직도 남아 있다

연좌제도 더할 나위 없이 잔인했다. 어느 수형자의 증언이다.

"(내 옥살이 때문에) 친족간에도 미안한 게 있어. 내가 그런 걸로 징역을 사니까 가까운 친족이 뭘 하나 하려고 해도 나 때문에 피해를 입었다는 거라. 취직을 하려고 해도, (나 때문에) 그런 것도 못한 사람이 있어. 그런 거 보면 많이 미안하기도 하지. 사람이 징역을 살고 나왔으면, 그걸로 그만해야 하는데. 아이고, 징역 살고 오니까 그때부터 경찰서 출입했어. 집에 있으면 통지서가 와. 서귀포경찰서에서. 조금 들어볼 말이 있으니까 와달라고 해. 가면 들어볼 말 개뿔도 없으면서 말야. 들어볼 말도 생전 없으면서 가면 '뭐하면서 사느냐?' '어떻게 사느냐?' '어디 다니느냐?' 이거라. 1년에 서너 차례씩은 했어. 노태우 시절까지도 그랬어."[322]

모든 일거수일투족에 대한 감시와 추궁도 수십 년간 지속되었다. 그래서 아예 사람이 있는 곳은 피해버리고, 사람을 두려워하는 사람들이 적지 않았다. 다른 사람이 있는 곳에 가면 경찰에서 뒷조사를 하는 등 후

환이 두려웠기 때문이다.³²³ 민주화가 이루어진 1997년에도 '기억의 타살'은 끝나지 않았다.

"마을의 온갖 사건들을 증언하던 한 노인은 정작 자신의 어머니가 희생되었다는 말은 하지 않았다. 취재반이 다른 곳에서 그 사실을 알고 다시 확인하면 그제야 실토를 했다. 제주도의회 4·3 특위가 희생자 조사를 벌일 때도 많은 유족들은 신고를 기피했다. 농민들보다는 공무원이나 사업가 등 사회적으로 명성을 얻은 사람일수록 그러했다. 그들은 자신이 겪었던 연좌제 피해 사례를 이야기하면서 '자식에게만큼은 물려주지 말아야 할 것 아니냐'고 하면서, 연좌제에 대한 극도의 불안감을 표출했다. 대부분의 유족들은 자기 부모가 배운 것 없는 촌로였음을 강조했다. 사상범이 아니라 억울하게 죽었음을 강조하기 위함이다. 극단적인 반공 이데올로기가 낳은 현상이다. 그리고 일부는 부모를 총살한 토벌대보다 '사태를 유발시킨' 무장대를 원망했다. 심지어 위령제 때 무장대로 추정되는 사람의 위패가 보인다면서 자기 부모의 위패를 거두어가기도 했다.……최근에도(1997년 3월) 취재반은 증언 채록에 애를 먹었는데, 바로 '황장엽 리스트'가 연일 언론에 보도될 때였다. '세상이 다시 어지러워지면 내가 한 증언이 문제될 게 아니냐'는 걱정 때문이었다."³²⁴

노무현의 사과, 희생자에 대한 배·보상

2003년 10월 15일 제주4·3사건위원회(위원장 국무총리 고건)가 확정한 『제주4·3사건 진상조사보고서』는 유혈 사태를 초래한 초토화 작전과 집단 인명피해(집단학살)의 최종 책임은 당시 군통수권자인 대통령 이승만에게 있다고 지적했으며, 10월 31일 대통령 노무현은 사건 발생 55년 만에 당시 국가권력의 잘못에 대해 대국민 사과를 했다.

2020년 4월 3일 대통령 문재인은 4·3 사건 추념사에서 제주 도민이 '통일정부 수립'을 꿈꾸다 처참한 죽음을 맞은 것처럼 말해 논란을 빚었다. '통일정부 수립'은 4·3 사건 당시 폭동을 일으킨 남로당이 내건 정치 선동 슬로건이었는데, 남로당이 일으킨 무장 폭동을 진압하는 과정에서 희생된 수많은 제주 도민을 '통일정부 수립'에 앞장선 전사처럼 묘사한 게 온당하냐는 것이었다. 게다가 문재인 정부의 '지침'에 따라 새 교과서 6종(동아, 비상, 씨마스, 지학사, 금성, 천재교육)이 4·3 사건을 모두 '8·15 광복과 통일정부 수립을 위한 노력'이란 제목 아래 다룬 것도 논란이 되었다.

이에 서울대학교 명예교수 한영우는 "4·3 사건은 남로당 입장에서 보면 통일국가 수립 운동이다. 6·25도 북한 입장에서 보면 조국통일 전쟁 아닌가"라며 "대다수 양민이 희생당한 4·3 사건을 통일정부 수립 운동으로 쓰는 건 학계 판단보다 한참 앞서 나간다"고 했다. 그는 "정부는 누가 어떤 과정을 거쳐 이런 교과서 집필 지침을 만들었는지 투명하게 공개해야 한다"고 말했지만, 교육부는 "교과서 지침 '변경에 누가 관여하고 어떤 과정을 거쳤는지 공개하지 않을 방침"이라고 했다. 『조선일보』 학술전문기자 김기철은 다음과 같은 문제 제기를 했다.

"4·3 사건은 남로당 무장 폭동이 도화선이 돼 수많은 제주 도민이 억울하게 희생된 현대사의 비극이다. 혈육을 잃은 제주 도민은 수십 년간 '폭도' 가족으로 몰리고 연좌제로 고통받았다. 4·3 특별법을 만들고, 노무현 정부 당시 4·3 사건 공식 보고서를 만든 이유는 진상규명을 통해 제주 도민의 억울한 희생을 위로하기 위해서였을 것이다. 교과서에서 제주 도민이 남로당 선전대로 '통일정부 수립'을 위해 노력하다 희생당한 것처럼 기술하면, 제주 도민에게 다시 북한 편든 '폭도'의 굴레를 씌우는 게 아닌가."[325]

2021년 2월 26일, 국회 본회의에서 '제주 4·3 사건 진상규명 및 희생자 명예회복에 관한 특별법' 전부개정안이 찬성 199인, 반대 5인, 기권 25인으로 가결되었다. 이에 따라 희생자에 대한 정부의 배·보상 작업이 시작되었는데, 2021년 10월 12일 제주4·3희생자유족회는 정부가 제시한 희생자 1만 4,533명(현재 기준) 각 1인 몫으로 8,960만 원의 배·보상금을 2022년부터 연차적으로 지급하는 안을 수용하기로 했다. 정부가 1만 4,000명이 넘는 대규모 인원에 대해 일괄적으로 균등하게 배상·보상하는 것으로, 과거사 관련 민간인 희생자에게 배상·보상 사례 중 최대 규모(1조 3,000억 원)였다.[326]

제3부 1949년 | 반공의 종교화

- 반민특위와 학도호국단
- '국회 프락치 사건'과 반민특위의 와해
- 국민보도연맹과 전향·충성 경쟁
- 김구 암살
- 이승만 우상화
- '연설 정치'와 '혈서 정치'
- 6·25 전쟁 직전, 무슨 일이 벌어졌는가?
- '여성 외교클럽' 낙랑클럽의 활약

반민특위와 학도호국단

반민특위와 이승만의 갈등

1948년 10월에 구성된 '반민족행위자특별조사위원회(반민특위)'는 관계법과 조직을 정비해 1949년 1월 5일 중앙청에 사무실을 차리고 반민족 행위자들의 친일 행적 조사와 이들에 대한 검거 작업에 착수했다. 1월 8일부터 검거 작업에 나선 반민특위는 제1호로 화신和信 재벌 박흥식을 검거한 데 이어, 일본 헌병 앞잡이로 250여 명의 독립투사를 밀고한 친일파로 『대한일보』 사장 이종형, 33인 중 한 사람인 최린, 친일 변호사 이승우, 남작 이풍한, 『매일신보』 사장 이성근, 친일 경찰 노덕술, 문인 이광수와 최남선 등을 검거했다.[1]

반민특위 요인 암살 음모의 주동 인물이기도 한 노덕술은 1월 24일에 체포되었는데, 이는 반민특위에 반대했던 이승만과 반민특위 사이의 갈등을 불거지게 만들었다. 이승만은 반민특위가 구성될 초창기부터

반민특위는 중앙청에 사무실을 차리고 반민족 행위자들의 친일 행적 조사와 이들에 대한 검거 작업에 착수했다.

"지금 국회의 친일파 처리 문제로 많은 사람들이 선동되고 있는데, 이런 문제로 민심을 이산시킬 때가 아니다. 이렇게 하는 것으로는 문제 처리가 안 되고 나라에 손해가 될 뿐이다"며 반대했다.[2]

노덕술이 수도경찰청 수사과장 재직시 이승만은 직접 그를 이화장으로 불러 "자네 같은 애국자가 있어 내가 발을 뻗고 잔다"고 격려했을 만큼 노덕술을 총애했다. 노덕술이 체포되자 이승만은 "노덕술 등은 공산당을 잡는 기술자며, 그들을 처단하려는 것은 공산당의 짓이다"며 석방을 요구했으며, 2월 2일에는 반민특위를 부인하는 담화를 냈다.[3]

반민특위가 이승만의 요구를 거절하자 이승만은 보복을 결심했던 걸까? 이승만은 2월 12일 국무회의에서 "노덕술을 잡아들인 반민특위 조사관 2명과 그 지휘자를 체포해 의법依法처리하며 계속 감시하라고 지령하시다"고 발언한 것으로 국무회의록에 기록되어 있다.[4] 친일파는 반민특위에 결사적으로 저항했으며 이승만은 그런 저항을 비호했다. 노덕술이 체포된 다음 날에 벌어진 사건도 이들의 저항이 얼마나 결사적이었던가 하는 걸 잘 말해주고 있다.

1월 25일 백민태라는 테러리스트가 서울지검을 찾아가 암살 음모 사건을 고백했다. 자신이 노덕술을 비롯한 수도경찰청 간부들에게서 반민특위 간부 15명을 38선까지 유인해 살해한 뒤 이들이 월북하려 해 사살했다고 위장하라는 지시를 받았다는 것이다. 백민태는 이들에게서 받은 권총과 수류탄, 암살 대상자 명단을 내놓았다. 백민태는 전문 테러리스트이긴 했지만 항일운동을 했던 사람으로 차마 그런 일은 할 수 없다고 판단해 모든 걸 털어놓은 것이었다. 결국 이 암살 음모는 미수로 돌아갔지만, 그래도 반민특위를 와해시키려는 친일파의 공작은 계속되었다. 이로부터 4개월 후에 나타난 이른바 '국회 프락치 사건'이 바로 그것이다.[5]

국회 프락치 사건이 벌어지기 전까지 세 가지 중요한 사건이 발생한다. 그것은 1949년 2월 민주국민당 창당, 3월 남로당의 완전 붕괴와 학도호국단의 창설이다. 이 중 가장 중요한 것이 학도호국단 창설이다. 이는 반민특위가 지향하는 가치와 상반되는 것이었다. 반민특위는 정의를 추구하는 것으로 불가피하게 갈등을 낳을 수밖에 없다. 반면 학도호국단은 위대한 영도자를 중심으로 갈등 없이 일사불란하게 뭉치자는 일민주의一民主義에 근거한 것으로 파시즘 성향이 농후했다.

서중석은 극우반공주의를 일단 잠정적으로 '한국형 파시즘'으로 규정하는데,[6] 일민주의와 학도호국단은 극우반공주의에 '영도자 중심주의'와 '만인에 대한 만인의 투쟁'이라고 하는 방법론적 차원을 더한 '한국형 파시즘'의 전형이었다. 이제 그 세 가지 중요한 사건을 하나씩 살펴보기로 하자.

'파시스트적 통치 구조'의 3위 1체

앞서 거론했듯이, 내각 구성에서 배제된 한민당은 그걸 계기로 반反이승만 노선으로 전환했다. 한민당은 신익희와 지청천 세력을 흡수해 1949년 2월 10일 민주국민당(민국당)으로 다시 태어났다. 민국당은 1949년 4월 말에 이르러 소속 의원 69명의 제1당으로 부상했다. 이승만은 힘이 달려 이들과 어느 정도 연합할 수밖에 없었다. 그래서 1949년 봄을 지나면서 민국당은 내무(김효석), 재무(김도연), 상공(윤보선), 교통(허정), 체신(장기영) 등 내각 지분을 크게 늘려나갔다.[7]

강력한 1인 집권 체제를 원하는 이승만으로선 무언가 다른 대안을 모색해야만 했다. 이승만은 자신이 장악할 수 없는 정당 체계에는 고개를 돌리고 정치적 과제까지도 자신의 측근을 중심으로 한 관료조직을 통해서 해결하려고 했다.[8] 한민당계 장관이라 하더라도 국회와는 달리 대통령의 강력한 권력으로 관료 체제를 장악할 수 있으므로, 이승만은 관료조직을 포함한 국가기구의 권능을 강화시켜 나가면서 그 시스템에 의존하는 통치술을 구사하게 되었다.

3월경에 이르러 좌익이 거의 소멸되었다는 건 그런 프로젝트의 나아갈 바를 시사해주는 것이었다. 물론 좌익의 산악 게릴라전은 1949년 9월 최고조에 달해 이듬해 3월까지 계속되지만, 합법 공간과 일상적인 민생 영역에서 좌익은 1949년 3월 남로당 지도자 김삼룡과 이주하가 체포된 뒤 붕괴되었다. 남로당의 궤멸은 6·25 전쟁 발발 이후 남한에서 이렇다 할 인민 봉기가 없었다는 사실에서도 증명되었다.[9]

그런 상황에서 이승만이 꿈꾼 건 정당 체계를 우회한 국가기구와 관제적 민중 동원을 근거로 한 유사 국가기구에 의한 통치였다. 그런 계획 하에 탄생한 것이 바로 '학도호국단'이었다. 학도호국단은 이미 1948년 10월에 구성된 대한청년단과 1949년 8월에 재편성되어 나타날 국민회와 함께 3대 반관半官 또는 유사 국가기구적 대중조직으로 '파시스트적 통치 구조'의 3위 1체를 구성하는 것이었다.[10]

국민회는 기존의 독립촉성국민회에서 '독립촉성'을 떼고 1949년 8월에 확대 개편된 조직으로 회장은 대통령이었다. 목표는 신국민운동 전개였다. 구체적인 임무는 반공사상으로서의 사상통일, 공산주의 잔재 일소, 국방 계획 협조 등을 위해 관제 데모, 관제 국민대회 등에 동원되는 것이었다.[11] 돈 받고 동원되는 게 아니었다. 오히려 돈을 내야 했다. 회비는 가구당 200원이었다. 국민회는 일제 말 이래의 애국반을 국민반으로 개편해 10호나 20호를 단위로 국민반을 조직하게 했고, 동장이나 읍장, 군수나 도지사는 국민회의 간부가 되게 했다.[12]

대한민국 국적이 있는 18세 이상의 모든 남녀는 모두 국민회에 가입해야만 했으며, 그와 동시에 성년 여성은 대한부녀회, 청년은 대한청년단, 학생은 학도호국단에 가입해야만 했다. 이것 말고 청년들은 민보단, 소방단, 의용단에도 가입해야만 했다. 국민회비를 내지 않으면 식량 배급통장이나 물자의 배급을 중지한다고 위협했고, 청년단비를 내지 않으면 38선에 보낸다고 위협했다.[13]

이 모든 조직의 총재나 명예총재는 모두 이승만이었고, 대한부녀회만 프란체스카가 총재를 맡았다. 그러나 어느 하나도 법률에 의해 만들어지지 않았다. 매우 기이한 이중적 국가 체제 운영 방식이었던 것이다.[14]

안호상과 이승만의 일민주의

학도호국단은 족청의 부단장을 역임했다가 초대 문교부 장관으로 발탁된 안호상의 일민주의 사상에 근거해 안호상의 지도하에 만들어졌다. 안호상은 '국민 사상을 귀일歸一'시키기 위한 일민주의 사상 보급에 문교 행정의 중점을 두었다. 물론 이는 곧 이승만의 생각이었다. 이승만은 1949년 최초의 연두 기자회견에서 "진정한 민주주의는 일민주의 철저로부터 시작하는 것이다"고 선언했다.[15]

대통령이 그렇게 치고 나감으로써 많은 일민주의 방계 조직이 만들어졌다. '일민주의 보급회'는 전국적인 조직을 갖추고 활동했으며, 국회에는 일민주의 구락부까지 생겨났다. 일민주의는 일종의 '극우민족주의'였다. 일민주의 보급회가 1949년에 펴낸 이승만의 『일민주의 개술一民主義 槪述』에서 이승만은 "하나가 미처 되지 못한 바 있으면 하나를 만들어야 하고, 하나를 만드는 데에 장애가 있으면 이를 제거하여야 한다"고 말했다.[16]

여순사건에 대한 수습 대책을 논의하는 과정에서, 공산주의를 사상적으로 극복하고 중심 사상을 세울 필요성이 강하게 제기되었는데, 바로 이 시기에 등장한 것이 일민주의였다.[17] 일민주의의 세부 사항은 안호상의 몫이었다. 안호상은 3천만 겨레는 일민주의를 위해 일하며 또 죽을 각오를 해야 한다고 역설했다. 일민은 생각도 같고 행동도 같아야만 하며, 동일성과 동질성이 생명이라고 했다.

"우리는 일민이다. 이 일민, 곧 한 민족에는 오직 한 주의만이 그 지도원리가 된다. 만일 두 주의들, 세 주의들을 지도원리로 한다면 우리는 한 민족이 아니라, 도리어 벌써 두 민족, 세 민족이 되고 말아, 한 민족의 부정이요 멸망이다."[18]

일민주의 추종자들은 피를 강조했다. 핏줄과 혈통이 주된 화두였다. 히틀러의 게르만 순혈론과 '피의 땅'과 거의 같은 담론이었다. 골수 일민주의 지도자 중의 한 명인 이범석은 1946년 12월 1일 조선민족청년단 제1기 입소식 훈사訓辭에서 이렇게 말했다.

"독일의 히틀러가 억지로 순혈운동을 일으킨 적이 있었던 것을 우리는 기억하지만, 그것은 독일 민족이 형성된 역사 배경으로 보아 사실상 되지 못할 것이긴 하였으나, 현실적으로 유대인을 배척함으로써 민족적 결속에는 심대한 효과가 있었던 것입니다.……피! 부자父子의 피! 골혈骨血의 피! 민족의 피! 이 피야말로 모든 문제의 시초요 결말입니다. 우리 조선민족청년단의 사업은 이 피에 대한 연구 분석 종합, 이 피의 조직 재생 배양 그리고 활약 무한한 활력을 기르는 데 있습니다."[19]

이범석은 1947년 정초엔 우리나라의 고질병으로서 첫째가 민주주의 병이라고 지적하면서 민주주의는 곧 예의 염치라고 주장했다. 그는 반민특위를 적극 반대하는 등 친일파를 옹호했지만, 이는 일민주의와 아무런 갈등을 일으키지 않았다. 일민주의는 이승만 중심의 이데올로기였기 때문이다. 일민주의는 지도자와 신종자로 구성된 사회를 전제했으며, 대한민국은 한 사람의 위대한 지도자에 의해 통치되며 국민은 절대 복종해야 한다는 걸 전제했다.[20]

안호상은 일민주의를 "이승만의 이성적 판단과 양심적 반성과 굳센 의지의 결정으로서 단군 한배검의 홍익인간 정신과 신라 화랑도의 사상을 이어받아 현대의 모든 이념체계를 종합한 가장 깊고 가장 큰 주의"라고 자찬했다.[21]

중앙학도호국단 결성

그런 일민주의를 실현시키는 데에 앞장서야 할 학생 조직이 바로 안호상의 지도하에 1949년 3월 8일에 창설된 학도호국단이었다. 학도호국단은 전국의 중학교 이상 1,146개교, 총 단원 35만 명을 통괄하는 거대한 학생 조직이었다.[22] 4월 22일 서울운동장에서 이승만과 안호상이 참여한 가운데 중앙학도호국단 결성식이 거행되었다.

학도호국단은 모든 중·고등학생들과 대학생들을 대상으로 군사훈련과 반공교육을 실시했다. 학생들의 비판적 활동을 봉쇄하고, 관제 데모 등으로 학생을 정치 도구화했다.[23] 학도호국단의 총재는 대통령, 부총재는 국무총리, 중앙단장은 문교부 장관이었다. 그렇지만 학도호국단에 무슨 경제적 지원이 있는 건 아니었다. 오히려 정반대였다. 학생들에게서 징수한 학도호국단비가 학교 경영 전반의 재원이 되었다.[24]

학도호국단은 소련의 공격으로 국제적인 유명세까지 타게 되었다. 소련 대표 야코프 말리크Yakov A. Malik, 1906~1980는 유엔총회에서 "한국의 학도호국단은 히틀러 유겐트요, 안호상은 파쇼"라고 비난했으며, 미국 대사 존 무초John J. Muccio, 1900~1989까지 안호상을 만나면 '히틀러 유겐트'가 왔다며 가시 돋친 농담을 던졌다. 이에 대해 안호상은 "학도호국

학도호국단은 '이북 총진군'을 부르짖었는데, 그 목표를 이루기 위해 '우리의 맹세'를 제정했다. 중앙학도호국단에서 발간한 『호국학도』 창간호에는 우리의 맹세, 논문, 수필, 시, 단편소설 등이 수록되어 있다.

단은 히틀러 유겐트를 본뜬 것이 아니라 우리 화랑을 본뜬 것이요, 나치스 사상이 아니라 국조 단군 한배검의 한백성주의를 따른 것"이라고 대꾸했다.25

학도호국단은 '이북 총진군'을 부르짖었다. 그 목표를 이루기 위한 정신 무장 차원에서 '우리의 맹세'가 제정되었다. 교과서는 물론 각종 서적 뒤에 빠짐없이 인쇄되었고, 각급 학교 학생들이 모두 달달 외워야만 했던 '맹세'는 이런 것이었다. "첫째 우리는 대한민국의 아들딸 주검으로써 나라를 지키자. 둘째 우리는 강철같이 단결하여 공산 침략자를 쳐부수자. 셋째 우리는 백두산 영봉에 태극기 날리고 남북통일을 완수하자."26

학도호국단은 '이북 총진군'의 목적을 달성하기 위해 군사훈련을 실시했으며, 전 학도들은 매일같이 시가행진과 도보 훈련을 했다.[27] 학도호국단의 일선 조직체제는 군대식 편제였고, 사용되는 용어도 군대식 용어였다. 고스란히 히틀러의 청년단 흉내를 낸 것이다. 학도호국단 간부들은 거의 전부가 미군정기에 반공우익 학생 조직의 간부를 맡았던 사람들도 채워졌다. 80%가 전국학련 출신이었다.[28]

서울사대 구내에 학도호국단 간부훈련소를 설치해 각 중등학교 간부를 훈련시켰고 대학 간부는 육사에 설치된 학도반에서 2주간 군사훈련을 받은 후 전국적인 조직 사업에 투입되었다. 학교마다 군사훈련 교관으로 장교가 2~3명 파견되어 이들이 학사와 학생활동에 깊이 개입했다. 우익 학생들은 대학교수의 동태도 감시해 상부에 보고했다.[29]

감시와 밀고의 '정보 정치'

이미 1948년 12월 7일 안호상은 좌익 세력을 발본색원하기 위해서 교사들의 신상기록을 작성하라고 모든 교육기관장에게 명령한 바 있었다. 그 효과가 이제 학도호국단의 출범과 함께 가시화된 것이다. 3월 15일 학원의 민주화를 파괴하는 불순 교직원을 숙청한다는 명분으로 전국적으로 교사에 대한 대파면이 단행되었다. 충북·제주·강원을 제외한 6개 도에서 초등학교 교사만 1,641명이 파면되었다. 물론 이는 안호상이 주도한 것으로, 색출 작업은 학도호국단에 의해 이루어졌다.[30]

그런 색출 작업은 학교 밖도 마찬가지였다. 1949년 4월에는 이른바 '외래유숙자신고제外來留宿者申告制'와 '개인주택유숙계個人住宅留宿屆'가 실시되었다. 각 동반을 기준으로 매 10호마다 한 반을 조직해 상호

연대책임하에 반국가적 사상과 인물의 침투를 방지하겠다는 것이었다. 반내에 유숙하는 외래자는 반드시 관내 파출소에 신고해야 했으며, 반장에 대한 임면권은 경찰이 갖고 경찰의 참여하에 반상회를 열었다.[31]

1949년 1월 중순에 발생한 '수원 청년단 사건'은 이승만 정권이 심취되어 있는 '정보 정치'의 실상을 잘 보여주었다. 이 사건은 '대한관찰부'라는 조직이 저지른 것이었다. 이 조직은 100여 명의 무고한 민간인을 대통령 암살 혐의로 체포·고문했을 뿐만 아니라 경찰과 군까지도 임의로 동원하는 무소불위의 권력을 행사했는데, 문제는 이 조직이 법적 근거가 전혀 없는 정보기관이었다는 점이다. 대한관찰부는 이승만이 미군방첩대의 한국 철수 소식을 접하고 조직한 것으로 미국의 정보기관들에서 일했던 한국계 미국인 중심으로 이루어진 것이었다. 대한관찰부는 1948년 7월부터 1949년 3월까지 9개월 동안 2억 1,000여 만 원의 예산을 썼는데, 같은 기간에 책정된 상공부 예산이 2억 원이었다.[32]

한국형 과대 성장국가

박명림은 이승만 정권 초기의 국가는 외생적 과정을 거쳐 형성되었으며, 시민사회에서 나오지 않고 오히려 시민사회를 억압하면서 위로부터 형성되고 사회의 분화와 발전의 정도와 비교해 과대성장되었다는 점에서 과대 성장국가overdeveloped state라고 할 수 있는 것이었다고 말한다.[33]

물론 그건 미군정과 미국의 정책이 낳은 유산이었을 것이다. 박찬표에 따르면, "점령 당국은 반공 블럭 형성이라는 자신들의 정치적·군사 전략적 이해를 점령지에서 관철시키기 위해 우선적으로 강력한 치안·

행정 조직을 구축하였다. 좌파 세력이 시민사회의 헤게모니를 장악하고 있는 상황에서 우선 강력한 국가기구를 구축하고 이를 이용하여 특정의 사회질서와 이념을 위로부터 부과하고자 했던 것이다. 이는 곧 시민사회에 비해 엄청나게 과대 성장한 국가기구의 수립을 가져왔다".[34]

이승만의 국가는 과대 성장한 국가기구를 시민사회와 비교해서 평가할 수 없는 묘한 특성을 갖고 있는 것이었다. '한국형 과대 성장국가'라 해도 좋을 그것은 앞서 지적했던 모든 유사 국가기구를 권력 유지와 지지 기반의 수단으로 삼음으로써 시민사회마저 국가기구화하는, 그러면서도 국민 위에 군림하는 왕조적 성격을 강하게 드러냈다. 이는 곧 '이승만 우상화'로 나타나는데, 흥미롭고도 비극적인 건 남북 모두 같은 길을 걸었다는 점이다.

| 역사 산책 8 |

'물가 폭등'과 '사바사바'

　1940년대 후반의 혼란과 무질서 속에서 일관되게 한 길을 가는 게 있었으니 그건 바로 인플레이션이었다. 물가는 하늘 높은 줄 모르고 치솟았다. 신문 월정구독료를 기준으로 따져보자면, 물가는 3년 남짓 동안 33배 이상 올랐다. 1945년 11월 9원, 1946년 3월 25원, 11월 30원, 1947년 1월 60원, 6월 100원, 1948년 6월 200원, 12월 300원이었다.[35] 『동아일보』 1949년 4월 1일자는 이렇게 개탄했다.

　"이래서야 살 수 있나. 물가는 약 800배나 등귀, 봉급은 겨우 90배 올랐을 뿐.……조선은행에서 조사한 봉급지수를 보면 지난 2월 물가를 1936년도에 비하면 놀랍게도 물가가 평균 800배, 월급은 그중 대우가 좋은 교원이 9,400원으로서 164배가 올랐다고 하나 물가에 비하면 5분지 1밖에 아니되는 셈이다. 그리고 관공리官公吏가 그중 최저로 4,380원에 87배가 올랐을 따름이다."[36]

물가 폭등은 모리배들에겐 일확천금의 기회이기도 했다. 그래서 더욱 '사바사바'가 성행했는데, '사바사바'가 이루어지는 현장은 주로 요정이었다. 『한성일보』 1946년 2월 28일자는 "미군이 진주한 이래 불량 모리배들과 또는 아첨을 즐기는 도배들이 미 군인들과 교제를 핑계로……날이 갈수록 그 도수가 잦아가고 있는 형편"이라고 썼다.[37]

한국인들은 미군정을 불신하게 되었지만, 미군 역시 한국인에 대해 불신을 쌓아나갈 이유는 충분했다. 사회적 혼란이 외양으론 좌우 갈등의 형식을 띠었지만, 그 내면에선 자기편의 승리를 위해 또는 자기 자신의 이권을 위해 중상과 이간과 모략을 밥먹듯이 하는 사람이 너무 많았기 때문이다. 언론인 오기영은 월간 『신천지』 1946년 11월호에 쓴 글에서 이렇게 말했다.

"실로 현재의 조선은 정계나, 산업계나, 교육계나, 관계官界나 모두가 이 열병에 걸려 있습니다. 창고만을 들여다보고 욕심이 발동하여 생산 책임을 고려할 새 없이 적산敵産 관리인이 되고 싶으니 이미 돼 있는 사람을 몰아내는 모략이 필요하며 지위만을 탐이 나서 거기 따르는 책임과 자기의 역량을 고려할 새가 없이 그 지위에 앉아보고 싶으니 먼저 앉은 자를 쫓아내는 중상이 필요하게 되어 있습니다. 미국인의 눈에 조선 사람처럼 저희끼리 칭찬할 줄 모르고 욕할 줄만 아는 민족이 없다고 보여지는 것은 그들의 인식 착오가 아니라 그들은 적어도 조선 사람에게서 고가의 요리 접대를 받아가면서 정직하게 인식한 결론입니다."[38]

그랬다. 굶어죽는 사람이 속출하는 해방정국에서도 그런 접대를 위한 요정 산업은 최대의 호황을 구가했다. 이런 접대 문화는 먼 훗날까지도 한국인의 처세에서 절대적으로 중요한 것이 되었다.

제2장 '국회 프락치 사건'과 반민특위의 와해

경찰의 반민특위 습격 사건

1949년 5월 20일, 반민특위에서 주도적으로 활동하던 소장파 의원인 이문원, 이구수, 최태규 등이 체포되었다. 이들이 남로당과 연결되어 국회에서 프락치 활동을 했다는 혐의였다. 5월 23일 열린 임시국회에서는 구속 의원의 석방 결의안을 놓고 이틀간의 격론을 벌였지만 이미 국회가 크게 위축된 탓에 88대 95로 부결되고 말았다. 국회에서 구속 의원의 석방안이 토의되고 있는 동안에 서울 시내에서는 "국회 내의 빨갱이를 추방하라"는 등의 구호를 외치는 관제 데모가 벌어지고 있었다.[39]

석방 결의안이 부결된 뒤에도 찬성표를 던진 88명의 의원에게 친일 세력의 공격의 화살이 집중되었다. 친일 세력은 5월 31일 파고다공원에서 '민중대회'라는 집회를 열고, 구속 의원의 석방 결의안에 찬성한 88명의 국회의원을 공산당이라고 몰아붙였다. 시경 사찰과장 최운하는 관제 데모를 주동하면서 반민특위를 '빨갱이 집단'이라고 악선전했다. 이 사건으로 최운하와 종로서 사찰과 주임이 6월 4일 반민특위 특경대에 반민 피의자로 체포되었다. 마포서장은 반민특위를 방문해 이들을 선처해 달라고 했지만, 반민특위는 이를 거절했다. 시경 사찰과 직원들은 이승만에게 48시간 안에 반민특위 특경대를 해산시켜 달라는 요구를 하고 나서기까지 했다.[40]

그 요구는 결코 엄포가 아니었다. 이승만이 자기들의 편을 들어줄 것이라는 확신하에 이루어진 일이었다. 경찰 간부들은 실력행사를 하기로 모의하고 내무부 차관 장경근의 허락까지 얻어냈다. 장경근은 이승만의 사전 양해가 있었음을 암시했다.[41] 필동 3가에 있는 관사에 살고 있던 반민특위 위원장 김상덕의 아들 김정육의 증언이다.

"이승만이 극비리에 왔습니다. 아버님은 우리에게 방에서 나오지 말라고 이르셨습니다. 당시 경호대가 우리 집에 와 있었는데 경무대 사람들이 와서 이들 대신 호위를 했어요. 이승만은 아버님과 응접실에서 담판을 했습니다. 후에 들으니 그때 아버님이 이승만의 요청에 불응했다고 하더군요. 그로부터 얼마 지나지 않아서 백주대낮에 반민특위 습격 사건이 터졌습니다."[42]

1949년 6월 6일 중부경찰서장 윤기병이 지휘하는 무장경찰이 특경대원을 비롯해 반민특위 요원 35명을 체포해 수감하는 습격 사건이 발생했다. 이들은 무기는 물론이고 피의자를 심문한 내용이 담긴 서류 등을 모두 압수해 버렸다. 경찰의 반민특위 습격은 서울뿐만 아니라 지방에서도 자행되었으며, 반민특위 요원들은 경찰서에 감금되어 심한 가혹 행위를 받았다. 국회의장 신익희를 중심으로 5명의 국회의원이 이승

만에게 협조를 요청했으나, 이승만에게서 "특경대 해산은 내가 지시했다"는 말만 듣고 물러났다.[43]

'국회 프락치 사건'의 재탕

반민특위 특경대 해산 사건은 국회로 비화되어 국회는 내각 총사퇴를 요구, 찬성 89표, 반대 59표로 그 요구안을 통과시켰지만, 결국 반민특위와 친일 경찰 측은 구속한 사람들을 서로 교환 석방하는 선에서 마무리한다는 정치적 협상을 하고 말았다. 이로써 친일 경찰은 석방되고, 반민특위는 기세가 땅에 떨어지고 말았다.[44]

그러나 반민특위의 와해에 결정적인 영향을 미친 건 국회 프락치 사건이었다. 재탕, 그것도 확대된 재탕이었다. 6월 20일부터는 노일환, 김옥주, 강욱중, 박윤원, 황윤호, 김약수, 서용길, 신성균, 배중혁, 김병회 등의 국회의원이 체포되었는데, 이들 역시 남로당과 연결되어 국회에서 프락치 활동을 했다는 혐의였다. 그러나 증거는 없었으며, '조작'의 냄새가 짙은 사건이었다.[45] (국회 프락치 사건을 담당했던, 이후 반공 검사로 명성을 떨친 오제도는 1992년 4월 8일 "국회 프락치 사건의 증거가 있느냐"는 질문을 받고 이렇게 답했다고 한다. "증거는 없다.")[46]

노일환 등 소장파 의원 46명이 1948년 10월 13일 '외국군 철수 긴급동의안'을 내놓은 것까지 문제삼았다. 아니 바로 그것이 남로당의 지령을 받았다는 핵심적인 증거가 되었다. 체포된 의원들이 제헌국회에서 맹활약할 수 있었던 건 그들의 전력이 전혀 문제될 게 없었으며 든든한 우익적 배경을 갖고 있기 때문이었다. 5월 20일에 체포된 이문원은

국회 프락치 사건으로 처벌받은 김약수. 그러나 이 사건은 조작의 가능성이 짙어 반민특위의 활동이 와해되는 결정적 계기가 되었다.

한독당원이자 대동청년단원, 노일환은 일제 때부터『동아일보』기자 등으로 활약한 호남 지주 출신의 한민당원, 박윤원은 광복청년단 지방 간부, 강욱중은 민족청년단원, 김병회는 독립촉성국민회원, 김약수는 한민당 간부였던 것이다.[47]

    이들에겐 혹독한 고문이 가해졌지만, 증거는 없었다. 증거랍시고 제시된 건 한 여간첩의 음부에서 빼낸 문건이라는 건데 그 문건의 내용은 신문 기사 수준의 것이었다. 게다가 그 여간첩은 법정에 나타나지도 않아 그 존재조차 의문시되었으며, 이에 대해 검찰총장 권승렬은 국회에서 횡설수설했다. 모든 게 그야말로 '코미디 수준'이었다.[48]

266

반민특위의 와해

국회 프락치 사건에 대한 조사는 철저한 보안 속에서 진행되었는데, 3개월간 지속된 심리에서 국회의원들은 최고 10년에서 최하 3년까지의 실형을 선고받았다. 서대문형무소에서 실형을 살던 중 1950년에 발발한 6·25 전쟁으로 서울을 점령한 북한 인민군에 의해 모두 석방되었다. 이후 이들은 대부분 북한으로 올라갔는데, 결과적으로 이것은 그들이 '남로당 프락치'였다는 정부 측의 주장을 뒷받침해주는 증거로 쓰이고 말았다.[49]

그러나 이에 대해 변호사 박원순은 "그렇게 학대받고 매도당한 조국, 대한민국에 계속 남아 있으라는 요구를 어떻게 그들에게 할 수 있겠는가"라면서 이들이 북한에서 대부분 강제노동소로 추방되었다는 사실을 지적하고 "이들은 양쪽의 조국으로부터 버림받은 분단의 피해자들이다"고 말했다.[50]

7월 2일, 이승만 정부와 친일 세력은 1950년 6월 20일로 규정한 공소시효를 1949년 8월 31일로 단축하는 '반민법' 개정안을 국회에 상정했고, 이는 논란 끝에 통과되었다. 7월 7일 반민특위 전원이 사임서를 제출했다. 당시 반민특위 위원장이던 김상덕은 이렇게 말했다. "공소시효가 단축되어 앞으로 50일 밖에 남지 않은 동안에 남은 반민자를 처벌할 자신이 없어 사표를 낸다."[51]

반민특위는 1949년 8월 22일 국회에서 폐지안이 통과됨으로써 완전히 사라지고 말았다. 반민특위는 출발 당시 반민자 7,000여 명을 파악해 놓고 있었지만 공소시효가 만료될 때까지 조사 건수는 총 682건에 그쳤다. 이 가운데 체포 305건, 미체포 173건, 자수 61건, 영장 취소 30건, 검찰 송치가 559건이었다. 이 중 특별검찰부가 기소한 것은 221건이고, 특별재판부가 재판을 종결한 것은 불과 38건에 지나지 않았다. 불기소된 사람들은 대부분 무죄로 풀려났으며, 기소된 사람들 중에서도 실제 처벌된 사람은 극소수에 불과했다.

반민특위가 실패로 돌아간 가장 큰 이유는 미군정과 이승만 정권의 친일파와의 유착 때문이었지만, 이는 달리 말하자면 그것이 너무 늦게 시작되었다는 데에 있을 것이다. 해방 후 3년여가 지난 시점에선 이미 친일파가 막강한 기득권 세력으로 자리 잡고 있었던 것이다. 이 점에서 보자면 김구과 한독당이 해방 직후에 친일파 처단에 소극적이었다는 점은 비판의 대상이 되어 마땅할 것이다. 이와 관련, 서중석은 이렇게 말한다.

"김구·한독당은 보수적 우익 세력이기 때문에도 그런 점이 있었고, 이승만·한민당과 합작하기 위해서도 그럴 수밖에 없었는지 모르지만, 친일파 처단에 소극적이었다. 김구가 친일파를 우익을 더럽히는 군더더기로 비유하고 한민당을 신랄히 비판한 것은 1948년에 들어서였다."[52]

친일파 문제가 국민성에 미친 악영향

그러나 그땐 이미 친일파가 손을 댈 수 없을 만큼 막강한 권력을 장악한 때였다. 친일파에 대한 응징만이 능사는 아니었을 것이다. 문제는 친일파들이 사회 각계 권력의 핵심부에 여전히 포진하고 있었으며, 그들에게 반성의 기미가 없었다고 하는 점일 것이다. 반민특위 제1조사부장 이병홍의 증언이다.

"친일 거두의 집에서 흔히 일본 황제의 사진이 벽상에 조심스럽게 걸려 있는 것이 발견되었다. 그리고 소위 교육칙어란 것을 가보처럼 모시어 둔 것이 발견되었다. 이것은 우리들을 적지 않게 놀라게 하였다.……그리고 어떠한 자는 태연하게 우리들 앞에서 이완용의 위대한 민족애를 강조하고 동상 건립의 필요를 역설까지 하였다. 어떤 자는 장차 우리들이 저들 앞에 심판받을 날이 불원할 것을 오연午然히 말했다.……이러한 사상의 소유자가 1949년대의 한국에 한 개의 거대한 세력으로서 남아 있는 것을 알아야 한다."53

바로 이 친일파 문제가 향후 한국 엘리트의 성격을 규정짓고 말았다는 데에 주목하지 않을 수 없다. 오직 자기들밖에 모르는 극단적 이기주의, 그것을 국가의 이익인 양 속이는 기만술, 그걸 자포자기로 바라보다가 수긍하고 말았던 민중, 이게 바로 문제의 핵심은 아니었을까? 이와 관련, 고은의「이종형」이라는 시는 많은 걸 생각하게 한다.

"3·1 운동 때 만세를 불렀다/파고다공원과/용산에서 만세를 불렀다/만세 끝/다음해부터는 다른 사람이 되었다/일제 밀정/만주 떠돌며/독립운동가 체포/독립운동 파괴 공작에는/그가 있었다/명동촌 중학생들이/그를 처치하려다 미수에 그쳤다/해방 뒤 서울에 나타나/대동신문사 사장이 되었다/만주에서/독립운동가 15명 죽인 것을/일본군이 죽였다 했다/반민특위 투옥되어 유죄판결 받았다/이승만이 석방시켰다/이승만의 대한독립촉성국민회에 참가/기름지게 애국자로 행세했다/제2대 민의원에 당선/연미복 입고 사진 찍었다/화신旺화점 옆/새나라사진관 전시관을 차지했다/누구도 그 사진 전시대 유리창 깨지 않았다."54

먼 훗날(2004년), 독립유공자 후손 10명 중 6명은 무직에 고졸 이하

'저소득층'인 것으로 나타났다.[55] 차라리 이때부터 하지도 못할 친일파 단죄보다는 독립유공자와 그 후손에 대한 보상과 지원이나 법제화했더라면, 역사가 그렇게까지 뒤틀리진 않았을 것이라는 생각마저 들게 한다.

국민보도연맹과
전향·충성 경쟁

가입자 할당량 채우기 경쟁

1949년 6월 5일 이승만 정권은 아무런 법적 근거도 없이 "개선의 여지가 있는 좌익 세력에게 전향의 기회를 주겠다"는 명분을 내걸고 '국민보도연맹國民保導聯盟'이라는 것을 만들어 '국민보도연맹결성총회'를 개최했다. "보호하여 지도한다"는 뜻으로 '보도保導'라는 말을 내걸었지만, 실제 활동은 그것과는 다른 것이었다.

보도연맹 결성에는 내무부 장관 김효석, 법무부 장관 권승렬, 국방부 장관 신성모, 검찰총장 김익진, 국회의원 김준연, 검사 오제도·정창운·선우종원·이태희, 경찰국장 김태선, 『연합신문』 사장 양우정 등이 주도적 역할을 했으며, 이 중에서도 보도연맹을 직접 입안한 인물은 오제도였다.[56]

이승만 정권은 보도연맹에 과거에 좌익 활동을 한 사람들을 가입하게 했지만, 중도좌파도 그 대상이 될 수 있었다. 자발적으로 가입하게 한 것도 아니었고 강제였다. 가입을 거부하면 폭력과 테러는 물론이고 형사처벌을 받아야 했다. 가입자 수는 1949년 10월 현재 4만여 명, 1950년 초엔 30~50만 명에 이르렀다.[57]

경찰과 우익 청년단체들은 지역마다 할당된 인원수를 채우기 위한 경쟁을 벌이면서 온갖 무리한 일을 저질렀다. 심지어 우익 인물에게도 가입 권유장이 발부되었는가 하면, 문맹률이 높은 시골에선 사람을 속여서 보도연맹에 가입시키기도 했다.[58] 이런 일엔 대한청년단이 앞장섰는데, 거창 지역 주민 문병현의 증언이다.

"대한청년단 사람들이 보도연맹이라는 것을 만들었는데, 처음엔 요즈음의 반상회나 비슷한 식이었어. 사랑방에 여러 사람이 모여서 이런저런 얘기도 하고 그러던 건데 대개 똑똑한 사람들이 많이 있었지. 그래서 사람들이 서로 들어가고 싶어 했어. 그런데 나중에 알고 보니까 그게 서울 같은 데서는 빨갱이들 모아놓은 회라고 하던데, 처음에는 이런 산골에서는 그런 건 아니었어. 그런데도 위에서는 각 지방마다 보도연맹 회원 수를 할당주었는가 보데. 그러니 대한청년단 사람들이 머릿수 채우느라고 난리가 났지. 그러니 시간이 갈수록 분위기가 험악해졌지. 아무나 보고 거기 들라고 윽박지르는데, 대부분이 평소 그치들 눈밖에 난 사람들을 집어넣은기라. 어찌나 윽박지르고 난리를 치는지 배길 수가 없도록 했으니까. 대개는 각 동네마다 말깨나 하고 똑똑한 사람, 국민학교 선생들이 들어갔지. 그런 사람들을 대한청년단 사람들이 제일 못마땅해 했으니까. 그렇게 되니 나중에는 매맞는 사람들 모임이 돼부렸는거라. 거기 든 사람들은 언제라도 경찰이나 대한청년단에서 부르면 두말 않고 가야

했지. 그러면 가서 매질을 당하는 거야."⁵⁹

또 다른 거창 주민 임주섭의 증언이다.

"허구먼 날 경찰들 대한청년단 놈들 와 가지고 온 집안을 들쑤셔 놓제. 그러고도 경찰이 보도연맹 머릿수 채울려고 가족 중에 내뺀 사람 있으면 그 형제나 부모 중에서 누구를 대신 가입시켜 가지고 더 못살게 굴곤 했지.……이 박사 시절에 제일 힘쓰던 사람은 역시 대한청년단 사람들이었지. 그때도 면사무소도 있고 지서도 있고 했지만 그래도 그게 대한청년단의 세도를 이기지는 못했던 기라."⁶⁰

보도연맹이 무슨 단체인지도 모른 채 마을 이장이나 유지들의 감언이설에 속아 도장을 찍고 가입한 사람도 많았다. 양식 배급과 여행 특혜를 준다고 속여 가입시키기도 했다. 그러나 특혜를 주기는커녕 가입비 300원에 회비 200원을 받았다. 그러나 이 액수가 그대로 지켜지는 것도 아니어서 지역에 따라선 1,500원을 받는 곳도 있었고, 서울에서는 5만 원을 받는 곳까지 나왔다. 그래서 빚까지 얻어 그 돈을 대는 사람들까지 생겨났다.⁶¹

"인간 양심의 타락이야"

문화인과 지식인들도 보도연맹을 피해갈 수는 없었다. 아니 오히려 보도연맹의 지도 이념이 "대한민국 정신의 위대성을 알리고 공산주의자들의 모순을 밝힌다"는 것이었기 때문에 그들의 활약이 가장 중요했을 것이다.⁶²

좌파 계열의 조선문학가동맹에 참여했던 문인들은 예외없이 보도연맹의 가입을 강요받았다. 정지용, 김기림, 박태원, 백철, 염상섭, 양주동, 이무영, 임학수, 이병기, 황순원, 박영준, 정인택, 김용환, 신막, 김용호, 이봉구, 설정식 등이 바로 그들이다. 보도연맹 집회에서 반공적인 내용의 자작시를 낭독해야 했던 정지용은 "남한에 남아 있으면 그만이지 뭘 더 증명하라고 이런 짓을 시키는지"라고 말했다지만,[63] 이승만 정권이 원한 건 '증명' 이상의 것이었다. 서중석에 따르면, "이들이 일제강점기나 해방 후에 쓴 작품 중 '빨갱이' 냄새가 나는 것을 기억해낼 수 있을까? 해방 후 참되게 살아야 한다고 다짐하고 민족 공동의 삶을 추구하였던 것이 죄라면 죄였다. 그런데 분단정부 수립이 가시화되면서 이들에게는 특히나 소중했던 자유가 제한되고 '전향'이라는 것이 요구되고, 각지를 '순회'하면서 반공사상 선전에 나서고 이북 작가에게 보내는 메시지 낭독을 강요받았을 때, 이들의 정신적 고통은 어떠하였을까".[64]

예술평론가 박용구는 이북 예술가에게 보내는 메시지 낭독을 강요받자 1949년 12월 일본으로 밀항했다. 박용구의 증언이다.

"보도연맹이라는 건 독창적인 게 아니고 가톨릭의 면죄부와 비슷한 거야. 이 발상은 전쟁 말기에 대화숙大和塾이라는 게 있었어. 대화숙이라는 건 전향자들을 모아서 신사참배를 시키고 하던 건데 그게 국민보도연맹으로 된 거지. 전향자들이 전향 성명서를 내고 그랬거든. 그것은 내가 생각하기에는 인간 양심의 타락이야. 그래서 내가 밀항하게 되었어. 국민보도연맹에서 민족예술제라는 걸 1949년 12월에 했다고. 나는 전혀 모르고 있었는데 어느 날 다방에 갔더니 누군가가 네 이름 신문에 났더라 해서 신문을 보니까 5단짜리로 광고가 났는데 민족음악제에 내가 월북한 김순남에게 보내는 메시지를 읽는 것으로 되어 있더라고.……이

조선문학가동맹의 문인이었던 정지용은 "남한에 남아 있으면 그만이지 뭘 더 증명하라고 이런 짓을 시키는지"라며 불만을 토했다. (『동아일보』, 1949년 11월 5일)

름만 민족예술제지, 투항하라는 메시지를 읽는 거야. 설정식이는 임화한테 보내는 메시지를 읽고 나는 김순남한테 보내는 것을 읽고.……나는 보도연맹도 아니고 나한테 통지 한 번도 없었고, 그래서 난 쇼크를 받았지. '내가 설 땅이 없구나 이렇게 되면 이 나라에서 내가 할 일은커녕 아무 일도 못하겠구나' 하고 앞이 캄캄해진 거야. 그래서 '밀항이라도 하자' 한 거지."[65]

전향·충성 경쟁

이승만 정권은 1949년 10월 18일 미군정 법령 제55호에 근거해 133개의 정당 단체를 해산시켰는데, 이 중엔 근로인민당 등 중도좌파에 속하는 것들이 적지 않았다. 1949년 10월부터 11월 말까지는 자수 기간을 설정해 자진출두를 강요했다. 이 기간 동안 서울에서만 1만 2,000여 명, 전국적으로 약 4만 명이 전향했다. 6·25 전쟁 전까지 전향자는 약 10만 명에 달했다.[66]

매카시즘의 광풍에서 치열한 살아남기 경쟁이 벌어졌다. 해산된 정당 단체원들의 탈퇴성명서가 연말까지 계속 신문 광고란을 메웠고, 1949년 하반기에는 좌익의 전향 광고가 속출했다. 민주동맹, 근로대중당, 사민당 등 남과 북으로 갈라져 있던 정당들은 북측에 가담한 사람들을 제명시키거나 대한민국에 충성을 맹세해야만 했다.[67]

공보처에서 나오는 『주보』는 "우도 아니며 좌도 아니며 소위 중간이라고 해서 애국자인 체하는 사이비한 애국자가 있어 국정을 비난하고 정부에 협력하지 않으며, 음모와 모략으로 자파의 세력 부식과 이적행위를 자행하는 일이 있다"고 중도 또는 중간파를 비난했다.[68] 거기에 언론까지 가세했다. 감옥과 유치장에는 국가보안법 피의자가 법정 인원을 훨씬 초과해 들어 있었지만, 한때 국가보안법을 비판했던 『조선일보』는 재빨리 변신해 반공의 선봉에 섰다. 『조선일보』는 1949년 12월 21일자 사설 「중간파의 갈 길」은 이렇게 주장했다.

"대한민국 정부가 진정한 의미에서 민족 진영의 총본영이 되고 있는 이상 독립운동에 있어서 중간파란 있을 수 없는 일이다. 민족은 두 길 중에 그 하나를 택해야 할 것이며, 민족정신이 있는 자라면 대한민국을 지지, 육성해야 할 것이고, 계급주의자라면 소위 인공국人共國을 지지할 것이다."[69]

'민중 속에 침투한 정보망'

보도연맹은 그냥 가입만 하는 것으로 끝나는 게 아니었다. 동지나 아는 사람들을 고발하는 자백서를 쓰게끔 강요받았으며, 그밖에도 고통스러운 일들을 해야만 했다. 박명림은 "보도연맹은 민중 속에 침투한 정보망이자 동원망"이었다며 이렇게 말한다.

"자수와 밀고가 장려되었다. 이 자수와 밀고는 한국전쟁 전후로 남한과 북한이 공히 동원했던 충성을 추출하는 방식이었다. 많은 좌파들이 전향하면서 과거의 조직과 계보, 명단, 전술 등을 군과 경찰에 제공하여 서울과 지방의 좌파 조직에 치명타를 가했다.……4년 전, 각자가 부푼 꿈을 안고 해방의 환희와 격정을 독립국가 수립으로 연결시키고자 어떤 조직에든지 자발적으로 참여했던 행위가 이제 치명적 약점이 된 것이었

다. 국가는 이들을 위협하고 관리하기만 하면 되었다."⁷⁰

밀고의 장려는 한국 문화에 아주 몹쓸 유산을 남기고 말았다. 민주시민으로서의 미덕이라 할 정당한 고발정신까지 죽이고 만 것이다. 고발은 곧 밀고를 연상시켜 이후 한국 사회에서 매우 부정적인 의미를 갖게 되었다. 보도연맹은 더 나아가 '알아서 기는 문화'와 '충성 경쟁'을 낳게 했다. 박명림은 "보도연맹의 설립과 자수의 권장, 그것은 시민사회에 대한 물샐틈없는 옥죔의 시도였다"며 이렇게 말한다.

"과거에 좌파활동을 한 자들은 자수하여 국가에 대한 과거의 불충不忠을 사죄할 것이며 이를 통해 국가가 베푸는 은전을 받으라는 종용을 받았다. 위로부터의 뿌리뽑기와 밑으로부터의 충성의 동원의 병행이었다. 충성은 자발적 참여와 강요된 동원의 결합으로 나타났다. 이제부터 과거의 공산주의자와 연루 가족은 생존을 위해서, 또는 과거로부터 멀어지기 위해 없는 것은 만들어서 보고하고, 작은 것을 확대하여 보고하는 조작과 과장의 충성 경쟁이 시작된 것이었다. 일반 민중들은 한 번의 혹독한 패배를 경험한 뒤 국가 공권력의 강대함과 공포스러움을 절감하여 알아서 기지 않을 수 없었다. 결국 스멀거리며 사회의 심저에 존재하는 한국 반공주의와 보수주의의 기원이 형성된 것이었다."⁷¹

모든 극우 세력이 다 보도연맹을 반긴 건 아니었다. 일부 극우단체들은 보도연맹이 관제 공산당화할 가능성을 우려했다. 국회의원들이나 우익 인물들이 그 상층부에 참여하는 것도 결국에는 좌익 세력만 강화시켜줄 걸로 보았다. 이들이 가장 우려한 건 위장 전향 좌익 세력들이 유사시에 보도연맹 조직을 이용해 반정부적 활동을 취하리라는 것이었다.

바로 그런 우려가 문제였다. 6·25 전쟁 발발 후 보도연맹원의 대량 학살엔 이런 우려가 적잖이 작용했을 것으로 보이기 때문이다. 사실 6·25 전쟁은 보도연맹이 그간 그 가입자들에게 가한 온갖 정신적 고통마저 무시해도 좋을 만한 것으로 만들어버리고 말았다. 무자비한 대량 학살이 시작되었기 때문이다.[72] 6·25 전쟁 때 학살된 보도연맹원의 수가 정확히 얼마나 되는지 알 길은 없지만, 최소 20만 명이 학살되었으리라는 추산이 나오고 있다.[73]

2024년 5월 서울중앙지법 민사합의17부(부장판사 이승원)는 고령보도연맹 희생자 유족 A씨 등 81명이 국가를 상대로 제기한 손해배상 청구 소송에서 "원고 1명당 381만~1억 7,500만 원을 지급하라"고 판결했다. 이처럼 보도연맹 희생자 유족에 국가가 배상하라는 법원 판결이 잇따르고 있다.

제4장　　　　　　　　　　　　　　　　　　　　김구 암살

"남한이 통곡 속에 싸였다"

「탐스러워라! 모란꽃. 이 대통령 부처와 김구 씨 석양의 덕수고궁에서 단란」.『동아일보』1949년 5월 21일자 2면 톱기사의 제목이다. 이 기사는 이승만과 김구가 덕수궁에서 만나 모란꽃을 구경하며 담소를 나누었다고 보도하면서 기사 중앙에 프란체스카를 배치하고 좌우로 이승만과 김구가 화기에 찬 얼굴로 모란꽃을 보고 있는 사진을 실었다. 사진 밑엔 '모란꽃 밭에서 이 대통령 부처와 김구 씨의 단란한 한때'라는 설명이 붙었다.

참으로 놀라운 회동이었다. 많은 사람이 깜짝 놀랐을 것이다. 그러나 이 기사는 내용과 사진 모두 다 조작된 것이었다. 5월 19일 오후 이승만 부처夫妻가 덕수궁에서 모란꽃을 감상하며 봄날의 망중한을 즐겼는데, 우연하게도 약간 시차를 두고 앞서 김구도 이곳을 들렀다 간 정도였다. 이 사실을 곧장 알게 된 것과 그런 기막힌 우연이 아쉬웠던지 『동아일보』는 편집국 차원에서 기사 내용을 날조하고 두 사람의 자료 사진을 합성해 그 기사를 만든 것이었다.[74](정부의 항의로 『동아일보』는 1면에 큰 사과 성명을 내는 동시에 편집부국장과 취재부장을 해임했다.)

이 에피소드는 아직 민중의 김구에 대한 관심과 기대가 살아 있다는 걸 시사해주는 것이었는지도 모른다. 김구가 민중의 관심권에서 아주 멀어져 갔다면 『동아일보』가 그런 어이없는 기사를 실을 리는 만무했을 것이다. 또 김구를 암살해야 할 필요도 없었을 것이다.

1949년 6월 26일 일요일 김구가 경교장 2층 거실에서 현역 육군 소위 안두희가 쏜 4발의 총탄을 맞고 74세를 일기로 사망했다. 차가 없어서 주일 예배에 참석하지 못하고 대신 거실에서 『중국시선中國詩選』을

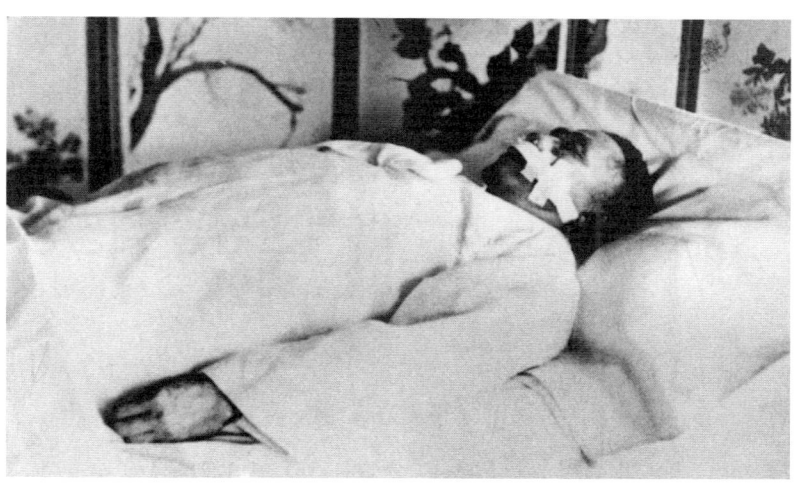

1949년 6월 26일, 김구는 경교장 2층 거실에서 현역 육군 소위 안두희가 쏜 4발의 총탄을 맞고 74세를 일기로 사망했다.

읽고 있다가 변을 당한 것이다. 김구를 암살하려 한다는 소문은 일찍부터 있어왔는데, 그때마다 김구는 "왜놈도 나를 죽이지 못했는데 동포가 설마 나를 죽이겠는가"라고 일축했다.[75] 김구가 암살된 다음 날 이승만은 참으로 묘한 내용의 성명을 발표했다.

"김구 씨를 살해한 동기에 관하여서도 공표하고 싶은데, 그것은 발표할 때가 되면 반드시 공포될 것이다. 그러나 지금 이때 모든 사실을 일반인 앞에 공개해놓는다는 것은, 나의 생각으로는 그 생애를 조국독립에 바친 한국의 한 애국자에 대한 추억에 불리한 것이 아닐까 생각한다."[76]

김구의 장례는 7월 5일 '국민장'으로 치러졌다. 정부 측이 국장國葬을 제의하자 장례위원회 측이 "너희들이 죽여 놓고선 무슨 국장이냐?"며 반발하며 '민족장'을 추진하려고 했다. 결국 김규식이 양자의 의견을 조정, 국장과 민족장을 합친 국민장으로 하기로 결정한 것이었다.[77]

김구의 국민장엔 100만 명이 넘는 문상객이 조의를 표했고 장례일에 서울에서만 40~50만 명의 인파가 운집했다. 전국 각 도시에도 수만 명의 인파가 모여 "남한이 통곡 속에 싸였다"고 해도 좋을 정도였다. 이는 민중의 통일운동에 대한 강렬한 열망을 말해주는 것과 다름없었다.[78]

누가 김구를 죽였는가?

한독당 당원이자 서북청년단 단원이기도 했던 안두희는 범행 후 김구가 이끄는 한독당이 대한민국 정부를 전복하려 하고 소련의 주장에 따라 미군 철수를 추진하고 있어, 그 위험성이 절박해왔다고 느껴 살해하게 되었노라고 밝히고 끝까지 단독 범행임을 주장했다.

그러나 김구 암살 이틀 후 참으로 이상한 일이 벌어졌다. 서울지검장인 최대교도 모르는 사이에 조직부장 김학규 등 한독당 간부 7명에게 살인교사죄로 구속영장이 발부된 것이다. 아무 조사도 하지 않고 증거도 없이 검찰총장 김익진이 '경무대 노인이 최대교 모르게 하라'고 지시해서 김익진 자신이 직접 영장을 발부했다는 것이다. 이는 사건 당시 헌병사령관이었던 장흥이 훗날 증언한 바와 같이, 김구 암살을 한독당 집안싸움으로 돌리기 위한 음모의 성격이 강한 것이었다.[79]

그러한 음모는 9월 30일에 이르러 더욱 구체적으로 드러났다. 김구 암살 사건 즉시 헌병사령관이 된 전봉덕과 서울시경국장 김태선은 그날 한독당의 '죄상'을 열거하면서 한독당이 7월 하순부터 대통령 등 정부 요인들에 대한 암살 계획을 세웠는바, "민족 진영의 칼을 쓰고 파괴 살상을 기도하는 사이비적 우국도배憂國徒輩에 대하여는 좌익공산도배에 준하여 가차없는 철퇴를 내릴 것"이라고 주장했던 것이다.[80]

안두희는 왜 김구를 암살했던 걸까? 안두희는 법정에서 "선생이 여수·순천 사건을 통해 정부를 전복하고 북한을 이롭게 하려고 했다"느니 "틀림없이 선생은 국가의 반동이라고 생각했다. 국가를 위하여 선생을 죽이는 것이 좋겠다고 나는 단정했다"고 주장했다. 변호사는 "본 변호인은 범행 목적·동기는 정당하다고 인정한다. 피고의 행위는 대한민국에서 표창할 일이다. 무죄석방을 요구한다"고 주장했다. 법정의 일부 방청객들은 안두희에게 박수를 보냈다.[81]

이승만 정권의 정보장교였던 김창룡 등이 작업한 것으로 알려진 안두희의 위작 『시역의 고민』은 1948년 10월 여순사건, 1949년 5월 표무원·강태무 대령 월북사건, 국회 프락치 사건 등 중요한 사건에 모두

한독당 당원이자 서북청년단 단원이기도 했던 안두희는 단독 범행을 주장했지만, 이승만과 미국 배후설 등 숱한 의혹이 제기되었다. 김구의 영결식에는 수만 명의 인파가 모였다.

김구와 한독당을 연결시켰으며, 김구의 남북연석회의 노선을 격렬하게 공격하면서 한독당은 '공산당보다 더 미운 당'이요 김구는 '용서할 수 없는 이적 행위자'로 비난했다.[82]

안두희는 군사재판에 회부되어 1949년 8월 3일 무기징역을 언도받았으나, 그해 11월 15년형으로 감형되었다. 1950년 6·25 전쟁이 발발하자 잔형집행정지처분으로 석방되어 육군특무대 문관으로 채용되었다가 7월 10일 육군 소위로 복직되었다. 9월 15일엔 중위로 진급되었고, 이듬해인 1951년 2월 15일엔 잔형이 면제되었으며, 그해 12월 15일엔 대위로 진급했다. 부산 피난 국회에서 야당이 항의하자, 안두희는 곧 소령으로 특진하면서 예편되었으며, 예편 뒤에는 군납업자로 변신해 상

당한 재산을 모았다.[83]

안두희가 복직된 후에 이승만이 "이 사람의 인사 이동은 내 허락이 없이는 하지 말라"는 지령을 내렸다는 주장도 제기되었다.[84] 제14대 국회에서 '김구선생암살진상조사특별위원회(위원장 강신옥 의원)'를 구성해 해외까지 가서 조사 작업을 벌인 바 있으나 이전과 다른 사실을 밝혀내지는 못했다. 안두희는 1996년 10월 24일 박기서(당시 46세, 버스 기사)에 의해 피살되었다.

2001년 9월에 발굴되어 공개된 미군 정보장교인 소령 조지 실리 George E. Cilley의 보고서는 미국 배후설을 강하게 부각시켰다. 이 보고서는 김구의 쿠데타 시도설을 시사하고, 백의사의 미군방첩대CIC와의 긴밀한 협력관계와 안두희가 미군방첩대 요원이라는 걸 밝히면서, 안두희에게 지시를 내린 사람은 백의사 단장 염동진일 가능성을 강하게 시사했기 때문이다.[85] (그러나 도진순은 이런 시각에 대해 김구 암살의 시점까지도 염동진은 김구와 적대적이 아닌 상호의존적인 관계였으며 김구를 동지로 파악하고 있었다고 주장했다.)[86]

극단주의가 낳은 집단적 광기

김구 암살의 배후가 그 누구이건, 송진우·여운형·장덕수에 이은 김구의 암살은 당시 한국 사회에 팽배해 있던 극단주의의 표출이었다. 박명림이 지적한 바와 같이, "극단주의의 대립 속에 정치적 사려가 자리 잡을 여지는 없었다. 상호간에 남은 것은 제어되지 않은 적나의 적의와 욕망이었다. 1946년 초 김일성을 살해하려 할 만큼 가장 극단적이었던 김구가 두 한국을 평화적으로 합치려 극단주의를 버렸다가 1949년 또 다른 극단주의자들에게 살해되는 것은 아이러니가 아니라 한국 정치의 어떤 특성의 표출이었다."[87]

그 특성은 1949년 후반엔 '반공의 종교화'와 '이승만 우상화'가 결합된 형식으로 구체화되었다. 그 두 가지면 모든 게 다 정당화되고 미화되었다. 이즈음 군산에 있는 해양대학 4학년 학생이었던 리영희는 이철승의 전국총학생연맹(전국학련)이 군산에서 벌인 맹활약에 대해 이렇게 증언했다.

"해양대학이 있는 지방도시에도 서울서 파견되어온 학련 간부들이 학생조직을 마치고, 어린 중학생·고등학생들을 모아들여 적산 건물에 '학련 군산 지부'라는 간판을 걸고서는 닥치는 대로 사람들을 붙잡아다가 매질을 하여 내보내는 것이었다. 아무런 근거도 필요 없었다. 길 가다 만나서 나누는 이야기까지 엿듣고는 그것이 시국에 대한 불평이거나 하면, 권력의 비호에 놀아나는 철없는 고등학생 '학련' 단원들이 폭력으로 끌어다가 감금하고, 매질을 하는 것이다. 이철승이라는 고려대학 학생을 전국 조직의 총수로 한다는 학련 군산 지부에 끌려가 무조건 봉변을 당하고 나오는 해양대학 학생들이 주변에서 매일같이 늘어나고 있었다. 얻어맞고 며칠씩 학교에 나오지 못하는 학생도 있었다. 속수무책이었다. 그들은 권력의 비호하에 날뛰는 철없는 중·고등학생들에게 얻어맞은 것이 창피해서 말을 하려 하지 않고, 후환이 두려워서 쉬쉬 하고 넘어가는 것이었다. 나라의 법은 간데 없고, 권력을 등에 업은 온갖 이름의 정치깡패 단체와 조직이 난무하고 있었다. 그들의 구설인즉, 이승만 대통령에 반대하거나 반공을 표방한 정부와 그 집권 세력, 그리고 세태에 대해서 비판하는 자는 무조건 '빨갱이'라는 것이었다."[88]

그랬다. 당시엔 모든 게 미쳐 돌아가고 있었다. 집단적 광기狂氣였다. 인권은 상상하기조차 어려운 사치였다. 그 당시 세상을 휩쓸던 광기에 대한 또 하나의 증언을 들어보자.

"그때 경동교회 건너편 오장동에는 신영희의 병원이 있었는데, 한 번은 그곳에서 얘기를 나누고 있는 도중에 온몸이 완전히 망가져 피범벅이 된 사람이 필사의 힘으로 기어들어왔다. 그는 경동교회 뒷편에 있던 모 우익 학생단체의 근거지에 끌려가 갖은 고문을 다 당했다고 했다. 고문자들은 그가 죽은 줄 알고 4층에서 떨어뜨렸는데, 구사일생으로 목숨이 붙어 병원까지 기어왔다는 것이었다. 하지만 그는 경찰에 신고하는 것은 고사하고 숨어서 치료를 받아야 했다."[89]

싸늘한 세상인심

그런 집단적 광기가 아니라면, 김구의 죽음 직후 김구 세력에 가해진 탄압과 세상의 차가운 외면을 달리 이해할 길이 없을 것이다. 이미 1948년 10월에 간행된 엄항섭의 『김구 주석 최근 언론집』마저 '반국가적 반민족적 행동'으로 간주되어 경찰에 압수 조치를 당하는 상황에서 한독당의 비참한 운명은 당연한 것이었을까?[90]

김구의 사망 후 조완구가 한독당의 당위원장으로 추대되었지만, 한독당은 김구와 함께 사멸의 길로 들어서고 말았다. 이승만 정권의 노골적인 탄압도 문제였지만 세상인심이 싸늘하게 돌아선 게 더 문제였다. 김재명에 따르면, "'그 무엇'에 대한 보상심리 혹은 기대심리에서 정치

브로커들이 돈보따리를 싸들고 오던 해방 초기와는 달리, 이제는 '돈줄'도 꼭 막혔다. 그나마 자금줄 역할을 해오던 한독당계 기업인들도 이승만 정권으로부터 '은행 대출 중단' 등의 압력을 받고 망하거나 멀어져 갔다. 당시 조완구의 생활은 문자 그대로 조반석죽朝飯夕粥이었다.……이렇다 할 정치적 활동은 없이 한미호텔 59호실에 틀어박혀 병고와 싸우며 참담한, 그리고 외로운 말년을 보냈다. 말이 호텔이지 시설이 엉성하기 짝이 없는 그곳에 함께 세 들어 살던 한독당 관계자들도 하나둘씩 흩어졌다. 그들이 떠난 빈방을 북에서 내려온 월남민들이 차지해, 그곳은 마치 난민수용소와 같은 형상이었다."[91]

이승만 우상화

1949년 대한민국은 '인권유린의 천국'

1947년 12월 8일자 미군정 보고서는 '코뮤니즘 대 파시즘', 그것이 현재 남한에서 치러지고 있는 전투라고 규정했다.[92] 1948년 1월 2일자 미군정 보고서는 이승만은 극우 지도자로서 한국에서 독재자의 목소리를 원한다고 지적하고, 이승만이 말하는바 '인민의 선택', '인민의 뜻'이란 '이승만의 선택', '이승만의 뜻'을 말한다고 설명했다. 미군정 보고서를 그대로 믿을 수는 없다. 그러나 이후 벌어진 역사는 그러한 평가를 반박하기 어렵게 만들고 말았다.

이승만의 권력투쟁 솜씨는 화려했다. 그는 한민당 인사들과 평안도 출신 반공 세력 등 많은 우익 세력의 지원을 받아 권력을 장악한 이후 그들을 정치적으로 제거하고 자신의 '친위 그룹' 또는 '가신 그룹'으로 대체시켜 나갔다.[93] '친위 그룹' 또는 '가신 그룹'의 치명적인 약점은 언로

言路의 폐쇄성이다. 과잉 충성경쟁으로 인한 부작용도 크다. 꼭 이런 이유 때문에 벌어진 것인지는 알 수 없으나, 이승만의 1949년 대한민국은 '인권유린의 천국'이었다는 건 분명한 사실이다.

이승만 측은 국가의 안위를 위태롭게 하는 공산주의자들을 제거하기 위해 불가피했다고 말하고 싶겠지만, 그것만도 아니었다. 이승만 정권의 정신적 탄생 기반이라 할 '반공'은 친일 세력의 살아남기 전략으로 악용됨으로써 '탐욕과 부패'를 수반한 것이었기 때문이다. 빨갱이 사냥마저도 이권과 헤게모니 다툼의 소재로 활용되었다. 수사기관이 10여 개가 난립하면서 서로 건수 만들기 경쟁을 벌였다. 어느 경찰서에서 취조를 받았다는 것이 알려지면 다른 경찰서에서도 데려갔다. 거저먹을 수 있는 건수인데다 행여 있을지도 모를 문책을 피하기 위해서였다. 그런 작태에 대해 이른바 '뺑뺑이 취조'라는 이름이 붙었다. 사상 검사 선우종원은 보도연맹이 그런 '뺑뺑이 돌리기'에서 보호하기 위해 만들어진 것이라고 주장할 정도였다.[94]

법무부 장관 권승렬은 1949년 10월 5일 국회에서 "일반에서는 잡아가는 곳이 열세 곳이 있다고 말합니다. 저는 열세 곳이 있는지 열두 곳이 있는지 잘 모릅니다만, 어쨌든지 잡아가는 기관이 너무 많이 있는 것은 백성에게는 괴로운 것입니다"고 말했다.[95] 건수 만들기 경쟁으로 감옥은 죄수들로 흘러넘쳤다. 일제 치하에선 남북을 합해 죄수가 1만 2,000명이었는데, 미군정에서는 남한에서만 1만 8,000명이 나왔고 대한민국 정부 수립 이후엔 더욱 늘었다. 권승렬은 자신이 취임한 1949년 6월 6일에 2만 2,000명이었는데, 7월 말에 3만 명, 10월 초에 3만 6,000명이 되었다고 보고했다. 죄수의 8할은 좌익이라고 했다.[96]

죄수에겐 인간 대접을 해주지 않았다. 이승만의 1949년 반공 체제에선 좌익은 인간이 아니었다. 1949년 9월 14일 목포형무소에선 참혹한 탈주 사건이 발생해 300명 내외가 사살당했다. 600명 수용 능력에 1,400여 명을 수용해놓고 괴롭혔으니 자신을 인간이라고 생각하는 죄수들이 그걸 감내하긴 어려웠을 것이다. 여기서 '인육 배급 사건'까지 벌어진 것도 바로 그런 상황과 무관치 않았다. 대구형무소도 정원이 1,500명인데, 4,500명을 수용하는 등 모든 형무소가 그런 식이었다.[97]

민중의 전방위적 착취

형무소 밖이라고 해서 편안한 건 아니었다. 무엇보다도 세금 이외에 뜯기는 게 너무 많았다. 그것도 주로 힘 없는 서민 위주로만 뜯어갔다. 1949년 전반기에 각종 강제성 기부금의 종류는 수십여 종에 이르렀다. 10월 14일 국회의원 박해극은 국회에서 서민이 내는 돈과 현물의 종류가 40여 종이나 된다며 이렇게 말했다.

"현금을 받아가는 것이 대한부인회비, 대한청년단비, 대한청년단 작어비, 민보단비, 지서수리비, 지서방야비支署防夜費, 비상경비, 본도本道 비상사태대책위원회 기본보도基本報道 비상대책비, 국방협회비, 발란비, 소방협회비, 사회교육협회비, 가축할家畜割가축보건비, 축구공제 특별가축비, 농회비, 후생협회비, 수구비水救費, 순사가 혹 사망에 경經하는 비용, 그다음에는 국세에 정한 국세의 비용이 가옥세, 차량세, 면세面稅 기타 10여 점, 또 그다음에 현물로 받아가는 것이 원공출수량元供出數量은 내야 됩니다. 그 공출 수량을 뺏긴 뒤에는 군용곡량이라고 하고 보리하고 나락을 받아갑니다. 소학교에 대한 선생을 또 무어한다고 보리하고 나락을 받아갑니다. 소학교……그리고 중학교도 역시 보리와 나락을 양차兩次로 받아갑니다. 또 후생 무어라고 후생에 쓸려고 보리 나락을 받아갑니다. 또 도정료搗精料 무어라 해서 보리와 나락을 받아갑니다. 또 구장료區長料 무어라고 해서 보리와 나락을 받아갑니다. 또 선생을 구제한다고 보리와 나락을 받아갑니다. 또 산림계에서 환료경제煥料經濟한다고 매 가호에서 700원씩 그 '화구火口'라고 하는 것을 만들어 가지고 받아갑니다. 종종 보면 심지어 대통령 사진 비용까지도 받아갑니다. 그러면 이것을 보면 무명잡비용無名雜費用이 스물한 가지, 국세에 대한 비용이 열한 가지, 40여 종의 부담입니다."[98]

그런 것들 이외에도 많은 기부금이 있었다. 민중의 전방위적 착취라고 해도 좋을 정도였다. 권력기관이나 그 근처에 있는 단체들은 수건과 비누 등을 강매하고 안 사면 공산당이라고 위협했으며, 극장표를 무더기로 맡기거나 식량을 내게 하기도 했다. 파출소 지서에서는 인근 주민이나 음식점에 윤번으로 음식을 날라오게 했으며, 김장철에는 배추와 고추 등을 호별로 할당하고, 겨울에는 장작 등을 가져오게 했다. 기부금을 안 내면 협박, 구타, 감금, 침입 수사 등이 이루어졌고, 여기엔 군까지 가세했다. 그밖에도 온갖 부정부패가 만연해 '부정부패의 백화점'을 차리고도 남을 정도였다.[99]

박해극은 1949년 10월 27일 "현 민중의 중요한 일은 첫째 기부, 둘째 공출, 셋째 고문올시다"고 말했다.[100] 그러나 박해극은 가장 중요한 걸 한 가지 빠트렸다. 그건 바로 숭배였다. 물론 이승만 숭배였다. 이승만의 국부國父화 또는 우상화 작업은 정부의 주요 현안이었다.

학교엔 이승만 초상화, 생일엔 태극기

이승만 정권의 요직을 차지한 일민주의 추종자들에 따르면, "대한민국 정부 수립을 세계만방에 선포"할 수 있었던 것은 "한민족의 위대한 영도자 이승만 대통령의 50년래의 독립운동의 성취"였다. 그들은 이승만이 "세계와 인류가 찾고 있는 그것을 가지고 계시도다"고 역설했다.[101]

1949년 7월 국무총리이자 국방부 장관인 이범석은 이승만의 대통령 취임 1주년 축하사에서 이렇게 말했다.

"3천만의 국부이시며 영명고매英明高邁 하신 민족의 지도자이신……어두운 밤의 등탑燈塔이 되시었으며 넓은 바다의 나침반이 되시었습니다. 각하 있음으로써 세계의 우호열방이 우리와 굳은 손을 잡아주었고 각하 있음으로써 이 나라의 국기는 만세 반석 위에 굳어져 갑니다.……3천만의 동포는 오늘 모두 각하의 눈앞에 서기瑞氣 충만하고 각하의 무릎 앞에서 노래하고 춤추며 이날을 경축……."[102]

이 축하사와 같이 발표한 담화에서 이범석은 "이처럼 영명한 영도자가 있고도 국가에 우환이 있다면 이는 영도자를 받드는 국민의 정성이 부족한 것으로밖에 볼 수 없다"고 단언하면서 "진심 성의로써 받들어 명령을 준봉 실현함에 조그마한 사념도 주저도 있어서는 안 될 것"이라고 역설했다.[103]

1949년부터 이승만의 귀환일과 생일은 국경일처럼 경축되었다. 이승만의 생일엔 중앙청 광장에서 정부 주도로 공식적인 '대통령 탄신 경축대회'를 열었다. 그의 생일은 탄신일誕辰日로 불렸으며 군경 합동의 육해공군 삼군 사열까지 받았다. 모든 국민은 집집마다 국기를 달아야 했

혼례를 위해 전남 광양의 집을 나서는 신랑. 닭을 든 이의 뒤로 '이 대통령 만세', '대한민국 만세'라고 쓰인 문패가 있다. 한편 오른쪽 끝 대문에는 불순분자를 색출하기 위해 당국의 지시로 집 식구들의 이름과 생년월일을 적은 문패가 걸려 있다. (사진 이경모 제공)

다.[104] 국무총리 이범석의 탄신 축하연설의 한 대목이다.

"각하의 영명하심과 언담원촉하시는 정치적 탁견은 50년간의 겪으신 신산과 노고와 함께 결정되어 우리로 하여금 독립과 민주주의 정체하의 국가로서 영광과 자유와 평화를 구가케 하셨습니다.……우리 국가 민족의 원수이신 각하의 부단하신 정치적 제분야에 있어서의 위대하신 영도는 우리 대한민국의 세계적 지위를 만방에 헌양시킨 것입니다."[105]

신문들의 아첨도 지극했다. 1950년 3월 이승만이 생일을 맞았을 때, 『서울신문』 3월 26일자는 "반세기의 혁명투쟁사도 찬연한 애국의 대영도자"로 찬양했다.[106] (이승만 정권은 1949년 5월 3일 뚜렷한 이유도 없이 『서울신문』에 대해 정간 처분을 내렸다. 당시 『서울신문』 주식의 48.8%는 귀속재산이었다. 이는 정부가 인사권을 행사할 수 있다는 걸 의미하는 것이었다. 정간을 당한 지 약 50일 후인 6월 20일 『서울신문』은 속간되었는데, 간부진은 전원 친親이승만계로 바뀌었다.)

이조 왕정시대의 부활

학교마다 이승만의 초상화가 내걸리고, 이승만의 생일에 집집마다 태극기를 게양해야 했다는 건 결코 가볍게 넘겨도 좋을 문제가 아니다 (1953년엔 남산에 이승만 동상까지 세워졌다). 이승만이 독립투쟁을 했던 이유가 무엇이었는가? 그는 사실상 왕조王朝의 부활을 꿈꾸었는지도 모른다. 그에게 왕이 될 뜻이 있었다는 말이 아니다. 의식 수준이 그랬다는 것이다.

제왕주의와 영웅주의에 사로잡힌 지도자를 섬기지 않으면 안 되었던 이승만 체제는 이조李朝 왕정시대가 여전히 끝나지 않았다는 걸 웅변해주는 것이었다. 그러나 그는 거저 대통령 자리에 오른 게 아니었다. 치열한 투쟁과 권모술수를 통해 그 자리에 올랐다. 여기서 이승만의 애국심을 의심하는 건 어리석은 짓이다. 왕조 체제에서 왕의 애국심을 따라갈 사람은 없는 법이다.

이승만만 탓하자는 게 아니다. 이승만의 전통은 지극히 한국적인 것으로서 그건 지금까지도 살아 있다. 현대식으로 바꾸어 말하자면, 이른바 '승자 독식주의'라는 것이다. 일단 절대 승자가 탄생하면 절대 복종하고 승자를 우상화하는 문화는 이후 반세기 이상 한국 정치를 지배하게 되었다. 그게 거쳐야 할 과정을 거치지 않은 채 도약한 역사의 업보라는 것이다.

김구는 이승만과는 다른 인물이었지만, 동질적인 세대적 특성은 공유했던 것으로 보인다. 이승만과 김구의 공식적인 수사학修辭學에만 주목하지 말고 좀 다각도로 살펴보자. 앞서 지적했듯이, 이승만은 1875년생, 김구는 1876년생이었다. 이는 이들이 30년 가까이 왕정 체제하에서 산 사람들이라는 걸 의미한다. 이들의 왕정 체제 이후의 삶은 내내 복고적인 투쟁의 연속이었다. 아니 이들의 전 생애가 투쟁의 연속이었다고 해도 과언이 아니다. 게다가 그 투쟁은 민주적인 방식으론 이루기 어려운 것이었다. 이들이 해방정국에서 '민주주의'를 이야기할 때엔 이미 70대 노인들이었다. 이들은 모두 말은 어떻게 했을망정, 일상적 영역에선 생물학적 연령으로 인해 극복하기 어려운 권위주의와 특권의식을 갖고 있었다.

이승만과 김구의 공통점

앞서 지적했듯이, 김구는 이데올로기에 대한 자기 정체감이 약했으며, "유학·동학·불교·기독교 등을 두루 편력하는 사상적 방황을 경험하"긴 했지만 "전통적 가치인 유학적 또는 의병적 신의를 중시하는 완고함을 지닌 행동지향형의 인물이었다".[107] 김구가 50대까지 어머니에게 '사랑의 매'를 맞았다는 건 미담美談일 수도 있지만, 그걸 뒤집으면 그가 그만큼 고전적인 인물이었다는 걸 의미하는 것이기도 했다. 김구의 고전성에 대한 박갑동의 증언이다.

"경교장에 가서 만나면 언제나 김구 선생은 한복 차림으로 있었어요. 내가 김구 선생과 얘기하고 있을 때 비서가 와서 외출하자고 하니까, 바지저고리 차림의 김구 선생이 일어서는 것입니다. 그러면 비서가 두루마기도 입혀 주고, 모자도 씌워주면서 문도 열어주는데, 손 하나 움직이지 않더라구요. 그의 비서가 구두도 신겨 주고, 손에다 지팡이를 쥐어주는 모습이 영락없는 '조선 왕'과 다를 것이 없었어요. 그래서 개인적으로는 임정 법통을 지켜온 분이기에 존경했지만……."[108](임정 요인들의 귀국시, 김구의 한독당 측이 모든 국무위원이 1진으로 귀국하는 것에 반대하면서 한독당 인사들과 그들의 수행원들이 1진으로 귀국해야 한다고 고집해 그걸 관철시켰던 것도 바로 이런 문제와 관련되어 있었던 건 아닌지 모르겠다.)

김구의 1948년 4월 방북시에도 작은 에피소드가 있다. 숙소에서 여자 접대원들에게 "야!"라고 불렀더니 그들이 못들은 체한 것이다. 김구가 화가 나서 "왜 부르는데 대답을 안 하나?"라고 묻자 접대원들은 "저희는 그렇게 습관되어 있지 않아서 잘 몰랐습니다"고 답했다.[109]

이승만은 서양 물을 많이 먹은 탓에 제스처는 김구에 비해 더 화려했지만, 오히려 더했다. 1947년 가을 당시 '돈암장 신문'이라고 불렀을 정도로 친親이승만 신문이었던 『민중일보』의 사장이자 '이승만 박사 기념사업회 회장'인 윤보선의 요청으로 이승만의 전기를 쓰게 된 서정주가 이승만의 집을 방문했을 때의 이야기다. 무슨 자료를 찾아오라고 프란체스카에게 시켰다는데, "조그마하고 갸냘프고 유순한 부인은 묵묵히 명령대로 나가 꽤 오랜 뒤에 돌아와서 그게 어디에 있는지 아무리 찾아

봐도 잘 나타나지 않는다고 했다. 그런 일은 어느 집에서나 가끔 있는 일로 자세히 오래 찾아야 하는 일이기 때문에 나는 다음에 와서 가져가겠다 하고, 여기를 뜨려 했다. 그러자 이 박사는 침대에서 허리를 반만 일으키고는, 들어와 서 있는 프란체스카 부인을 화난 눈으로 바라보며 영어로 '겟 아웃!(나가)' 하고 크게 소리치고는 나보고 거기 앉으라고 했다. 나는 그의 부인이 마치 꾸지람 들은 어린애처럼 풀이 죽어 주춤주춤 물러나가는 것을 보며……".[110]

서정주는 우여곡절 끝에 이승만의 전기를 완성했다. 그래서 1949년 10월 '삼팔사'에서 『이승만 박사전』이라는 책이 나왔다. 그러나 이 책은 나오자마자 발매 금지 처분을 당했다. 내무부 치안국은 압수 명령을 내려 서점에 깔린 책들은 다 몰수되었다. 왜? 그 사연을 들으면 기가 막히다. 이승만은 대변인 김광섭에게 자신의 아버지 이름 밑에 경칭을 안 붙인 걸 문제삼았다. "서정주는 그래 얼마만큼이나 되는 시인인가?" 김광섭이 좋은 시인이라고 대답하자, 이승만은 이렇게 말했다. "그렇지만 그 사람은 저의 집 어른도 못 모시어 봤나?"[111]

아무려면 서정주가 어른을 모셔 보지 못해 경칭을 생략했을까? 조지위싱턴대학 학사, 하버드대학 석사, 프린스턴대학 박사로서 서양 물을 40년 넘게 먹은 이승만이 서양의 전기에선 경칭을 쓰지 않는다는 것쯤은 이해할 것이라고 믿은 것뿐이었다. 서정주는 이승만이 오히려 정반대로 40년 넘게 외국을 떠돌아야 했기에 조선, 그것도 구한말 조선의 전통에 대한 집착이 더욱 강렬했다는 걸 이해하긴 어려웠을 것이다.

한국 현대사의 불행한 업보

세상이 다 알다시피, 이승만은 비난과 독설에 매우 능숙했다. 이승만의 미국인 고문 로버트 올리버가 언젠가 이승만에게 그런 문제점을 지적했더니, 이승만은 이렇게 답했다. "나도 다 알고 있소. 나는 평생을 선동가로 살아왔으니까, 그렇게 할 도리밖에 없었던 것이오."[112]

맞다. 그게 정답이다. 이승만의 시계는 구한말에 멈춰져 있었다. 이승만은 평생을 복고적 투쟁을 위해 바친 인물이었다. 이 점을 무시한 채 오늘의 잣대로 이승만을 평가하는 건 이승만에 대한 불필요한 악의적 해석만을 낳을 뿐이다. 중요한 건 그게 아니라, 그렇게 함으로써 우리는 해방정국의 큰 그림을 잘못 보게 될 수도 있다는 것이다.

이승만과 김구 모두 구한말에 과거에 응시해 낙방한 쓰라린 경험을 갖고 있다. 낙방 후 이승만은 개신교, 김구는 동학과 인연을 맺는다. 이승만은 친미親美 노선으로 갔고, 김구는 친중親中 노선으로 갔다. 장제스의 중국은 몰락한 반면, 미국의 세계적 패권은 더욱 강화되어갔다. 미국은 비교적 다원 체제였던 만큼 이승만과 미국의 갈등은 미국의 어느 한 부분과의 갈등이었을 뿐, 큰 흐름은 친미 노선을 택한 이승만에게 유리했다. 그래서 이승만은 대한민국을 세우고 초대 대통령이 되었으며 향후 12년간 남한 사회를 왕王처럼 군림하면서 지배하게 된다.

김구와 이승만은 개인적인 차원에서도 많은 차이가 있었지만, 두 사람은 의외로 같은 면을 공유하고 있었다. 이는 이들에 비해 36~37년이나 젊었던 김일성도 마찬가지였다. 한국은 거쳐야 할 사회 발달 과정을 거치지 못한 채 해방 직후에도 왕조적 전통을 고스란히 간직하고 있었는데, 김일성은 그 전통에 편승해 자신에 대한 우상화 작업을 이승만 못지않게, 나중엔 그 이상으로 해나갔으며, 그 결과 세계에서 유례를 찾기 어려운 유형의 체제를 창조해내게 되었다.

손뼉도 마주쳐야 소리가 나는 것처럼 이런 우상화 또는 지도자 숭배증은 강압에 의해서만 이루어질 수 있는 건 아니었다. 통제와 조작은 가해졌을망정, 왕조 시대처럼 지도자를 숭배해야만 직성이 풀리는 민중의 강렬한 정서의 토대 위에서 구축된 것임을 부인할 수 없다. 일제 치하에서 36년간을 박탈당한 채 역사의 점프를 해야만 했던 한국 현대사의 불행한 업보였는지도 모른다.

| 역사 산책 9 |

초등학교에서
과외수업 성행

    1948년 8월 15일 대한민국 정부가 수립되었지만, 가족의 영광과 출세를 위한 왜곡된 교육 전통은 단절의 계기를 찾지 못한 채 계속 이어졌다. 정부 수립 당시 고등교육기관은 종합대학교가 4개교(서울대, 고려대, 연희대, 이대), 단과대학이 23개교(국립 3개교, 공립 4개교, 사립 16개교), 초급 대학이 4개교, 각종 학교가 11개교였다.[113]

    고등교육기관의 성격은 아무래도 선두 주자인 서울대의 영향을 받기 마련이었는데, 이게 문제였다. 장석만은 "1948년 정부 수립 후, 서울대학교는 이른바 민족의 사명을 짊어진 대학으로 부추겨지게 되었다"며 다음과 같이 말했다.

    "그러나 아무리 보편적 수사학으로 장식하고 비장하게 민족적 사명 감을 거론하며 서울대학교를 말한다고 해도 그것이 거짓임을 알아채기까지는 그리 오래 걸리지 않는다. 서울대는 여전히 일제 시기의 경성제

국대학과 미군정기 서울대의 틀을 벗어나지 못한 채, '주인 떠난 대학'의 비주체성을 끊임없이 보존해오고 있기 때문이다.……마치 서울대는 자기를 윽박지른 지주에게 배워 힘없는 동족에게 함부로 폭력을 써먹는 마름과 닮은 꼴인 셈이다."[114]

1940년대 말엔 사교육 시장이 아직 발달하지 않아 학교에서 과외 공부를 시키는 게 논란이 되었다. 특히 초등학교에서 과외수업이 성행해 이를 엄금한다는 정부 지시가 내려갔지만, 이를 지키는 학교는 거의 없었다. 공식 수업 종료 후 과외수업을 받는 학생들이 청소 당번이라고 둘러대는 방법까지 동원하면서 과외수업은 계속되었고, 또 계속 반복되는 엄금 조치가 내려졌지만, 그건 그야말로 우이독경牛耳讀經이었다.[115]

서울대는 계층 이동을 꿈꾸는 이들에겐 가장 유력한 수단이었다. 서울대 진학을 통한 '코리안 드림'의 성취는 이후 한국인들이 자녀 교육을 위해 허리띠를 졸라매게 되는 최고의 이유가 되었다. 조선시대의 관존민비官尊民卑는 여전했다. 관官으로 진입하는 것은 곧 출세를 의미했다. 출세하기 위해선 고시를 패스해야 했다. 1949년 국가공무원법이 제정되었고, 이에 근거해 '고등고시령', '보통고시령'이 제정·공포되었다. 1950년 1월 16일 제1회 고등고시가 실시된 이래로 고시 패스는 대학생들의 꿈이 되었다.

제6장

'연설 정치'와 '혈서 정치'

연설은 강력한 커뮤니케이션 수단

미군정기 남한에서 발행된 신문의 전체 발행부수는 40~50만 부로 추산된다.[116] 부수도 적었거니와 문맹률이 높아 신문의 영향력엔 한계가 있었다. 라디오 보급 대수도 채 20만 대가 되지 않아 큰 영향을 미치긴 어려웠다(조선방송협회는 1940년 10월 라디오 청취자 20만 명 돌파를 경축하는 대대적인 행사를 벌였고, 1943년 7월에 라디오 수신기가 28만 5,000여 대에 이르렀다는 통계도 있지만, 당시 대부분의 청취자들은 일본인들이었다. 일본인들이 빠져 나가면서 모두 다 라디오 수신기까지 갖고 간 탓이었는지 1947년 8월 말 통계에 따르면 라디오는 18만 5,000대가 보급된 것으로 나타났다).

1945년 현재 총 전화 가입자 수는 4만 4,000명에 불과했고, 물리적 이동도 여의치 않았다. 1947년 서울 시내 자동차의 수는 3,800여 대, 1948년 말 전체 자동차 수는 1만 4,000여 대였다. 서울-부산 간 급

행열차도 12시간 넘게 걸렸고, 서울-전주 간도 8시간이나 걸렸다.

이 같은 커뮤니케이션과 교통 체제하에서 연설은 커뮤니케이션 수단으로서 매우 중요한 의미를 갖는 것이었다. 해방정국에선 군중 연설을 잘하느냐 못하느냐가 정치지도자의 경쟁력을 결정했다고 해도 과언이 아니다. 이승만에 비해 웅변력이 떨어졌던 김구는 대중 선동에서 매우 불리한 위치에 놓여 있었으며, 이것이 두 지도자의 정치적 운명에 미친 영향도 작지 않았다. 이승만의 연설에 의한 선동 솜씨는 탁월했다. 한 사례로 1946년 6월 11일 정동교회에서 열린 독촉국민회 전국대표자대회의 한 장면을 보기로 하자.

"여러분이 독립을 속히 해보겠다고 신탁을 반대하고 이 국민회를 만들어서 얼마 전부터 나를 그 총재로 취임해 달라 하니 나는 이름만 갖는 총재는 수락지 않겠소.(이때에 회장 각처에서 '그렇지 않습니다, 절대 총재 명령에 복종하겠습니다' 하는 소리 연발) 여러분이 내 지휘를 받아서 '죽자!' 하면 다 같이 한자리에 들어가서 같이 죽을 각오가 있나?(이때 전 회중 열광적 박수와 함께 '예! 예!' 하는 소리) 그런 각오가 있는 사람들은 어디 손을 들어 봐!(전 회중 거수) 한 손을 드는 것을 보니 한 절반쯤 각오가 드는 모양이야.(이 유머에 전 회중은 방소하면서 쌍수를 들었다) 옳지! 전심전력으로 독립운동에 나서겠단 말인가!(만족한 얼굴, 만장은 박수 환영, 최고도의 흥분과 감격, 손수건으로 눈물을 씻는 극적 광경이다) 내가 이번에 민족총사령부를 하나 만들어 보려는데 여러분은 내 지휘를 받겠나?(전 회중 또다시 박수와 환호로 응답)"[117]

이승만은 대한민국 정부 수립 후에도 군중 연설을 즐겼다. 이승만은 1949년 4월 하순 8일간에 걸친 지방 순시를 했는데, 서울에서 부산

이승만은 연설할 때 선동 솜씨가 탁월했다. 1946년 4월 29일 부산 구덕산 운동장에서 진행된 이승만의 연설을 듣기 위해 모인 군중들.

까지 가는 데 사흘이 걸렸다. 가는 도중 첫날 연설한 횟수가 11회, 다음 날은 10회, 셋째 날은 5회였다. 이승만의 순시 여행 중 그의 연설을 직접 들은 국민은 300~400만 명에 이른 것으로 추산되었다.[118] 해방정국에서 연설이 커뮤니케이션 수단으로서 얼마나 큰 영향력을 발휘했는지 그 밖의 몇 가지 사례를 더 살펴보기로 하자.

강원용의 활약

1945년 겨울부터 기독청년연합회의 애국 및 시국 강연회의 명연사로 활약했던 28세 청년 강원용은 이렇게 회고했다.

"그때 우리들은 팀을 만들어 지역에 도착하면 큰 백지를 사다가 글씨를 잘 쓰는 이명하가 포스터를 만들어 붙여 사람들을 불러모았다. '진짜 웅변다운 웅변을 듣고 싶으시면 와보시라!' 어쩌구 하고 쓴 포스터를 잔뜩 붙여 놓고는 극장이나 교회당, 공회당 같은 데서 시국 강연을 했는데, 우리가 했던 강연의 취지를 굳이 요약하자면 '민족정신을 깨우치고 공산주의도 자본주의도 아닌, 국민 모두가 자유롭게 함께 사는 민족국가를 만들 수 있는 제3의 이념을 찾자'는 것이라고 할 수 있었다. 당시는 강연이나 웅변이 유행이었고 사람들의 관심도 높았을 때여서 우리들의 순회강연은 매우 성공적이었다."[119]

강원용은 1945년 12월 31일 서울운동장에서 열린 서울시민 반탁 궐기대회 때 명연설을 한 이후 자신에게 큰 변화가 생겼다고 말했다.

"이날의 강연은 내 생애에 커다란 계기가 되었다. 이날 이후 정계나 사회단체 등에서는 강원용이라는 사람을 모르는 이가 거의 없게 되었던 것이다. 그날의 강연 덕으로 내로라하는 정치인들도 내가 만나자고 하면 우선적으로 만나주게 되었다."[120]

1946년 2~3월 21일간에 걸친 강원용의 전북 지역 순회강연은 어떠했던가?

"우리 순회강연단은 제일 앞 트럭에는 대고 치고 나팔 부는 악대를 태우고, 두 번째 트럭에는 나를 비롯해 청년회 간부들이 타고 세 번째 트럭에는 우리와 함께 다니는 일행들을 태우고선 각 지역을 돌아다니며 사람들을 모았다.……그 당시 우리는 정말 가는 곳마다 선풍적인 호응을 받았다. 강연 장소는 주로 교회나 공회당이었지만, 때로 야외에서도 했고 작은 마을에서는 트럭 위에 선 채 그대로 강연을 하기도 했다. 지금과는 달리 청중들도 아주 열광적이어서 강연을 듣다가 발을 구르며 박수를 치는 등 공감과 감격이 넘쳤다."[121]

강원용은 이런 활동의 결과 방송으로까지 진출하게 되었다.

"전국 각지를 강연으로 누비던 나는 강연으로 얻은 이름 덕이었던지 1946년 12월, 당시 유일한 방송국이던 중앙방송국에서 강연 프로그램을 하나 맡게 되었다. 그때 이승만 박사는 매주 목요일 7시 15분에 중앙방송국을 통해 이를테면 대국민 연설 같은 것을 해왔는데, 그가 남한 단독정부 수립안을 미국 정부와 직접 협상하기 위해 12월 초 미국으로 떠나게 되자 내가 그 15분짜리 프로그램을 이어서 맡게 된 것이다."[122]

반탁학련과 미군정의 활약

1946년 1월, 우익을 대표하는 학생들의 총연합체로 결성된 '반탁전국학생연맹(반탁학련)'도 웅변대회를 개최하는 등의 방법으로 반공운동에 뛰어들었다. 이 당시 학생들의 웅변대회엔 거물 정치인들이 대거 참여했다. 반탁학련이 1946년 3월 9일 정동교회에서 개최한 기미독립선언 기념 전국 학생 현상 웅변대회엔 내빈으로 국민당의 안재홍, 한민당의 원세훈, 임정의 엄항섭 등이 참석했으며, 심사위원은 박순천, 안호상, 김산 등이었다. 이후에도 반탁학련은 이런 웅변대회를 수시로 개최했다.[123]

1946년 8월 13일 종로 YMCA 회관에서는 전국학련 주최로 독립전취戰取 학생 웅변대회 개최되었는데, 이날 입상자에게는 이승만, 김구, 조소앙, 김성수의 상장·부상과 동아일보 상장 등이 수여되었다. 전국학련은 1946년 12월 28일 반탁학생운동이 시작된 지 1주년을 기념하는 전국 웅변대회를 개최했다. 각 지역 예선을 거쳐 본선 웅변대회가 수천

해방 후는 각종 연설과 구호와 혈서가 난무하던 시대였다. 사진은 미군정청에서 제작한 '해방 기념 식목, 나라를 위하야 나무를 심읍시다'라는 식목 장려 포스터. (대한민국역사박물관 소장)

명의 학생이 참가한 가운데 천도교 본부 강당에서 열렸는데, 심사위원으로 장덕수, 설의식, 이선근 등이 참여했다. 이 당시엔 8·15 해방 기념 웅변대회 등 무슨 행사 때마다 기념 웅변대회가 열렸다.[124]

 미군정은 상시적인 연설반을 운영했다. 1946년 미곡 공출시엔 120명으로 이루어진 유세반까지 편성해 농촌에 파견했다. 1947년 5월부터는 대위 클라이드 브랜든Clyde Brandon의 감독하에 21명(10월 말에는 50여 명)의 훈련받은 한국인 연사단이 전국을 돌며 시국 연설을 했는데, 청중 동원은 군수나 면장의 몫이었다. 1948년 5월 10일 선거를 앞두고 130명의 특별 연사를 임시 고용하기까지 했다. 연사단은 미국인들에게서 연설의 테크닉을 교육받았으며, 개별적인 심사를 통해 미국의 대외정책에 대한 올바른 관점을 대중에게 제시하는 연설을 하는지 검증을 받았다.[125]

혈서는 진실과 용기의 표현

해방정국에서 또 다른 주요 커뮤니케이션 수단 가운데 하나는 혈서 血書였다. 강원용 등 기독청년연합회 임원 몇 사람이 1945년 12월 초에 김구의 경교장을 방문했을 때의 일이다.

"경교장에 들어가서 김구, 김규식, 조소앙 등 기라성 같은 독립투사들을 가까운 거리에서 만나 얘기를 나누게 된 우리들은 아무래도 좀 흥분되어 있었던 것 같다. 그래서 그랬는지 우리 일행 중에 성결교에 속해 있던 윤판석이라는 사람이, 죽 모여 있는 임정 요인들을 보더니 손가락을 깨물어 흰 천에다 혈서를 쓰고는 그것으로 머리를 질끈 동여매어 자신의 충성심을 과시하려 했다. 그런데 그것을 본 우사 김규식 박사는 얼굴을 찌푸리면서 '일본놈한테 배웠구먼. 그거 왜놈한테서 배운 버릇을…… 이보게 청년들, 그런 짓은 하지 말게' 하고 점잖게 꾸중을 해 우리를 무색하게 했다."[126]

그러나 김규식은 지극히 예외적인 인물이었고(어려서부터 고아가 되어 외국인 선교사집에 입양되었던 김규식은 "가족, 집안, 씨족, 파벌 등과 같은 한국의 토착적 기반과 일찍부터 유리되었으며, 이것은 그가 평소 정치적 파벌과 일정한 거리를 두면서 합작에 노력하는 하나의 배경이 되었다").[127] 당시 혈서는 진실과 용기를 표현하고 피가 끓어오르는 선동력을 발휘할 수 있는 중요한 커뮤니케이션 수단으로서 정치지도자들에 의해 사실상 장려된 것이었다. 몇 가지 사례들을 살펴보자.

1946년 12월 이승만이 미국을 방문할 때에 이를 적극 후원한 우익 단체들은 이승만에게 청년들의 혈서를 전달했다.[128] 전국학생총연맹의 활동사에는 이렇게 기록되어 있다.

"(1947년) 인천 공설운동장에서 있었던 기미독립선언 기념대회 때에는 6만의 민중 앞에서 학련 인천연맹 위원장 위인환은 태극기에다가 '38선 철폐는 학생의 손으로', '반공·반탁 자유 독립 촉성을 위해'라는 단지 혈서를 써서 운집한 민중들로부터 뜨거운 박수를 받았다. 1948년 3월 1일 건국 직전의 3·1절 기념 행사 때도 기념대회장에서 부위원장 이계송을 위시하여 이은택, 차갑남, 김인식, 성호경 등이 잇달아 등단하여 운집한 7만의 민중 앞에서 '백만학도의 완전 자주독립을 기함', '공산 적색분자를 타도함'이라는 혈서를 썼는데, 이것을 독촉국민회(인천) 대표 정해궁이 시민을 향해 높이 치켜올리자 천지를 진동시키는 뜨거운 박수갈채가 터져 나왔다."[129]

1948년 3월 김구가 장덕수 암살 사건의 배후 혐의로 미군정의 재판을 받을 때 김구의 건국실천원양성소 소원 50여 명은 혈서를 써서 미군정청에 항의했다.[130] 1948년 11월 30일 국군조직법이 공포된 뒤 12월 15일 국군이 정식 법제화되자 '혈서'를 긍정하는 이런 노래까지 만들어졌다.

"신 대한국 국방군을 뽑는다는 이 소식/손꼽아 기다리던 이 소식이 꿈인가/감격에 못 이겨서 손가락을 깨물었소/나라 위해 병정되기 소원합니다/무명지 깨물어서 붉은 피를 흘려서/태극기 걸어놓고 천세만세

부르자/한 글자 쓰는 사연 두 글자 쓰는 사연/나라 위해 병정되기 소원합니다."[131]

반민특위에 잡혀간 아버지의 병보석을 얻어낸 힘도 아들의 혈서였다. 문인 이광수는 1949년 2월 9일에 구속되었는데, 그의 셋째 아들 영근(중앙중학 6학년)은 반민특위 위원장 앞으로 아버지는 병이 중하니까 보석해주는 대신 자신을 담보로 수감해달라는 내용의 혈서를 썼다. 아들의 정성이 통해 이광수는 3월 4일 병보석으로 출감했다.[132] 1949년 4월 미국에 '무기를 달라'고 외치는 시위운동이 벌어졌을 때에도 학생들은 혈서를 써서 주한 미대사관에 전달했다.[133]

'혈서 충성맹세'의 양산

1949년 6월, 좌익의 발본색원과 탄압을 위해 만들어진 '국민보도연맹'은 대대적인 '혈서 충성맹세'를 양산했다. 『민주중보』 1949년 12월 4일자 기사다.

"노재현은 과거 남로당 특수세포 부산시 책임자로 맹렬히 활동 중, 지난 11월 29일 드디어 부산서에 출두, '결사보국'의 혈서를 제출하고 자수하여 관계원 일동을 감격하게 하였다 한다. 이에 대해 박 부산서장은 아래와 같이 말하고 있다. 이러한 청년들이 혈서로서 자수한 데 대하여 감격하지 않을 수 없다. 이러한 애국청년에게는 신분보장은 물론 직업까지 알선하겠다. 그리고 자수 기간은 넘었으나 국가와 민족을 사랑하는 진정한 애국자는 환영하여 마지않는 바이다."[134]

『민주신보』 1950년 7월 15일자 기사다.

"최찬조 군은 한때 경거망동으로 반국가적 반민족적 노선에서 자기 과오를 청산하고 대한의 품 안에 돌아와 보련 맹원으로 보도를 받으며 대한민국에 성의를 다하여오던 중 보련 맹원으로서 대한민국에 충성할 기회는 이때임을 절실히 느끼고 민족과 민국을 위하여 일선에서 싸우겠다는 투지로 13일 혈서로써 출전을 지원, 당국에서는 곧 입대수속을 하였는데 이 사실을 안 보도연맹원은 물론 일반까지도 애국청년 최찬조 군의 지성에 대하여 무한히 감탄하고 있다."[135]

이런 일이 있고 나서 잇따라 혈서로 지원하는 사태가 벌어졌다.『민주신보』1950년 7월 19일자 기사다.

"조국의 안위가 박두한 이때 보련 맹원도 총궐기, 과거의 과오를 청산하고 온정 아래 보도를 받아오던 맹원들이 충성을 바칠 시기가 이제야 도래하였다고, 맹원들이 애국애족의 정성에서 지원하는 혈서에는 생생한 핏방울이 마르지 않고 있다."[136]

한국인들의 뜨거운 피, 바로 그게 이 시기의 문제였다.

제7장

6·25 전쟁 직전, 무슨 일이 벌어졌는가?

농지개혁과 6·25 전쟁

　한민당이 참여해 만든 헌법 제86조엔 "농지는 농민에게 분배하며, 그 분배의 방법, 소유의 한도, 소유권의 내용과 한계는 법률로써 정한다"고 규정되어 있었다. 또 5월 10일 선거 과정에서 한민당을 포함한 거의 모든 정파가 하나같이 "토지는 농민에게, 공장은 노동자에게"라는 구호를 내걸었다.[137]

　토지개혁은 피할 수 없는 대세였다. 그 대세에 발맞춰 1949년 2월 5일 국회에 토지개혁안이 제출되었다. 국회는 미군정의 토지개혁안에 맞춰 정부안을 수정했고, 1949년 3월 10일 제2회 정기국회 제5차 본회의에 상정했다. 정기국회에서 뜨거운 논쟁 끝에 수정안이 통과되어, 1949년 6월 21일 유상몰수 유상분배를 핵심으로 하는 농지개혁법이 공포되었다. 그러나 이 법은 모순점을 내포하고 있었고 정부도 시행 의

1949년 6월 21일 공포된 농지개혁법은 모순점을 내포하고 있었고 공포와 동시에 개정을 해야 했다. 결국 1950년 3월 10일 개정된 농지개혁법을 공포했다. (대한민국역사박물관 소장)

지가 없었기 때문에 공포와 동시에 개정을 기다리지 않으면 안 되는 법이 되고 말았다.[138]

  이 법은 지가 상환액을 연간 생산물의 150%를 지주에게 보상하고 소작농민에게서는 연간 생산물의 125%를 받도록 규정했다. 정부는 지주에 대한 지가보상과 소작인이 내는 땅값의 차액을 정부가 부담한다는 것은 국가재정상 곤란하다고 주장해, 국회는 10월 25일 지가 상환액을 연간 평균작의 150%로 25%로 인상하고 상환은 5년 분할로 하는 토지개혁안을 다시 개정했다. 마침내 정부는 이 안을 채택하고 1950년 3월 10일 농지개혁법을 공포했다.[139]

  농지개혁법은 6·25 전쟁으로 인해 그 실시가 미루어져 오다가 6·25 전쟁 이후에 본격적으로 실시되었다. 그러나 이에 대해 박명림과 김일영 등 몇몇 연구자는 반론을 제기하는데, 이들의 주장을 요약하면 이렇다.

"첫째, 한국전쟁 이전인 1950년 3~5월 사이에 농지개혁의 핵심인 농지분배가 완료되었고, 실질적으로 농지개혁이 완료되었다. 둘째, 완료된 농지개혁의 결과는 농민적 입장을 대변한 것이었으며 북의 토지개혁에 비해서도 우월한데, 이는 이승만의 강력한 농지개혁 의지를 반영했기 때문이다. 셋째, 농지개혁의 결과 1950년 5·30 선거에서 지주계급의 정당인 민국당이 패배하고, 남로당의 영향력도 감소되었다. 넷째, 농지개혁의 결과 이승만 정권은 안정되었고, 농민들은 보수화되거나 혹은 체제 지향적으로 안정화되었으며, 한국전쟁은 토지혁명이나 계급투쟁의 성격과는 무관했다."[140]

요컨대, 이들의 주장은 6·25 전쟁에서 농지개혁이 이승만 정권에 매우 유리하게 작용했다는 것이다. 이에 대해 정병준은 이 가설들을 빈약한 사례 연구를 확대해석하는 오류를 범한 것으로 역사적 사실과는 거리가 멀며, 6·25 전쟁이 지지부진하던 농지개혁이 아무런 저항 없이 강력하게 추진될 수 있도록 동력을 부여했으며, 결국 한국 농지개혁의 추진과 완성은 주체적 선택의 결과였다기보다 6·25 전쟁이 파생시킨 역사적 산물이었을 가능성이 높다고 말한다.[141]

주한미군 철수와 북한의 선전 공세

북한 주둔 소련군이 약 3,000명의 병력을 군사고문단 요원으로 잔류시키고 1948년 말까지 철수한 데 이어, 주한미군도 1949년 6월부터 철수를 시작해 6월 29일까지 약 500명의 군사고문단만 남기고 철수를 완료했다.

　미군 철수 후 남은 군사고문단의 역할은 이승만의 북진통일론에 대비해 북쪽에 대한 도발을 못하게끔 군비를 축소하는 것이었다. 이미 1949년 4월 미국에 '무기를 달라'고 외치는 국민들의 시위운동이 연 100만 명의 인파를 동원하면서 전국 방방곡곡에서 일어나 2주 동안 계속되었지만, 미국은 들은 척도 하지 않았다. 이승만은 1949년 4월 26일자로 미국과 방위조약을 맺을 것을 요청했지만, 미국은 이것도 거절했다.[142]

　보도연맹 설립에서부터 국회 프락치 사건에 이르기까지 대대적으로 벌어진 폭력적인 반공 캠페인 또는 이른바 '6월 대공세'는 미군 철수 직전 정치적 방해 요소들을 제거하기 위한 것으로 평가받고 있다. 최근 밝혀진 미 CIA 문서에 근거해 이 시기 이승만이 중도파를 숙청하기 위한 계엄령을 모의했다는 주장도 제기되었다.[143]

　1949년의 상황은 거의 준전시 상황을 방불케 했다. 김일성은 1949년 신년사에서 '국토의 완정完整'이라는 용어를 13번이나 사용하는 등 남한에 대한 흡수통일 의지를 강력하게 피력했다. '완정'은 '완전히 정리한다', '완전히 정비한다'는 뜻으로 사실상 무력 통일을 의미하는 것이었다.[144]

　1949년 6월 24일 북조선노동당은 남조선노동당을 흡수해 조선노동당을 출범시켰다. 위원장엔 김일성, 제1부위원장엔 남조선노동당을 대표해 부수상 겸 외무상인 박헌영, 제2부위원장엔 소련파의 영수 허가이가 선출되었다. 6월 28일엔 북조선민주주의민족전선이 남조선민주주의민족전선을 흡수해 조국통일민주주의전선을 발족시켰다. 조국통일민주주의전선은 실권은 없는 선전기구로서 발족과 동시에 여러 가지

'평화통일' 방안을 제시했다. 그 가운데 하나가 바로 9월 15일에 남북 총선거를 실시해 통일국회와 통일정부를 세우자는 것이었다.[145]

북한은 1949년 6~7월 내내 '9월 총선'을 받아들이라며 집중적인 평화통일 제의 공세를 폈다. 『노동신문』 등 모든 매체가 총동원되어 호소했다. 이승만도 이에 질세라 1949년 11월 26일 북괴가 정권을 해체해 남북자유선거를 실시하자고 제안했다.[146]

38선 근처 무력 충돌과 북진통일론

1949년 봄 38선 근처에선 남북 무력 충돌이 빈번하게 일어나고 있었다. 1949년 5월부터는 무력 충돌이 본격화되었다. 5월 21일부터 6월 23일까지 황해도 옹진반도에선 한 달 동안 남북이 각각 1,300여 명 이상의 병력을 투입시키는 충돌이 발생했다.[147] 8월 초순 옹진에선 수일간 치열한 전투가 벌어졌다. 8월 4일 북한이 2개 연대 병력과 포병부대를 동원해 공격함으로써 대규모 국경 분쟁으로 번진 이 전투에서 국군은 53명 사망, 121명 부상, 인민군은 266명 사망, 295명 부상이라는 피해를 입었다.[148]

북한 쪽은 "1949년 1년 동안 남조선은 1,836회나 월경했다"고 주장했으며, 남한 쪽은 "북한군은 38도선을 실전 훈련장으로 보고, 1949년 한 해에 874회나 불법으로 사격하거나 침범했다"고 기록했다. 둘 다 모두 과장된 통계일망정 거의 매일 충돌이 일어났던 건 사실이다.[149] 김영명은 38선 주변에서 일어난 군사적 분쟁의 다수가 남한군 측의 공격에 의한 것이었다고 말한다.

"공격은 주로 현지 사령관들의 주도로 발생하였지만 이승만은 이를 저지하기 위해 노력하지 않았다. 여기에서는 이승만 정부가 북한에 대해 새로이 자신감을 갖게 된 원인이 개입되었다. 이에는 여순 반란과 제주도 반란의 진압과 유엔에서 남한 정부가 한반도에서의 유일 합법 정부로 승인받음(유엔의 실제 결의안은 이보다는 애매하였지만)으로써 생긴 외교적 성공 등이 작용하였다. 국경 분쟁의 개별적인 전투에서는 남한이 전과를 올렸으나, 이러한 전투들은 장기적으로 남한 측에 불리하게 작용하였다. 북에 비해 불리한 군사력을 쓸데없이 낭비했을 뿐 아니라 이승만의 호전성을 우려한 미국이 군사원조를 '방어 무기'에만 국한시켰기 때문이었다."[150]

아닌 게 아니라 이승만은 이즈음 북진통일론을 외쳐댔다. 북진통일론은 7월부터 고개를 들었다. 국방부 장관 신성모는 7월 17일 대한청년단 훈련장에서 "국군은 대통령으로부터 명령을 기다리고 있으며, 명령만 있으면 하루 안에 평양이나 원산을 완전히 점령할 수 있다"고 큰소리쳤다. 그는 그 발언에 문제가 되자 자신의 발언이 오해되었다고 해명했지만, 9월 초에도 때 오기만 기다릴 뿐이고 밀고 갈 준비는 이미 되었다고 주장했다.[151]

이승만까지 가세했다. 이승만은 1949년 9월 30일 외신기자회견에선 "우리는 북한의 실지失地를 회복할 수 있으며 북한의 우리 동포들은 우리들이 소탕할 것을 희망하고 있다", 10월 7일 외신기자회견에선 "우리는 3일 내로 평양을 점령할 수 있다고 나는 확신한다", 12월 30일 기자회견에선 "우리는 새해에 통일을 이룩해야 하며 할 수 있다고 믿는다"고 말했다.[152]

북진통일을 위한 예비 조치였는지는 모르겠지만, 남한은 1949년 가을부터 빨치산에 대한 대대적인 동계 토벌작전에 들어갔다. 주한미군 군사고문단장인 윌리엄 로버츠William L. Roberts에 따르면, 1949년 11월에서 1950년 3월 사이에 있었던 동계 토벌작전으로 6,000명 이상의 게릴라를 살해했다.[153]

6·25 전쟁 직전 국내외 정세

1949년 9월 23일 소련이 핵무기 실험에서 성공했다. 이는 스탈린과 소련에 6·25 전쟁 결정에 적어도 '심리적 자신감'을 부여했을 것이다.[154] 10월 1일엔 베이징에 중화인민공화국이 수립되었다. 1949년 1월 22일 베이징에 입성한 공산군이 결국 국민당 정권을 타이완으로 내쫓은 것이다. 중국 공산당의 전 중국 장악은 '서방 측을 경악하게 하는 사건'이었다.[155]

1950년 1월 12일 미 국무장관 딘 애치슨Dear. Acheson, 1893~1971은 워싱턴에 있는 내셔널 프레스 클럽에서 '태평양에서 미국의 안전과 권익'이란 주제의 정책 연설에서 한국이라는 국명은 거론하지 않았지만 사실상 한국을 제외시킨 미국의 극동 방위선에 대해 언급했다. 애치슨은 이 연설에서 아시아에서 미국의 군사력은 제한되어 있다고 지적하면서 극동의 방위는 알류샨열도, 일본, 오키나와 제도, 필리핀 제도를 잇는다고 규정했다. 이 연설의 핵심은 미국의 대對아시아 봉쇄선인 도서島嶼 방위선을 제시한 것과 소련이 중국을 식민지화하려 한다는 것이었다.[156] 한국이 도서 방위선에서 배제되었다고 해서 미국의 봉쇄선이 대한해협으

미국의 국무장관 애치슨은 워싱턴의 내셔널 프레스 클럽에서 '태평양에서 미국의 안전과 권익'이란 주제의 정책연설에서 한국을 미국의 방어선에서 제외시키는 '애치슨 라인'을 발표했다.

로 내려온 것을 의미하는 건 아니었다. 미국의 '위신' 문제가 걸려 있었기 때문에 미국은 결코 한국을 포기할 수는 없었다.[157]

 그러나 6·25 전쟁 발발 이후 공화당 상원의원 조지프 매카시Joseph McCarthy, 1908~1957가 애치슨의 연설이 스탈린과 김일성에게 남침의 청신호를 보내준 것이라고 비난하고, 바로 이 시각이 그간 한국에서도 수용되어왔다.[158] 훗날(1954년) 애치슨은 한 세미나에서 "대한민국이 확고한 보장을 받았다면 매우 도발적이고 호전적이 되었을 것"이라고 말함으로써, 자신의 발언이 남한의 도발을 의식한 점도 있었다는 걸 시인했다.[159] 애치슨 선언이 나온 지 일주일 후 미 하원은 대한對韓 경제원조

6,200만 달러 지출안을 1표 차로 부결시켰다. 미국의 원조 순위에서 한국은 서유럽은 물론 중동 국가들보다 하위에 속해 있었다.[160]

1949년 말부터 내각제 개헌을 추진해오던 민국당은 미국 하원에서 대한(對韓) 원조 법안 부결을 계기로 개헌 논의를 가속화했다. 1950년 1월 27일 민국당은 78인의 서명으로 개헌안을 제출했다.[161] 민국당은 의원내각제를 주장했는데, 『동아일보』 등 권위 있는 신문들을 장악한 덕에 민심에 먹혀들어갔다. 반면 이승만이 믿는 구석은 역시 경찰과 우익 청년단체였다.

1949년 11월 12월 이승만 지지 세력을 모아 창당된 대한국민당의 최고위원이 된 윤치영은 "개헌을 추진하는 자들이야말로 정권욕에 사로잡힌 매국노"라고 주장하면서 개헌 저지에 앞장을 섰다. 윤치영은 김두한을 사주해 각종 테러를 저지르게 한 배후로서 자신의 정치적 목적을 위해 우익청년단을 최대한 활용했으며 훗날 자신의 회고록에서도 그걸 자랑스럽게 밝히기까지 했다.[162]

윤치영의 뜻은 곧 이승만의 뜻이었으니 개헌이 이루어지긴 어려운 일이었다. 내무부는 경찰에 대기령을 내려 "대통령의 명령이 있으면 언제라도 행동을 취할 수 있도록" 했고, 내각은 각급 공무원들에게 동원할 수 있는 모든 수단을 동원해 개헌을 저지하라는 훈령을 내렸다. 또 청년단체들의 개헌 반대 데모가 전국 각지에서 전개되었다. 3월 14일 개헌안이 표결에 붙여졌으나 66명의 국회의원이 기권함으로써 부결되었다. 기권을 끌어내는 데엔 이승만의 청년단체들이 협박 등으로 기여했다.[163]

제2대 총선(1950년 5월 30일)은 민국당과 이승만의 참패로 나타났다. 민국당은 여당이라 할 대한국민당과 같은 24석에 9.8%의 표를 얻는 데 그쳤다. 이승만 지지 세력은 독촉국민회 12명, 대한청년단 4명을 합해도 57명 정도에 지나지 않았다. 총선의 가장 큰 특징은 무소속 중간파 후보들의 대거 당선이었다. 무소속 당선자는 국회의석 210석 가운데 128석을 차지했다.

서울 성북에서 조병옥과 대결한 조소앙은 전국 최고 득표(3만 4,035표 대 1만 3,498표)로 승리했다. 1948년 10월 노선 변경을 한 조소앙은 대한민국의 존재를 인정하고 대한민국을 육성하기 위해 다음 총선에 참여할 뜻을 밝히면서 김구의 한독당을 탈당한 뒤 1948년 12월 하순 사회당을 창당했다. 전국 제2위 득표자는 여운형 사후 근로인민당을 이끌었던 무소속의 장건상이었다. 부산 을구에 출마한 그는 공산당으로 몰려 경찰서 유치장에 수감된 상태에서 당선 소식을 들었다.[164]

북한의 치밀한 전쟁 준비, 남한의 허풍

1950년 2월 이승만은 더글러스 맥아더Douglas MacArthur, 1880~1964의 초청을 받아 일본을 방문했다. 그냥 놀러간 건 아니었다. 이승만은 1949년 4월 미국이 북대서양조약기구NATO를 발족시키자 태평양동맹Pacific Pact을 구상하고, 5월 초 해리 트루먼Harry Truman, 1884~1972에게 미국이 나토에서와 같은 역할을 하는 태평양동맹을 원한다는 뜻을 밝혔다. 1949년 8월 7일 총통 자리를 잠시 내놓고 있던 장제스를 진해로 초청해 본격적인 협의를 벌이기도 했다. 그러나 이 구상은 실패로 돌아가고 말았다.[165]

미국이 일본 배제를 원칙으로 한 태평양동맹을 지지할 리는 만무했다. 이승만은 정부 수립 직후인 1948년 8월 17일 기자회견을 통해 수백 년 일본이 탈취한 쓰시마섬對馬을 한국에 반환할 것을 요구했다. 그는 그해 9월 30일 국회에서 밝힌 정부의 시정 방침에선 일본의 침략주의 근성에 대한 경계심과 대일강화조약에 대한 대응 노선 등을 천명했다. 이렇듯 이승만의 대일 인식과 정책의 기조는 일본의 '부활'을 철저히 경계하고 제어해야 한다는 것이었지만, 이 또한 미국의 '일본 우선 정책' 때문에 실현되긴 어려운 것이었다.[166]

1950년 2월 14일 중소 우호동맹조약이 체결되었다. 1949년 12월 16일 모스크바에 도착한 마오쩌둥毛澤東, 1893~1976이 스탈린과 두 달 동안이나 회담하면서 얻은 결과였다. 북한의 병력은 점점 증강되고 있었다. 북한은 1946년 말부터 수만 명의 군대를 장제스에 대항해 싸우는 공산당을 지원하기 위해 중국으로 파견했는데, 그 군대가 1948년 2월에 돌아와 북한군에 편입된 것이다. 1948년 가을 이후 국민당군의 급속한 붕괴로 마오쩌둥 군대에서 싸운 수천 명의 한국인도 귀환했다. 1949년 10월 1일 중화인민공화국의 수립으로 인민해방군에 포함되어 있던 다른 조선인 부대들도 귀국했다. 1949년 가을부터 2개 사단 조선인 병력이 북한으로 돌아왔으며, 1950년 4월에는 약 1만 2,000명의 조선인 병사들이 돌아왔다. 남침 개시 직전까지 실전 경력을 쌓은 중공군 출신이 북한 군대의 30%를 넘어섰다.[167]

그걸 아는지 모르는지, 이승만은 4월 6일 북한에 유엔 감시하에 인구비례에 의해 국회의원을 선출해 대한민국 국회에 합류하여 통일정권을 수립하자고 호소했다. 김일성과 박헌영 등도 죄를 용서하고 포섭하겠다는 아량까지 베풀었다.[168] 북한의 평화통일 제의는 군사적 공격을 위한 명분 축적용이었던 반면, 이승만의 그런 호소와 아량은 도대체 무엇을 위한 것인지 알 길이 없었다. 이승만이 그런 환상에 빠져 있을 때 김일성은 모스크바를 방문하고 있었다.

6·25 전쟁 공모를 위해 이미 1949년 3월과 12월에 모스크바를 극비리에 방문했던 김일성은 이제 마무리 작업 차원에서 1950년 4월 모스크바를 세 번째 방문했으며, 5월엔 중국을 방문해 마오쩌둥을 만났다. 북한은 모든 남침 준비를 끝내놓고 6월 7일 '조국의 평화통일'을 제창하면서 "8월 4~8일 사이에 남북총선거를 실시하자"는 연막 작전을 펴더니,[169] 6월 25일 새벽 4시 40분을 기해 남침을 개시했다.

북한은 그간 치밀한 전쟁 준비를 해온 반면, 남한은 이승만의 허풍에 가까운 북진통일론에 대한 미국의 견제로 인해 전쟁에 대해 무방비 상태였다. 1950년 6월 현재 북한은 13만 5,000여 명의 지상군을 확보하고 있었는데, 이때 남한의 병력은 정규군 6만 5,000여 명, 해안경찰대 4,000여 명, 경찰 4만 5,000여 명 등이었다. 6·25 직전까지 대공포화가 없는 지역의 정찰만을 위해 쓸 수 있는 6대의 항공기 이외에는 더 허용되지 않았으며, 탱크와 기갑 차량은 전무했고 포병은 탱크를 격파할 수 없는 바주카포와 화포만으로 무장하고 있었다. 또 남한군은 단지 15일 동안 국방 작전을 수행하는 데 필요한 보급품만 가지고 있었다.[170]

이승만 정권은 '국가'였을까?

임영신은 훗날 6·25 전쟁에 대해 이렇게 말했다.

"그때 남한에 살고 있었던 2천만 한국 인민 중 단 10만 명이 행복하거나 그냥 만족하고 살았는지를 나는 의심한다. 불안감이 우리 모두에게 엄습하여 괴롭혔고 이 불안감은 어떻게 해소될 수 없는 것이었다. 우리는 모두 무슨 일이 일어날 것을 기다리고 있었는데, 그것이 전쟁이란 것을 우리는 모두 알고 있었다. 누가 이 전쟁을 저지 못했다고 누구를 원망할 것이냐? 또 결국 북한이 공격을 했지만 누가 전적으르 그들에게만 책임을 돌릴 수 있을까? 모든 한국의 여건이 전쟁이 일어나도록 익어 있었다."[171]

그러나 6·25 전쟁은 북한은 말할 것도 없지만 이승만 정권도 결코 면책될 수는 없는 전쟁이었다. 허황된 허풍만 떨어댄 이승만 정권은 전쟁이 일어난 이후에도 여전히 그 버릇을 버리지 못한 채 국군이 승리하는 것처럼 국민을 속였으며, 이승만 이하 정부 수뇌부는 서울을 떠나 피난해놓고 아무런 예고도 없이 6월 28일 새벽 2시 30분경 한강다리를 폭파했다. 이 폭파로 얼마나 많은 사람이 죽었는지 아무도 모른다. 이에 대해선 1950년대편 제1권에서 다루기로 하자.[172]

그러나 이는 향후 전개될 지옥과 같은 아수라장의 아주 작은 시작이었을 뿐이다. 6·25 전쟁은 너무도 더럽고 처참하고 잔인했다. 6·25 전쟁 이전에 저질러진 대량 학살이 그 더러움과 처참성과 잔인성을 예고한 것이었지만, 이후의 역사는 정신분석학자가 나서야만 할 영역이 되고 말았다.

이 전쟁에서 사망자, 부상자, 실종자를 포함한 인명 손실은 300만 명으로 전체 인구의 10분의 1이나 되었으며, 1,000만 명이 가족과 헤어졌고 500만 명은 난민이 되었다.[173] 이 전쟁은 "20세기의 그 어떤 전쟁보다도 민간인 희생 비율이 높은 '더러운 전쟁'이었다".[174] 이 전쟁은 "그 잔인성에 있어서는 20세기의 국제전이나 내전 과정에서 발생한 다른 어

이승만 정부는 6월 28일 새벽 한강다리를 폭파해 민간인들을 희생시켰다. 6·25 전쟁은 그 어떤 전쟁보다도 민간인 희생 비율이 높았다.

떤 학살을 능가하였"으며, "인간이 인간에게 얼마나 잔인해질 수 있는지를 보여준 전쟁 백화점이었으며, 인간의 존엄성이 얼마나 무참하게 파괴될 수 있는지를 보여준 살아 있는 인권 박물관이자 교과서였다".[175]

전쟁 중 이승만 정권은 너무도 무능했고 부패했고 잔인한 모습을 원 없이 보여주었다. 과연 이승만 정권은 '국가'였을까? 이승만 정권은 서울 수복 후 정부의 말을 믿는 바람에 피난을 가지 못한 '잔류파'들을 상대로 부역자들을 잡아낸답시고 또 한 번의 고통을 강요한다. 정권 수뇌부를 비롯해 비겁하게 도망간 '도강파'들이 설쳐댄 것이다.

지배집단의 상당수는 전쟁 직전에 자식들을 유학이랍시고 미국으로 빼돌렸고, 이런 행태는 전쟁 중에도 계속되었다. 피난길에 오르던 어떤 장성은 트럭에 가재도구, 심지어는 개까지 실었으며, 지배집단의 상당수가 이런 짓을 했다. 임시수도 대전에 머물던 각료들은 북한군이 평택까지 쳐들어왔다는 소문을 믿고 아무에게도 알리지 않고 자기들끼리만 전주로 도망을 갔다가 그게 사실이 아닌 걸로 밝혀지자 다시 대전으로 돌아왔다. 그 한심한 작태에 분노한 여관집(성남장) 주인이 그들의 투숙을 거부했으니, 이게 바로 그 유명한 '대전 성남장 사건'이다. 이런 사람들이 핵심을 구성하고 있던 이승만 정권을 어찌 '국가'로 볼 수 있을 것인가?[176]

해방정국에서 새로운 국가를 건설하는 데 친일파 위주의 기능적 효율성만을 따져선 안 될 이유가 전쟁 중에 적나라하게 드러나고 말았다. 지배집단은 일제 시기에도 그랬던 것처럼 전쟁이 터지자 다시 해방 전으로 돌아가 자신과 자기 가족 챙기기에만 바쁜 모습을 보여주었다. 이는 이후 한국의 지배·엘리트 집단의 전통으로 굳어져 끈질긴 생명력을 자랑하게 된다.

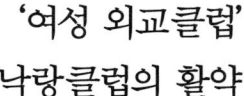

'여성 외교클럽' 낙랑클럽의 활약

영어 잘하는 가정부인 중심의 클럽

"해방 이듬해인 1946년, 남한의 우파 정치인들과 친분이 두텁던 모윤숙이 주동이 되어 발족한 낙랑클럽은 미군 고급 장교와 한국 정치인을 상대한, 기지촌과는 비교할 수 없는 사교 클럽이었다. 고구려 시대 낙랑공주와 같은 고귀한 신분을 가진 여성들만이 선택되어 입회되었던 것이다. 미군을 만난다지만 상대는 미군정청의 실력자들인 장성급, 고급장교에 한정되었고, 남한에 들어와 있던 각 나라 외교관과 그런 외국인들로 하여금 남한에 호의를 갖게 만드는 역할을 했다. 그러다 보니 이화 출신을 중심으로 한 달 만에 100여 명이 낙랑클럽 회원으로 지원했다. 그들 중에는 정부가 수립되고 장관급에 오른 중요 정치인의 부인들도 다수 포함되어 있었다."[177]

이화여전 영문과를 졸업한 후 대학 선배 모윤숙의 권유로 낙랑클럽 회원이 된 작가 전숙희가 『사랑이 그녀를 쏘았다: 한국의 마타하리 여간첩 김수임』(2002)에서 한 말이다. 전숙희가 2005년 해방 60주년을 맞아 밝힌 회고담도 들어보자. 그는 "미군정 시기에 낙랑클럽이라는 단체가 생겼어요. 미군들에게 한국을 이해시키기 위해 만들어진 이를테면 한미 친선을 위한 모임이라고 할 수 있죠. 멤버는 아무나 될 수 없었습니다. 외국 유학을 갔다 올 정도의 교육받은 사람들, 또 잘살고 좋은 일도 많이 한 사람들 있잖아요?"라면서 다음과 같이 말했다.

1946년 모윤숙은 낙랑클럽이라는 사교 클럽을 만들어 주한 외국인을 상대로 고급 외교를 펼쳤다. 1965년 9월 29일에 거행된 안익태 추모식 때의 모윤숙. (국립중앙박물관 소장)

"미혼은 한 명도 없었어요. 가정부인들 가운데에도 모습이 아름답고 영어 몇 마디라도 할 수 있으며, 교육도 받고 매너도 좋은 사람들만 뽑았던 겁니다.……어디에서 미군들의 파티가 열리면 낙랑클럽 회원들을 초대해요. 그럼 우리는 가서 같이 대화도 하고 그러다가 나중에는 이 사람들이 으레 음악을 틀어놓고 춤을 췄어요.……모윤숙 선생이 클럽을 만들어서 다 모아 놓으니까 서로 신이 나서 여자들끼리 모여서도 재미있게 놀았지요. 이야기하고 춤추고 우리끼리 노래하고 교가도 부르고 그랬어요. 김활란 박사도 오셨죠."[178]

서울대학교 법대 교수 최종고는 『이승만과 메논 그리고 모윤숙: 대한민국 건국과 한국 여성』(2012)에서 낙랑클럽을 "영어를 잘하는 교양 있는 여성들에게 주한 외국인을 상대로 고급 외교를 하도록 조직한 '비밀' 사교 단체"라고 했지만,[179] '비밀'이라고 하기엔 공개적인 활동을 많이 한 단체였다. 당시의 신문 기사를 통해 낙랑클럽의 활동을 감상해보기로 하자.

한국·미국·유엔의 친선을 위한 행사

『동아일보』 1949년 5월 22일자는 "모윤숙, 최예순 씨 등 20여 명으로 구성된 낙랑구락부에서는 이 대통령 재미在美 중 물심양면으로 원조를 아끼지 않은 세 귀빈 스테거 씨, 윌리엄스 씨, 올리버 박사를 중심으로 환영 간담회를 20일 하오 창덕궁 인정전에서 개최하였다"고 보도했다. 낙랑클럽 회장 모윤숙은 '주최자hostess'로서 "한국과 여러 민주주의 국가의 공고한 제휴를 통해 세계의 평화와 번영에 기여하자"는 개회사를 했다. 문화행사와 세 귀빈의 답사에 이어 단상에 오른 이승만 대통령은 세 귀빈과의 추억담을 소개한 후 "동양 전체의 암담한 정세에도 불구하고 대한민국은 자유민주주의를 수호할 것"이라는 결연한 의지를 밝혔다.

이즈음 개성에서는 송악산 고지를 탈환하기 위해 국군 제1사단 특공대 10명이 인민군 토치카tochka에 수류탄을 투척하고 산화한 '육탄 10용사 사건'이 일어났다. 『자유신문』 1949년 5월 25일자 기사에 따르면, 낙랑클럽 회원들은 신성모 국방부 장관을 방문해 유가족들에게 가구당 10만 원씩 후원해 달라며 100만 원의 성금을 전달했다. 이튿날에는 제1사단을 '위문 방문'했고, 일주일 후에는 이화여대 동창회 주최로 '10용사 유가족 원호 음악회'를 열어 수입금 전액을 유가족에게 보냈다.

『경향신문』 1949년 8월 7일자 기사에 따르면, 재경在京 외국인 클럽과 함께 한국의 독립을 위해 힘쓴 내외빈을 '위문entertain'하기 위해 덕수궁 광장에서 고전극 〈선덕여왕〉을 비롯한 음악·무용 공연을 무대에 올렸고, 『동아일보』 1949년 8월 26일자 기사에 따르면, 미국 군사사절 단장을 환영하는 연회를 개최하는 등 한국과 미국과 유엔의 친선을 도모하기 위한 다양한 행사를 주관했다.[180]

낙랑클럽은 로비와 정보 수집 등 한국 정부의 이익을 대변한 단체였던 만큼, 미국의 국익에 반하는 행위가 없는지 미군방첩대CIC의 내사를 받기도 했다. 모윤숙의 절친한 대학 후배였던 낙랑클럽 회원 김수임은 미군 헌병감인 대령 존 베어드John E. Baird와 결혼을 전제로 동거하고 있었는데, 1946년 10월 미군 헌병이 운전하는 사령관 차에 거물급 공산주의자 이강국과 동승해 38선까지 검문을 피할 수 있게 해주는 등 간첩 행위를 한 죄목으로 1950년 3월 5일 체포되어 6월 16일 총살형을 선고받았다(정확한 형 집행일은 알려져 있지 않다).

1953년 미군방첩대 보고서의 결론은 낙랑클럽은 1952년 12월에 활동을 중지했고, 공산주의자들에게 이용당했다는 사실을 뒷받침할 만한 증거가 발견되지 않았다는 것이다. 북한으로 간 이강국은 북조선 인민위원회 사무국장(1948년 9월), 인민군 병원장(1950년 12월), 무역성 일반제품 수입상사 사장(1951년 11월) 등을 지내다가 1953년 3월 남로당 숙청 때 연루 피체되어 1955년 12월 사형 선고를 받았다.[181]

그런데 2001년 9월에 발굴되어 공개된 미군 정보장교 조지 실리 George E. Cilley 소령의 보고서에 따르면, 이강국은 미군방첩대 요원으로 이강국이 김수임을 통해 남한 정보를 수집해간 것이 아니라 거꾸로 존 베어드가 김수임과 연결된 이강국을 통해 북측 정보를 수집했을 가능성을 시사했다.[182] 전봉관은 2023년에 쓴 글에서 다음과 같은 결론을 내린다.

"'한국의 마타하리'로 부르기엔 김수임은 간첩 행위로 얻은 것이 너무 없었다. 김수임의 사형 집행 후 베어드 대령은 3개월에 걸쳐 수사를 받지만 증거 불충분으로 무혐의 처분을 받았다. 대단한 음모가 배후에 있는 '이중간첩 사건'이라기보다는 한 여성을 가운데 두고 국적과 이념이 다른 두 기혼 남성이 저지른 불륜이 우연히 남과 북에서 간첩 사건으로 확대되었을 개연성이 크다."[183]

'호스티스'를 '술집 호스티스'로, '여흥'을 '접대'로

낙랑클럽이 제22대 총선(2024년 4월 10일) 국면에서 뜨거운 화제가 되었다. 민주당 경기수원정 국회의원 후보 김준혁이 2년 전(2022년 8월 14일) 유튜브 채널 '김용민TV'에서 '조선임전보국단'을 언급하며 "전쟁에 임해서 나라에 보답한다며 종군 위안부를 보내는 데 아주 큰 역할을 한 사람이 김활란"이라며 "미군정 시기에 이화여대 학생들을 미 장교에게 성상납시키고 그랬다"고 주장한 게 밝혀졌기 때문이다. 이를 뒷받침할 사료나 근거는 제시되지 않은 '망언'이었다.[184]

4월 3일 『서울신문』이 김준혁 발언의 근거가 되었다는 이임하 성공회대학교 교수의 2004년 논문 「한국전쟁과 여성성의 동원」(『역사연구』 제14호)을 살펴본 결과 110~117쪽에 6·25 전쟁 기간 김활란·모윤숙 등 일부 여성 지도자가 미군 장교들을 위안한다는 명목의 '파티 대행업'에 나섰다는 내용이 실려 있었지만, 김활란이 이화여대 학생들에게 성상납을 강요했다고 볼 만한 내용은 없었다. 오히려 논문 116쪽에는 "김활란이나 모윤숙에 의해 동원된 젊은 여성들이 파티에서 직접적인 성적 유흥을 제공하지는 않았을지라도 이미 사회는 미군과 자주 접촉하는 그녀들을 곱지 않은 시선으로 바라보았다"는 구절이 있다. 이화여대 학생들의 성성납보다 파티 시중에 무게를 두었는데 김준혁이 이를 성상납으로 부풀린 것 아니냐는 지적이 나왔다.[185]

그런데 바로 이날 민주당 법률위원회 부위원장 조상호는 MBN에 출연해 "이른바 '낙랑클럽'이라는 건데 그때 당시 총재가 김활란 초대 이화여대 총장"이라며 "미국의 방첩 부대 보고서 내용에 따르면 그게 고급 접대 호스티스 클럽이라는 것"이라고 했고, "실제로 매춘 또는 유사 매춘에 이용됐다는 측면으로 여러 가지 묘사들이 나온다"고 주장함으로써 사태를 악화시켰다. 이 또한 어이없는 '망언'이었다.

4월 5일 『조선일보』 기자 박은주는 「'접대부'로 전락한 파티 주최자」라는 칼럼에서 1953년 작성된 미군방첩대 정보보고서는 '낙랑클럽'을 묘사하며 "단체의 목적은 외국 귀빈, 한국 정부 고위 관리 및 군 장성, 외교관들을 엔터테인entertain하기 위한 것", "회원은……여성들로 교양 있는 파티 주최자들hostesses"이라 적었다며, "좌파 학자들이 주인, 파티 주최자인 '호스트'의 여성형 명사 '호스티스'를 '술집 호스티스'로, '여흥'을 '접대'로 번역해 누명을 씌워왔다"고 개탄했다.[186]

이승만 비난을 위한 언론의 선정적 낙인

서강대학교 인문과학연구소 연구원 공임순은 2008년 『한국근대문학연구』에 발표한 「스캔들과 반공: '여류' 명사 모윤숙의 친일과 반공의 이중주」라는 논문에서 "미군정의 힘에 대한 압도적 선망과 질시가 해방 한국을 집단적으로 사로잡"은 상황에서, "미군정의 고위 관료가 참석하는 사교 파티에서 제외된 사람들의 알고자 하는 욕구는 파티의 섹슈얼한 시각화와 미모와 지성을 겸비한 한국의 엘리트 여성들이 이들을 접대하는 성적 주체가 되었다는 사실만으로 관음증적 호기심을 자극했다. 소문은 사실과 허구의 경계를 오가며 뒷공론을 만들어낸다"고 분석했다.[187]

『여성신문』 기자 이세아는 「'여성 외교클럽' 낙랑클럽, 왜 호스티스 클럽으로 낙인찍혔나」라는 기사에서 선정주의적 언론의 책임도 있다고 했다. 미군방첩대 보고서에 나온 1952년 9월 24일자 미국 『데일리 팔로알토 타임스』 기사는 낙랑클럽을 '미인계 간첩 조직'으로 보이게 묘사했는데, 창작 솜씨가 기가 막힌 수준이다. 이 기사는 "모윤숙은 그녀의 군단을 '낙랑 걸스'라고 부르지만, 어떤 사람들은 그들(낙랑클럽)을 현대판 마타하리latter-day Mata Haris로 묘사한다"며 다음과 같이 썼다.

"부산에 있는 모윤숙의 수뇌부her high command는 사회적 지위와 명성이 의심할 여지가 없는 중년 여성들로 구성됐으며, 장군들과 외교관들을 위한 파티를 기획한다.……기자들, 고위층과 가까운 젊은 장교들을 위해 젊고 예쁜 여자들을 보내기도 한다.……낙랑클럽 수뇌부는 두 가지 임무를 수행하는데 밤에는 얇은filmy 한복을 차려입고 계급이 높은 남성들과 즐거운 시간을 보내고make light and gay, 낮에는 한국군을 위한 물품을 요구하려고 (미군) 막사 문을 두드린다."

이세아는 한국 언론들의 보도 태도도 별반 다르지 않았다고 지적했다. 미군방첩대 보고서가 1995년 비밀해제되자 『월간중앙』, 『월간 말』 등은 이를 기초로 '6·25 전쟁 무렵 모윤숙의 미인계 조직 낙랑클럽에 대한 미군방첩대 수사 보고서' 관련 기사를 냈는데 여기서 『데일리 팔로알토 타임스』의 자극적인 표현들을 재인용했다. 이승만 정부에서 이어져온 보수 정권의 타락한 도덕성을 폭로하려는 의도에서였지만, 낙랑클럽에는 선정적인 낙인을 남겼다는 것이다.[188]

역사 산책 10

'크리스마스 실'과 '크리스마스 트리'

　해방된 남한의 통치 세력으로 등장한 미군정은 1945년 10월 미국의 독립기념일, 추수감사절, 크리스마스 등을 공휴일로 지정했다. 크리스마스 축하는 친미親美의 상징이 되었다. 『조선일보』 1946년 12월 25일자 기사 「오늘! 크리스마스」는 그런 정치 지형도를 반영하는 듯했다.
　"하늘에는 영광이요 땅에는 평화를 가져온 크리스마스. 어느 민족과 국가를 막론하고 이날 이십오일을 축하하여 즐기는 그리스도의 강탄 축일이다. 기독교회와 교도들은 특별한 크리스마스 예배를 보고……가정에서는 서로 선물을 하고 크리스마스 카드를 교환하며 축연을 베푸는 관례로 되어 있는데 크리스마스 축하의 중심이 되어 있는 크리스마스 츄리는 보통 잣나무로 만드나 소나무로 쓴다.……싼타클로스 할아버지가 썰매 타고 착한 아이들을 찾아서 선물을 갖다준다는 전설은 우리 귀에 익은 이야기다."

크리스마스가 공휴일이란 게 아직 익숙하지 않은 탓이었겠지만, 『조선일보』 1947년 12월 25일자는 「크리스마스로 금일 관공서 휴무」라는 제목 아래 "성탄제인 오늘은 남조선과도정부 중앙청은 물론 일반 관청을 비롯하여 은행 회사 등에서는 일제히 휴무한다"고 보도했다.

대한민국 초대국회 임시의장 이승만은 1948년 5월 31일 제헌국회 개원식에서 다른 종교를 가진 의원들의 항의에도 하나님께 대한 기도로 첫 국회의 첫 회의를 시작했다.[189] 이승만은 대통령 취임식도 개신교 방식으로 했으며, 미군정의 뒤를 이어 크리스마스를 공휴일로 지정했고, 이후 해마다 성탄 메시지를 발표했다.[190]

이승만은 1949년 4월에 발생한 '개신교 신자 국민학생 국기배례 거부 사건'시 국기 배례를 주목례로 바꾸자는 개신교계의 건의를 수용하고, 9월엔 신생활 풍토를 조성한다는 명분으로 사주관상을 '미신' 행위로 간주해 엄단하겠다고 발표했다.[191] 12월 17일부터 '크리스마스 실 Christmas Seal'이 발행되었다. 대한기독교인의사협회와 대한복십자사가 주관해 결핵 환자를 치료하기 위한 목적으로 1,000만 원 모금 목표를 세웠다. '크리스마스 실'은 1932년 당시 해주 요양원장 셔우드 홀Sherwood Hall 박사가 최초로 발행했지만 얼마 못 가 중단된 적이 있었다.[192]

1949년 크리스마스를 앞두고 '크리스마스 트리'가 논란이 되었다. 교회는 물론 카페, 빠 등에서 '크리스마스 트리'를 사용하는 바람에 수만 그루의 10년생에서 20년생 소나무가 7,000원에서 1만 원에 판매되고 있었기 때문이다. 이는 산림녹화운동에 큰 지장을 초래했다. '크리스마스 트리'는 대부분 벌목 허가를 받지 않은 것이어서 급기야 검찰이 나서서 단속에 들어갔다.[193]

맺는말

'배신·변절'을 팔아먹는 매카시즘

"극단적 도그마와 성숙하지 않은 이념"

"우리는 해방정국의 갈등을 설명하면서 좌우익의 갈등이 비극을 낳았다고 말하지만 나는 생각이 좀 다르다. 내가 주목하는 것은 좌익 내부의 갈등과 우익 내부의 갈등이 좌우익 사이의 갈등보다 더 심각했고 더 적의敵意에 차 있었으며 잔혹했는데, 이것이 오히려 해방정국을 더욱 비극의 길로 몰아갔다는 점이다."[1]

신복룡이 『해방정국의 풍경』에서 한 말이다. 그의 말을 좀더 들어보자. 그는 2015년 광복 70주년을 맞아 『주간조선』에 한국 현대사 관련 글을 연재했는데 "좌우익 모두로부터 십자포화를 맞았다"고 한다.[2] 이 글을 읽는 순간 해방정국의 언론인이자 중간파 지식인이었던 오기영이 『신천지』 1946년 11월호에 쓴 「경애하는 지도자와 인민에게 호소함」이라는 글이 생각났다(제3부 '역사 산책 8'에 소개한 글이다).

오기영은 이 글에서 좌우는 싸움으로 세월을 허비하고 있다고 개탄했다. 그랬다. 그런 시절이었다. 전생에 원수였던 것처럼 싸우는 좌우 어느 한쪽을 택해야 욕을 먹건 테러를 당하건 그걸 절반으로 줄일 수 있었다. 80년 가까운 세월이 흘렀음에도 달라진 게 없다는 걸 절감하게 된다. 물리적인 폭력은 사라졌다는 점에선 그간 이루어진 사회적 진보에 감사해야 하겠지만, 단지 그것뿐이다.

그 시절이나 지금이나 생각이 다른 사람과 세력에 대한 증오는 건재하고 자신의 옳음과 정의로움에 대한 확신은 더욱 강해진 것 같다. 생각이 같은 사람끼리 공감을 나누고 증폭시킬 수 있게 해준 디지털 기술의 '축복' 때문이겠지만, 이 모든 과정과 메커니즘이 먹고사는 문제와 결부되어 '직업화'되었다는 점에선 '저주'라고 하는 게 옳을지도 모르겠다.

신복룡은 "해방정국의 희생자들 가운데 대부분은 이념이 다른 적대세력의 손에 희생된 것이 아니라, 우익은 우익의 손에 죽었고 좌익은 좌익의 손에 죽었다"며 "같은 이데올로기 집단 안에서도 (강경파는) 중도 온건 노선을 배신이나 변절 또는 기회주의자로 보려는 극단적 도그마와 성숙하지 않은 이념에 사로잡혀 있었기 때문이었다"고 말한다.[3] 그는 이런 설명도 덧붙인다. "사막에서 전갈은 방울뱀을 만났을 때보다 동종의 전갈을 만났을 때 더 치열하게 싸운다. 이종異種 사이의 싸움에는 불리하다 싶은 쪽이 도주하지만, 동종의 싸움에는 물러남 없이 죽음으로 끝난다."[4]

공감하거니와 동의하지만 좌우 내부의 갈등이 더 심각한 이유에 대한 설명으로선 좀 아쉽다는 생각이 든다. '원래 그렇다'는 동어반복으로 들리기 때문이다. 이런 현상의 이유를 설명하기 위해 지크문트 프로이트Sigmund Freud, 1856~1939는 '사소한 차이에 대한 나르시시즘narcissism of small differences'이란 답을 제시했지만,⁵ 이건 답이라기보다는 그런 현상에 대한 작명作名이라고 보는 게 옳을 것 같다.

공포·증오·혐오를 유발하는 딱지 붙이기

좀 보완해보자. '승자독식'의 차이로 설명해보는 건 어떨까? 우리는 치열한 좌우 싸움에 대해 승자독식이 문제라는 말을 자주 하지만, 이 경우의 승자독식은 강조를 위한 과장법일 뿐 문자 그대로의 승자독식은 아니다. 10을 놓고 나누어 갖는다면 어떤 분야에 속하느냐에 따라 4·6제나 3·7제나 2·8제의 분배율로 승자가 훨씬 더 큰 이익을 가져간다는 정도로 이해하는 게 옳다. 반면 진영 내에서 주도권이나 노선을 놓고 벌이는 싸움엔 그런 여유가 없다. 이건 문자 그대로의 승자독식이다. 좌우 싸움에선 패배한다 해도 진영 내에서 먹고살 길이 많지만, 진영 내 싸움은 그렇게 한가하지 않다. 실질적으로 죽느냐 사느냐의 싸움이다.

이른바 '정치군수업자', 즉 "극단적, 일방적으로 자기편에 유리한 선동을 하며 금전적 이익을 챙기는 언론이나 유튜버 등 소위 '진영 스피커'들"(표창원)을 들어 설명하는 게 좋겠다.⁶ 이들은 어떤 정권이 들어서건 자기 진영 내에서 변함없는 영향력을 행사할 수 있지만, 그들이 자기 진영 내의 최고 권력자에 대해 비판적 입장을 취한다면 한순간에 몰락하게 되어 있다. 정치 담론 시장은 진영 내 최고 권력자 중심으로 형성되어 있어 단골 고객이 다 떨어져 나가기 때문이다. 치어리더에 불과한 정치군수업자의 이름만으로 독자적인 정치세력을 꾸려나갈 수는 없는 법이다.

좌우 진영 모두 자신들의 패권에 도전하는 내부 비판자들에겐 '배신·변절' 딱지를 붙여 고립시키는 매카시즘 수법을 즐겨 쓴다. 신의는 사적 인간관계에선 가장 중요한 덕목이기 때문에 '배신'이라는 딱지는 공사公私 영역을 초월해 공포와 더불어 증오·혐오의 감정을 불러올 수 있는 무서운 말이기 때문이다. 매카시즘이란 무엇인가? 공산주의가 웃음거리가 된 오늘날엔 뜻도 예전과 달라졌다. "일반 대중의 공포·증오·혐오를 유발할 수 있는 딱지 붙이기를 통해 특정인이나 세력을 사회로부터 고립·추방시키려는 정치 공작"으로 정의하는 게 무방할 게다.

'배신·변절'을 팔아먹는 매카시즘은 타협에 적대적이다. 미국 언론인 맷 타이비Matt Taibbi는 『우리는 증오를 팝니다』는 책에서 "우리는 정치란 타협을 수반할 수 있거나 수반해야 하는 행위라는 걸 전혀 알지 못하는 세대를 키웠다"며 "우리는 독자와 시청자 대신 팬을 길들이고 있었다"고 했다.[7] 한국에선 세대를 초월한 팬덤정치가 기승을 부리면서 타협은 더러운 단어 취급을 받고 있는 게 현실이다.

타협을 적대시하는 사람들이 무슨 지고지순한 원칙의 신봉자라서 그런 게 아니다. 자신의 진영 내 패권에 대한 이의 제기를 원천봉쇄하면서 패권을 유지하고 강화하기 위한 속셈 때문에 그러는 것이다. 팬덤을 흥분시켜 광분하게 만드는 데에 가장 강력한 수단이 바로 '배신·변절' 타령이기 때문에 그런 광분에 찬물을 끼얹을 수도 있는 타협은 멀리할수록 좋다고 보는 것이다. 이와 관련, 전 미국 대통령 버락 오바마Barack Obama가 지난 2019년 아주 멋진 말을 했다.

"순수에 대한 관념, 당신은 절대 타협하지 않을 것이고 정치적으로 항상 각성해 있다는 인식. 여러분은 이런 인식을 빨리 극복해야 합니다.

전 젊은이들이 이런 인식을 갖고 있다고 생각합니다. 소셜미디어는 이런 인식을 증폭시킵니다. 세상은 혼란스럽습니다. 모호함으로 가득합니다. 좋은 사람들에게도 결점이 있습니다. 여러분의 적들도 자기 아이들을 사랑할 겁니다. 타인에 대해 가치판단을 하면 할수록 많은 변화를 일으킬 수 있다는 생각이 젊은이들 사이에 퍼져 있는 것 같습니다. 그건 액티비즘이 아닙니다. 변화를 가져오지도 않습니다. 타인에게 돌 던지는 게 할 수 있는 일의 전부라면, 여러분은 그리 멀리 가지 못할 겁니다."[8]

지금 우리는 '배신·변절' 딱지를 팔아먹는 매카시즘이 기승을 부리는 시대에 살고 있다. 심지어 "사람에게 충성하지 않는다"는 말로 대중적 인기를 얻은 사람이 권력을 잡은 후 '배신자 프레임'을 앞세워 "사람에게 충성하라"고 전방위적으로 압박하면서 내란마저 일으키는, 그야말로 어이없는 일마저 벌어지는 세상이다. '배신·변절' 딱지를 즐겨 쓰는 사람들의 화석화된 두뇌, 독식하려는 심성, 증오로 몸을 떠는 잔인성에 안녕을 고하면 좋겠다.

대중과 접촉하는 역사를 위하여

그런 안녕을 위해 평범한 보통 사람들이 할 수 있는 일은 역사에 대한 이해와 이용이다. 우리는 우리의 과거를 아는가? 교과서에서 배운, 그것도 '국영수'에 매몰되느라 얼렁뚱땅 배운 것이나마, 그것이 우리의 과거에 대해 제대로 된 이해의 지침은 제시해주고 있는가? 한 역사학도의 다음과 같은 말은 누구나 다 공감할 수 있는, 우리의 역사에 대한 '빈혈' 현상을 말해주는 건 아닐까?

"대학에서 4년이나(?) 역사를 배운 나로서도 미처 배울 수 없었던 역사가 있다. 이름도 낯설은 어느 대륙의 까마득한 옛 역사를 말하는 것이 아니다. 그건 바로 20세기, 그것도 해방 이후의 역사를 다룬 한국 현대사였다. 이는 절대 '내 탓'은 아니다. 나는 비슷한 제목의 강좌만 있으면 빠짐없이 수강을 했기 때문이다. '현대사'라는 의미가 던져주는 무미건조함에도 불구하고 의무감에서라도 내가 현대사에 집착했던 것은 역사학의 종결점이란 결국 내가 발을 딛고 있는 '현대사'라는 생각 때문이었다. 하지만 이와 관련된 대부분의 강의는 많이 내려오더라도 대략 일제시대 전후를 다루는 선에서 끝을 맺곤 하였다. 왜 그랬을까? 혹시 강의 내용을 엿들은 자들에 의해 박해를 받을 수도 있는 '살아 있는 시대'의 이야기이기 때문일까? 아니면 역사학이 다른 정치학자나 혹은 동네 할아버지의 식견보다 비교우위를 점할 수 없는 영역이기 때문이었을까?"[9]

물론 1940년대 후반을 다룬 학술적인 연구 작업은 풍성하다. 역사학계에서의 한국 현대사 연구는 곧 이 시절의 연구라고 해도 과언이 아닐 정도로 많은 연구가 이 시기에 집중되어 있다. 아마도 세 가지 이유 때문인 것으로 보인다.

첫째, 시간적 거리두기의 원칙 때문일 것이다. 1940년대 후반은 반세기 또는 거의 두 세대가 지난 과거이므로 바로 여기까지가 비교적 객관과 중립을 담보할 수 있는 학술적 역사 연구의 시간적 하한선일 것이다. 둘째, 한국의 운명에 엄청난 영향을 끼친 시절이기 때문일 것이다. 남북 분단과 그로 인해 탄생한 대한민국의 운명은 바로 이때에 결정되었다. 그러므로 이 시기에 일어난 그 어떤 작은 사건 하나도 가볍게 넘길 수 없는 중요한 의미를 갖고 있다. 셋째, 이 시기의 중요한 역사적 자료가 외국(주로 미국)에 있는바, 그로 인한 연구의 어려움이 만만치 않기 때문일 것이다. 이는 동시에 연구의 보람과 재미는 물론 학계에서 통용되는 전문적 의미에서의 학술적 가치가 그만큼 크다는 뜻이기도 하다.

바로 그런 이유들 때문에 1940년대 후반은 학구적 정열이 집중되는 시기다. 역설 같지만, 그래서 그 시기는 아직 학술의 세계에만 감금된 채 대중의 접촉을 좀처럼 허용하지 않는다. 이 책은 그러한 접촉의 폭을 넓히려는 시도였다.

진정한 '주체'는 사실과 진실이다

여태까지 살펴본 바와 같이, 우리의 해방정국은 분열과 대립의 전성시대였다. 좌우 갈등은 말할 것도 없고 좌익과 우익 진영 내부에서의 분열와 대립도 매우 심각했다. 당시 점령군 사령관 존 하지John R. Hodge, 1893~1963는 그 이유를 한국인의 '선천적 무능력'과 '당파심'에서 찾았다.[10]

그런 말이 나올 만도 했다. 1945년 12월 송진우 암살, 1947년 7월 여운형 암살, 1947년 12월 장덕수 암살, 1949년 6월 김구 암살 등 연이어 발생한 정치지도자들의 암살 사건과 밥먹듯이 저질러진 각종 유형의 테러는 이 나라가 분열과 대립을 일삼다가 망하고야 말 나라라는 인식을 갖게 하기에 충분했을 것이다.

해방정국에서 좌우 합작운동을 펼쳤던 김규식은 공산주의에 반대하는 이유로 우리 민족이 상당히 잔인한 민족이라는 점을 들었다. 소련 등 동구권에서 벌어진 숙청의 바람이 한반도에선 훨씬 더 증폭된 형태로 나타날 것이라고 우려했던 것이다. 종교화된 반공의 광신성도 공산주의의 그것에 못지않았으니, 이 나라는 해방 이후 7~8년간 집단적 정신착란이라 해도 좋을 정도의 광기狂氣에 사로잡히지 않을 수 없었다. 과연 누구에게 그 책임을 물어야 할 것인가?

외세外勢에 의한 시련과 고통을 많이 겪은 나라의 지식인들은 '주체'에 대한 고민을 피해갈 수 없다. 누구 못지않게 '주체'에 대한 고민을 많이 해온 남경희는 "해방은 외세에 의해 거저 주어진 것만은 아니"며 "해방은 당위적 상황의 전개"였다고 주장한다.[11] 이런 관점에서 보자면, 기존 역사 연구에 이의를 제기하지 않을 수 없을 것이다.

"이제까지의 연구는 한민족의 해방을 연합국의 승리에 우연적인 것으로 기술하는 오류를 범하였다. 이런 기술은 연구자 자신도 모르게 국제적 시각, 아니 연합국의 시각이나 연합국의 역사를 기술하는 시각을 취하는 과오를 노정시킨다. 한국사의 시각이나 관점을 취할 때, 연합국의 승리는 한민족의 해방에 우연적이다."[12]

이런 발상의 전환이 얼른 와닿지 않는다면, 이렇게 말할 수도 있겠다. 남경희가 던지고자 하는 질문은 "이조李朝는 왜 쇠망하였는가가 아니라, 어떻게 하여 근세 조선은 500년이나 지속할 수 있었는가 하는" 것이다.[13] 물론 이런 주장에 꼭 동의할 필요는 없다. 그렇다고 해서 너무 작위적인 냄새가 난다고 코를 쥐어 막을 필요도 없다. 오히려 행여 '주체'에 대한 강박이 사실과 진실을 가리게 해서는 안 된다는 원칙과 더불어 균형 감각의 중요성을 재확인해보자는 제안으로 받아들이는 것으로 족할 것이다.

'주체'를 확보하겠다고 해서 일제 시기에 강요당해 갖게 된 유산까지 '내 탓이오!'를 외칠 수는 없는 일이다. 해방정국에서 벌어진 비극의 씨앗이 그 시기에 잉태되었다는 걸 분명히 깨닫는 건 그 무엇 하나 자랑할 것 없는 해방정국의 세월에 대해 행여 자학自虐을 하지 않기 위해서도 꼭 필요한 일이다. 그러나 이는 진정한 '주체'는 굳건한 사실과 진실의 기반에서만 가능하다는 걸 전제로 한 것이다.

'50대 50'의 책임 분담

그런 관점에서 오늘날 대부분의 한국인이 저주해 마지않는 한국 정치도 그 뿌리를 미군정 시기에 두고 있다는 걸 분명히 해둘 필요가 있겠다. 주한미군이 '대한민국을 만들고, 지키고, 유지시킨 대한민국 역사 그 자체'[14]라고 하는 진술에서 '주체'의 결핍을 떠올릴 필요는 없다. 그건 오히려 자신감과 자존심의 결여를 의미하는 과잉 반응일 수 있다. 우리 인간은 스스로 선택한 환경 속에서가 아니라 이미 존재하는, 주어진, 물려받은 환경 속에서 역사를 만들어가는 것이라는, 마르크스의 소박한 진술을 겸허하게 경청하는 것으로 받아들이면 될 것이다.

주한미군이 '대한민국을 만들고, 지키고, 유지시킨 대한민국 역사 그 자체'라고 하는 말은 오늘에 이르기까지 반세기 넘는 역사에 대한 총평이긴 하지만, 큰 줄거리는 이미 미군정 시절에 형성되었다고 보아도 무방하다. 미군정은 "해방 이후 한국의 정치 구도를 미국의 이해관계에 맞추어 재편"했을 뿐만 아니라, 그 과정에서 "한국 민중을 작전의 대상으로, 정치지도자들을 공작의 대상으로 삼았"다.[15]

이후 한국 정치의 본질이 되다시피 한 '작전과 공작'이라고 하는 유산은 미군정 시절에 뿌리를 두고 있다. 대한민국의 탄생부터가 그 산물이 아닌가. 그러나 미군정만 탓할 수도 없다. 미국의 대한對韓 정책이라고 하는 틀 안에서도 우리에게 작은 선택의 여지는 있었기 때문이다. 하지가 좌우 합작운동을 추진하던 1946년 10월에 발표한 다음과 같은 성명마저 '작전과 공작'의 관점에서만 볼 수는 없을 것이다. "동족상잔同族相殘은 죄악이다. 여러분 명심하시라, 합작 노선을 좇대 지지하는 것만이 자주독립의 유일한 길이다."16

물론 미군정이 추진한 합작 노선은 친미親美를 전제로 한 것이었지만, 그렇다고 해서 그걸 거부하는 게 능사는 아니었다. 거부는 곧 분단이었기 때문이다. 이는 분단 책임의 50%는 우리도 나누어져야 한다는 걸 의미하는 것이다. '50대 50'의 책임 분담이야말로 우리가 택할 수 있는, 사실과 진실에 근거한 주체적 자세일 것이다.

우리의 문제는 무엇이었는가? '한恨과 욕망의 폭발'이 이루어진 해방정국에서 합작을 위한 타협은 목숨 걸고 싸우는 것보다 더 어려운 일이었다는 점이다. 일제에서 해방만 된다면 두개골이 깨어져 산산조각이 나도 좋고 칼로 몸의 가죽을 벗겨도 좋다던 울부짖음은 한풀이와 욕망의 해소를 위한 고함과 폭력으로 변질되고 말았다.

타협을 거부한 건 좌우 양쪽에 똑같이 책임을 물어야 할 일이긴 하지만, 아무래도 '욕망'에 더 치우쳤던 우익에 더 큰 책임을 물어야 할 것이다. 우익은 일제와는 타협했어도 좌익과는 타협하지 않았다. 물론 우익에도 송진우와 같은 우익, 안재홍과 같은 우익도 있었다. 오죽하면 그런 구분을 위해 안재홍은 자신을 '순정 우익'이라고 불렀겠는가? 어찌 되었건 송진우로 대표되는 초기 강경 우익 세력은 일제와는 타협했어도 좌익과의 타협은 한사코 거부했다. 반면 안재홍과 같은 온건 우익 또는

순정 우익은 일제에 대해서는 비타협적이었지만 좌익에 대해서는 타협하는 자세를 취했다.[17]

그러나 온건 우익은 소수였고 아무런 힘을 쓰지 못했다. 강경 우익에게 일제와의 타협은 자신들에게 권력과 금력을 가져다줄 수 있는 타협이었지만, 좌익과의 타협은 권력과 금력을 차지하는 데에 위협이 되거나 그걸 나눠먹어야 하는 타협이었다. 바로 이런 이해관계가 이데올로기에 우선했거나 이데올로기와 혼재되었을 것이다.

김구 평가에 스며든 '안전의 욕구'

김구의 경우는 좀 달랐다. 그는 한(恨)과 욕망 사이에서 방황하다 결국 한(恨)의 노선을 걷게 되었지만, 그러한 전환은 너무 늦었다. 그렇지만 그의 '너무 늦음'을 탓하기보다는 오히려 그것이 오늘날 많은 사람의 존경을 받는 주된 이유가 되고 있다는 건 무얼 의미하는 걸까? '머리말'에서 언급한 이승만에 대한 과잉 해석의 문제가 꼭 '뜨거움'에서만 비롯되는 것 같지는 않다. 이데올로기와 정치를 떠나 인간 그 자체에 대해 '오늘의 잣대'를 적용하는 문제도 있는 것 같다. 물론 이는 김구에게도 똑같이 적용되는 이야기다.

본문에서 언급했듯이, 이승만은 1875년생, 김구는 1876년생이라는 점에 주목할 필요가 있을 것이다. 이는 이들이 30년 가까이 왕정 체제하에서 산 사람들이라는 걸 의미한다. 이들의 왕정 체제 이후의 삶은 내내 복고적인 투쟁의 연속이었다. 아니 이들의 전 생애가 투쟁의 연속이었다고 해도 과언이 아니다. 게다가 그 투쟁은 민주적인 방식으론 이루기 어려운 것이었다. 이들이 해방정국에서 '민주주의'를 이야기할 때엔 이미 70대 노인들이었다.

이들에게 지금과 같은 인권人權 개념이 있었을까? 인명人命에 대한 생각도 지금 우리가 생각하는 것과는 많이 달랐을 것이다. 생각이 여기에 미치면 사실 더 곤혹스러운 건 김구에 대한 평가다. 김구를 위대한 민족의 지도자로 숭앙하는 사람들 가운데엔 해방정국에서 저질러진 학살 사건들에 대해 그게 모두 다 옳았다거나 불가피했다고 주장하는 사람이 의외로 많다. 이런 사람들이 김구를 숭앙한다는 것 자체가 김구에 대한 모독은 아닐까? 아니면 우리는 김구가 늘 추상적인 거대 민족에 대해서만 이야기했을 뿐, 붉다는 의혹을 받은 민중의 인명과 고통에 대해선 거의 말하지 않았다는 점에 주목해야 하는 걸까?

1940년대 후반의 역사는 오늘의 '힘의 관계'에 의해 왜곡·채색되기도 한다. 서중석이 "한국 근현대사의 인물 중 그에 대하여 심포지움이라도 열고 저서라도 나오려면 문중이나 추종 세력이 강하여야 한다"고 말한 건 가볍게 넘겨도 좋을 말이 아니다.[18] 지금도 계속되고 있는 국가보안법 체제에도 어울릴 수 있는 인물이라야 많은 추종 세력을 갖게 될 것이 틀림없다.

재미있기도 하고 놀라운 건 한국의 정치인들이 존경하는 지도자는 왜 한결같이 김구인가 하는 것이다. 예외를 본 적이 있는가? 물론 김구는 적어도 죽기 전 보여준 1년여의 활동만으로도 존경받아 마땅한 지도자였다. 그러나 10명에 1명이라도 김구 이외의 다른 지도자의 이름을 댈 법도 한데 도무지 그런 정치인을 구경할 수가 없다.

그 이유는 단순하다. 해방정국의 중간파 지도자를 존경한다고 말하는 건 매우 위험한 일이기 때문이다. 그렇다고 이승만을 존경한다고 말하기엔, 이승만이 저지른 과오가 너무 크고 많다. 그래서 우익 지도자 가운데 가장 괜찮은 인물을 찾다보니, 늘 모범답안은 김구로 쏠릴 수밖에 없는 것이다.

그러나 그 모범답안엔 위선과 자기 기만의 기색이 역력하다. 김구가 죽기 전 1년여 동안 보여준 활동은 전형적인 중간파 지도자의 모습이었기 때문이다. 김구는 너무도 뒤늦게 중간파에 합류했던 것이다. 그러나 그의 '너무 뒤늦음'을 탓하는 목소리는 약하고, 김구보다 앞서 민족의 화합을 부르짖었던 정통 중간파 지도자들을 멀리하는 풍조는 여전하다.

이는 아직도 우리가 1940년대 후반에 구축된 체제의 틀 속에서 자유롭지 못하다는 걸 의미하는 것으로 볼 수 있을 것이다. 그 틀을 움직이는 그 어떤 법칙이 있다면 그건 바로 '중간'을 허용치 않는 '전투적 극단주의'라고 하는 행태적 이데올로기일 것이다.

일제 잔재의 문화적 저주

1948년 유학생 20명이 미국으로 떠났다. 그 유학생 중의 한 명이었던 이기홍은 1999년에 낸 회고록에서 이런 말을 했다. "나와 같이 1948년 군용선으로 태평양을 건너간 유학생들은 배에 타면서부터 조국을 저주하고 다시는 고국에 돌아오지 않겠다고 맹세하는 것이었다. 그래서 오늘날까지도 한국에 돌아온 사람은 그 일행 중에서 나 한 사람밖에 없다."[19]

저주받은 조국! 해방정국의 분열과 대립을 보고 그런 생각을 했던 젊은이들이 이 땅에서 6·25 전쟁까지 겪었더라면 어땠을까? 그 처절한 동족상잔의 비극 앞에선 저주할 힘조차 갖긴 어려웠을 것이다. 6·25 전쟁 중 저질러진 학살의 예비 연습은 이미 1940년대 후반에 충분히 이루어진 것이었다. 규모의 차이만 있었을 뿐, 그 잔인성에서 다를 건 없었다. 이 또한 다분히 물려받은 역사와 환경의 산물이었다. 일본 제국주의의 잔재라 할 폭력국가의 유산에 "길들여진 대중들의 복종적인 의식과 행동이 별로 극복되지 않은 시점에서 전쟁 발발과 더불어 학살이 발생했다고 볼 수 있다".[20]

대한민국 정부 수립 후에 나타난 대한청년단, 학도호국단, 국민회 등 3대 반관半官 또는 유사 국가기구적 대중조직들이 '파시스트적 통치구조'의 3위 1체를 구성할 수 있었던 것도 그런 비극적인 문화적 유산을 이용한 것이었다고 볼 수 있다. 거기에 한과 욕망이 가세했을 것이다. 굶주림과 폭력, 인간으로서 최소한의 안전이 보장되지 않는 절박한 상황에서 삶은 '전투적 극단주의'로 치닫지 않으면 생존을 도모하기 어려웠을 것이다. 또 어떤 이들은 출세와 성공을 위해 '전투적 극단주의'의 강도를 더욱 높여갔을 것이고, 이 모든 행위의 전염 효과는 전 사회 영역을 상시적 전쟁터로 만드는 데에 부족함이 없었을 것이다.

그런 전투적 극단주의는 이미 일제 치하에서 일제가 조장한 조선 내부의 분열과 대립에서부터 비롯된 것이었다. 분열과 대립은 경쟁과 배제의 전략을 근간으로 삼는 것이기 때문에 중간 영역을 허용하지 않았다. 해방정국의 카오스 상태에서는 또 다른 절대 권력을 향한 질주 속에서 기존의 분열과 대립은 확대 재생산되었고, 그에 따라 전투적 극단주의도 강화되어갔다.

전투적 극단주의엔 위와 아래의 구분이 없었다. "한 숟가락의 흰밥, 한 조각의 고기에도 체면을 잃을 만큼 굶주렸던 민중"²¹의 입장에서 '먹고사는 문제'가 해방 이전보다 더욱 절박한 현안으로 대두된 상황에서 '만인에 대한 만인의 투쟁'은 불가피한 것이었다. 그런 투쟁에서 전투적 극단주의 이외의 다른 처세술을 기대하긴 어려운 노릇이었을 것이다.

'카오스의 도가니'에서 생존법

이미 본문에서 충분히 소개했지만, 여기서 해방정국의 사회 상황을 김병걸과 리영희의 증언을 통해 다시 음미해보자. 이들의 증언은 해방정국의 전모를 이해하는 데 그 어떤 큰 정치적 사건 못지않게 중요한 의미를 담고 있기 때문이다. 김병걸은 해방 직후의 서울은 이북, 만주, 중국, 일본 등지에서 몰려온 난민들의 총집결처가 되면서 '카오스의 도가니'가 되었다고 말한다.

"서울역이며 남대문시장이며 청계천을 끼고 도는 동대문시장 할 것 없이, 파리떼 모여들듯 난민들로 바글바글 끓어 글자 그대로 찜통이었다. 어딜 가나 서로 비집고 들어서려는 아귀다툼으로 날이 새고 날이 저물었다. 소동과 고함소리와 먼지의 뒤범벅 속에서 사람들은 너나 할 것 없이 제정신이 아니었다. 사회 전체가 들쭉날쭉이고 생존은 칡덩굴처럼 얽혀 원시적인 정글이었다. 천하의 사기꾼이라는 사기꾼들이 하나 빠짐없이 모여든 곳이 서울이었다."²²

리영희는 해방정국의 삶에 대해 이렇게 말한다.

"혼란은 많은 사람에게는 기회이고, 완전한 무질서는 모든 사람에게 기회가 된다. 그 당시 세상은 완전한 무질서였다. 그러기에 누구에게나 절호의 기회였다. 마음만 한 번 독하게 먹으면 못할 일이 없고, 안 될 일이 없었던 것이다. 세상은 속된 말로 아사리판이었다. 속이면 돈 벌고, 아첨하면 일제가 남기고 간 적산敵産 건물 가로채고, 영어 몇 마디 하면 미국 군정청의 통역관 되어 한자리 차고 앉고, 남의 눈총 따위 무시하면 국방경비대나 경찰에 들어가서 일본 경찰이 남기고 간 일본도를 차고 미군정이 채워주는 권총 차고 그 후 틀림없는 입신영달의 길을 달렸을 것이다. 그것이 당시의 세태였던 것이다. 일체의 도덕과 윤리와 행동 규범이 무시되고, 간교와 뻔뻔스러움과 탐욕과 냉혈이 그 자리를 차지했을 때이다. 그것은 무법천지였다."[23]

그런 '무질서'와 '아사리판'은 소용돌이를 일으키며 남한 사회를 휩쓸었다. 사람들은 먹고살기 위해 또는 좀더 잘먹고 잘살기 위해 눈에 불을 켜고 '카오스의 도가니' 속으로 뛰어들었다. 우익 청년단체에 테러와 폭력은 호구지책이었지만, 그들은 그런 행위를 포장할 그 무엇이 필요했다. 이데올로기는 그들의 호구지책 행위를 더욱 극렬하게 만들 수 있는 명분을 제공했다.

정치 행위는 정반대의 방식으로 출발한 면도 있었지만, 결과는 마찬가지였다. 그 어떤 이데올로기를 실현시키기 위한 정치 행위를 하기 위해선 정치자금을 만들어야 했고 사람을 불러모아야 했다. 그러나 이 일은 곧 그 나름의 자율적 힘을 갖게 되어 역으로 정치 행위를 규제했다. 정치 패거리의 안녕과 번영을 위한 일이 민족에 우선하면서 정치세력간 타협은 점점 멀어져 갔다.

김규식과 여운형이 처했던 어려움도 그런 관점에서 이해할 수 있다.

이들은 자기 세력의 증식보다는 대의大義를 더 앞세웠던 인물들이다. 물론 해방정국의 모든 지도자가 다 대의를 앞세웠다고 주장하겠지만, 이 두 사람은 구체적 실천에서도 그랬다는 것이다. 그래서 이들은 성공을 거두기 어려웠고, 결국 몰락했으며, 분단 체제하의 역사에서 명예의 전당에조차 오르질 못하고 있다.

이제 '중간'으로 가야 한다

그 모든 분열과 대립, 투쟁과 광기의 장면을 목격했던 외국인들이 적어도 '88 서울올림픽' 이후의 한국을 보고 놀라는 건 당연한 일일 것이다. 한국인의 '선천적 무능력'과 '당파심'과 '잔인성' 그 어느 것도 한국인을 제대로 설명해주진 못한다. 분열과 파벌은 여전히 한국인이 자랑하는 속성이긴 하나, 그것이 한국의 저력까지 죽이진 못한다.

한국과 한국인을 설명해줄 수 있는 키워드는 과연 무엇일까? 계속되는 역사적 불행으로 인한 악순환의 한 과정에서 그 답을 찾는 건 반쪽짜리 진실에 불과할 것이다. 다른 나라 같았으면 이미 오래전에 완전히 망해버렸을 텐데, 우리는 계속 버텨온 탓에 부정적 유산도 많은 만큼 다른 장점도 많은 나라가 아닐까?

그 이중성을 담고 있는 게 바로 앞서 말한 '전투적 극단주의'일 것이다. 역사적 조건화로 인해 좋은 일이건 나쁜 일이건 극단으로 몰고 가야만 직성이 풀리는 한국인의 극단주의는 너무도 뚜렷이 대비되는 두 얼굴을 갖고 있다. 중간은 없다. 흥망興亡 양자택일이다. 어느 한쪽에서 다른 한쪽으로 옮겨가는 속도도 빠르다. 분열하고 증오하는 일도 목숨

걸고 하지만, 공부하고 일하는 데에도 목숨을 걸기 때문이다.

극과 극을 치닫는 한국은 참으로 묘한 나라임이 틀림없다. 절망과 희망이 공존하는 사회다. 아니 공존하는 정도를 넘어 '뫼비우스의 띠'처럼 구분이 불가능하다. 그래서 늘 활력이 넘친다. 이기적인 생존경쟁도 치열하지만 이타적인 사회참여도 왕성하다. 해방정국의 역사가 입증하듯이, 양쪽 모두 과잉인지라 상호 타협이 어려웠다.

해방정국의 대혼란과 그로 인한 분단, 6·25 전쟁은 이 모든 비극의 주요 원인 제공자였던 일본엔 더할 나위 없는 축복이었다. 일본 경제는 6·25 전쟁 덕분에 역사상 최대의 호황을 누리게 되었는데, "그것은 단지 지정학적 이점에서 비롯된 것이 아니라 구체적으로 개입하여 전쟁의 피를 먹고 자란 것이었다".[24]

한국은 다시 일본에 경제적으로 속박당하는 길로 들어서게 되지만, 아직 시간과 기회는 있다. 저주 속에 배양된 '전투적 극단주의'는 한 번 뒤집기만 하면 순식간에 축복으로 변신할 수 있는 '두 얼굴'을 갖고 있다. 정치는 늘 저주의 대상이었지만, 그 일을 해낼 수 있는 주체 역시 정치다. 그러한 반전을 위해서도 우리는 역사를 알아야 하고 그것도 제대로 알아야 한다.

전투적 극단주의의 유산은 2025년의 한국 사회에도 펄펄 살아 있다. 좌우 그 어느 쪽이건 늘 에너지는 과잉이다. '오버'는 기본이요 필수다. 그래서 재미있고 무한한 가능성도 열려 있긴 하지만, 이젠 '중간'으로 가는 길을 모색해야 할 때다.

세상이 달라졌고 우리의 처지도 달라졌기 때문이다. '전투적 극단주의'의 긍정적 효용도 그 수명을 다해가고 있기 대문이다. 보신주의적 처세술로서의 '중간'을 말하는 게 아니다. 생각과 행태를 달리하면서 각기 전투적 극단주의를 실천하는 두 세력 사이의 극렬 대립 구도에서 중간을 말하는 것이다.

상호 타협하지 못할 원수는 없다. 우리가 오늘의 시점에서 해방정국의 극렬한 대립 구도를 개탄한다면, 훗날의 사람들이 지금의 극렬한 대립 구도에 대해서도 개탄할 수 있다는 걸 생각해보아야 한다. 자신의 핏속에 흐르는 전투적 극단주의를 그대로 방임하는 걸 다시 생각해볼 때다.

해방정국의 역사가 잘 말해주듯이 중간에 서는 건 결코 쉬운 일이 아니었다. 그 시절 '중간파'가 겪어야 했던 시련은 아직 끝나지 않았다. 우리는 화끈하고 '앗쌀'한 걸 너무 좋아하는 탓인지 여전히 '극단주의 미학'에 심취되어 있다. 이제는 이걸 자제하고 극복해야 한다. 역사에서 무슨 교훈을 얻고자 하는 것이 부질없는 일일망정, 그것이 1940년대 후반의 역사가 우리에게 줄 수 있는 귀중한 교훈일 것이다.

주

제1부 1947년

1 정용욱, 『존 하지와 미군 점령 통치 3년』(중심, 2003), 167~168쪽.
2 정용욱, 「미군정기 이승만의 '방미외교'와 미국의 대응」, 『역사비평』, 제30호(1995년 가을), 319쪽.
3 도진순, 『한국민족주의와 남북관계: 이승만·김구 시대의 정치사』(서울대학교출판부, 1997), 146~147쪽.
4 정용욱, 『존 하지와 미군 점령 통치 3년』(중심, 2003), 168~169쪽.
5 우사연구회 엮음, 서중석 지음, 『남·북협상: 김규식의 길, 김구의 길』(한울, 2000), 18쪽.
6 도진순, 『한국민족주의와 남북관계: 이승만·김구 시대의 정치사』(서울대학교출판부, 1997), 147쪽.
7 정용욱, 『존 하지와 미군 점령 통치 3년』(중심, 2003), 209쪽.
8 정용욱, 「미군정기 이승만의 '방미외교'와 미국의 대응」, 『역사비평』, 제30호(1995년 가을), 319~320, 328쪽.
9 정용욱, 「미군정기 이승만의 '방미외교'와 미국의 대응」, 『역사비평』, 제30호(1995년 가을), 319~320, 328쪽; 도진순, 『한국민족주의와 남북관계: 이승만·김구 시대의 정치사』(서울대학교출판부, 1997), 149쪽; 정용욱, 『미군정 자료연구』(선인, 2003), 227~228쪽.
10 정해구, 「분단과 이승만: 1945~1948」, 『역사비평』, 제32호(1996년 봄), 274쪽.
11 김재명, 「김창숙: 항일 반독재에 바친 강골의 정신」, 『한국현대사의 비극: 중간파의 이

	상과 좌절』(선인, 2003), 158쪽.
12	민경배, 『한국기독교회사』(연세대학교출판부, 1993), 515~516쪽; 안치용, 『선거파업: 우리의 민주주의는 민주주의가 아니다』(영립카디널, 2016), 24쪽.
13	송광성, 「조선을 분단」, 『미군 점령 4년사』(한울, 1993), 273쪽.
14	서중석, 『한국현대민족운동연구: 해방 후 민족국가 건설운동과 통일전선』(역사비평사, 1991), 349쪽.
15	이철승·박갑동, 『건국 50년 대한민국, 이렇게 세웠다』(계명사, 1998), 315~316, 330쪽.
16	조선일보사, 『조선일보 칠십년사 제1권』(조선일보사, 1990), 482쪽.
17	이철승·박갑동, 『건국 50년 대한민국, 이렇게 세웠다』(계명사, 1998), 317~321쪽.
18	제주4·3사건진상규명및희생자명예회복위원회, 『제주 4·3 사건 진상조사보고서』(제주4·3사건진상규명및희생자명예회복위원회, 2003), 107~109쪽.
19	제주4·3사건진상규명및희생자명예회복위원회, 『제주 4·3 사건 진상조사보고서』(제주4·3사건진상규명및희생자명예회복위원회, 2003), 109~112쪽.
20	제주4·3사건진상규명및희생자명예회복위원회, 『제주 4·3 사건 진상조사보고서』(제주4·3사건진상규명및희생자명예회복위원회, 2003), 114~127쪽.
21	서중석, 「총론: 친일파의 역사적 존재 양태와 극우 반공독재」, 역사문제연구소 편, 『인물로 보는 친일파 역사』(역사비평사, 1993), 19쪽.
22	염인호, 『김원봉 연구: 의열단, 민족혁명당 40년사』(창작과비평사, 1992), 358~359쪽.
23	이재오, 「1940년대 학생운동의 전개」, 『해방 후 한국학생운동사』(형성사, 1984), 92~93쪽.
24	전봉관, 「민족 해방과 함께 찾아온 '풍기 해방'」, 『조선일보』, 2023년 8월 19일.
25	이연식, 『다시 조선으로: 해방된 조국, 돌아온 자들과 무너진 공동체』(역사비평사, 2024), 145쪽.
26	이연식, 『다시 조선으로: 해방된 조국, 돌아온 자들과 무너진 공동체』(역사비평사, 2024), 147~148, 154~155쪽.
27	정용욱, 「미군정기 이승만의 '방미외교'와 미국의 대응」, 『역사비평』, 제30호(1995년 가을), 330쪽; 유영익, 「이승만과 대한민국 탄생: 주변의 여인들」, 『중앙일보』, 1995년 8월 3일, 10면.
28	David Schoenbrun, 『America Inside Out: At Home and Abroad from Roosevelt to Reagan』(New York: McGraw-Hill, 1984), p.182.
29	박명림, 『한국전쟁의 발발과 기원 II: 기원과 원인』(나남, 1996), 163~164쪽; 김성진, 『한국정치 100년을 말한다』(두산동아, 1999), 96쪽; 김정배, 『미국과 냉전의 기

원: 공존과 지배의 전략』(혜안, 2001), 87~90쪽.
30 박찬표,『한국의 국가 형성과 민주주의: 미군정기 자유민주주의의 초기 제도화』(고려대학교출판부, 1997), 223쪽.
31 정용욱,「미군정기 이승만의 '방미외교'와 미국의 대응」,『역사비평』, 제30호(1995년 가을), 324~325쪽.
32 전상인,『고개 숙인 수정주의: 한국현대사의 역사사회학』(전통과현대, 2001), 140쪽.
33 폴 케네디(Paul Kennedy), 이일수 외 옮김,『강대국의 흥망』(한국경제신문사, 1987/1996), 503쪽.
34 윌리엄 스툭(Willam Stueck), 김형인 외 옮김,『한국전쟁의 국제사』(푸른역사, 2001), 55~56쪽; 케네스 데이비스(Kenneth C. Davis), 이순호 옮김,『미국에 대해 알아야 할 모든 것, 미국사』(책과함께, 2003/2004), 449쪽.
35 피터 벤더(Peter Bender), 김미선 옮김,『제국의 부활: 비교역사학으로 보는 미국과 로마』(이글리오, 2006), 175~176쪽.
36 이삼성,『세계와 미국: 20세기의 반성과 21세기의 전망』(한길사, 2001), 229쪽.
37 김봉중,『카우보이들의 외교사: 먼로주의에서 부시 독트린까지 미국의 외교전략』(푸른역사, 2006), 273쪽.
38 정해구,「분단과 이승만: 1945~1948」,『역사비평』, 제32호(1996년 봄), 274쪽; 서중석,『한국현대민족운동연구: 해방 후 민족국가 건설운동과 통일전선』(역사비평사, 1991), 535~536쪽.
39 우사연구회 엮음, 서중석 지음,『남·북협상: 김규식의 길. 김구의 길』(한울, 2000), 61~62쪽; 서중석,『한국현대민족운동연구: 해방 후 민족국가 건설운동과 통일전선』(역사비평사, 1991), 535~536쪽.
40 서중석,『한국현대민족운동연구: 해방 후 민족국가 건설운동과 통일전선』(역사비평사, 1991), 536쪽; 정병준,『우남 이승만 연구: 한국 근대국가의 형성과 우파의 길』(역사비평사, 2005).
41 정용욱,「미군정기 이승만의 '방미외교'와 미국의 대응」,『역사비평』, 제30호(1995년 가을), 325쪽.
42 박영수,『운명의 순간들: 다큐멘터리 한국근현대사』(바다출판사, 1998), 240~242쪽.
43 도진순,『한국민족주의와 남북관계: 이승만·김구 시대의 정치사』(서울대학교출판부, 1997), 134~135쪽; 서중석,『한국현대민족운동연구: 해방 후 민족국가 건설운동과 통일전선』(역사비평사, 1991), 537쪽.
44 차상철,『미군정 시대 이야기』(살림, 2014), 66쪽.
45 김창훈,『한국 외교 어제와 오늘』(다락원, 2002), 31쪽.

46 박태균,『버치 문서와 해방정국: 미군정 중위의 눈에 비친 1945-1948년의 한반도』(역사비평사, 2021), 13~14쪽.
47 정원식,「[책과 삶] 해방 조국서 갈 곳 잃은 '전재민'」,『경향신문』, 2024년 11월 15일.
48 이연식,『다시 조선으로: 해방된 조국, 돌아온 자들과 무너진 공동체』(역사비평사, 2024), 54쪽.
49 이연식,『다시 조선으로: 해방된 조국, 돌아온 자들과 무너진 공동체』(역사비평사, 2024), 34, 38쪽.
50 이연식,『다시 조선으로: 해방된 조국, 돌아온 자들과 무너진 공동체』(역사비평사, 2024), 275~276쪽; 정원식,「[책과 삶] 해방 조국서 갈 곳 잃은 '전재민'」,『경향신문』, 2024년 11월 15일.
51 『한성일보』, 1947년 6월 3일자; 우사연구회 엮음, 서중석 지음,『남·북협상: 김규식의 길, 김구의 길』(한울, 2000), 22쪽.
52 이삼성,『세계와 미국: 20세기의 반성과 21세기의 전망』(한길사, 2001), 131쪽.
53 브루스 커밍스(Bruce Cumings)·해리 하루투니안(Harry Harootunian),「[대담] 브루스 커밍스와 해리 하루투니안: 미국 아시아학의 비판적 검토」,『역사비평』, 제54호(2001년 봄), 158쪽.
54 이삼성,『세계와 미국: 20세기의 반성과 21세기의 전망』(한길사, 2001), 219쪽.
55 이기택,『국제정치사』(일신사, 제2개정판, 2000), 454~455쪽;『뉴스위크』한국판, 1996년 12월 18일.
56 빌 브라이슨(Bill Bryson), 정경옥 옮김,『빌 브라이슨 발칙한 영어산책: 엉뚱하고 발랄한 미국의 거의 모든 역사』(살림, 1994/2009), 526쪽.
57 정해구,「분단과 이승만: 1945~1948」,『역사비평』, 제32호(1996년 봄), 275쪽.
58 정해구,「분단과 이승만: 1945~1948」,『역사비평』, 제32호(1996년 봄), 276쪽.
59 서중석,『한국현대민족운동연구: 해방 후 민족국가 건설운동과 통일전선』(역사비평사, 1991), 584~585쪽; 심지연,『허헌 연구』(역사비평사, 1994), 171쪽.
60 전봉관,「'사는 것이 기적'인 암담한 시절…그래도 우리는 전진하고 있었다」,『조선일보』, 2024년 12월 28일.
61 정해구,「분단과 이승만: 1945~1948」,『역사비평』, 제32호(1996년 봄), 276쪽.
62 도진순,『한국민족주의와 남북관계: 이승만·김구 시대의 정치사』(서울대학교출판부, 1997), 153~154쪽.
63 한국반탁·반공학생운동기념사업회,『한국학생건국운동사: 반탁·반공학생운동 중심』(대한교과서, 1986), 288~293쪽.
64 이철승·박갑동,『건국 50년 대한민국, 이렇게 세웠다』(계명사, 1998), 329쪽.

65 이철승·박갑동,『건국 50년 대한민국, 이렇게 세웠다』(계명사, 1998), 314쪽.
66 이철승·박갑동,『건국 50년 대한민국, 이렇게 세웠다』(계명사, 1998), 234~235쪽.
67 이철승·박갑동,『건국 50년 대한민국, 이렇게 세웠다』(계명사, 1998), 239쪽.
68 도진순,『한국민족주의와 남북관계: 이승만·김구 시대의 정치사』(서울대학교출판부, 1997), 154쪽.
69 박명림,『한국전쟁의 발발과 기원 II: 기원과 원인』(나남, 1996), 333~334쪽.
70 도진순,『한국민족주의와 남북관계: 이승만·김구 시대의 정치사』(서울대학교출판부, 1997), 154쪽; 정해구,「분단과 이승만: 1945~1948」,『역사비평』, 제32호(1996년 봄), 276쪽; 서중석,『한국현대민족운동연구: 해방 후 민족국가 건설운동과 통일전선』(역사비평사, 1991), 540쪽.
71 서중석,『한국현대민족운동연구: 해방 후 민족국가 건설운동과 통일전선』(역사비평사, 1991), 517쪽.
72 안정애,「붉은 군대는 조선에서 우리의 질서를 강요하지 않을 것이다……」, 이재범 외,『한반도의 외국군 주둔사』(중심, 2001), 310~311쪽.
73 도진순,『분단의 내일 통일의 역사』(당대, 2001), 255쪽.
74 동아일보사,『민족과 더불어 80년: 동아일보 1920~2000』(동아일보사, 2000), 292쪽.
75 전봉관,「이승만 견제하느라 대선판에 휘말린 '미국 시민 필립 제이슨'」,『조선일보』, 2024년 8월 17일.
76 이정식,『구한말의 개혁·독립투사 서재필』(서울대학교출판부, 2003), 357~360쪽; 김학준,『해방공간의 주역들』(동아일보사, 1996), 221쪽.
77 손세일,「이승만과 김구: 해방정국의 두 지도자상」, 김삼웅 엮음,『패배한 암살』(학민사, 1992), 77쪽.
78 브루스 커밍스(Bruce Cumings), 김동노 외 옮김,『브루스 커밍스의 한국현대사』(창작과비평사, 2001), 301쪽.
79 로버트 T. 올리버(Robert T. Oliver), 박일영 옮김,『이승만 비록』(한국문화출판사, 1982), 110쪽.
80 박찬표,『한국의 국가 형성과 민주주의: 미군정기 자유민주주의의 초기 제도화』(고려대학교출판부, 1997), 177쪽.
81 김재명,『한국현대사의 비극: 중간파의 이상과 좌절』(선인, 2003), 256쪽.
82 서중석,「안재홍과 송진우: 타협이냐 비타협이냐」, 역사문제연구소 편,『한국 현대사의 라이벌』(역사비평사, 1991), 84~85쪽.
83 김재명,『한국현대사의 비극: 중간파의 이상과 좌절』(선인, 2003), 258쪽.
84 김학준,『해방공간의 주역들』(동아일보사, 1996), 209쪽; 서중석,「안재홍과 송진

우: 타협이냐 비타협이냐」, 역사문제연구소 편, 『한국 현대사의 라이벌』(역사비평사, 1991), 84~85쪽.
85　브루스 커밍스(Bruce Cumings), 김자동 옮김, 『한국전쟁의 기원』(일월서각, 1986), 339쪽.
86　김수자, 「미군정기 통치기구와 관료 임용정책: 중앙행정기구 개편과 행정관료의 사회적 배경을 중심으로」, 한국근현대사연구회 편, 『한국근현대사연구』, 1996년 제5집, 259~260쪽.
87　김윤식, 『이광수와 그의 시대 2』(솔, 1999), 423쪽.
88　우사연구회 엮음, 서중석 지음, 『남·북협상: 김규식의 길, 김구의 길』(한울, 2000), 36쪽.
89　이연식, 『다시 조선으로: 해방된 조국, 돌아온 자들과 무너진 공동체』(역사비평사, 2024), 248쪽.
90　우사연구회 엮음, 서중석 지음, 『남·북협상: 김규식의 길, 김구의 길』(한울, 2000), 41쪽.
91　박찬표, 『한국의 국가 형성과 민주주의: 미군정기 자유민주주의의 초기 제도화』(고려대학교출판부, 1997), 199~200쪽; 강원용, 『빈들에서: 나의 삶, 한국 현대사의 소용돌이 1-선구자의 땅에서 해방의 혼돈까지』(열린문화, 1993), 234~235쪽.
92　강원용, 『빈들에서: 나의 삶, 한국 현대사의 소용돌이 1-선구자의 땅에서 해방의 혼돈까지』(열린문화, 1993), 234~235쪽.
93　박찬표, 『한국의 국가 형성과 민주주의: 미군정기 자유민주주의의 초기 제도화』(고려대학교출판부, 1997), 200~201쪽.
94　도진순, 『한국민족주의와 남북관계: 이승만·김구 시대의 정치사』(서울대학교출판부, 1997), 172쪽; 김학준, 『해방공간의 주역들』(동아일보사, 1996), 186~187쪽.
95　김두한, 『김두한 자서전 1』(메트로신문사, 2002), 210~214쪽.
96　한홍구, 「한홍구의 역사 이야기: 황당한, 그러나 미워하기 힘든…」, 『한겨레21』, 2002년 11월 14일, 88면.
97　박태균, 「'안두희' 문건에 '김구 쿠데타' 문건 덧붙여 '암살' 한국 내 갈등 부각」, 『한겨레』, 2001년 9월 8일, 21면.
98　우사연구회 엮음, 서중석 지음, 『남·북협상: 김규식의 길, 김구의 길』(한울, 2000), 20쪽.
99　염인호, 『김원봉 연구: 의열단, 민족혁명당 40년사』(창작과비평사, 1992), 363~364쪽.
100　심은정, 「'독립운동가 여운형' 왜 안 됩니까」, 『문화일보』, 2003년 8월 13일, 31면; 「여운형/일생」, 『나무위키』.
101　최상천, 『알몸 박정희』(사람나라, 2001), 161~163쪽.
102　정병준, 「여운형의 좌우합작·남북연합과 김일성」, 『역사비평』, 제38호(1997년 가을), 31쪽.

103 정병준,「여운형의 좌우합작·남북연합과 김일성」,『역사비평』, 제38호(1997년 가을), 28쪽.
104 김재명,「김규식: 한 온건 지식인의 실패한 이상주의」,『한극현대사의 비극: 중간파의 이상과 좌절』(선인, 2003), 331쪽.
105 염인호,『김원봉 연구: 의열단, 민족혁명당 40년사』(창작과비평사, 1992), 343쪽.
106 서중석,『한국현대민족운동연구: 해방후 민족국가 건설운동과 통일전선』(역사비평사, 1991), 561~562쪽.
107 류상영,「8·15 이후 좌·우익 청년단체의 조직과 활동」, 최장집 외,『해방전후사의 인식 4』(한길사, 1989), 75쪽.
108 김정원,『분단한국사』(동녘, 1985), 90쪽.
109 서중석,『한국현대민족운동연구 2: 1948~1950 민주주의·민족주의 그리고 반공주의』(역사비평사, 1996), 138쪽; 류상영,「8·15 이후 좌·으익 청년단체의 조직과 활동」, 최장집 외,『해방전후사의 인식 4』(한길사, 1989), 99쪽.
110 류상영,「8·15 이후 좌·우익 청년단체의 조직과 활동」, 최장집 외,『해방전후사의 인식 4』(한길사, 1989), 74~75쪽.
111 서중석,『한국현대민족운동연구: 해방 후 민족국가 건설운동과 통일전선』(역사비평사, 1991), 564쪽; 김수자,「미군정기 통치기구와 관료 임용 정책: 중앙행정기구 개편과 행정관료의 사회적 배경을 중심으로」, 한국근현대사연구회 편,『한국근현대사연구』, 1996년 제5집, 268쪽.
112 서중석,『한국현대민족운동연구: 해방 후 민족국가 건설운동과 통일전선』(역사비평사, 1991), 563쪽.
113 서중석,『한국현대민족운동연구: 해방 후 민족국가 건설운동과 통일전선』(역사비평사, 1991), 563쪽.
114 류상영,「8·15 이후 좌·우익 청년단체의 조직과 활동」, 최장집 외,『해방전후사의 인식 4』(한길사, 1989), 75쪽.
115 정용욱,『존 하지와 미군 점령 통치 3년』(중심, 2003), 258쪽.
116 조용중,『미군정하의 한국정치 현장』(나남, 1990), 135쪽.
117 우사연구회 엮음, 서중석 지음,『남·북협상: 김규식의 길, 김그의 길』(한울, 2000), 87쪽.
118 서중석,『한국현대민족운동연구: 해방 후 민족국가 건설운동과 통일전선』(역사비평사, 1991), 564쪽.
119 서중석,『한국현대민족운동연구: 해방 후 민족국가 건설운동과 통일전선』(역사비평사, 1991), 565~566쪽.
120 박찬표,『한국의 국가 형성과 민주주의: 미군정기 자유민주주의의 초기 제도화』(고려

대학교출판부, 1997), 246~247쪽; 염인호, 『김원봉 연구: 의열단, 민족혁명당 40년사』(창작과비평사, 1992), 365쪽.

121 염인호, 『김원봉 연구: 의열단, 민족혁명당 40년사』(창작과비평사, 1992), 369쪽.
122 정용욱, 『존 하지와 미군 점령 통치 3년』(중심, 2003), 226쪽.
123 서중석, 『한국현대민족운동연구: 해방 후 민족국가 건설운동과 통일전선』(역사비평사, 1991), 541쪽.
124 이정식, 「역사 재발굴: 한국, 미국의 '반공 보루' 아니었다」, 『신동아』, 1995년 1월호, 377쪽.
125 박명림, 『한국전쟁의 발발과 기원 II: 기원과 원인』(나남, 1996), 361쪽.
126 박명림, 『한국전쟁의 발발과 기원 II: 기원과 원인』(나남, 1996), 362~363쪽.
127 박명림, 『한국전쟁의 발발과 기원 II: 기원과 원인』(나남, 1996), 362~363쪽.
128 브루스 커밍스(Bruce Cumings), 김자동 옮김, 『한국전쟁의 기원』(일월서각, 1986), 524~525쪽.
129 박명림, 『한국전쟁의 발발과 기원 II: 기원과 원인』(나남, 1996), 365쪽.
130 박명림, 『한국전쟁의 발발과 기원 II: 기원과 원인』(나남, 1996), 358~359쪽.
131 우사연구회 엮음, 서중석 지음, 『남·북협상: 김규식의 길, 김구의 길』(한울, 2000), 62쪽.
132 서중석, 『한국현대민족운동연구: 해방 후 민족국가 건설운동과 통일전선』(역사비평사, 1991), 545쪽; 도진순, 『한국민족주의와 남북관계: 이승만·김구 시대의 정치사』(서울대학교출판부, 1997), 158쪽.
133 도진순, 『한국민족주의와 남북관계: 이승만·김구 시대의 정치사』(서울대학교출판부, 1997), 159쪽; 김정원, 『분단한국사』(동녘, 1985), 103쪽.
134 박태균, 『현대사를 베고 쓰러진 거인들: 해방정국과 4인의 요인 암살, 배경과 진상』(지성사, 1994), 123~124쪽.
135 박태균, 『현대사를 베고 쓰러진 거인들: 해방정국과 4인의 요인 암살, 배경과 진상』(지성사, 1994), 126쪽; 브루스 커밍스(Bruce Cumings), 김자동 옮김, 『한국전쟁의 기원』(일월서각, 1986), 137쪽.
136 박태균, 「'안두희' 문건에 '김구 쿠데타' 문건 덧붙여 '암살' 한국 내 갈등 부각」, 『한겨레』, 2001년 9월 8일, 21면; 박성준, 「청부살인 행동대 '백의사'」, 『시사저널』, 2001년 9월 20일, 44면.
137 우사연구회 엮음, 서중석 지음, 『남·북협상: 김규식의 길, 김구의 길』(한울, 2000), 152~153쪽; 김정원, 『분단한국사』(동녘, 1985), 103쪽.
138 전봉관, 「"나는 왜놈 이외에는 죽이라고 명령하지 않았소"」, 『조선일보』, 2024년 10월 19일.

139　도진순, 『한국민족주의와 남북관계: 이승만·김구 시대의 정치사』(서울대학교출판부, 1997), 161쪽.
140　도진순, 『한국민족주의와 남북관계: 이승만·김구 시대의 정치사』(서울대학교출판부, 1997), 159쪽.
141　도진순, 『한국민족주의와 남북관계: 이승만·김구 시대의 정치사』(서울대학교출판부, 1997), 163쪽.
142　박태균, 『현대사를 베고 쓰러진 거인들: 해방정국과 4인의 요인 암살, 배경과 진상』(지성사, 1994), 126~127쪽.
143　신복룡, 『한국사 새로 보기』(풀빛, 2001), 234쪽.
144　우사연구회 엮음, 서중석 지음, 『남·북협상: 김규식의 길, 김구의 길』(한울, 2000), 345~346쪽.
145　조선일보사, 『조선일보 칠십년사 제1권』(조선일보사, 1990), 495쪽.
146　조선일보사, 『조선일보 칠십년사 제1권』(조선일보사, 1990), 496쪽.
147　이임하, 『해방공간, 일상을 바꾼 여성들의 역사: 제도와 규정, 억압에 균열을 낸 여성들의 반란』(철수와영희, 2015), 231, 241, 253, 257쪽.
148　오연호, 『식민지의 아들에게: 발로 찾은 '반미교과서'』(백산서당, 1990), 97~106쪽; 이효재, 「분단시대의 여성운동」, 『분단시대의 사회학』(한길사, 1985), 311~312쪽.
149　정희상, 「현대사 발굴: 미군정의 언론 대학살」, 『월간 말』, 1989년 5월호, 121~127쪽.
150　이효인, 「해방 직후의 민족영화운동」, 최장집 외, 『해방전후사의 인식 4』(한길사, 1989), 481쪽.
151　정종화, 「광복 시대」, 『자료로 본 한국영화사 1』(열화당, 1997), 120쪽.
152　유민영, 『한국 근대극장 변천사』(태학사, 1998), 308쪽.
153　이우용, 『해방공간의 민족문학사론』(태학사, 1991), 66쪽.
154　오유석, 「'야인시대' 주인공 김두한은 '협객'이었나」, 『신동아』, 2002년 10월호, 623쪽.
155　이내수, 『이야기 방송사 1924~1948』(씨앗을뿌리는사람, 2001), 338~341쪽.
156　송건호, 「미군정하의 언론」, 송건호 외, 『한국언론 바로보기』(다섯수레, 2000), 168~169쪽; 조선일보사, 『조선일보 칠십년사 제1권』(조선일보사, 1990), 485쪽.
157　『독립신보』, 1947년 12월 21일자; 이우용, 『해방공간의 민족문학사론』(태학사, 1991), 67쪽.
158　차배근 외, 『우리 신문 100년』(현암사, 2001), 170쪽.
159　강원용, 『빈들에서: 나의 삶, 한국 현대사의 소용돌이 1-선구자의 땅에서 해방의 혼돈까지』(열린문화, 1993), 251쪽.
160　한홍구, 『대한민국사』(한겨레신문사, 2003), 113~115쪽.

161 김균·원용진,「미군정기 대 남한 공보정책: "미국을 심어라"」, 강치원 엮음,『미국은 우리에게 무엇인가: 한미관계의 역사와 우리 안의 미국주의』(백의, 2000), 129~131쪽.
162 김균·원용진,「미군정기 대 남한 공보정책: "미국을 심어라"」, 강치원 엮음,『미국은 우리에게 무엇인가: 한미관계의 역사와 우리 안의 미국주의』(백의, 2000), 132~133쪽; 박찬표,『한국의 국가 형성과 민주주의: 미군정기 자유민주주의의 초기 제도화』(고려대학교출판부, 1997), 125쪽.
163 박찬표,『한국의 국가 형성과 민주주의: 미군정기 자유민주주의의 초기 제도화』(고려대학교출판부, 1997), 303쪽; 김균·원용진,「미군정기 대 남한 공보정책: "미국을 심어라"」, 강치원 엮음,『미국은 우리에게 무엇인가: 한미관계의 역사와 우리 안의 미국주의』(백의, 2000), 136쪽.
164 김균·원용진,「미군정기 대 남한 공보정책: "미국을 심어라"」, 강치원 엮음,『미국은 우리에게 무엇인가: 한미관계의 역사와 우리 안의 미국주의』(백의, 2000), 136쪽; 박찬표,『한국의 국가 형성과 민주주의: 미군정기 자유민주주의의 초기 제도화』(고려대학교출판부, 1997), 305쪽.
165 김균·원용진,「미군정기 대 남한 공보정책: "미국을 심어라"」, 강치원 엮음,『미국은 우리에게 무엇인가: 한미관계의 역사와 우리 안의 미국주의』(백의, 2000), 137~138쪽.
166 유병은,『초창기 방송시대의 방송야사』(KBS문화사업단, 1998), 279쪽.
167 노정팔,『한국방송과 50년』(나남, 1995), 118쪽.
168 최규성,「현인: 해방 후 국민가수로 우뚝 한 시대 풍미한 무대의 삶」,『주간한국』, 2003년 7월 10일, 68면.
169 박영수,『운명의 순간들: 다큐멘터리 한국근현대사』(바다출판사, 1998), 236~237쪽; 우성흠 엮음,『1949년생』(윤컴, 1998), 62~63쪽.
170 박영수,『운명의 순간들: 다큐멘터리 한국근현대사』(바다출판사, 1998), 264~265쪽.
171 전봉관,「민족 해방과 함께 찾아온 '풍기 해방'」,『조선일보』, 2023년 8월 19일.
172 조순경·이숙진,『냉전체제와 생산의 정치: 미군정기의 노동정책과 노동운동』(이화여자대학교출판부, 1995), 155, 200쪽; 서중석,『한국현대민족운동연구 2: 1948~1950 민주주의·민족주의 그리고 반공주의』(역사비평사, 1996), 117쪽.
173 이경재,『다큐멘터리 서울정도 600년: 제2권 개화풍속도』(서울신문사, 1993), 33쪽.
174 「다방: 아침부터 출입 빈번, 다방은 안식처」,『동아일보』, 1947년 11월 23일.
175 이봉구,『명동, 그리운 사람들』(일빛, 1992), 47쪽.
176 중앙방송,「한국의 커피, 그 역사 속으로」,『세계 커피 기행 1편, 한국의 커피』(좋은 채널 Q채널) 비디오 자료에서 인용.
177 이봉구,『명동, 그리운 사람들』(일빛, 1992), 89쪽; 이규태,「이규태 역사 에세이 (32)

접객 업소 이야기」,『조선일보』, 1999년 10월 22일, 21면.

제2부 1948년

1   로버트 T. 올리버(Robert T. Oliver), 박일영 옮김,『이승만 비록』(한국문화출판사, 1982), 170쪽.
2   우사연구회 엮음, 서중석 지음,『남·북협상: 김규식의 길, 김구의 길』(한울, 2000), 123~124쪽.
3   송광성,『미군 점령 4년사: 우리나라의 자주·민주·통일과 미국』(한울, 1995), 244~245쪽.
4   서중석,『한국현대민족운동연구: 해방 후 민족국가 건설운동과 통일전선』(역사비평사, 1991), 547쪽.
5   우사연구회 엮음, 서중석 지음,『남·북협상: 김규식의 길, 김구의 길』(한울, 2000), 128쪽.
6   『동아일보』, 1948년 1월 30일자; 우사연구회 엮음, 서중석 지음,『남·북협상: 김규식의 길, 김구의 길』(한울, 2000), 128~129쪽; 서중석,「안재홍과 송진우: 타협이냐 비타협이냐」, 역사문제연구소 편,『한국 현대사의 라이벌』(역사비평사, 1991), 85쪽.
7   우사연구회 엮음, 서중석 지음,『남·북협상: 김규식의 길, 김구의 길』(한울, 2000), 129쪽.
8   김민환,『미군정기 신문의 사회사상』(나남, 2001), 85쪽.
9   우사연구회 엮음, 서중석 지음,『남·북협상: 김규식의 길, 김구의 길』(한울, 2000), 130~131쪽.
10 송광성,『미군 점령 4년사: 우리나라의 자주·민주·통일과 미국』(한울, 1995), 193쪽.
11 박명림,『한국전쟁의 발발과 기원 II: 기원과 원인』(나남, 1996), 322쪽.
12 우사연구회 엮음, 서중석 지음,『남·북협상: 김규식의 길, 김구의 길』(한울, 2000), 140쪽.
13 우사연구회 엮음, 서중석 지음,『남·북협상: 김규식의 길, 김구의 길』(한울, 2000), 133~134쪽.
14 로버트 T. 올리버(Robert T. Oliver), 박일영 옮김,『이승만 비록』(한국문화출판사, 1982), 178쪽.
15 로버트 T. 올리버(Robert T. Oliver), 박일영 옮김,『이승만 비록』(한국문화출판사, 1982), 185~186쪽.
16 우사연구회 엮음, 서중석 지음,『남·북협상: 김규식의 길, 김구의 길』(한울, 2000),

141~148쪽.

17 유병용, 「미소공동위원회와 단독정부 수립」, 한국정신문화연구원 현대사연구소 편, 『한국현대사의 재인식 2: 정부 수립과 제헌국회』(오름, 1998), 182쪽.

18 김삼웅, 『한국현대사 뒷애기』(가람기획, 1995), 119쪽; 정경모, 『찢겨진 산하: 김구·여운형·장준하가 말하는 한국 현대사』(한겨레신문사, 2002), 111, 120쪽; 우사연구회 엮음, 서중석 지음, 『남·북협상: 김규식의 길, 김구의 길』(한울, 2000), 124쪽; 송남헌, 「민족통일독립운동의 선도자」, 우사연구회 엮음, 『몸으로 쓴 통일독립운동사: 우사 김규식 생애와 사상 ③』(한울, 2000), 108~109쪽.

19 정경모, 『찢겨진 산하: 김구·여운형·장준하가 말하는 한국현대사』(한겨레신문사, 2002), 120쪽.

20 오기영, 「공창(公娼)」, 『진짜 무궁화: 해방경성의 풍자와 기개』(성균관대학교출판부, 2002), 24~26쪽.

21 오기영, 「공창(公娼)」, 『진짜 무궁화: 해방경성의 풍자와 기개』(성균관대학교출판부, 2002), 24~26쪽.

22 이효재, 「분단시대의 여성운동」, 『분단시대의 사회학』(한길사, 1985), 311~312쪽; 박영수, 『운명의 순간들: 다큐멘터리 한국근현대사』(바다출판사, 1998), 263~264쪽.

23 박영수, 『운명의 순간들: 다큐멘터리 한국근현대사』(바다출판사, 1998), 263~264쪽.

24 김재명, 「김창숙: 항일 반독재에 바친 강골의 정신」, 『한국현대사의 비극: 중간파의 이상과 좌절』(선인, 2003), 161~162쪽.

25 우사연구회 엮음, 서중석 지음, 『남·북협상: 김규식의 길, 김구의 길』(한울, 2000), 130쪽.

26 우사연구회 엮음, 서중석 지음, 『남·북협상: 김규식의 길, 김구의 길』(한울, 2000), 158~159쪽.

27 송광성, 『미군 점령 4년사: 우리나라의 자주·민주·통일과 미국』(한울, 1995), 262~264쪽.

28 황한식, 「미군정하 농업과 토지개혁 정책」, 강만길 외, 『해방전후사의 인식 2』(한길사, 1985), 272쪽.

29 황한식, 「미군정하 농업과 토지개혁 정책」, 강만길 외, 『해방전후사의 인식 2』(한길사, 1985), 273~274쪽; 송광성, 『미군 점령 4년사: 우리나라의 자주·민주·통일과 미국』(한울, 1995), 173~174쪽.

30 황한식, 「미군정하 농업과 토지개혁 정책」, 강만길 외, 『해방전후사의 인식 2』(한길사, 1985), 281쪽; 장상환, 「토지개혁과 농지개혁」, 역사비평 편집위원회, 『논쟁으로 본 한국 사회 100년』(역사비평사, 2000), 180쪽; 송광성, 『미군 점령 4년사: 우리나라

의 자주·민주·통일과 미국』(한울, 1995), 174쪽.
31 로버트 T. 올리버(Robert T. Oliver), 박일영 옮김, 『이승만 비록』(한국문화출판사, 1982), 209~210쪽.
32 송광성, 『미군 점령 4년사: 우리나라의 자주·민주·통일과 미국』(한울, 1995), 173~174쪽.
33 조용중, 『미군정하의 한국정치 현장』(나남, 1990), 125쪽.
34 조용중, 『미군정하의 한국정치 현장』(나남, 1990), 127쪽.
35 연시중, 『한국 정당정치 실록 1: 항일 독립운동부터 김일성의 집권까지』(지와사랑, 2001), 261쪽.
36 제주4·3사건진상규명및희생자명예회복위원회, 『제주 4·3사건 진상조사보고서』(제주4·3사건진상규명및희생자명예회복위원회, 2003), 162~168쪽.
37 서중석, 『한국현대민족운동연구 2: 1948~1950 민주주의·민족주의 그리고 반공주의』(역사비평사, 1996), 175쪽.
38 김영주, 「'4·3 희생자' 21%가 여성」, 『대한매일』, 2001년 6월 2일, 20면.
39 제주4·3사건진상규명및희생자명예회복위원회, 『제주 4·3사건 진상조사보고서』(제주4·3사건진상규명및희생자명예회복위원회, 2003), 128쪽.
40 제주4·3사건진상규명및희생자명예회복위원회, 『제주 4·3사건 진상조사보고서』(제주4·3사건진상규명및희생자명예회복위원회, 2003), 144쪽.
41 제주4·3사건진상규명및희생자명예회복위원회, 『제주 4·3사건 진상조사보고서』(제주4·3사건진상규명및희생자명예회복위원회, 2003), 151쪽.
42 제주4·3사건진상규명및희생자명예회복위원회, 『제주 4·3사건 진상조사보고서』(제주4·3사건진상규명및희생자명예회복위원회, 2003), 157~161쪽.
43 제주4·3사건진상규명및희생자명예회복위원회, 『제주 4·3사건 진상조사보고서』(제주4·3사건진상규명및희생자명예회복위원회, 2003), 189~190쪽.
44 제주4·3사건진상규명및희생자명예회복위원회, 『제주 4·3사건 진상조사보고서』(제주4·3사건진상규명및희생자명예회복위원회, 2003), 198쪽.
45 제주4·3사건진상규명및희생자명예회복위원회, 『제주 4·3사건 진상조사보고서』(제주4·3사건진상규명및희생자명예회복위원회, 2003), 198~201쪽.
46 제주4·3사건진상규명및희생자명예회복위원회, 『제주 4·3사건 진상조사보고서』(제주4·3사건진상규명및희생자명예회복위원회, 2003), 201쪽.
47 양조훈, 「4·3 취재 6년-무참히 왜곡된 역사」, 『역사비평』, 제25호(1994년 여름), 346~347쪽.
48 제주4·3사건진상규명및희생자명예회복위원회, 『제주 4·3사건 진상조사보고서』(제

	주4·3사건진상규명및희생자명예회복위원회, 2003), 203쪽.
49	제주4·3사건진상규명및희생자명예회복위원회, 『제주 4·3사건 진상조사보고서』(제주4·3사건진상규명및희생자명예회복위원회, 2003), 205쪽.
50	제주4·3사건진상규명및희생자명예회복위원회, 『제주 4·3사건 진상조사보고서』(제주4·3사건진상규명및희생자명예회복위원회, 2003), 205쪽.
51	제주4·3사건진상규명및희생자명예회복위원회, 『제주 4·3사건 진상조사보고서』(제주4·3사건진상규명및희생자명예회복위원회, 2003), 206~210쪽.
52	제주4·3사건진상규명및희생자명예회복위원회, 『제주 4·3사건 진상조사보고서』(제주4·3사건진상규명및희생자명예회복위원회, 2003), 218쪽.
53	제주4·3사건진상규명및희생자명예회복위원회, 『제주 4·3사건 진상조사보고서』(제주4·3사건진상규명및희생자명예회복위원회, 2003), 219쪽.
54	제주4·3사건진상규명및희생자명예회복위원회, 『제주 4·3사건 진상조사보고서』(제주4·3사건진상규명및희생자명예회복위원회, 2003), 233쪽.
55	제주4·3사건진상규명및희생자명예회복위원회, 『제주 4·3사건 진상조사보고서』(제주4·3사건진상규명및희생자명예회복위원회, 2003), 235~236쪽.
56	제주4·3사건진상규명및희생자명예회복위원회, 『제주 4·3사건 진상조사보고서』(제주4·3사건진상규명및희생자명예회복위원회, 2003), 222~223쪽.
57	양조훈, 「4·3 취재 6년-무참히 왜곡된 역사」, 『역사비평』, 제25호(1994년 여름), 344~345쪽.
58	고창훈, 「4·3 민중항쟁의 전개와 성격」, 최장집 외, 『해방전후사의 인식 4』(한길사, 1989), 265쪽.
59	조용중, 『미군정하의 한국정치 현장』(나남, 1990), 158쪽
60	김동현, 「제주도 4·3 항쟁 진상보고서의 의미: 55년 전의 싸움은 아직 끝나지 않았다」, 『월간 말』, 2003년 5월, 160쪽; 정용욱, 『미군정 자료연구』(선인, 2003), 289쪽.
61	강정숙, 「매매춘 공화국」, 한국역사연구회, 『우리는 지난 100년 동안 어떻게 살았을까 2』(역사비평사, 1998), 300쪽.
62	조순경·이숙진, 『냉전체제와 생산의 정치: 미군정기의 노동정책과 노동운동』(이화여자대학교출판부, 1995), 200쪽.
63	조순경·이숙진, 『냉전체제와 생산의 정치: 미군정기의 노동정책과 노동운동』(이화여자대학교출판부, 1995), 48쪽.
64	박영수, 『운명의 순간들: 다큐멘터리 한국근현대사』(바다출판사, 1998), 182쪽.
65	신형기, 『해방기 소설 연구』(태학사, 1992), 153쪽.
66	우사연구회 엮음, 서중석 지음, 『남·북협상: 김규식의 길, 김구의 길』(한울, 2000),

183~184쪽.

67 송남헌, 「민족통일독립운동의 선도자」, 우사연구회 엮음, 『몸으로 쓴 통일독립운동사: 우사 김규식 생애와 사상 ③』(한울, 2000), 111쪽.

68 송남헌, 「민족통일독립운동의 선도자」, 우사연구회 엮음, 『몸으로 쓴 통일독립운동사: 우사 김규식 생애와 사상 ③』(한울, 2000), 111~112쪽.

69 김재명, 「김규식: 한 온건 지식인의 실패한 이상주의」, 『한국현대사의 비극: 중간파의 이상과 좌절』(선인, 2003), 348~349쪽; 우사연구회 엮음, 서중석 지음, 『남·북협상: 김규식의 길, 김구의 길』(한울, 2000), 227쪽; 송남헌, 「민족통일독립운동의 선도자」, 우사연구회 엮음, 『몸으로 쓴 통일독립운동사: 우사 김규식 생애와 사상 ③』(한울, 2000), 113쪽.

70 김재명, 「김규식: 한 온건 지식인의 실패한 이상주의」, 『한국현대사의 비극: 중간파의 이상과 좌절』(선인, 2003), 349쪽.

71 한국반탁·반공학생운동기념사업회, 『한국학생건국운동사: 반탁·반공학생운동 중심』(대한교과서, 1986), 306쪽; 이원모, 「백범 노선과 우남 노선의 갈등 구조」, 김삼웅 엮음, 『패배한 암살』(학민사, 1992), 19~20쪽.

72 한국반탁·반공학생운동기념사업회, 『한국학생건국운동사: 반탁·반공학생운동 중심』(대한교과서, 1986), 307쪽.

73 강원용, 『빈들에서: 나의 삶, 한국 현대사의 소용돌이 1-선구자의 땅에서 해방의 혼돈까지』(열린문화, 1993), 255쪽; 송남헌, 「민족통일독립운동의 선도자」, 우사연구회 엮음, 『몸으로 쓴 통일독립운동사: 우사 김규식 생애와 사상 ③』(한울, 2000), 114쪽.

74 김재명, 「김규식: 한 온건 지식인의 실패한 이상주의」, 『한국현대사의 비극: 중간파의 이상과 좌절』(선인, 2003), 349쪽.

75 김재명, 「김규식: 한 온건 지식인의 실패한 이상주의」, 『한국현대사의 비극: 중간파의 이상과 좌절』(선인, 2003), 350쪽.

76 김민환, 『미군정기 신문의 사회사상』(나남, 2001), 84쪽.

77 박명림, 『한국전쟁의 발발과 기원 II: 기원과 원인』(나남, 1996), 334쪽.

78 김삼웅, 『한국현대사 뒷얘기』(가람기획, 1995), 138쪽.

79 김삼웅, 「'38선을 베고 쓰러질지언정…': 김구·김규식, 남북협상(1948. 4. 19)」, 『한 권으로 보는 해방 후 정치사 100장면』(가람기획, 1994), 38~39쪽.

80 김재명, 「김규식: 한 온건 지식인의 실패한 이상주의」, 『한국현대사의 비극: 중간파의 이상과 좌절』(선인, 2003), 350쪽; 송광성, 『미군 점령 4년사: 우리나라의 자주·민주·통일과 미국』(한울, 1995), 257쪽.

81 심지연, 『해방정국의 정치이념과 노선(증보판)』(백산서당, 2014), 143쪽.

82 김재명, 「해방정국과 중도파의 비극」, 『역사비평』, 제3호(1988년 겨울), 139~140쪽.
83 송건호, 「8·15의 민족사적 인식」, 송건호 외, 『해방전후사의 인식 1』(한길사, 개정 제2판, 1995), 34쪽.
84 박명림, 『한국전쟁의 발발과 기원 II: 기원과 원인』(나남, 1996), 334쪽.
85 정용욱, 『존 하지와 미군 점령 통치 3년』(중심, 2003), 173쪽.
86 전상인, 『고개 숙인 수정주의: 한국현대사의 역사사회학』(전통과현대, 2001), 150쪽; 송광성, 『미군 점령 4년사: 우리나라의 자주·민주·통일과 미국』(한울, 1995), 262~264쪽.
87 송광성, 『미군 점령 4년사: 우리나라의 자주·민주·통일과 미국』(한울, 1995), 262~264쪽.
88 송광성, 『미군 점령 4년사: 우리나라의 자주·민주·통일과 미국』(한울, 1995), 261~262쪽.
89 송광성, 『미군 점령 4년사: 우리나라의 자주·민주·통일과 미국』(한울, 1995), 262~264쪽.
90 강정구, 『분단과 전쟁의 한국현대사』(역사비평사, 1996), 93쪽.
91 안진, 「분단 고착 세력의 권력 장악과 미군정」, 『역사비평』, 제6호(1989년 가을), 71쪽.
92 연시중, 『한국 정당정치 실록 1: 항일 독립운동부터 김일성의 집권까지』(지와사랑, 2001), 278쪽.
93 송광성, 『미군 점령 4년사: 우리나라의 자주·민주·통일과 미국』(한울, 1995), 194쪽.
94 동아일보사, 『민족과 더불어 80년: 동아일보 1920-2000』(동아일보사, 2000), 295쪽.
95 전봉관, 「좌익의 패악에도, 국민은 민주정부 수립에 표를 던졌다」, 『조선일보』, 2024년 3월 30일.
96 송광성, 『미군 점령 4년사: 우리나라의 자주·민주·통일과 미국』(한울, 1995), 262~264쪽.
97 「외신기자의 변」, 『경향신문』, 1948년 5월 12일자; 홍석률, 「선거, 참정권이 걸어온 길」, 한국역사연구회, 『우리는 지난 100년 동안 어떻게 살았을까 3』(역사비평사, 1999), 36쪽.
98 송광성, 『미군 점령 4년사: 우리나라의 자주·민주·통일과 미국』(한울, 1995) 262~264쪽.
99 이내수, 『이야기 방송사 1924~1948』(씨앗을뿌리는사람, 2001), 342쪽.
100 전봉관, 「좌익의 패악에도, 국민은 민주정부 수립에 표를 던졌다」, 『조선일보』, 2024년 3월 30일.
101 연시중, 『한국 정당정치 실록 1: 항일 독립운동부터 김일성의 집권까지』(지와사랑,

2001), 281~282쪽; 우사연구회 엮음, 서중석 지음, 『남·북협상: 김규식의 길, 김구의 길』(한울, 2000), 238~239쪽.

102 박태균, 『버치 문서와 해방정국: 미군정 중위의 눈에 비친 1945-1948년의 한반도』(역사비평사, 2021), 138쪽.

103 김성현, 「[새로 쓰는 대한민국 70년(1945~2015)] 첫 總選(1948년)에선 여성 19명 모두 낙선…살해 협박·사무소 습격도 당해」, 『조선일보』, 2015년 2월 12일.

104 양호민, 「한반도는 이렇게 분열되다」, 양호민 외, 『한반도 분단의 재인식 (1945~1950)』(나남, 1993), 204쪽.

105 조갑제, 『고문과 조작의 기술자들: 고문에 의한 인간 파멸 과정의 실증적 연구』(한길사, 1987), 36~41쪽.

106 도진순, 『한국민족주의와 남북관계: 이승만·김구 시대의 정치사』(서울대학교출판부, 1997), 285쪽.

107 강정구, 『분단과 전쟁의 한국현대사』(역사비평사, 1996), 79쪽.

108 강정구, 『분단과 전쟁의 한국현대사』(역사비평사, 1996), 79쪽.

109 이동화, 「8·15를 전후한 여운형의 정치활동」, 송건호 외, 『해방전후사의 인식 1』(한길사, 개정 제2판. 1995), 389쪽.

110 정해구, 「한국의 국가 형성과 민주주의」, 조희연 편, 『한국민주주의와 사회운동의 동학』(나눔의집, 2001), 124~125쪽.

111 정해구, 「한국의 국가 형성과 민주주의」, 조희연 편, 『한국민주주의와 사회운동의 동학』(나눔의집, 2001), 125쪽.

112 이대근, 『해방 후·1950년대의 경제: 공업화의 사적 배경 연구』(삼성경제연구소, 2002), 38쪽.

113 우사연구회 엮음, 서중석 지음, 『남·북협상: 김규식의 길, 김구의 길』(한울, 2000), 232쪽.

114 정경민·김영훈·손해용, 『대한민국을 즐겨라: 통계로 본 한국 60년』(한국통계진흥원, 2008), 31쪽; 전봉관, 「北이 남측 전기 끊자…급파된 美 발전선이 암흑 천지를 밝혔다」, 『조선일보』, 2024년 12월 14일.

115 노정팔, 『한국방송과 50년』(나남, 1995), 139쪽.

116 이내수, 『이야기 방송사 1924~1948』(씨앗을뿌리는사람, 2001), 346쪽.

117 김명환, 「그 시절 그 광고 (6) 停電 잦자 "집집마다 등잔 만들자" 요릿집·극장들, 앞다퉈 '자가발전'」, 『조선일보』, 2014년 2월 6일.

118 김명환, 「그 시절 그 광고 (6) 停電 잦자 "집집마다 등잔 만들자" 요릿집·극장들, 앞다퉈 '자가발전'」, 『조선일보』, 2014년 2월 6일.

119 오기영, 『진짜 무궁화: 해방경성의 풍자와 기개』(성균관대학교출판부, 2002), 48쪽.
120 오기영, 『진짜 무궁화: 해방경성의 풍자와 기개』(성균관대학교출판부, 2002), 49~50쪽.
121 오기영, 『진짜 무궁화: 해방경성의 풍자와 기개』(성균관대학교출판부, 2002), 53쪽.
122 이한구, 『한국 재벌 형성사』(비봉출판사, 1999), 57쪽.
123 이한구, 『한국 재벌 형성사』(비봉출판사, 1999), 57쪽.
124 이한구, 『한국 재벌 형성사』(비봉출판사, 1999), 57~58쪽.
125 오기영, 『진짜 무궁화: 해방경성의 풍자와 기개』(성균관대학교출판부, 2002), 121쪽.
126 김화, 『이야기 한국영화사』(하서, 2001), 171쪽.
127 오기영, 『진짜 무궁화: 해방경성의 풍자와 기개』(성균관대학교출판부, 2002), 122~123쪽.
128 오기영, 『진짜 무궁화: 해방경성의 풍자와 기개』(성균관대학교출판부, 2002), 150~151쪽.
129 강인철, 『한국기독교회와 국가·시민사회 1945~1960』(한국기독교역사연구소, 1996), 175~176쪽.
130 김상태, 「평안도 기독교 세력과 친미 엘리트의 형성」, 『역사비평』, 제45호(1998년 겨울), 196~199쪽.
131 강인철, 『한국기독교회와 국가·시민사회 1945~1960』(한국기독교역사연구소, 1996), 266~267쪽.
132 도진순, 『한국민족주의와 남북관계: 이승만·김구 시대의 정치사』(서울대학교출판부, 1997), 64쪽; 김진수, 「"백범 암살 배후는 이승만과 미국": 통일운동가 신창균옹, 그 고난의 삶」, 『신동아』, 2002년 8월호, 472쪽; 홍원식, 「"독립정부 건설되면 나는 그 집의 뜰을 쓸리라": 인간 백범 그 사상과 생애」, 『대학문화신문』, 1999년 10월 28일, 11면.
133 강인철, 『한국기독교회와 국가·시민사회 1945~1960』(한국기독교역사연구소, 1996), 215쪽.
134 정수익, 「제헌국회는 감사의 기도로 시작됐다」, 『국민일보』, 2003년 7월 16일, 34면.
135 강인철, 『한국기독교회와 국가·시민사회 1945~1960』(한국기독교역사연구소, 1996), 176쪽.
136 김영재, 『한국교회사』(개혁주의신행협회, 1992), 233쪽.
137 강인철, 『한국기독교회와 국가·시민사회 1945~1960』(한국기독교역사연구소, 1996), 269쪽; 김상태, 「평안도 기독교 세력과 친미 엘리트의 형성」, 『역사비평』, 제45호(1998년 겨울), 197~200쪽.
138 강인철, 『한국기독교회와 국가·시민사회 1945~1960』(한국기독교역사연구소,

1996), 216~217쪽.
139 강인철,『한국기독교회와 국가·시민사회 1945~1960』(한국기독교역사연구소, 1996), 217~219쪽.
140 강원용,『빈들에서: 나의 삶, 한국 현대사의 소용돌이 1-선구자의 땅에서 해방의 혼돈까지』(열린문화, 1993), 258~259쪽.
141 강인철,『한국기독교회와 국가·시민사회 1945~1960』(한국기독교역사연구소, 1996), 270쪽.
142 강인철,『한국기독교회와 국가·시민사회 1945~1960』(한국기독교역사연구소, 1996), 273쪽.
143 한홍구,『대한민국사』(한겨레신문사, 2003), 240쪽.
144 안치용,『선거파업: 우리의 민주주의는 민주주의가 아니다』(영림카디널, 2016), 24~25쪽.
145 오기영,『민족의 비원 자유조국을 위하여』(성균관대학교출판부, 2002), 249~250쪽.
146 오기영,『민족의 비원 자유조국을 위하여』(성균관대학교출판부, 2002), 256~257쪽.
147 오기영,『민족의 비원 자유조국을 위하여』(성균관대학교출판부, 2002), 261~263쪽.
148 김중순, 유석춘 옮김,『문화민족주의자 김성수』(일조각, 1998), 223~224쪽.
149 박영수,『운명의 순간들: 다큐멘터리 한국근현대사』(바다출판사, 1998), 275~276쪽.
150 임대식,「일제시기·해방 후 나라 이름에 반영된 좌우 갈등」,『역사비평』, 제21호 (1993년 여름), 43쪽.
151 박영수,『운명의 순간들: 다큐멘터리 한국근현대사』(바다출판사, 1998), 275~276쪽.
152 박영수,『운명의 순간들: 다큐멘터리 한국근현대사』(바다출판사, 1998), 275~276쪽.
153 김재명,「김규식: 한 온건 지식인의 실패한 이상주의」,『한국현대사의 비극: 중간파의 이상과 좌절』(선인, 2003), 369쪽.
154 이현희,『대한민국임시정부 주석 석오 이동녕과 백범 김구』(동방도서, 2002), 292쪽.
155 김재명,「조완구: 분단에 좌절한 원론적 민족주의자」,『한국현대사의 비극: 중간파의 이상과 좌절』(선인, 2003), 221쪽.
156 김중순, 유석춘 옮김,『문화민족주의자 김성수』(일조각, 1998), 225쪽.
157 김정원,『분단한국사』(동녘, 1985), 149쪽; 김중순, 유석춘 옮김,『문화민족주의자 김성수』(일조각, 1998), 225~226쪽.
158 김중순, 유석춘 옮김,『문화민족주의자 김성수』(일조각, 1998), 226~227쪽.
159 로버트 T. 올리버(Robert T. Oliver), 박일영 옮김,『이승만 비록』(한국문화출판사, 1982), 245~247쪽.
160 박명림,『한국전쟁의 발발과 기원 II: 기원과 원인』(나남, 1996), 389~390쪽.

161 동아일보사,『민족과 더불어 80년: 동아일보 1920~2000』(동아일보사, 2000), 296쪽.
162 박태균,『조봉암 연구』(창작과비평사, 1995), 162~163쪽; 서중석,『한국현대민족운동연구 2: 1948~1950 민주주의·민족주의 그리고 반공주의』(역사비평사, 1996), 80~81쪽.
163 서중석,『한국현대민족운동연구 2: 1948~1950 민주주의·민족주의 그리고 반공주의』(역사비평사, 1996), 81쪽.
164 박명림,『한국전쟁의 발발과 기원 II: 기원과 원인』(나남, 1996), 482~483쪽.
165 김성현,「[새로 쓰는 대한민국 70년(1945~2015)] 첫 總選(1948년)에선 여성 19명 모두 낙선…살해 협박·사무소 습격도 당해」,『조선일보』, 2015년 2월 12일.
166 전봉관,「[새로 쓰는 대한민국 70년(1945~2015)] 맥아더 "캘리포니아 지키듯 한국 지킬 것"…탱크 호위 속 祝賀식장에」,『조선일보』, 2015년 3월 7일.
167 로버트 T. 올리버(Robert T. Oliver), 박일영 옮김,『이승만 비록』(한국문화출판사, 1982), 248~249쪽에서 재인용.
168 김성진,『한국 정치 100년을 말한다』(두산동아, 1999), 119쪽.
169 김삼웅,「분단정치의 시작: 대한민국정부수립(1948. 8. 15)」,『한 권으로 보는 해방 후 정치사 100장면』(가람기획, 1994), 48쪽.
170 진덕규,『한국 현대정치사 사설』(지식산업사, 2000), 32쪽.
171 이현희,『대한민국임시정부 주석 석오 이동녕과 백범 김구』(동방도서, 2002), 292쪽.
172 로버트 T. 올리버(Robert T. Oliver), 박일영 옮김,『이승만 비록』(한국문화출판사, 1982), 259쪽.
173 김창훈,『한국 외교 어제와 오늘』(다락원, 2002), 44쪽.
174 안문석,『북한 현대사 산책 1: 해방과 김일성 체제』(인물과사상사, 2016), 303~304쪽.
175 서대숙,『현대 북한의 지도자 김일성과 김정일』(을유문화사, 2000), 40~41쪽; 김삼웅,『한국현대사 뒷얘기』(가람기획, 1995), 165쪽.
176 김학준,『북한 50년사: 우리가 떠안아야 할 반쪽의 우리 역사』(동아출판사, 1995), 126~127쪽.
177 한홍구,『대한민국사』(한겨레신문사, 2003), 57쪽.
178 조선일보사,『조선일보 칠십년사 제1권』(조선일보사, 1990), 508쪽.
179 김학준,『북한 50년사: 우리가 떠안아야 할 반쪽의 우리 역사』(동아출판사, 1995), 126쪽.
180 우사연구회 엮음, 심지연 지음,『송남헌 회고록: 김규식과 함께 한 길』(한울, 2000), 126쪽.
181 김학준,『북한 50년사: 우리가 떠안아야 할 반쪽의 우리 역사』(동아출판사, 1995),

131쪽.
182 김학준, 『북한 50년사: 우리가 떠안아야 할 반쪽의 우리 역사』(동아출판사, 1995), 131쪽.
183 이정식, 『구한말의 개혁·독립투사 서재필』(서울대학교출판부, 2003), 363~365쪽.
184 전봉관, 「이승만 견제하느라 대선판에 휘말린 '미국 시민 필립 제이슨'」, 『조선일보』, 2024년 8월 17일.
185 브루스 커밍스(Bruce Cumings), 김동노 외 옮김, 『브루스 커밍스의 한국현대사』(창작과비평사, 2001), 301쪽.
186 우사연구회 엮음, 서중석 지음, 『남·북협상: 김규식의 길, 김구의 길』(한울, 2000), 184~185쪽.
187 성하운, 「청년 DJ, 서재필 박사에 초대 대통령 출마 요청」 『동아일보』, 1999년 8월 11일, A17면; 전봉관, 「이승만 견제하느라 대선판에 휘말린 '미국 시민 필립 제이슨'」, 『조선일보』, 2024년 8월 17일.
188 우사연구회 엮음, 서중석 지음, 『남·북협상: 김규식의 길, 김구의 길』(한울, 2000), 239~240쪽.
189 전봉관, 「이승만 견제하느라 대선판에 휘말린 '미국 시민 필립 제이슨'」, 『조선일보』, 2024년 8월 17일.
190 김을한, 『한국신문사화』(탐구당, 1975), 31~32쪽.
191 김준범, 「다시 가본 그날: 도미(渡美)길 서재필 박사 "인민이 곧 주인" 호소」, 『중앙일보』, 1998년 8월 28일, 11면.
192 차상철, 『미군정 시대 이야기』(살림, 2014), 100~101쪽.
193 윤대원, 『일하는 사람들을 위한 한국현대사』(거름, 1990), 35쪽; 한국민중사연구회 편, 『한국민중사 II』(풀빛, 1986), 248~249쪽.
194 이재선, 『현대 한국소설사 1945-1990』(민음사, 1991), 66~67쪽.
195 홍정선 외, 『해방 50년 한국의 소설 2』(한겨레신문사, 1995), 187쪽.
196 최진섭, 『한국언론의 미국관』(살림터, 2000), 204~205쪽.
197 이강수, 『반민특위연구』(나남, 2003), 155쪽.
198 이강수, 『반민특위연구』(나남, 2003), 156쪽.
199 김원일, 『불의 제전 1』(문학과지성사, 1997), 103~104쪽.
200 로버트 T. 올리버(Robert T. Oliver), 박일영 옮김, 『이승만 비록』(한국문화출판사, 1982), 254쪽.
201 로버트 T. 올리버(Robert T. Oliver), 박일영 옮김, 『이승만 비록』(한국문화출판사, 1982), 260쪽.

202 이강수, 『반민특위연구』(나남, 2003), 113쪽.
203 이강수, 『반민특위연구』(나남, 2003), 159쪽.
204 이강수, 『반민특위연구』(나남, 2003), 157쪽.
205 오성진, 「제1공화국의 일제 친일 세력 충원」, 정운현·김삼웅 편, 『친일파 III: 일제하 기득권자들의 좌절과 변절』(학민사, 1993), 182쪽; 이강수, 『반민특위연구』(나남, 2003), 157~158쪽.
206 정경민·김영훈·손해용, 『대한민국을 즐겨라: 통계로 본 한국 60년』(한국통계진흥원, 2008), 202~203쪽; 전봉관, 「태극기 처음 휘날린 1948년 런던올림픽의 감격」, 『조선일보』, 2024년 7월 20일.
207 정경민·김영훈·손해용, 『대한민국을 즐겨라: 통계로 본 한국 60년』(한국통계진흥원, 2008), 202쪽; 정태룡, 「김용식: 불꽃처럼 살다 간 '축구의 신'」, 대한축구협회 엮음, 『한국축구의 영웅들: 축구 명예의전당 헌액 7인 열전』(랜덤하우스중앙, 2005), 38쪽.
208 박갑철, 「뮌헨으로 가는 길」, 『조선일보』, 1971년 9월 19일, 조간 6면.
209 류송아, 「홍덕영: 한국의 골대를 온몸으로 지킨 수문장」, 대한축구협회 엮음, 『한국축구의 영웅들: 축구 명예의전당 헌액 7인 열전』(랜덤하우스중앙, 2005), 88~89쪽.
210 신덕상·김덕기, 『국기(國技) 축구 그 화려한 발자취: 이야기 한국체육사 10』(국민체육진흥공단, 1999), 40~41쪽.
211 박명림, 「한국의 국가형성, 1945~48: 미시적 접근과 해석」, 이우진·김성주 공편, 『현대한국정치론』(사회비평사, 1996), 109, 115쪽; 김학준, 『해방공간의 주역들』(동아일보사, 1996), 199~200쪽; 서중석, 『조봉암과 1950년대 (상): 조봉암의 사회민주주의와 평화통일론』(역사비평사, 1999), 36쪽.
212 박경수, 『장준하: 민족주의자의 길』(돌베개, 2003), 226쪽.
213 서중석, 『조봉암과 1950년대 (상): 조봉암의 사회민주주의와 평화통일론』(역사비평사, 1999), 36~38쪽.
214 김두한, 『김두한 자서전 2』(메트로신문사, 2002), 80~81쪽.
215 강정구, 『분단과 전쟁의 한국현대사』(역사비평사, 1996), 35, 97쪽; 박명림, 『한국전쟁의 발발과 기원 II: 기원과 원인』(나남, 1996), 436쪽.
216 안호상, 「안호상 박사 회고록: 대한청년단」, 『문화일보』, 1995년 3월 25일, 19면; 안호상, 「안호상 박사 회고록: '족청' 해산」, 『문화일보』, 1995년 3월 23일, 19면.
217 박명림, 『한국전쟁의 발발과 기원 II: 기원과 원인』(나남, 1996), 436쪽; 서중석, 『조봉암과 1950년대 (상): 조봉암의 사회민주주의와 평화통일론』(역사비평사, 1999), 37쪽; 김학준, 『해방공간의 주역들』(동아일보사, 1996), 200쪽.
218 노민영·강희정 기록, 『거창양민학살: 그 잊혀진 피울음』(온누리, 1988), 46~47쪽.

219 한국정신문화연구원 한민족문화연구소 편,『내가 겪은 해방과 분단』(선인, 2001), 155쪽.
220 고은,『만인보 16』(창비, 2004), 234~235쪽.
221 그레고리 핸더슨(Gregory Henderson), 박행웅·이종삼 옮김,『소용돌이의 한국정치』(한울아카데미, 1968/2000), 225~226쪽.
222 김정원,『분단한국사』(동녘, 1985), 166쪽.
223 김정원,『분단한국사』(동녘, 1985), 165~166쪽.
224 류상영,「8·15 이후 좌·우익 청년단체의 조직과 활동」, 최장집 외,『해방전후사의 인식 4』(한길사, 1989), 98~99쪽.
225 김기진,『끝나지 않은 전쟁 국민보도연맹: 부산·경남 지역』(역사비평사, 2002), 337~338쪽.
226 한홍구,『대한민국사 2』(한겨레신문사, 2003), 182~186쪽
227 이채훈,「아직도 말할 수 없는 한국현대사」,『역사비평』, 제56호(2001년 가을), 212쪽; 김삼웅,「동족상잔이냐, 반란이냐: 여순반란사건(1948. 10. 20)」,『한 권으로 보는 해방 후 정치사 100장면』(가람기획, 1994), 51~52쪽.
228 김삼웅,『한국현대사 뒷얘기』(가람기획, 1995), 180쪽.
229 송광성,『미군 점령 4년사: 우리나라의 자주·민주·통일과 미국』(한울, 1995), 219쪽.
230 송광성,『미군 점령 4년사: 우리나라의 자주·민주·통일과 미국』(한울, 1995), 219쪽.
231 김계유,「현장 증언: 1948년 여순 봉기」,『역사비평』, 제15호(1991년 겨울), 249쪽.
232 조갑제,『고문과 조작의 기술자들: 고문에 의한 인간 파멸 과정의 실증적 연구』(한길사, 1987), 35쪽.
233 한국정신문화연구원 한민족문화연구소 편,『내가 겪은 해방과 분단』(선인, 2001), 195쪽.
234 김계유,「현장 증언: 1948년 여순봉기」,『역사비평』, 제15호(1991년 겨울), 249쪽.
235 박정석,「전쟁과 고통: 여순 사건에 대한 기억」,『역사비평』, 제64호(2003년 가을), 339쪽; 김삼웅,「동족상잔이냐, 반란이냐: 여순반란사건(1948. 10. 20)」,『한 권으로 보는 해방 후 정치사 100장면』(가람기획, 1994), 51~52쪽.
236 송광성,『미군 점령 4년사: 우리나라의 자주·민주·통일과 미국』(한울, 1995), 220쪽; 김삼웅,『한국현대사 뒷얘기』(가람기획, 1995), 180쪽.
237 김득중,「여순사건 당시의 민간인 학살」, 성대경 엮음,『한국현대사와 사회주의』(역사비평사, 2000), 324~327쪽.
238 반충남,「"여순반란사건 인민재판은 없었다"」,『월간 말』, 1998년 11월, 108~109쪽.
239 전국역사교사모임,『심마니 한국사 II: 개항에서 현대까지』(역사넷, 2002), 268쪽.

240　반충남,「"여순반란사건 인민재판은 없었다"」,『월간 말』, 1998년 11월, 109~111쪽.
241　홍영기,「문헌자료와 증언을 통해 본 여순사건의 피해 현황」,『4·3과 역사』, 창간호 (2001), 72쪽.
242　홍영기,「문헌자료와 증언을 통해 본 여순사건의 피해 현황」,『4·3과 역사』, 창간호 (2001), 72쪽.
243　리영희,『역정: 나의 청년시대-리영희 자전적 에세이』(창작과비평사, 1988), 122~123쪽.
244　반충남,「"여순반란사건 인민재판은 없었다"」,『월간 말』, 1998년 11월, 109~110쪽; 김득중,「여순사건 당시의 민간인 학살」, 성대경 엮음,『한국현대사와 사회주의』(역사비평사, 2000), 333쪽; 황남준,「전남지방정치와 여순사건」, 박현채 외,『해방전후사의 인식 3』(한길사, 1987), 470쪽.
245　김득중,「여순사건 당시의 민간인 학살」, 성대경 엮음,『한국현대사와 사회주의』(역사비평사, 2000), 347쪽.
246　반충남,「"여순반란사건 인민재판은 없었다"」,『월간 말』, 1998년 11월, 109쪽.
247　김득중,「여순사건 당시의 민간인 학살」, 성대경 엮음,『한국현대사와 사회주의』(역사비평사, 2000), 348쪽; 반충남,「"여순반란사건 인민재판은 없었다"」,『월간 말』, 1998년 11월, 109쪽.
248　임종명,「여순 '반란' 재현을 통한 대한민국의 형상화」,『역사비평』, 제64호(2003년 가을), 309쪽.
249　박종화,「남행록(完)」,『동아일보』, 1948년 11월 21일자; 김득중,「여순사건 당시의 민간인 학살」, 성대경 엮음,『한국현대사와 사회주의』(역사비평사, 2000), 349쪽; 김송,「백민 시대」, 강진호 엮음,『한국문단이면사』(깊은샘, 1999), 349쪽.
250　김계유,「'여순사건'도 진상규명 명예회복해야」,『대한매일』, 2003년 4월 24일, 15면.
251　송광성,『미군 점령 4년사: 우리나라의 자주·민주·통일과 미국』(한울, 1995), 222~223쪽; 김득중,「여순사건 당시의 민간인 학살」, 성대경 엮음,『한국현대사와 사회주의』(역사비평사, 2000), 353쪽.
252　송광성,『미군 점령 4년사: 우리나라의 자주·민주·통일과 미국』(한울, 1995), 220쪽.
253　송광성,『미군 점령 4년사: 우리나라의 자주·민주·통일과 미국』(한울, 1995), 222~223쪽.
254　김득중,「여순사건 당시의 민간인 학살」, 성대경 엮음,『한국현대사와 사회주의』(역사비평사, 2000), 350쪽.
255　반충남,「"여순반란사건 인민재판은 없었다"」,『월간 말』, 1998년 11월, 110~111쪽.
256　양준호,「여순사건 희생자 884명」,『한국일보』, 1998년 10월 21일, 19면.

257 안정애, 「주한미군: 대한민국을 만들고, 지키고, 유지시킨 디한민국 역사 그 자체」, 이재범 외, 『한반도의 외국군 주둔사』(중심, 2001), 340~342쪽.

258 반충남, 「"여순반란사건 인민재판은 없었다"」, 『월간 말』, 1998년 11월, 106쪽; 서중석, 『한국현대민족운동연구 2: 1948~1950 민주주의·민족주의 그리고 반공주의』(역사비평사, 1996), 172쪽.

259 이채훈, 「아직도 말할 수 없는 한국현대사」, 『역사비평』, 제56호(2001년 가을), 213쪽; 양병기, 「한국 군부의 역할과 공과」, 이우진·김성주 공편, 『현대한국정치론』(사회비평사, 1996), 416쪽; 김삼웅, 『한국현대사 뒷얘기』(가람기획, 1995), 178쪽; 송광성, 『미군 점령 4년사: 우리나라의 자주·민주·통일과 미국』(한울, 1995), 278쪽.

260 김혜진, 「김창룡: 일제 관동군 헌병에서 대한민국 특무부 대장까지」, 반민족문제연구소, 『청산하지 못한 역사 1: 한국현대사를 움직인 친일파 60』(청년사, 1994), 188~193쪽.

261 이채훈, 「아직도 말할 수 없는 한국현대사」, 『역사비평』, 제56호(2001년 가을), 214, 223쪽; 한홍구, 「박정희, 양지를 향한 끝없는 변신」, 『대한민국사 2』(한겨레신문사, 2003), 74~75쪽; 허종, 「박상희: 대통령의 형으로 잊혀진 선산의 사회운동가」, 김도형 외, 『근대 대구 경북 49인: 그들에게 민족은 무엇인가』(혜안, 1999), 252~253쪽.

262 김계유, 「'여순사건'도 진상규명 명예회복해야」, 『대한매일』, 2003년 4월 24일, 15면.

263 김동수, 「전남 지역 각계 여순사건 특별법 국회 통과 '환영'」, 『뉴스1』, 2024년 12월 11일.

264 김삼웅, 『한국현대사 뒷얘기』(가람기획, 1995), 157~158쪽.

265 김삼웅, 『한국현대사 뒷얘기』(가람기획, 1995), 157쪽.

266 박원순, 『국가보안법연구 1』(역사비평사, 1997), 29쪽.

267 박원순, 『국가보안법연구 1』(역사비평사, 1997), 30쪽.

268 우사연구회 엮음, 서중석 지음, 『남·북협상: 김규식의 길, 김구의 길』(한울, 2000), 266쪽.

269 우사연구회 엮음, 서중석 지음, 『남·북협상: 김규식의 길, 김구의 길』(한울, 2000), 266쪽.

270 선우종원, 「초대 검찰과장으로 집무하며」, 『격랑 80년』(인물연구소, 1998), 97~98쪽.

271 김은남, 「영웅이 될 뻔한 청부 테러리스트」, 『시사저널』, 2002년 9월 26일, 119면.

272 송광성, 『미군 점령 4년사: 우리나라의 자주·민주·통일과 미국』(한울, 1995), 278쪽; 강정구, 『분단과 전쟁의 한국현대사』(역사비평사, 1996), 36쪽.

273 양병기, 「한국 군부의 역할과 공과」, 이우진·김성주 공편, 『현대한국정치론』(사회비평사, 1996), 416쪽.

274　김학준,『북한 50년사: 우리가 떠안아야 할 반쪽의 우리 역사』(동아출판사, 1995), 133쪽.
275　박찬표,『한국의 국가 형성과 민주주의: 미군정기 자유민주주의의 초기 제도화』(고려대학교출판부, 1997), 251쪽.
276　최준,『한국신문사』(일조각, 1987), 354~355쪽.
277　동아일보사,『민족과 더불어 80년: 동아일보 1920~2000』(동아일보사, 2000), 297쪽.
278　조선일보사,『조선일보 칠십년사 제1권』(조선일보사, 1990), 516~517쪽.
279　송광성,『미군 점령 4년사: 우리나라의 자주·민주·통일과 미국』(한울, 1995), 278쪽.
280　최창봉·강현두,『우리방송 100년』(현암사, 2001), 77쪽; 정경민·김영훈·손해용,『대한민국을 즐겨라: 통계로 본 한국 60년』(한국통계진흥원, 2008), 202~203쪽.
281　정용욱,『미군정 자료연구』(선인, 2003), 289쪽.
282　제주4·3사건진상규명및희생자명예회복위원회,『제주 4·3사건 진상조사보고서』(제주4·3사건진상규명및희생자명예회복위원회, 2003), 264쪽.
283　김창후,「1948년 4·3항쟁, 봉기와 학살의 전모」,『역사비평』, 계간 20호(1993년 봄), 142~143쪽; 김종민,「제주 4·3 항쟁: 대규모 민중학살의 진상」,『역사비평』, 제42호(1998년 봄), 43쪽.
284　김종민,「제주 4·3 항쟁: 대규모 민중학살의 진상」,『역사비평』, 제42호(1998년 봄), 43~44쪽.
285　제주4·3사건진상규명및희생자명예회복위원회,『제주 4·3사건 진상조사보고서』(제주4·3사건진상규명및희생자명예회복위원회, 2003), 267쪽.
286　제주4·3사건진상규명및희생자명예회복위원회,『제주 4·3사건 진상조사보고서』(제주4·3사건진상규명및희생자명예회복위원회, 2003), 268쪽.
287　김종민,「제주 4·3 항쟁: 대규모 민중학살의 진상」,『역사비평』, 제42호(1998년 봄), 44쪽.
288　제주4·3사건진상규명및희생자명예회복위원회,『제주 4·3사건 진상조사보고서』(제주4·3사건진상규명및희생자명예회복위원회, 2003), 306쪽.
289　제주4·3사건진상규명및희생자명예회복위원회,『제주 4·3사건 진상조사보고서』(제주4·3사건진상규명및희생자명예회복위원회, 2003), 270~271쪽.
290　김종민,「제주 4·3 항쟁: 대규모 민중학살의 진상」,『역사비평』, 제42호(1998년 봄), 34쪽.
291　고창훈,「4·3 민중항쟁의 전개와 성격」, 최장집 외,『해방전후사의 인식 4』(한길사, 1989), 265쪽.
292　손승욱,「'양민 학살' 언급 칼럼 '여적' 명예훼손 안 해」,『경향신문』, 2000년 9월 21일.

293 제주4·3사건진상규명및희생자명예회복위원회,『제주 4·3사건 진상조사보고서』(제주4·3사건진상규명및희생자명예회복위원회, 2003), 274~275쪽.
294 김종민,「제주 4·3 항쟁: 대규모 민중학살의 진상」,『역사비평』, 제42호(1998년 봄), 37쪽.
295 김종민,「제주 4·3 항쟁: 대규모 민중학살의 진상」,『역사비평』, 제42호(1998년 봄), 44쪽.
296 김종민,「제주 4·3 항쟁: 대규모 민중학살의 진상」,『역사비평』, 제42호(1998년 봄), 30쪽; 제주4·3사건진상규명및희생자명예회복위원회,『제주 4·3사건 진상조사보고서』(제주4·3사건진상규명및희생자명예회복위원회, 2003), 291쪽.
297 김종민,「제주 4·3 항쟁: 대규모 민중학살의 진상」,『역사비평』, 제42호(1998년 봄), 33쪽.
298 고은,『만인보 19』(창비, 2004), 17~19쪽.
299 김종민,「제주 4·3 항쟁: 대규모 민중학살의 진상」,『역사비평』, 제42호(1998년 봄), 35~36쪽.
300 김종민,「제주 4·3 항쟁: 대규모 민중학살의 진상」,『역사비평』, 제42호(1998년 봄), 36쪽.
301 제주4·3사건진상규명및희생자명예회복위원회,『제주 4·3사건 진상조사보고서』(제주4·3사건진상규명및희생자명예회복위원회, 2003), 299쪽.
302 김종민,「제주 4·3 항쟁: 대규모 민중학살의 진상」,『역사비평』, 제42호(1998년 봄), 36~37쪽.
303 제주 4·3 연구소,『무덤에서 살아나온 4·3 '수형자'들』(역사비평사, 2002), 213~214쪽.
304 김동현,「[4·3학살-국군의 학살 훈련장이 된 제주 북촌리] 민간인에 대한 시험 사살」,『월간 말』, 2002년 7월, 78쪽.
305 제주4·3사건진상규명및희생자명예회복위원회,『제주 4·3사건 진상조사보고서』(제주4·3사건진상규명및희생자명예회복위원회, 2003), 415쪽.
306 현기영,『순이 삼촌』(창작과비평사, 1979), 61~62쪽.
307 현기영,『순이 삼촌』(창작과비평사, 1979), 62~63쪽.
308 현기영,『순이 삼촌』(창작과비평사, 1979), 65~66쪽.
309 현기영,『순이 삼촌』(창작과비평사, 1979), 65~66쪽.
310 제주4·3사건진상규명및희생자명예회복위원회,『제주 4·3사건 진상조사보고서』(제주4·3사건진상규명및희생자명예회복위원회, 2003), 289쪽.
311 제주4·3사건진상규명및희생자명예회복위원회,『제주 4·3사건 진상조사보고서』(제

312	제주4·3사건진상규명및희생자명예회복위원회, 2003), 396쪽.
312	제주4·3사건진상규명및희생자명예회복위원회, 『제주 4·3사건 진상조사보고서』(제주4·3사건진상규명및희생자명예회복위원회, 2003), 289쪽.
313	제주4·3사건진상규명및희생자명예회복위원회, 『제주 4·3사건 진상조사보고서』(제주4·3사건진상규명및희생자명예회복위원회, 2003), 289쪽.
314	허호준, 「"4·3 진압 미군 장교 직접 지휘": 당시 근무 고문관 증언」, 『한겨레』, 2001년 12월 8일, 1면.
315	김종민, 「제주 4·3 항쟁: 대규모 민중학살의 진상」, 『역사비평』, 제42호(1998년 봄), 48쪽.
316	김동현, 「제주도 4·3 항쟁 진상보고서의 의미: 55년 전의 싸움은 아직 끝나지 않았다」, 『월간 말』, 2003년 5월, 160쪽; 이도영, 「왜 제주 화순항에 해군기지인가: 4·3 학살 불러온 미군의 전략거점」, 『월간 말』, 2002년 9월, 167~168쪽.
317	안정애, 「주한미군: 대한민국을 만들고, 지키고, 유지시킨 대한민국 역사 그 자체」, 이재범 외, 『한반도의 외국군 주둔사』(중심, 2001), 338~339쪽.
318	한수영, 『문학과 현실의 변증법: 한수영 문학평론집』(새미, 1997), 189쪽.
319	현기영, 『순이 삼촌』(창작과비평사, 1979), 71~72쪽.
320	현기영, 「개인의 기억에서 역사의 기억으로」, 제주 4·3 연구소, 『무덤에서 살아나온 4·3 '수형자'들』(역사비평사, 2002), 6~7쪽.
321	김종민, 「제주 4·3 항쟁: 대규모 민중학살의 진상」, 『역사비평』, 제42호(1998년 봄), 51쪽.
322	제주 4·3 연구소, 『무덤에서 살아나온 4·3 '수형자'들』(역사비평사, 2002), 242쪽.
323	제주 4·3 연구소, 『무덤에서 살아나온 4·3 '수형자'들』(역사비평사, 2002), 226쪽.
324	김종민, 「제주 4·3 항쟁: 대규모 민중학살의 진상」, 『역사비평』, 제42호(1998년 봄), 52쪽.
325	김기철, 「4·3 사건을 '통일 정부 수립 운동'이라 하면 안 되는 이유」, 『조선일보』, 2020년 4월 22일, A29면.
326	임성준, 「제주 4·3 희생자 1조 3000억 배·보상 받는다」, 『세계일보』, 2021년 10월 13일.

제3부 1949년

1	정운현, 「반민특위와 친일파 처단」, 『호외, 백년의 기억들』(삼인, 1997), 104쪽.
2	정운현, 「반민특위와 친일파 처단」, 『호외, 백년의 기억들』(삼인, 1997), 104~105쪽.

3   한홍구, 『대한민국사』(한겨레신문사, 2003), 118쪽; 우사연구회 엮음, 서중석 지음, 『남·북협상: 김규식의 길, 김구의 길』(한울, 2000), 282쪽: 김진국·정창현, 「친일파들: 반민특위」, 『www.한국현대사.com』(민연, 2000), 71쪽.
4   한홍구, 『대한민국사』(한겨레신문사, 2003), 118쪽.
5   한홍구, 『대한민국사』(한겨레신문사, 2003), 117~118쪽.
6   서중석, 「이승만 정권 초기의 일민주의와 파시즘」, 역사문제연구소 편, 『1950년대 남북한의 선택과 굴절』(역사비평사, 1998), 68쪽.
7   박명림, 『한국전쟁의 발발과 기원 II: 기원과 원인』(나남, 1996), 460~461쪽.
8   김경순, 「관료기구의 형성과 정치적 역할」, 한배호 편, 『한국현대정치론 I: 제1공화국의 국가 형성, 정치 과정, 정책』(나남, 1990), 232쪽.
9   김영명, 『한국 현대 정치사』(을유문화사, 1992), 163~164쪽.
10 강정구, 『분단과 전쟁의 한국현대사』(역사비평사, 1996), 97쪽.
11 강정구, 『분단과 전쟁의 한국현대사』(역사비평사, 1996), 96~97쪽.
12 서중석, 『한국현대민족운동연구 2: 1948~1950 민주주의·민족주의 그리고 반공주의』(역사비평사, 1996), 263쪽.
13 서중석, 『한국현대민족운동연구 2: 1948~1950 민주주의·민족주의 그리고 반공주의』(역사비평사, 1996), 263~264쪽.
14 서중석, 『한국현대민족운동연구 2: 1948~1950 민주주의·민족주의 그리고 반공주의』(역사비평사, 1996), 264쪽.
15 김진균·홍승희, 「한국사회의 교육과 지배 이데올로기」, 한국산업사회연구회 편, 『한국사회와 지배 이데올로기: 지식사회학적 이해』(녹두, 1991), 230쪽.
16 박명림, 『한국전쟁의 발발과 기원 II: 기원과 원인』(나남, 1996), 676쪽; 서중석, 「이승만 정권 초기의 일민주의와 파시즘」, 역사문제연구소 편, 『1950년대 남북한의 선택과 굴절』(역사비평사, 1998), 28~29쪽.
17 후지이 다케시, 「제1공화국의 지배 이데올로기: 반공주의와 그 변용들」, 『역사비평』, 통권 83호(2008년 여름), 119쪽.
18 서중석, 「이승만 정권 초기의 일민주의와 파시즘」, 역사문제연구소 편, 『1950년대 남북한의 선택과 굴절』(역사비평사, 1998), 28쪽.
19 서중석, 「이승만 정권 초기의 일민주의와 파시즘」, 역사문제연구소 편, 『1950년대 남북한의 선택과 굴절』(역사비평사, 1998), 62~63쪽.
20 서중석, 「이승만 정권 초기의 일민주의와 파시즘」, 역사문제연구소 편, 『1950년대 남북한의 선택과 굴절』(역사비평사, 1998), 32, 45쪽.
21 한준상·정미숙, 「1948~53년 문교정책의 이념과 특성」, 최장집 외, 『해방전후사의

	인식 4』(한길사, 1989), 349쪽.
22	오제연,「팽창하는 학교와 학생」, 김학재 외,『한국현대생활문화사 1950년대: 삐라 줍고 댄스홀 가고』(창비, 2016), 127쪽.
23	강정구,『분단과 전쟁의 한국현대사』(역사비평사, 1996), 35~36쪽.
24	한준상·정미숙,「1948~53년 문교정책의 이념과 특성」, 최장집 외,『해방전후사의 인식 4』(한길사, 1989), 354쪽.
25	안호상,「안호상 박사 회고록: 학도호국단」,『문화일보』, 1995년 3월 14일, 19면.
26	김도형,「배워야 산다」, 한국역사연구회,『우리는 지난 100년 동안 어떻게 살았을까 1: 삶과 문화 이야기』(역사비평사, 1998), 52쪽.
27	서중석,『한국현대민족운동연구 2: 1948~1950 민주주의·민족주의 그리고 반공주의』(역사비평사, 1996), 262쪽.
28	박명림,『한국전쟁의 발발과 기원 II: 기원과 원인』(나남, 1996), 437쪽; 한준상·정미숙,「1948~53년 문교정책의 이념과 특성」, 최장집 외,『해방전후사의 인식 4』(한길사, 1989), 352쪽.
29	김도종,「정부 수립 초기 사회: 경제구조 변화와 사회의식」, 한국정신문화연구원 현대사연구소 편,『한국현대사의 재인식 3: 한국전쟁 직전의 한국 사회 연구』(오름, 1998), 144쪽; 강정구,『분단과 전쟁의 한국현대사』(역사비평사, 1996), 35~36쪽.
30	송광성,『미군 점령 4년사: 우리나라의 자주·민주·통일과 미국』(한울, 1995), 278쪽; 김도종,「정부 수립 초기 사회: 경제구조 변화와 사회의식」, 한국정신문화연구원 현대사연구소 편,『한국현대사의 재인식 3: 한국전쟁 직전의 한국사회 연구』(오름, 1998), 143쪽; 서중석,『한국현대민족운동연구 2: 1948~1950 민주주의·민족주의 그리고 반공주의』(역사비평사, 1996), 262쪽.
31	『서울신문』, 1949년 4월 19일, 21일; 박명림,『한국전쟁의 발발과 기원 II: 기원과 원인』(나남, 1996), 473쪽.
32	정병준,「이승만의 정치고문들」,『역사비평』, 제43호(1998년 여름), 164~165쪽.
33	박명림,「한국의 국가 형성, 1945~48: 미시적 접근과 해석」, 이우진·김성주 공편,『현대한국정치론』(사회비평사, 1996), 130~131쪽.
34	박찬표,『한국의 국가 형성과 민주주의: 미군정기 자유민주주의의 초기 제도화』(고려대학교출판부, 1997), 253쪽.
35	조선일보사,『조선일보 칠십년사 제1권』(조선일보사, 1990), 519쪽.
36	신인섭·서범석,『한국광고사』(나남, 1986, 개정판, 1998), 197쪽.
37	조순경·이숙진,『냉전체제와 생산의 정치: 미군정기의 노동정책과 노동운동』(이화여자대학교출판부, 1995), 154쪽.

38 오기영, 『민족의 비원 자유조국을 위하여』(성균관대학교출판부, 2002), 146~147쪽.
39 김삼웅, 『한국현대사 바로잡기』(가람기획, 1998), 10~11쪽.
40 정운현, 「반민특위와 친일파 처단」, 『호외, 백년의 기억들』(삼인, 1997), 104쪽; 오소백, 「반민특위 습격: 경찰의 '특위습격'으로 활동 중단돼」, 월간조선 엮음, 『한국현대사119대사건: 체험기와 특종사진』(월간조선사, 1993), 87쪽.
41 임대식, 「반민법과 4·19, 5·16 이후 특별법 왜 좌절되었나」, 『역사비평』, 제32호(1996년 봄), 35쪽; 정운현 엮음, 『잃어버린 기억의 보고서: 증언 반민특위』(삼인, 1999), 23쪽.
42 김지형, 『남북을 잇는 현대사산책』(선인, 2003), 219쪽.
43 정운현 엮음, 『잃어버린 기억의 보고서: 증언 반민특위』(삼인, 1999), 23쪽; 김진국·정창현, 「친일파들: 반민특위」, 『www.한국현대사.com』(민연, 2000), 70쪽.
44 정운현, 「반민특위와 친일파 처단」, 『호외, 백년의 기억들』(삼인, 1997), 104쪽.
45 한국정치연구회 정치사분과 지음, 「출발부터 휘청거리는 의회정치」, 『한국 현대사 이야기 주머니 1』(녹두, 1993), 153쪽.
46 김진국·정창현, 「친일파들: 반민특위」, 『www.한국현대사.com』(민연, 2000), 68쪽.
47 서중석, 『조봉암과 1950년대 (상): 조봉암의 사회민주주의와 평화통일론』(역사비평사, 1999), 41쪽.
48 박원순, 「1949년 국회 프락치 사건의 진상」, 역사문제연구소 편, 『바로 잡아야 할 우리 역사 37 장면 ①』(역사비평사, 1993), 119~120쪽; 박명림, 『한국전쟁의 발발과 기원 II: 기원과 원인』(나남, 1996), 465~469쪽; 김삼웅, 『한국현대사 바로잡기』(가람기획, 1998), 10~11쪽.
49 김삼웅, 『한국현대사 바로잡기』(가람기획, 1998), 12쪽; 한국정치연구회 정치사분과 지음, 「출발부터 휘청거리는 의회정치」, 『한국 현대사 이야기 주머니 1』(녹두, 1993), 159쪽.
50 김삼웅, 『한국현대사 바로잡기』(가람기획, 1998), 23쪽.
51 오소백, 「반민특위 습격: 경찰의 '특위습격'으로 활동 중단돼」, 월간조선 엮음, 『한국현대사119대사건: 체험기와 특종사진』(월간조선사, 1993), 86쪽.
52 우사연구회 엮음, 서중석 지음, 『남·북협상: 김규식의 길, 김구의 길』(한울, 2000), 32쪽.
53 임헌영, 「해방 후 한국문학의 양상: 시를 중심으로」, 송건호 외, 『해방전후사의 인식 1』(한길사, 개정 제2판, 1995), 580쪽.
54 고은, 『만인보 18』(창비, 2004), 174~175쪽.
55 특별취재팀, 「독립유공자 후손 10명중 6명 무직에 고졸 이하 '저소득층'」, 『경향신문』, 2004년 2월 19일, 1면.

56 김기진, 『끝나지 않은 전쟁 국민보도연맹: 부산·경남 지역』(역사비평사, 2002), 19~20쪽.
57 김학준, 『북한 50년사: 우리가 떠안아야 할 반쪽의 우리 역사』(동아출판사, 1995), 140쪽; 김기진, 『끝나지 않은 전쟁 국민보도연맹: 부산·경남 지역』(역사비평사, 2002), 71쪽.
58 한지희, 「국민보도연맹의 조직과 학살」, 『역사비평』, 제35호(1996년 겨울), 300~301쪽.
59 노민영·강희정 기록, 『거창양민학살: 그 잊혀진 피울음』(온누리, 1988), 62~63쪽.
60 노민영·강희정 기록, 『거창양민학살: 그 잊혀진 피울음』(온누리, 1988), 65쪽.
61 조성구, 「경남·전라지역 보도연맹원 양민학살의 현장」, 역사문제연구소 편, 『바로 잡아야 할 우리 역사 37 장면 ②』(역사비평사, 1993), 38쪽; 김기진, 『끝나지 않은 전쟁 국민보도연맹: 부산·경남 지역』(역사비평사, 2002), 83~84쪽; 한지희, 「국민보도연맹의 조직과 학살」, 『역사비평』, 제35호(1996년 겨울), 301~302쪽.
62 한지희, 「국민보도연맹의 조직과 학살」, 『역사비평』, 제35호(1996년 겨울), 296쪽.
63 서중석, 「분단정부 50년의 재조명과 비극」, 『역사비평』, 제44호(1998년 가을), 59쪽; 김재용, 「냉전적 반공주의와 남한 문학인의 고뇌」, 『역사비평』, 제35호(1996년 겨울), 277쪽.
64 서중석, 「분단정부 50년의 재조명과 비극」, 『역사비평』, 제44호(1998년 가을), 59쪽.
65 한국정신문화연구원 한민족문화연구소 편, 『내가 겪은 해방과 분단』(선인, 2001), 517~518쪽.
66 박명림, 『한국전쟁의 발발과 기원 II: 기원과 원인』(나남, 1996), 643~644쪽; 한지희, 「국민보도연맹의 조직과 학살」, 『역사비평』, 제35호(1996년 겨울), 298~299쪽.
67 우사연구회 엮음, 서중석 지음, 『남·북협상: 김규식의 길, 김구의 길』(한울, 2000), 312쪽.
68 우사연구회 엮음, 서중석 지음, 『남·북협상: 김규식의 길, 김구의 길』(한울, 2000), 312쪽.
69 우사연구회 엮음, 서중석 지음, 『남·북협상: 김규식의 길, 김구의 길』(한울, 2000), 312~313쪽.
70 박명림, 『한국전쟁의 발발과 기원 II: 기원과 원인』(나남, 1996), 637쪽.
71 박명림, 『한국전쟁의 발발과 기원 II: 기원과 원인』(나남, 1996), 641~642쪽.
72 한지희, 「국민보도연맹의 조직과 학살」, 『역사비평』, 제35호(1996년 겨울), 302쪽.
73 김기진, 『끝나지 않은 전쟁 국민보도연맹: 부산·경남 지역』(역사비평사, 2002), 89쪽; 서중석, 「분단정부 50년의 재조명과 비극」, 『역사비평』, 제44호(1998년 가을),

59쪽.

74 신문자본연구팀, 「좌우 이념 대립 혼란 속 신문 자기 색깔 드러내」, 『미디어오늘』, 1995년 8월 30일, 9면; 동아일보사, 『민족과 더불어 80년: 동아일보 1920-2000』(동아일보사, 2000), 298~299쪽.

75 연시중, 『한국 정당정치 실록 1: 항일 독립운동부터 김일성의 집권까지』(지와사랑, 2001), 312쪽.

76 도진순, 『한국민족주의와 남북관계: 이승만·김구 시대의 정치사』(서울대학교출판부, 1997), 344쪽.

77 정운현, 「김구 선생 서거」, 『호외, 백년의 기억들』(삼인, 1997), 108쪽; 김재명, 「조완구: 분단에 좌절한 원론적 민족주의자」, 『한국현대사의 비극: 중간파의 이상과 좌절』(선인, 2003), 212쪽.

78 서중석, 「분단정부 50년의 재조명과 비극」, 『역사비평』, 제44호(1998년 가을), 49쪽; 우사연구회 엮음, 서중석 지음, 『남·북협상: 김규식의 길, 김구의 길』(한울, 2000), 269쪽.

79 우사연구회 엮음, 서중석 지음, 『남·북협상: 김규식의 길, 김구의 길』(한울, 2000), 301쪽.

80 우사연구회 엮음, 서중석 지음, 『남·북협상: 김규식의 길, 김구의 길』(한울, 2000), 301쪽.

81 박태균, 「'안두희' 문건에 '김구 쿠데타' 문건 덧붙여 '암살' 한국 내 갈등 부각」, 『한겨레』, 2001년 9월 8일, 21면; 서중석, 「총론: 친일파의 역사적 존재 양태와 극우 반공 독재」, 역사문제연구소 편, 『인물로 보는 친일파 역사』(역사비평사, 1993), 19쪽.

82 도진순, 『한국민족주의와 남북관계: 이승만·김구 시대의 정치사』(서울대학교출판부, 1997), 343쪽.

83 박인섭, 「암살-김구」, 김삼웅 엮음, 『패배한 암살』(학민사, 1992), 142~143쪽.

84 강원용, 『빈들에서: 나의 삶, 한국 현대사의 소용돌이 1-선구자의 땅에서 해방의 혼돈까지』(열린문화, 1993), 273~274쪽.

85 박태균, 「'안두희' 문건에 '김구 쿠데타' 문건 덧붙여 '암살' 한국 내 갈등 부각」, 『한겨레』, 2001년 9월 8일, 21면; 박성준, 「청부살인 행동대 '백의사'」, 『시사저널』, 2001년 9월 20일, 44면.

86 김수경, 「"염동진 백범 암살 사주한 근거 없다"」, 『동아일보』, 2001년 9월 20일, A18면.

87 박명림, 『한국전쟁의 발발과 기원 II: 기원과 원인』(나남, 1996), 149쪽.

88 리영희, 『역정: 나의 청년시대-리영희 자전적 에세이』(창작과비평사, 1988), 124~125쪽.

89　강원용, 『빈들에서: 나의 삶, 한국 현대사의 소용돌이 1 - 선구자의 땅에서 해방의 혼돈까지』(열린문화, 1993), 252쪽.
90　임헌영, 「미군정기의 좌우익 문학논쟁」, 박현채 외, 『해방전후사의 인식 3』(한길사, 1987), 508쪽.
91　김재명, 『한국현대사의 비극: 중간파의 이상과 좌절』(선인, 2003), 212~214쪽.
92　서중석, 『한국현대민족운동연구: 해방 후 민족국가 건설운동과 통일전선』(역사비평사, 1991), 544쪽; 우사연구회 엮음, 서중석 지음, 『남·북협상: 김규식의 길, 김구의 길』(한울, 2000), 87쪽.
93　김상태, 「20세기 한국의 부끄러운 자화상: 지역·연고·정실주의」, 『역사비평』, 제47호 (1999년 여름), 369쪽.
94　서중석, 『한국현대민족운동연구 2: 1948~1950 민주주의·민족주의 그리고 반공주의』(역사비평사, 1996), 273쪽.
95　서중석, 『한국현대민족운동연구 2: 1948~1950 민주주의·민족주의 그리고 반공주의』(역사비평사, 1996), 272쪽.
96　서중석, 『한국현대민족운동연구 2: 1948~1950 민주주의·민족주의 그리고 반공주의』(역사비평사, 1996), 273쪽.
97　서중석, 『한국현대민족운동연구 2: 1948~1950 민주주의·민족주의 그리고 반공주의』(역사비평사, 1996), 274쪽.
98　서중석, 『한국현대민족운동연구 2: 1948~1950 민주주의·민족주의 그리고 반공주의』(역사비평사, 1996), 279~280쪽.
99　서중석, 『한국현대민족운동연구 2: 1948~1950 민주주의·민족주의 그리고 반공주의』(역사비평사, 1996), 280~282쪽.
100　서중석, 『한국현대민족운동연구 2: 1948~1950 민주주의·민족주의 그리고 반공주의』(역사비평사, 1996), 278쪽.
101　박명림, 『한국전쟁의 발발과 기원 II: 기원과 원인』(나남, 1996), 676쪽.
102　서중석, 「이승만 정권 초기의 일민주의와 파시즘」, 역사문제연구소 편, 『1950년대 남북한의 선택과 굴절』(역사비평사, 1998), 34쪽.
103　서중석, 「이승만 정권 초기의 일민주의와 파시즘」, 역사문제연구소 편, 『1950년대 남북한의 선택과 굴절』(역사비평사, 1998), 35쪽.
104　박명림, 『한국전쟁의 발발과 기원 II: 기원과 원인』(나남, 1996), 675쪽.
105　박명림, 『한국전쟁의 발발과 기원 II: 기원과 원인』(나남, 1996), 675쪽.
106　박명림, 『한국전쟁의 발발과 기원 II: 기원과 원인』(나남, 1996), 675쪽.
107　도진순, 『분단의 내일 통일의 역사』(당대, 2001), 262~263쪽.

108 이철승·박갑동,『건국 50년 대한민국, 이렇게 세웠다』(계명사, 1998), 148쪽.
109 한국정신문화연구원 한민족문화연구소 편,『내가 겪은 해방과 분단』(선인, 2001), 312쪽.
110 서정주,『미당 자서전 2: 서정주 전집 5』(민음사, 1994), 198~199쪽; 한수영,「서정주: 미당의 친일시와 해방 이후의 활동」, 반민족문제연구소,『청산하지 못한 역사 2: 한국현대사를 움직인 친일파 60』(청년사, 1994), 271쪽.
111 서정주,「우남 이승만 옹과 나」,『월간조선』, 1995년 3월, 546~548쪽; 한수영,「미당의 친일시와 해방 이후의 활동」,『청산하지 못한 역사 2』(청년사, 1994), 272쪽.
112 로버트 T. 올리버(Robert T. Oliver), 박일영 옮김,『이승만 비록』(한국문화출판사, 1982), 250쪽.
113 박거용,『350만의 배움터 한국 대학의 현실: 신자유주의 교육정책 비판』(문화과학사, 2005), 198쪽.
114 장석만,「식민지 대학의 역사: 서울대 문제는 어디서 유래하는가」,『사회비평』, 제27호(2001년 봄), 44~49쪽.
115 「과외수업은 엄금」,『조선일보』, 1949년 10월 26일, 조간 2면;「과외수업은 여전?: 소제 당번 등 명목으로 캄푸라-지」,『조선일보』, 1949년 10월 28일, 조간 2면;「과외수업 엄금」,『조선일보』, 1949년 11월 20일, 조간 2면.
116 김영희,「제1공화국 시기 수용자의 매체 접촉 경향」,『한국언론학보』, 47권 6호(2003년 12월), 309쪽.
117 한태수,『한국정당사』(서울, 1961), 78~79쪽; 김정원,『분단한국사』(동녘, 1985), 86쪽.
118 로버트 올리버(Robert T. Oliver), 황정일 옮김,『이승만: 신화에 가린 인물』(건국대학교출판부, 2002), 298~299쪽.
119 강원용,『빈들에서: 나의 삶, 한국 현대사의 소용돌이 3-호랑이와 뱀 사이』(열린문화, 1993), 178~179쪽.
120 강원용,『빈들에서: 나의 삶, 한국 현대사의 소용돌이 3-호랑이와 뱀 사이』(열린문화, 1993), 188쪽.
121 강원용,『빈들에서: 나의 삶, 한국 현대사의 소용돌이 3-호랑이와 뱀 사이』(열린문화, 1993), 195쪽.
122 강원용,『빈들에서: 나의 삶, 한국 현대사의 소용돌이 1-선구자의 땅에서 해방의 혼돈까지』(열린문화, 1993), 219쪽.
123 한국반탁·반공학생운동기념사업회,『한국학생건국운동사: 반탁·반공학생운동 중심』(대한교과서, 1986), 159쪽.

124 한국반탁·반공학생운동기념사업회,『한국학생건국운동사: 반탁·반공학생운동 중심』(대한교과서, 1986), 218~220쪽.
125 김민환,『미군정 공보기구의 언론활동』(서강대언론문화연구소, 1991), 33~34쪽; 신병식,「토지개혁을 통해 본 미군정의 국가 성격: '국가주의적 접근'」,『역사비평』, 창간호(1988년 여름), 188쪽; 김균·원용진,「미군정기 대남한 공보정책: "미국을 심어라"」, 강치원 엮음,『미국은 우리에게 무엇인가: 한미관계의 역사와 우리 안의 미국주의』(백의, 2000), 136쪽.
126 강원용,『빈들에서: 나의 삶, 한국 현대사의 소용돌이 ①-선구자의 땅에서 해방의 혼돈까지』(열린문화, 1993), 172쪽.
127 도진순,『분단의 내일 통일의 역사』(당대, 2001), 265쪽.
128 도진순,『한국민족주의와 남북관계: 이승만·김구 시대의 정치사』(서울대학교출판부, 1997), 144쪽.
129 한국반탁·반공학생운동기념사업회,『한국학생건국운동사: 반탁·반공학생운동 중심』(대한교과서, 1986), 334~335쪽.
130 도진순,『한국민족주의와 남북관계: 이승만·김구 시대의 정치사』(서울대학교출판부, 1997), 216쪽.
131 유안진,『땡삐 3』(자유문학사, 1998), 239쪽.
132 김윤식,『이광수와 그의 시대 2』(솔, 1999), 439쪽.
133 한표욱,『이승만과 한미외교』(중앙일보사, 1996), 73쪽.
134 김기진,『끝나지 않은 전쟁 국민보도연맹: 부산·경남 지역』(역사비평사, 2002), 73~74쪽.
135 김기진,『끝나지 않은 전쟁 국민보도연맹: 부산·경남 지역』(역사비평사, 2002), 93쪽.
136 김기진,『끝나지 않은 전쟁 국민보도연맹: 부산·경남 지역』(역사비평사, 2002), 93~94쪽.
137 김일영,「계급구조, 국가, 전쟁 그리고 정치발전」, 장을병 외,『남북한 정치의 구조와 전망』(한울아카데미, 1994), 67쪽.
138 김일영,「계급구조, 국가, 전쟁 그리고 정치발전」, 장을병 외,『남북한 정치의 구조와 전망』(한울아카데미, 1994), 68쪽.
139 송광성,『미군 점령 4년사: 우리나라의 자주·민주·통일과 미국』(한울, 1995), 215~216쪽.
140 정병준,「한국 농지개혁 재검토: 완료시점·추진동력·성격」,『역사비평』, 제65호(2003년 겨울), 124쪽.
141 정병준,「한국 농지개혁 재검토: 완료시점·추진동력·성격」,『역사비평』, 제65호

(2003년 겨울), 150~152쪽.
142　한표욱, 『이승만과 한미외교』(중앙일보사, 1996), 73쪽; 오정식, 「역사 재발굴: 한국, 미국의 '반공 보루' 아니었다」, 『신동아』, 1995년 1월호, 382쪽.
143　이도영, 「발굴 특종: 이승만, 한국전 1년 전 중도파 숙청 위해 계엄령 모의」, 『월간 말』, 2003년 6월호, 90~95쪽.
144　박명림, 『한국전쟁의 발발과 기원 I: 결정과 발발』(나남, 1996), 86~90쪽.
145　김학준, 『북한 50년사: 우리가 떠안아야 할 반쪽의 우리 역사』(동아출판사, 1995), 138쪽.
146　박명림, 『한국전쟁의 발발과 기원 I: 결정과 발발』(나남, 1996), 111~118쪽; 서중석, 「이승만과 북진통일: 1950년대 극우 반공독재의 해부」, 『역사비평』, 제29호(1995년 여름), 114쪽.
147　김학준, 『북한 50년사: 우리가 떠안아야 할 반쪽의 우리 역사』(동아출판사, 1995), 141쪽.
148　김영호, 『한국전쟁의 기원과 전개 과정』(두레, 1998), 52쪽.
149　김학준, 『북한 50년사: 우리가 떠안아야 할 반쪽의 우리 역사』(동아출판사, 1995), 141쪽.
150　김영명, 『한국 현대 정치사』(을유문화사, 1992), 165쪽.
151　서중석, 「이승만과 북진통일: 1950년대 극우 반공독재의 해부」, 『역사비평』, 제29호(1995년 여름), 112쪽; 우사연구회 엮음, 서중석 지음, 『남·북협상: 김규식의 길, 김구의 길』(한울, 2000), 295쪽.
152　박명림, 『한국전쟁의 발발과 기원 II: 기원과 원인』(나남, 1996), 609, 617쪽.
153　브루스 커밍스(Bruce Cumings)·존 할리데이(Jon Halliday), 차성수·양동주 옮김, 『한국전쟁의 전개 과정』(태암, 1989), 52쪽.
154　김영호, 『한국전쟁의 기원과 전개 과정』(두레, 1998), 139쪽.
155　이기택, 『국제정치사』(일신사, 제2개정판, 2000), 457쪽.
156　김영호, 『한국전쟁의 기원과 전개 과정』(두레, 1998), 167~171쪽; 김철범, 『한국전쟁과 미국』(평민사, 1995), 209~213쪽.
157　김영호, 『한국전쟁의 기원과 전개 과정』(두레, 1998), 182~183쪽.
158　김영호, 『한국전쟁의 기원과 전개 과정』(두레, 1998), 167~171쪽; 김철범, 『한국전쟁과 미국』(평민사, 1995), 209~213쪽.
159　이완범, 『한국전쟁: 국제전적 조망』(백산서당, 2000), 111쪽.
160　윌리엄 스툭(Willam Stueck), 김형인 외 옮김, 『한국전쟁의 국제사』(푸른역사, 2001), 65쪽; 한표욱, 『이승만과 한미외교』(중앙일보사, 1996), 78쪽.

161 박명림,『한국전쟁의 발발과 기원 II: 기원과 원인』(나남, 1996), 652쪽.
162 송광성,「윤치영: 외세와 독재권력에 아부하여 '잘 먹고 잘 산' 자의 표본」, 반민족문제연구소,『청산하지 못한 역사 1: 한국현대사를 움직인 친일파 60』(청년사, 1994), 72~76쪽.
163 김정원,『분단한국사』(동녘, 1985), 153쪽.
164 김학준,『해방공간의 주역들』(동아일보사, 1996), 100쪽; 김재명,「해방정국과 중도파의 비극」,『역사비평』, 제3호(1988년 겨울), 140쪽.
165 한표욱,『이승만과 한미외교』(중앙일보사, 1996), 78~79쪽; 서중석,「이승만과 북진통일: 1950년대 극우 반공독재의 해부」,『역사비평』, 제29호(1995년 여름), 112쪽.
166 박진희,「이승만의 대일인식과 태평양동맹 구상」,『역사비평』, 통권 76호(2006년 가을), 90~118쪽.
167 윌리엄 스툭(Willam Stueck), 김형인 외 옮김,『한국전쟁의 국제사』(푸른역사, 2001), 64~65쪽; 김학준,『북한 50년사: 우리가 떠안아야 할 반쪽의 우리 역사』(동아출판사, 1995), 143쪽.
168 서중석,「이승만과 북진통일: 1950년대 극우 반공독재의 해부」,『역사비평』, 제29호(1995년 여름), 114쪽.
169 김창훈,『한국 외교 어제와 오늘』(다락원, 2002), 49쪽.
170 김학준,『북한 50년사: 우리가 떠안아야 할 반쪽의 우리 역사』(동아출판사, 1995), 146쪽; 로버트 T. 올리버(Robert T. Oliver), 박일영 옮김,『이승만 비록』(한국문화출판사, 1982), 322쪽; 윌리엄 스툭(Willam Stueck), 김형인 외 옮김,『한국전쟁의 국제사』(푸른역사, 2001), 65쪽.
171 류길재,「전쟁 직전 남북한 관계의 전개 과정: 정부 수립에서 한국전쟁 발발까지」, 한국정신문화연구원 현대사연구소 편,『한국현대사의 재인식 3: 한국전쟁 직전의 한국사회 연구』(오름, 1998), 101~102쪽.
172 김동춘,『전쟁과 사회: 우리에게 한국전쟁은 무엇이었나?』(돌베개, 2000), 91쪽.
173 윌리엄 스툭(Willam Stueck), 김형인 외 옮김,『한국전쟁의 국제사』(푸른역사, 2001), 709쪽.
174 한홍구,『대한민국사』(한겨레신문사, 2003), 123~124쪽.
175 김동춘,『전쟁과 사회: 우리에게 한국전쟁은 무엇이었나?』(돌베개, 2000), 294~295쪽.
176 김동춘,『전쟁과 사회: 우리에게 한국전쟁은 무엇이었나?』(돌베개, 2000), 94쪽.
177 전숙희,『사랑이 그녀를 쏘았다: 한국의 마타하리 여간첩 김수임』(정우사, 2002), 117~118쪽.
178 전숙희,「낙랑클럽이 한국을 알렸어요」, 문제안 외,『8·15의 기억: 해방공간의 풍경,

40인의 역사체험』(한길사, 2005); 전봉관, 「"말 안 통해 한기 외교 멈춰" 미군 지프차로 '부인 통역관' 모셔갔다」, 『조선일보』, 2024년 4월 13일.

179 전봉관, 「"말 안 통해 한미 외교 멈춰" 미군 지프차로 '부인 통역관' 모셔갔다」, 『조선일보』, 2024년 4월 13일.

180 전봉관, 「"말 안 통해 한미 외교 멈춰" 미군 지프차로 '부인 통역관' 모셔갔다」, 『조선일보』, 2024년 4월 13일.

181 임헌영, 「해설: 붉은 연애, 그 비극적 종말-김수임과 이강국」, 전숙희, 『사랑이 그녀를 쏘았다: 한국의 마타하리 여간첩 김수임』(정우사, 2002), 285~286쪽.

182 정운현, 「남로당 핵심 이강국·임화 CIC 요원으로 활동했다」, 『대한매일』, 2001년 9월 5일, 5면.

183 전봉관, 「'조선의 마타하리'는 진짜 간첩이었을까, 양다리 불륜녀였을까」, 『조선일보』, 2023년 12월 30일.

184 이혜진, 「민주 김준혁 "김활란, 이대생 미군에 성상납…내 전공은 궁중 에로"」, 『조선일보』, 2024년 4월 1일.

185 하종훈, 「[단독] "김활란, 미군에 이대생 성상납" 김준혁 막말…알고 보니 파티 시중 들며 정보 수집 '침소봉대'」, 『서울신문』, 2024년 4월 3일.

186 박은주, 「[만물상] '접대부'로 전락한 파티 주최자」, 『조선일보』, 2024년 4월 5일.

187 이세아, 「'여성 외교클럽' 낙랑클럽, 왜 호스티스 클럽으로 낙인찍혔나」, 『여성신문』, 2024년 4월 4일.

188 이세아, 「'여성 외교클럽' 낙랑클럽, 왜 호스티스 클럽으로 낙인찍혔나」, 『여성신문』, 2024년 4월 4일.

189 정수익, 「제헌국회는 감사의 기도로 시작됐다」, 『국민일보』 2003년 7월 16일, 34면.

190 강인철, 『한국기독교회와 국가·시민사회 1945~1960』(한국기독교역사연구소, 1996), 186쪽.

191 강인철, 『한국기독교회와 국가·시민사회 1945~1960』(한국기독교역사연구소, 1996), 186~187, 247쪽.

192 「크리스마스 씰 1천만 원 목표로 발행」, 『조선일보』, 1949년 12월 18일, 조간 2면.

193 「크리스마스츄리의 소나무는 어디서?: 벌목 발각되면 엄단」, 『조선일보』, 1949년 12월 24일, 조간 2면.

맺는말

1 신복룡, 『해방정국의 풍경: 인물로 돌아보는 대한민국 현대사』(중앙북스, 2024),

80~81쪽.
2 신복룡,『해방정국의 풍경: 인물로 돌아보는 대한민국 현대사』(중앙북스, 2024), 9쪽.
3 신복룡,『해방정국의 풍경: 인물로 돌아보는 대한민국 현대사』(중앙북스, 2024), 81쪽.
4 신복룡,『해방정국의 풍경: 인물로 돌아보는 대한민국 현대사』(중앙북스, 2024), 147~148쪽.
5 강준만,「왜 근린증오(近隣憎惡)가 더 격렬할까?: 사소한 차이에 대한 나르시시즘」,『우리는 왜 이렇게 사는 걸까?: 세상을 꿰뚫는 50가지 이론 2』(인물과사상사, 2014), 111~115쪽 참고.
6 표창원,『게으른 정의: 표창원이 대한민국 정치에 던지는 직설』(한겨레출판, 2021), 80, 111~125, 197쪽.
7 맷 타이비(Matt Taibbi), 서민아 옮김,『우리는 증오를 팝니다』(필로소픽, 2019/2021), 82쪽.
8 백승찬,「적폐와 중간태」,『경향신문』, 2019년 11월 20일, 28면.
9 홍석봉,「잊혀진 제국의 역사」, 월간『인물과사상』, 2001년 7월호, 8쪽.
10 도진순,『한국민족주의와 남북관계: 이승만·김구 시대의 정치사』(서울대학교출판부, 1997), 350쪽.
11 남경희,『주체, 외세, 이념: 한국 현대국가 건설기의 사상적 인식』(이화여자대학교출판부, 1995), 160쪽.
12 남경희,『주체, 외세, 이념: 한국 현대국가 건설기의 사상적 인식』(이화여자대학교출판부, 1995), 161쪽.
13 남경희,『주체, 외세, 이념: 한국 현대국가 건설기의 사상적 인식』(이화여자대학교출판부, 1995), 250쪽.
14 안정애,「주한미군: 대한민국을 만들고, 지키고, 유지시킨 대한민국 역사 그 자체」, 이재범 외,『한반도의 외국군 주둔사』(중심, 2001), 327~371쪽.
15 정용욱,『존 하지와 미군 점령 통치 3년』(중심, 2003), 256쪽.
16 김용석,「다시 쓰는 한반도 100년: 국무부 "이승만·김구 대체할 새 인물 찾아라"」,『경향신문』, 2001년 8월 25일, 11면.
17 서중석,「안재홍과 송진우: 타협이냐 비타협이냐」, 역사문제연구소 편,『한국 현대사의 라이벌』(역사비평사, 1991), 91~92쪽.
18 우사연구회 엮음, 서중석 지음,『남·북협상: 김규식의 길, 김구의 길』(한울, 2000), 345쪽.
19 이기홍,『경제근대화의 숨은 이야기: 국가 장기 경제개발 입안자의 회고록』(보이스사, 1999), 89~90쪽.

20 김동춘, 『전쟁과 사회: 우리에게 한국전쟁은 무엇이었나?』(돌베개, 2000), 306~307쪽.
21 오기영, 『민족의 비원 자유조국을 위하여』(성균관대학교출판부, 2002), 229쪽.
22 김병걸, 『실패한 인생 실패한 문학: 김병걸 자서전』(창작과비평사, 1994), 118~119쪽.
23 리영희, 『역정: 나의 청년시대-리영희 자전적 에세이』(창작과비평사, 1988), 112쪽.
24 도진순, 『분단의 내일 통일의 역사』(당대, 2001), 225쪽.

한국 현대사 산책
1940년대편 2권(개정증보판)
ⓒ 강준만, 2025

초판 1쇄   2004년 4월 3일 펴냄
개정판 1쇄   2006년 11월 13일 펴냄
개정증보판 1쇄   2025년 8월 11일 찍음
개정증보판 1쇄   2025년 8월 18일 펴냄

지은이 | 강준만
펴낸이 | 강준우
인쇄·제본 | 지경사문화

펴낸곳 | 인물과사상사
출판등록 | 제17-204호 1998년 3월 11일

주소 | (04031) 서울시 마포구 동교로22길 29 성지빌딩 301호
전화 | 02-325-6364
팩스 | 02-474-1413

www.inmul.co.kr | insa@inmul.co.kr

ISBN 978-89-5906-807-4 04900
     978-89-5906-805-0 (세트)

값 22,000원

이 저작물의 내용을 쓰고자 할 때는 저작자와 인물과사상사의 허락을 받아야 합니다.
파손된 책은 바꾸어 드립니다.